经济管理类课程教材·国际贸易系列

国家级线上一流本科课程配套教材

对外经济贸易大学国际贸易教材编写组

国际贸易原理

Principles of International Trade

张 玮 主编

第三版

中国人民大学出版社
·北京·

作者简介

张玮，对外经济贸易大学国际贸易与国际金融专业教授，长期从事国际贸易理论与政策、跨国公司、企业金融方面的教学与研究。第二批国家级线上一流本科课程“国际贸易”负责人；教育部国家级精品资源共享课“国际贸易”负责人；教育部国家级精品课程“国际贸易”（网络教育）负责人；教育部国家级精品资源共享课“国际贸易”（网络教育）负责人；北京市高等学校继续教育国际贸易优秀教学团队负责人。教育部、北京市国际贸易优秀教学团队主要成员，第三批全国高校黄大年式教学团队主要成员。

内容简介

本书与时俱进，深入融合党的二十大精神，提供中国方案，同时与现实运行紧密结合，以凸显其经典性、前沿性和实用性。并且，本书紧跟国际贸易理论与实践的发展前沿，在保持上一版框架体系不变的前提下，内容更加充实完整，同时配套中国大学MOOC（慕课）详细讲解视频。

本书章节内容安排以国际贸易为主线：第一章为导论，讲述国际贸易的演进历程，以及国际贸易的基本概念；第二章讲述国际交换的基础——国际分工的演进、影响因素、国际分工与贸易理论，系统阐述国际分工与贸易理论的演进及主要观点；第三章讲述国际交换平台——世界市场，内容包括当代世界市场的构成与运行、世界市场价格、贸易条件；第四至七章讲述直接关系国家贸易利益实现的对外贸易政策以及实施贸易政策所采取的措施——关税措施、非关税措施、贸易促进措施；第八至十章从单边、区域和多边的层面讲述国家之间的贸易关系及协调贸易利益的方式——国际贸易条约与协定、区域经济一体化、世界贸易组织。

总序

PREFACE

在全球经济一体化的大背景之下，尽快培养出我国国际贸易的专业化、国际化人才，已经成为当前市场经济发展迫在眉睫的任务。

本着加强国际贸易学科建设、努力培养适应社会需要的贸易人才的理念，由对外经济贸易大学牵头，中国人民大学等校鼎力合作，并经过联合攻关，编写了这套适应新时期教学需要的国际贸易教材。

纵观本套教材，其特点主要有三：

第一，内容前瞻新颖。本套教材立足于市场经济发展的前沿，借鉴了国际领先水平的贸易工作经验，具有新结构、新内容、新观点、新方法，并紧跟时代发展的步伐。

第二，知识丰富实用。本套教材对国际贸易工作从理论到操作的方方面面做了介绍。它以实务为中心，将应掌握的知识和技能贯穿于每一个案例中，使学生明确在工作中应做什么、怎样才能做好以及怎样不断提高工作效率。

第三，架构系统全面。该系列是由多本教材组成的相互关联、衔接有序的动态系统，囊括了国际贸易的全部内容。

总之，我们在教材的先进性、实用性、规范性等方面做了集思广益的工作。真诚地期待广大师生和其他读者提出宝贵的意见和建议。

对外经济贸易大学国际贸易教材编写组

第三版前言

PREFACE

时间真的在飞，距离上一次教材修订已经过去十年，这十年间国际社会在发生着天地之巨变，正如习近平主席所言，“当今世界正经历百年未有之大变局”。教材一直在考虑修订，也一直在修订过程中，总希望能切到一个时间点，比较系统地把最新的发展变化纳入新版本中，但变化始终没有放缓脚步，而是愈演愈烈，每天都有意想不到的新情况新变化，且影响深远。

世纪之初的2001年，中国成功加入世界贸易组织，此举为中国经济快速增长赢得了重大的历史发展机遇。20年后的2021年，中国货物出口增长11倍多，进口增长10倍；在服务贸易方面，从有统计数据的2005年起，截至2020年，中国服务出口占世界服务总出口的比重从3%提高到6%，服务进口的比重从3.3%提高到8%。根据2023年WTO发布的官方数据，中国货物出口、货物进口、服务出口、服务进口分别居世界第一位、第二位、第三位、第二位。20年的时间也使中国发展成为WTO多边体制的坚定维护者、积极建设者和贡献者，即成为其中流砥柱。WTO第12届部长级会议期间，中国全程参与各议题的磋商，加强与总干事的沟通与交流，重视与其他成员的团结合作，协调利益，促进谈判，为会议达成一揽子协议做出了重要贡献。中国维护了全体成员的利益，提出的中国方案被各成员接受，充分展现出了大国风范与担当，中国与WTO相互成就。

2022年《区域全面经济伙伴关系协定》（RCEP）落地生效，这标志着世界上最大体量的自由贸易区开始释放制度红利，并惠及所有缔约方，成为缔约方经济增长的新动能。就中国而言，2022年，与RCEP其他缔约方的贸易占中国货物进出口的比重高达30.8%，增长速度达7.5%；向RCEP伙伴出口对当年外贸出口增长的贡献率达50.8%；同年，中国对RCEP区域内的中间品贸易达1.3万亿美元，占到中国对世界中间品贸易的33.8%。

2023年，中国-新加坡自由贸易协定再度升级，对接国际高标准经贸规则，将中国参与区域经济一体化建设推向一个新的高度。

党的二十大报告提出，推动贸易和投资自由化便利化，推进双边、区域和多边合作，促进国际宏观经济政策协调，共同营造有利于发展的国际环境。

截至2023年底，中国已经签署22个自由贸易协定，10个在谈判中。

…………

2023年是习近平主席发起“一带一路”倡议的第十年。十年来，中国与共建“一带一路”国家在经贸领域的合作取得了丰硕成果，互联互通扎实推进，成效显著。2022年，中国与共建国家的进出口总额已占中国外贸总额的接近一半，连接亚欧大陆贸易线的大动脉——中欧班列开通了 82 条线路，抵达欧洲 24 个国家的 200 多个城市。

中国自加入 WTO 以来，综合实力上升很快，2010 年成为世界第二大经济体，2015 年成为美国最大的货物贸易伙伴，同时中国的产业链也在不断升级。中国的新发展不断为世界注入增长活力，中国的人类命运共同体理念逐渐深入人心，同时世界绝大多数国家仍然相信多边主义是解决全球挑战的最佳选择。党的二十大报告指出，中国坚持经济全球化的正确方向，推进高水平对外开放，反对保护主义，反对“筑墙设垒”“脱钩断链”，反对单边制裁、极限施压。共同现代化、重塑全球价值链、互惠共生、真正的多边主义是我们为世界经济稳定发展提出的中国方案。

为反映国际贸易发展中的诸多变化，并遵从教材编写规律，第三版在保持前一版体系结构不变的前提下，对内容进行了相应增减，对数据和实例进行了更新，对相关脚注也进行了充分的更新与补充，并重点关注以下几个方面：

第一，跟进贸易理论和实践发展的前沿。教材第三版加入了新新贸易理论的内容，它突破以产业为对象的研究范畴，进入微观企业层次，围绕企业异质性提出了一系列相关学说，主要有以梅里兹（Melitz）为代表人物的异质企业贸易模型和以安特拉斯（Antràs）为代表人物的企业内生边界模型；同时教材也对最新的国际贸易发展和政策实践进行了介绍和解读。

第二，紧密跟进和结合中国对外贸易发展实践，讲述中国故事。

第三，新增章节末尾的二维码专栏，作为各章内容的有效补充，可以帮助读者加深理解教材相关内容，深入认识和理解党的二十大精神和习近平新时代中国特色社会主义思想在中国国际经贸实践中的指导作用。

第四，本书内容可以与中国大学 MOOC 平台上由对外经济贸易大学制作的“国际贸易”视频课程的相应内容直接链接，作为教材学习的支持。这一安排特别是对自学者的国际贸易及相关课程的学习提供了便利。

《国际贸易原理》（第三版）出版在即，特别感谢使用本教材的老师、同学和社会读者们，你们的信任、坚守和耐心始终是激励我不断修订和完善教材的力量。

本书在第三版修订过程中一直得到中国人民大学出版社朱含蓄、王素克、王晗霞编辑老师的全力支持和帮助，三位老师的专业能力、敬业精神和职业素养令我感动，并受到鼓舞，在此一并表示感谢。

也感谢我的研究生张宇航、张雪瑞、赵曼同学于教材修订期间在数据查找和核实方面提供的帮助。

最后，期待同行的批评与指正。

中国大学 MOOC“国际贸易”

第一版前言

PREFACE

第二次世界大战之后，国际贸易呈现爆发式增长：出口导向战略推动了新兴经济体高速增长，同时随着工业化进程的深入及电子信息、互联网等新技术的发明，国际贸易的发展变化丰富多彩，除总量快速增长之外，结构方面的变化更加引人注目，如服务贸易地位的提高，商业存在成为国际服务贸易的主要方式；制成品贸易中，中间产品、技术密集型产品的重要性日渐凸现；区域间经济发展水平差异程度日渐拉大及政策因素使发达国家之间的贸易成为国际贸易的主体。此外，全球化、区域经济一体化和跨国公司的发展赋予国际贸易全新的内涵。

针对第二次世界大战之后国际贸易发展出现的新格局、新现象、新特征，传统的贸易模式正在失去其长期统制的领地，传统的贸易理论面临诸多新的挑战。同样，面对新的贸易环境、贸易模式和贸易格局，政策制定者纷纷从民族国家利益最大化的角度，不断调整自己的贸易政策：从单纯的自由贸易、保护贸易走向富有新意的政策设计；从单边的贸易政策制定和实施，走向双边、多边贸易政策协调，直至多边贸易体制的建立和运行。

进入21世纪后，国际贸易的演化进一步呈现出更加丰富的、新的阶段性变化。首先，经济地区主义出现快速发展的势头。一方面，每个国家参加地区性贸易协定的数目在增加，加入地区性贸易协定的国家的总数在增加；另一方面，地区经济一体化日益打破地理邻近的界限。而由于地区主义的歧视性政策使成员国获得利益，地区经济一体化正得到越来越多民族国家政府的青睐，而这与近半个多世纪以来各民族国家一直推动的多边体制目标出现了一定程度的背离。其次，受益于国际分工、跨国公司国际生产体系的发展，产业内贸易获得迅速发展。2006年，按国际贸易标准分类3位编码统计，产业内贸易占世界货物总贸易额的44%。依照产品进行分类，在国际货物贸易中，最终产品产业内贸易的比例为27.2%，中间产品产业内贸易的比例为35.8%。产业内贸易的发展一方面反映出国家间部门结构的相似性或趋同，另一方面更体现出国家经济的深层次相互依存。

为准确反映国际贸易发展中的诸多全新的变化，同时也遵循教材编写规律，本教材在追求内容体系完整的同时，力求突出以下特点：

1. 追踪国际贸易研究前沿与动态发展。内容安排在考虑教材特殊要求的前提下，充分考虑国际贸易研究的前沿和国际贸易的最新发展动态，把国际贸易理论与实践的最新发展纳入新编教材。

2. 追求实用性、可操作性。教材除在正文部分加强例证、数据分析和方法介绍外，专门开辟阅读专栏，对课程学习中涉及的一些现实热点问题进行解读，对知识和技能的运用提供引导和帮助。

3. 注重脚注的使用。除做一些必要的解释以帮助读者理解文中的概念和说法外，更多的脚注是提供文献索引，给读者提供线索，为他们进一步的学习和研究提供便利。

4. 寻求知识的学习掌握能与现实运行实现对接。

在本教材的编写过程中，作者参阅了大量相关著述和论文等文献，精彩部分直接加以引用，具体参考名录在脚注及各章后均有罗列，在此深表谢意。正是这些前人的工作给我以启发与借鉴，使得教材的内容更充实、更完整、更有解释力。

本书为高等学校国际经济与贸易专业核心课程教材，适合于本科生和相关专业研究生课程学习使用，也可用于政府部门、企事业有关人员的培训。

由于编者的水平有限，不妥之处在所难免，敬请读者指正。

张　玮
对外经济贸易大学
2009 年 6 月

目录

CONTENTS

第一章
导　论

学习目标

通过本章的学习，要求学生了解国际贸易产生与发展的历史过程，理解和掌握国际贸易中经常涉及的一些基本概念和方法，为后面章节的学习建立知识储备。

第一节　国际贸易的产生与发展

中国大学 MOOC（慕课）

国际贸易的
产生与发展（一）

对外贸易与国际贸易属于历史范畴，是社会生产力发展的必然结果。

一、对外贸易的产生与发展

（一）原始社会末期对外贸易的产生

对外贸易是在一定历史条件下产生和发展起来的。对外贸易的产生必须具备两个条件：一是有可供交换的剩余产品；二是在各自为政的社会实体之间存在交换行为。因此，从根本上说，社会生产力的发展、社会分工的发展是对外贸易产生和发展的基础。

原始社会初期，人类处于自然分工状态，生产力水平极度低下，人们只能依靠集体劳动来获取有限的生活资料，然后依照平均的原则，在成员之间进行分配。因此，这一时期，没有剩余产品、私有制度、阶级和国家，也就不存在以国家为基础的对外贸易。

中国大学 MOOC（慕课）

国际贸易的
产生与发展（二）

人类社会在经历第一次社会大分工后，原始社会的生产力水平得到提高，产品开始出现少量剩余，在氏族公社、部落之间出现了剩余产品的交换。

随着生产力的发展，手工业从农业中分离出来，人类社会实现了第二次大分工。手工业出现后，产生了直接以交换为目的的生产——商品生产。随着商品生产和交换的不断扩大，产生了货币，商品的物物交换发展到以货币为媒介的商品流通。私有财产和阶级的产生、商品流通的扩大，使专门从事贸易的商人阶层出现，人类社会完成了第三次大分工。原始社会末期，随着阶级的产生和国家的出现，商品流通跨出国界，对外贸易产生。

（二）奴隶社会的对外贸易

奴隶社会的社会基础是奴隶主占有生产资料和奴隶。在奴隶社会，自然经济占主导地位，商品生产和交换的比例非常小，对外贸易的货物主要是奴隶和奴隶主追求的奢侈性消费品，如装饰品、香料、织物等。当时的希腊是奴隶交易中心。

（三）封建社会的对外贸易

封建社会时期的对外贸易获得了较大的发展。在封建社会发展到中、后期，封建地租更多地采取货币形式，极大地促进了商品生产与交换的发展，直接促进了商品经济的发展。到封建社会后期，随着城市手工行业的发展，商品经济与对外贸易都获得了较快的发展，开始孕育着资本主义因素。

在封建社会，奢侈品仍然是贸易中的主要商品，西方国家用毛呢、酒来换取东方国家的丝绸、香料等。

公元 11 世纪后期到 14 世纪，整个欧洲已经形成几个主要贸易区，如以意大利的威尼斯、热那亚等城市为中心的地中海贸易区，包括德意志北部和北斯堪的纳维亚地区的汉萨贸易区，还有北海和波罗的海贸易区等。与此同时，在亚洲形成了以中国、日本为主导的东亚贸易区，包括现今越南南部和柬埔寨的东南亚贸易区，以印度为主的南亚贸易区。

但是，直到 15 世纪以前，国家之间的贸易都是建立在自然经济的基础之上，依照自愿交换的原则进行。贸易在自然经济中的地位并不重要，只是人们经济生活的一个补充[1]，此时还不存在真正的“国际贸易”或“世界贸易”，国家之间的贸易带有很强的区域色彩。

二、国际贸易的产生与发展

（一）地理大发现对国际贸易的影响[2]

公元 1492 年，热那亚人哥伦布从西班牙出发，经大西洋发现美洲。1498 年，葡萄

---

① 直到出于交换目的的商品生产出现并获得长足发展。

② 要想更直观地理解地理大发现对国际贸易的影响，请观看中央电视台制作的纪录片《贸易战争（一）》。

牙人达·伽马从欧洲绕过非洲南端好望角到达印度，完成了具有历史意义的“地理大发现”。“地理大发现”的直接结果是将各洲独自发展的国家联系起来，使得国家之间的贸易有了“世界”的概念。

地理大发现后，各国资源条件的差异使得国际流通中的商品种类和数量急速增加，贸易的扩大促进了专门为交换而进行生产的专业化分工，因国家之间商品价格的差异而产生的巨大利润进一步推动了“世界”贸易的发展。

地理大发现也在推动殖民扩张，使得世界贸易带有浓重的殖民色彩。从15世纪中期开始，先是葡萄牙的殖民扩张行动，在占领非洲之后，美洲大陆的发现又使葡萄牙开始了在巴西的殖民活动，之后是印度，直至中国澳门。所到之处，占领土地、掠夺黄金，以暴力、抢夺、欺骗的手段进行贸易，非洲的黄金、象牙、钻石、樟木，印度和锡兰的珠宝、胡椒、肉桂、大米，印度尼西亚的胡椒、丁香等经葡萄牙商人源源不断地进入欧洲。葡萄牙之后是西班牙。到16世纪中期，西班牙以武力占领了除巴西和圭亚那之外的整个中南美洲。西班牙殖民者掠夺金银、杀戮土著居民、贩卖黑人奴隶。16世纪中期后，葡萄牙和西班牙分别垄断了非洲、亚洲与欧洲的贸易和美洲与欧洲的贸易。殖民者在殖民地发展了以奴隶为劳动力的种植园，他们将大米、烟草、甘蔗等产品输往欧洲，而殖民地农业的发展也增加了对欧洲手工业品的需求，殖民地对欧洲的经济意义日益显著。16世纪中期，后起的殖民国家荷兰的势力超过葡萄牙和西班牙。为垄断殖民地的贸易，荷兰成立了历史上著名的“东印度公司”和“西印度公司”，依仗政府的授权，对殖民地进行掠夺性贸易。继葡萄牙、西班牙、荷兰之后，英国与法国也成为殖民国家，到18世纪中期，英国先后战胜葡萄牙、西班牙、荷兰、法国，占领北美洲、西印度群岛、亚洲和非洲的大片土地，成为世界上最强大的殖民国家。

地理大发现及随后的殖民扩张与贸易推动了洲际贸易，使得初步形成了以西欧为中心的世界市场，当时的贸易流向基本是：（1）欧洲向美洲出口制造品，主要包括纺织品、金属制品、家具、家庭用品等；（2）非洲向美洲输出奴隶；（3）美洲向欧洲输出黄金、白银、烟草、棉花等；（4）欧洲从亚洲进口的仍然是丝织品、香料、茶等。

实际上，地理大发现后，国家之间的贸易已经从单纯的互通有无转向谋利性质的商业交换行为，但是决定商品流向的仍然是各国的自然资源条件和生产技能。由于受生产力水平、运输与通信条件的约束，国际贸易的规模和商品范围仍然受到限制，世界上只是一部分国家被纳入跨国界交换体系，因而还没有形成真正意义上的国际贸易，各国出口本国特有的商品，进口本国基本不生产的商品。这一时期的贸易以殖民贸易为特征。[①]

（二）第一次产业革命后（18世纪中期—19世纪中期）的国际贸易

16—18世纪，欧洲经济发生了重大变化，一方面，自地理大发现后，欧洲各国从海外获取了大量的金银财富，积聚了大量的商业资本和工业资本，基本完成了资本原始积累过程；另一方面，海外市场的不断扩张刺激了欧洲工业生产的发展。到18世纪中期，欧洲资本主义生产方式获得长足发展，极大地推进了生产力的发展，第一次产业革命

---

① 海闻，P. 林德特，王新奎. 国际贸易. 上海：上海人民出版社，2003：4-5.

（也称工业革命）就在这一时期发生了。

第一次产业革命主要发生在英国，经历了大约100年的时间，它以蒸汽机的发明与使用为主要标志，建立起纺织、冶金、煤炭三大支柱产业，在欧洲，以英国为代表，完成了工场手工业向机器大工业的过渡，建立起现代企业制度。第一次产业革命使生产力发展出现质的飞跃，生产效率快速提高，社会产品大量增加，为国际贸易的发展奠定了物质基础。同时，蒸汽技术在火车、轮船上的应用促进了交通运输工具的改革，相对缩短了国家之间的距离，使更多的国家和商品进入国际交换领域，自给自足的、封闭的自然经济体系不断受到冲击，国际范围的分工与贸易逐渐成为日益增多的国家的经济不可或缺的一部分。这一时期的国际贸易呈现出以下特点：

1. 国际贸易总量实现快速增长

机器大工业的建立和发展使欧洲工业生产规模空前扩大，直接促成国际贸易规模的迅速增长。1720—1780年，世界工业生产年增长率为1.5%，世界贸易年增长率为1.1%；1780—1820年，这两项指标分别为2.6%和1.37%；1820—1840年分别为2.9%和2.81%。但是世界经济发展到1840年，情况开始发生变化，1840—1860年，世界贸易年增长率开始超过世界工业生产年增长率，分别为4.84%和3.5%；1860—1870年，分别为5.53%和2.9%（见图1-1）。[①] 在扣除价格变动因素后，1800—1870年实际世界贸易量增长了9.6倍。

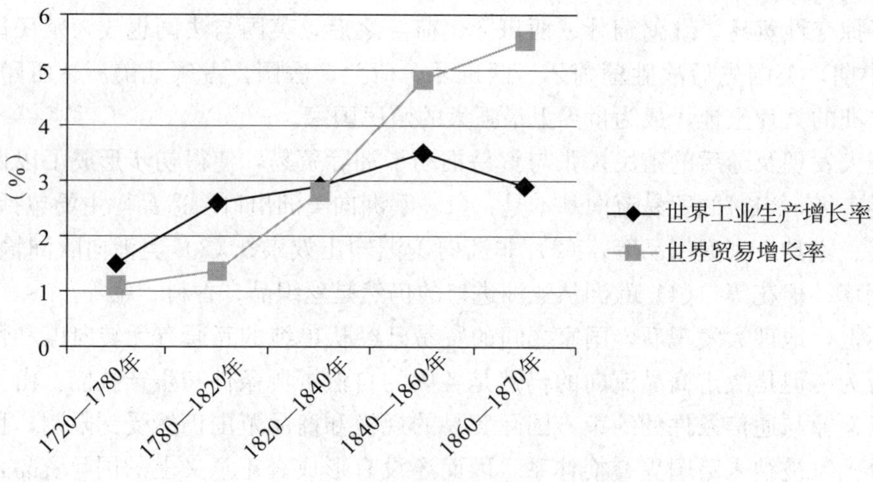

图1-1 1720—1870年世界工业生产与贸易增长

2. 商品结构发生重大变化

地理大发现和随后的殖民扩张使世界贸易中的商品从过去各洲、各国的土特产和手工产品，如香料、丝绸，转向殖民地种植园生产的大宗产品，如蔗糖、咖啡、茶叶等，工业原料和制成品还没有构成国际贸易的主要商品。机器大工业建立和发展后，机器纺织品特别是棉纺织品成为欧洲大宗出口产品，取代了国际贸易中印度和中国的手工纺织

① W. W. Rostow, *The World Economy: History and Prospect*, Austin: University of Texas Press, 1978.

品，成为19世纪国际贸易中最主要的工业制成品。同时，仍然是机器大工业生产发展的结果，大宗工业原料成为殖民地国家的主要出口产品，棉花、生丝、矿产原料的出口逐步取代了茶叶、香料等生活用品的出口。此外，在这一时期，机器设备、金属制成品如机车、铁轨、蒸汽机、矿山机械等，在国际贸易中的比重也在提高，以满足殖民扩张、殖民地开发和贸易的需求。最后，在这一时期，农产品特别是谷物贸易大量增加，一些发达国家如美国、澳大利亚由于其大规模生产的优势，加入谷物出口国家的行列，扩大了谷物的可贸易量和实际贸易量。

3. 国际贸易地区分布的变化

第一次产业革命首先发生在英国，英国成为国际贸易的中心，到19世纪中期，随着其他国家如美国、德国等国家的经济相继获得快速发展，它们开始在国际贸易中与英国展开竞争。1800年，英国、法国、德国和美国在世界贸易中各自占有的比例分别为33%、9%、10%和5%；1870年相应比例分别为22%、10%、13%和8%。[①] 尽管如此，英国在国际贸易中的中心地位仍然没有被动摇。19世纪50年代，英国的机器制造商垄断了全世界的机器、机车、铁路设备的制造。1870年，英国拥有的商船吨位居世界第一位，超过荷兰、法国、美国、德国、俄国等国家的商船吨位的总和。

（三）第二次产业革命后（19世纪中期至第一次世界大战前）的国际贸易

从19世纪70年代开始，资本主义世界发生了以电力的发现和应用为标志、以重化工业的兴起为特征的第二次产业革命。这次产业革命主要发生在德国和美国，也包括其他欧洲国家。第二次产业革命使技术在工业中开始发挥重要作用，批量生产技术得到改善和充分运用，所以第二次产业革命又称技术革命。

第二次产业革命促进了欧美国家生产力和经济水平的迅速提高。到1914年，欧洲、北美、日本、澳大利亚先后完成了工业化进程，实现了农业自然经济向资本主义工业经济的转变，并通过贸易使资本主义生产方式在全世界范围扩散开来，资本输出的发展进一步强化了已形成的以欧美国家为主的现代工业经济与其他国家以自然条件为基础的农业、手工业传统经济组合而成的世界经济格局，使国际分工和国际贸易成为世界上多数国家经济生活中的必要组成部分，世界资本主义经济体系和相应的经济秩序逐步形成，真正意义上的国际贸易或世界贸易产生了。

第二次产业革命对国际贸易产生的影响具体表现在以下几个方面：

1. 国际贸易规模继续扩张，但增长速度减缓

1840—1870年，国际贸易量增加了3.4倍，1870—1900年，国际贸易量增加了1.7倍，1900—1913年仅增加了62%。同期，国际贸易的增长速度也明显落后于世界工业生产的增长速度，1870—1900年，世界工业生产年增长速度为3.7%，世界贸易年增长速度为3.2%；1900—1913年，相应数字分别为4.2%和3.8%。究其原因，主要是在这一时期，急剧扩张的生产能力与市场之间的矛盾已经显现出来，一些国家，主要是经济发

---

① 樊亢，宋则行，池元吉，等．主要资本主义国家经济简史．北京：人民出版社，1973：351.

达国家，先后出现了几次经济衰退，除英国外，纷纷采取保护贸易政策，限制进口，从而抑制了国际贸易的发展速度。

2. 国际贸易商品结构发生变化

这一时期，初级产品和制成品在国际贸易中所占比例比较稳定，但内部结构发生了变化。1876—1913 年，世界初级产品贸易增加了 2.1 倍，制成品贸易增加了 2.2 倍。制成品贸易中，纺织品所占比例持续下降，金属产品所占比例持续上升，化学产品、纸张、木制品、玻璃制品所占比例也增长迅速。在初级产品中，随着生产的迅速发展，矿产原料所占比例快速上升，食品和农业原料所占比例下降。

3. 国际贸易地区分布的变化

尽管英国在世界贸易中仍占据第一的位置，但重要性在大大降低。1870 年，英国在世界贸易出口中所占比重为 22%，1880 年下降到 16.3%，1913 年继续降至 13.1%。但是，欧洲国家作为一个整体仍控制着世界贸易，这一点从两方面可以体现出来：一是欧洲在世界贸易中的地位。1913 年，欧洲贸易占世界贸易出口量的 59%，占世界贸易进口量的 65%。二是其他国家的对外贸易对欧洲的依赖程度。19 世纪 80 年代，美国出口 80%以上的市场在欧洲，1913 年，虽然出口市场多元化程度在提高，增加了对加拿大、亚洲等地的出口，但对欧洲的出口仍占据美国出口的 60%。拉丁美洲的对外贸易 60%以上是与欧洲开展的。

（四）两次世界大战期间的国际贸易

1914—1945 年，第一次世界大战爆发到第二次世界大战结束期间，世界生产和贸易经历了衰退与萧条。第一次世界大战后，国际贸易缩减 40%，直到 1924 年才略微超过战前水平，1929—1933 年大危机时期，国际贸易继续萎缩，到 1937 年，世界出口额还没有恢复到 1929 年的水平，甚至低于 1924 年的水平。①

这一时期，国际贸易增长缓慢，1913—1938 年，国际贸易年增长仅为 0.5%。② 国际贸易商品结构的重要变化表现为：制成品贸易中，机械产品和武器产品贸易所占比例迅速提高；初级产品贸易中，矿产品和石油所占比例迅速提高。由于战争的原因，在这一时期的国际贸易中，欧洲的重要性降低，其他国家地位上升，特别是美国的地位上升很快。1913 年，欧洲在国际贸易中所占比重将近 2/3，到 1937 年下降到 1/2，同时期，美国所占比重从 13.2% 上升到 15.5%，其他亚、非、拉经济不发达国家的比重从 20%上升到 24%。

（五）第二次世界大战后国际贸易的发展

第二次世界大战后，以美国为先导，出现了以原子能、电子、合成材料、航天技术、生物技术为标志的第三次产业革命（又称科技革命），促成了一系列产业的诞生和发展，如原子能、半导体、石油、化工、宇航等产业部门。新的产业带来了新的、多样化的产

① 海闻，P. 林德特，王新奎. 国际贸易. 上海：上海人民出版社，2003：9.

② 池元吉，赵凤彬. 新编世界经济概论. 长春：吉林大学出版社，1996：39.

品，丰富了国际贸易商品的内容，使得国际贸易中制成品贸易成为无可争议的主导。同时，新产业的大量涌现也使旧产业出现衰败，依照比较优势在国家之间实现转移，从而促进了经济发展水平不同的国家产业部门之间分工的进一步发展。20世纪90年代的信息技术革命为国际分工与贸易的发展提供了强大的技术支持。此外，资本输出特别是发达国家资本输出的迅速增长深化了现有的国际分工格局，世界范围的多边贸易体制的建立和发展、各国贸易政策趋向自由化则为国际分工与贸易发展提供了一个稳定、公正、自由的环境，所有这些因素都使得国际贸易取得了前所未有的巨大发展。世界出口贸易额从1950年的607亿美元跃升到1980年的20 014亿美元，再到1988年的29 474亿美元，1998年进一步增加到54 220亿美元，2004年达到89 070亿美元。[①] 1950—2000年，国际贸易实际年增长率为6%左右，同期世界实际GDP年增长率为3.8%左右。国际贸易的增长速度超过了世界经济的增长速度。

与第二次世界大战前相比，战后国际贸易的发展呈现出以下主要特点：

1. 在不同阶段，国际贸易增长速度呈现出重大差异

战后国际贸易发展大体可以划分为四个阶段：第一阶段，第二次世界大战后到1973年；第二阶段始于1973年，结束于1990年；第三阶段是1990年以后到2008年；2008年进入第四阶段，陷入源于美国、波及全球特别是发达国家的金融危机引发的经济与贸易衰退。

第一阶段，国际贸易迅速发展阶段。1950—1973年，国际贸易额从607亿美元增加到5 740亿美元，增加了8.5倍，年均增长速度超过10%，高于之前任何一个时期，也高于同期5.2%的世界工业生产增长率。这一时期的快速增长可以归结为以下几个因素：

（1）科技革命促使生产力水平迅速提高。大量新兴产业建立、部门生产效率急剧提高、生产能力极度扩张，极大地促进了世界经济的主体——发达国家经济的增长，同时带动了作为原料产地的落后国家经济的增长，从而为国际贸易的迅速增长奠定了物质基础。

（2）科技革命使国际分工在广度和深度上都得到进一步的拓展，世界上绝大多数国家都被纳入国际分工体系，国际分工与贸易日益成为各国国民经济的重要组成部分。发达国家与发展中国家在原有的分工基础上，进一步发展了工业部门之间的分工；发达国家之间的产业内分工获得发展，跨国公司的国际化经营客观上促进了国家之间的产业间分工与产业内分工。国际分工的纵深化发展使国家之间的相互依赖程度不断提高、国际贸易的必要性不断提高，直接促进了国际贸易的发展。

（3）战后国际货币体系、关税与贸易总协定（GATT）的建立和健康运转也为国际贸易的快速发展提供了一个稳定的、可预见的、自由的外部贸易环境。固定汇率制度降低了国际贸易的汇率风险，关税与贸易总协定构筑的多边贸易体制不断降低贸易的关税与非关税壁垒，使贸易流动的障碍逐步被清除，这些都为国际贸易的顺利开展提供了有利条件。

第二阶段，国际贸易缓慢发展阶段。1975—1980年，世界贸易出口量年均增长率为

① WTO，International Trade Statistics，2005.

4%，远远低于20世纪六七十年代的水平。进入80年代后半期，国际贸易增长逐步恢复，整个80年代，世界贸易出口量年均增长率达到5%。这一阶段，国际贸易发展处于低缓状态主要基于两方面的原因：一是1973年以后，受经济周期的影响，发达国家经济转入低速增长，1968—1977年，整个工业发达国家GNP年均增长率为3.5%，1980年降到1.2%，1981年为1.4%，1982年出现负增长，为−0.4%。[①] 同时，发达国家经济低速增长也影响到对发达国家市场高度依赖的发展中国家的出口与进口。二是发达国家由于经济发展处于低迷状态，纷纷对贸易进行保护，严格限制进口，积极鼓励出口，贸易战此起彼伏，抑制了贸易的正常发展，使贸易增长速度低缓。此外，美元贬值使以美元计价的商品价格降低，也对世界出口额产生了负面影响。20世纪80年代后半期，发达国家经济开始复苏，带动了国际贸易的复苏，1986—1989年，国际贸易量年均增长率达到6.8%。

第三阶段，国际贸易重新进入快速增长时期。20世纪90年代以后，国际贸易增长波动很大，但总的来说是一个快速发展期，截止到2008年，剔除价格因素，除2001年外，其他年份货物与服务出口的增长速度均超过世界GDP的增长速度。[②] 这一阶段的增长主要归功于发达国家经济整体的复苏和东亚经济的高速增长，多边贸易体制和区域性经济贸易集团的发展也对国际贸易的增长做出了贡献。

第四阶段，国际贸易发展进入衰退和恢复增长期。2000—2007年，世界货物出口年均增长11.3%，超过1980—2000年的7.3%，2000—2007年世界货物与服务贸易年均增长12%，超过同期世界GDP增长速度。2008年秋季—2009年春季，全球货物贸易量下降20%，货物贸易从2009年第二季度开始恢复，2010年3月恢复到2008年峰值的80%。服务贸易恢复于2009年下半年，2010年第一季度确立升势。这一阶段呈现出来的增长特征由2008年开始蔓延的全球金融危机所致。[③]

在经历了6年的贸易低速增长后[④]，2017年，经济受投资拉动影响，贸易再度实现强劲增长，以贸易量测算，进口与出口平均增长率达到4.7%，突破了2011年以来年均3%的增长率[⑤]。

2020年，由于新冠疫情暴发，国际货物和服务贸易大幅下滑，以名义美元计算的全球货物与服务贸易额下降9.6%，全球GDP下降3.3%，为二战以来最严重的经济衰退。[⑥] 但是也应该看到，由于全球贸易体系固有的弹性，供应链能够迅速做出调整，2021年全球货物贸易逐步实现修复，货物出口贸易量增长8.4%，避免了陷入更为严重的经

---

① IMF，World Economic Outlook，October 1986；OECD，Observer，August/September 1987.

② WTO，International Trade Statistics，2005，2009.

③ WTO，International Trade Statistics，2010.

④ 美国次贷危机引发的全球金融危机带来全球2008—2011年的衰退，2009年，全球货物出口贸易量下降12%，全球GDP下降2%，全球货物贸易额下降22%，全球服务贸易额下降9%。全球货物出口2010年得到恢复，全球货物出口贸易量增长率为14%。2011年以后，欧洲债务危机重击世界贸易增长，受欧洲债务危机和地区政治紧张局势的影响，2012—2014年，全球货物贸易额年均增长1%，服务贸易的振动要小一些。资料来源：WTO，International Trade Statistics，2015。

⑤ WTO，World Trade Statistics Review，2018。2014—2016年世界贸易量增长率分别为2.7%、2.5%、1.8%。

⑥ WTO，World Trade Report，2021.

济衰退。[①] 2022 年，货物出口贸易量增长 2.3%，货物出口贸易额增长 12%。同期，服务贸易也获得了强劲的恢复与增长，2021 年、2022 年全球服务贸易额增长率分别达到 19%、15%。主要起因于全球商品价格上涨因素，2022 年全球贸易额的增长高于贸易量的增长。[②]

2. 制成品贸易成为国际贸易的主导

1950 年，制成品出口占世界商品出口总值的 34.9%，1953 年制成品在国际贸易中的比重首次超过初级产品，之后便呈现稳步攀升的势头，1960 年为 55%，1970 年为 65%。20 世纪 70 年代，两次石油提价使初级产品比重上升，制成品比重下降，从 1970 年的 65%下降到 1975 年的 57%。20 世纪 80 年代后，制成品贸易在稳步增加的同时，结构持续变化，2000 年，制成品贸易的比重提高到 74.8%，其中，资本、技术密集型产品和高附加价值产品在制成品中的比例迅速提高，机械设备出口已经占发达国家出口的1/3 以上，经济合作与发展组织（OECD）国家高新技术产品在制成品出口中的比重从 1992 年的 30%提高到 2000 年的 40%。[③] 同时，在制成品贸易中，纺织、服装等轻工业产品和钢铁等金属产品的比重在下降。

2020 年，制成品出口占世界货物出口的 71%，总额达到 12.1 万亿美元。由于新冠疫情导致对个人防护用品的需求剧增，2020 年世界纺织品出口在制成品出口中增长率位居第一，达到 16.0%。[④] 2022 年，由于能源价格的上涨，制成品出口占世界货物出口的比例降至 63%。[⑤]

值得注意的是，由于跨国公司国际生产体系的构建与发展，其产品增值过程依照各国家和地区的资源与政策优势进行布局，促进了国际分工的细化，未完成的中间产品在国家间往复过境，致使国际贸易中的中间产品比例迅速提高。2008 年，在世界非燃料产品出口贸易中，中间产品的比重高达 40%。个别国家和地区，如中国台湾地区，中间产品进口占总进口的 65%，中间产品出口占总出口的 71%，2019 年，这两个比重分别为 57%和 75%，事实上，中国台湾地区 2/3 的对外贸易属于中间产品贸易。[⑥] 2019 年，中间产品出口占世界货物出口的 43.98%，占进口的 45.57%；占美国出口的 45.46%，占美国进口的 36.93%；占中国出口的 44.65%，占中国进口的 60.60%；占日本出口的 50.15%，占日本进口的 39.13%。[⑦] 2021 年，中间产品出口占世界货物出口总额的 47.5%。[⑧] 以上数据充分说明，在主要贸易国家和地区的进出口贸易中，中间产品贸易均构成很大的比重，中国中间产品进出口比例的差异也凸显出中国对外贸易中加工贸易的重要地位。

---

① 2020 年，新冠疫情导致世界货物贸易额减少 8%，服务贸易额缩减 21%。资料来源：WTO，World Trade Statistics Review，2021。

② WTO，World Trade Statistics Review，2023.

③ 薛荣久. 国际贸易. 新编本. 北京：对外经济贸易大学出版社，2003：5.

④ WTO，World Trade Statistics Review，2021.

⑤ WTO，World Trade Statistics Review，2023. 能源价格上涨也限制了部分对制成品的需求。

⑥ UNCTAD，Trade and Development Report，2009；WTO，World Trade Statistical Review，2020，2021.

⑦ WTO，World Trade Statistics Review，2020.

⑧ WTO，World Trade Statistics Review，2022.

3. 服务贸易迅速发展，成为国际贸易的重要组成部分

战后的第三次产业革命使第一、第二产业部门劳动生产率大幅度提高，就业比重不断降低。同时，经济的发展促使一些直接服务于物质生产部门的服务业迅速发展。此外，经济发展带动了人均收入水平的提高，人们对服务的需求也在不断增大，从而促进了服务业整体快速发展，在国民经济中的比重迅速提高，服务业创造的产值在发达国家 GDP 中所占的比重均超过 50%，美国将近 70%。

以服务业迅速发展为物质基础，20 世纪 70 年代以来，服务贸易在国际贸易中的重要性也在不断提高。1970 年世界服务贸易出口额为 800 多亿美元，1980 年增加到 4 026 亿美元，1990 年更是增加到 8 962 亿美元，2000 年又翻了一番，达到 1.6 万亿美元，2010 年这一数字为 3.69 万亿美元，2020 年达到 4.91 万亿美元，2022 年达到 6.8 万亿美元。1985 年，服务贸易占国际贸易的比重为 16.1%，2004 年上升到 19.26%，后面的十几年里基本稳定在 20%左右的水平，2022 年升至 28%。① 在服务贸易中，通信、计算机与信息、保险与金融等行业所占比重持续上升，保险与金融所占比重已从 1980 年的 2.9%升至 2020 年的 13.90%。2010 年，在世界服务出口中，运输、旅游、其他商业服务所占比重分别为 21.3%、25.4%、53.3%。2020 年，受新冠疫情的影响，运输和旅游占服务贸易总额的比重下降，运输、旅游、其他商业服务所占比重分别为 19%、12%、69%②。2022 年，运输、旅游、其他商业服务占比分别为 21%、15.8%、59.7%③。

4. 发达国家仍然是国际贸易的主体，发达国家之间的贸易为国际贸易的主要流向

在国际货物出口贸易中，发达国家所占比重 1950 年为 66.0%，1980 年、1990 年、2000 年、2010 年、2020 年、2021 年分别为 71.2%、77.7%、70.5%、60.3%、56.9%、55.6%。④

在国际服务贸易中，发达国家也是主体。2005 年，发达国家在世界服务出口中所占比重达到 76.9%，2010 年为 72.0%，2015 年为 70.1%，2020 年为 71.8%⑤，2021 年为 72.8%⑥。

在发达国家中，美国始终处于全球最大贸易国地位，但在国际贸易中的比重却在持续下降。1947 年美国货物出口额占世界出口总额的 32.5%，当时的联邦德国、日本分别为 0.5%、0.4%。1960 年美国货物出口额占世界出口总额的比重降至 11.6%，2002 年继续降至 10.8%，2020 年降至 8.0%。2000 年，德国的相应比重为 9.5%，日本的为 6.5%。2022 年，美国、德国、日本相应占比分别为 8.3%、6.6%、3.0%。

进入 21 世纪，发达国家贸易地位滑落，中国贸易地位迅速崛起。1978 年中国改革开放后，对外贸易进入快速发展时期，1980—2000 年，中国在世界总出口中的比例从 0.9%升至 3.9%。2001 年中国加入世界贸易组织（WTO）后，随着贸易环境的改善，中国对外贸易实现超高速发展。2012 年中国占世界出口总额的比例已经达到 11.1%。

---

① WTO，World Trade Statistics Review，2023.

② 69%中包括与货物有关的服务 4%。资料来源：WTO，World Trade Statistics Review，2021。

③ 59.7%中包括与货物有关的服务 3.5%。资料来源：WTO，World Trade Statistics Review，2023。

④⑤ 联合国贸易和发展会议（UNCTAD）数据库。

⑥ UNCTAD，Handbook of Statistics，2022.

2013年中国跃居世界第一大货物贸易国。2022年，中国位列世界货物出口第一、进口第二，服务出口第三、进口第二。①

专栏1-1

2022年的中国对外贸易一览

据中国海关统计，2022年我国货物贸易进出口总值为42.07万亿元人民币，比2021年增长7.7%。其中，出口23.97万亿元，增长10.5%；进口18.1万亿元，增长4.3%。从贸易方式看，一般贸易进出口26.81万亿元，增长11.5%，占进出口总值的63.7%，较上年提升2.2个百分点。

2022年中国对外贸易发展呈现以下几个特点：

第一，外贸进出口展现强劲韧性。

2022年，我国外贸进出口在上年高基数基础上实现了稳定增长，展现了较强韧性。外贸保持增长的主要拉动因素有以下几个方面：

(1) 出口市场稳步拓展，主要产品竞争优势明显。

2022年中国对东盟、欧盟等主要贸易伙伴的出口都保持较快增长；新兴市场加速开拓，对"一带一路"沿线国家出口拉动整体出口增长6.1个百分点，对非洲、拉丁美洲出口分别增长14.8%、14.1%。

在产品上，2022年工业制品出口增长9.9%，拉动整体出口增长9.4个百分点，太阳能电池、锂电池、电动载人汽车等绿色低碳产品出口增速均超过60%，新的出口增长点表现突出。

据测算，当前我国出口的国际市场份额为14.7%，连续14年居全球首位。

(2) 进口有支撑，国内需求潜力大。

2022年，国内主要经济指标保持增长为进口增长提供了有力支撑。中间产品进口增长7.5%，拉动整体进口增长5.9个百分点。

第二，各类主体运行稳健。

2022年，我国有进出口实绩的外贸企业达59.8万家，增加5.6%。民营企业、外商投资企业、国有企业三大外贸主体充分发挥各自优势，进出口运行稳健。

2022年，有进出口实绩的民营外贸企业达51万家，进出口值达到21.4万亿元人民币，增长12.9%，进出口规模占比50.9%，同比提高2.3个百分点，占比首次超过一半，对外贸增长的贡献率达到80.8%。

2022年，外商投资企业进出口13.82万亿元，国有企业进出口6.77万亿元，分别占进出口总值的32.9%和16.1%。

第三，拓展新兴市场成效显著。

2022年，我国对东盟、欧盟、美国分别进出口6.52万亿元、5.65万亿元和5.05万亿元，分别增长15%、5.6%和3.7%。东盟已经连续3年成为中国第一大贸易伙伴。

2022年，我国对"一带一路"沿线国家贸易继续保持了快速增长，进出口13.83万

① WTO, International Trade Statistics, 2000-2015; WTO, World Trade Statistics Review, 2016-2023.

亿元，占外贸总值的 32.9%，提升 3.2 个百分点；进出口增长 19.4%，高出整体增速 11.7 个百分点。

2022 年，我国对《区域全面经济伙伴关系协定》（RCEP）其他 14 个成员国进出口 12.95 万亿元，占外贸总值的 30.8%；进出口增长 7.5%。

新兴市场重要性不断提升。

资料来源：根据杜海涛，张芳曼．我国进出口规模首次突破 40 万亿元（新数据新看点）．人民日报，2023-01-14 整理。

发达国家之间的贸易在国际贸易中的地位十分重要。20 世纪 60 年代，北美、西欧和日本之间的贸易占国际贸易总量的近 40%，1983 年，这一比重上升到 41%，1993 年将近 47%。2008 年，美国对欧盟、加拿大、日本的货物出口占其总出口的 46.5%，货物进口占其总进口的 40.4%；欧盟成员国对内部成员国、美国和日本的货物出口占其总出口的 74.5%，货物进口占其总进口的 69.6%。2020 年，发达国家货物总出口达 93 820 亿美元，其中出口到发达国家 65 850 亿美元，占 70.19%，制成品占 73%。2021 年这两个比重分别为 70%和 72%。2020 年，欧洲内部货物出口占其总出口的 68%[①]；美国对欧盟、加拿大、日本的货物出口占其总出口的 39.0%，货物进口占其总进口的 34.2%[②]。2022 年，欧盟贸易额的 65%属于内部进出口。

5. 区域性贸易迅速发展

区域性经济贸易集团的发展是第二次世界大战后世界经济发展中的一个亮点，先是 1958 年组建的欧洲经济共同体，之后是 1960 年的欧洲自由贸易联盟、1967 年的东南亚国家联盟（简称东盟）。20 世纪七八十年代，区域性经济贸易集团的发展基本处于停滞状态，从 80 年代中后期起，区域性经济贸易集团再度活跃，新的集团不断出现，如北美自由贸易区，以及世界最大的区域性组织——亚太经济合作组织（APEC，简称亚太经合组织）。2018 年《全面与进步跨太平洋伙伴关系协定》（CPTPP）生效。2022 年，《区域全面经济伙伴关系协定》（RCEP），一个包括 15 个成员国，占全球经济总量的 30%，具有全面、现代、高质量、互惠特征的自由贸易区协定生效并开始运行。

到目前为止，几乎所有的关税与贸易总协定/世界贸易组织的成员都参加了一个或多个区域性自由贸易协定。据统计，1948—1994 年，关税与贸易总协定成员共签订了 124 个区域性自由贸易协定。从 1995 年世界贸易组织成立到 2000 年，世界贸易组织一共收到了 100 多项成员参加区域性自由贸易组织的通知。2009 年，向世界贸易组织通告的区域性自由贸易协定有 37 个，为世界贸易组织成立以来通告最多的年份。截止到 2023 年 7 月底，已经向世界贸易组织通告并正在运行的区域性自由贸易协定有 360 个[③]，谈判过程中的和已经签署协定的有 37 个。[④]

---

① UNCTAD，Handbook of Statistics，2021.

② U. S. Bureau of Economic Analysis，BEA Data.

③ 360 个区域性自由贸易协定包括自由贸易协定（FTA）、经济一体化协定（EIA）、关税同盟（CU）、优惠贸易协定（PTA），它们分别依据 GATT 第 24 条、《服务贸易总协定》（GATS）第 5 条、授权条款等建立。

④ 世界贸易组织官网。

各种类型的经济贸易集团都在不同程度上在成员之间推行贸易自由化，极大地促进了成员之间贸易的开展。欧洲经济共同体区内货物出口比重 1958 年为 34.1%，1990 年上升至 59.1%，1999 年又升至 62.6%。2008 年，包括 27 个成员国的欧盟区内出口占总出口的比重为 67.4%，区内进口占总进口的比重为 63.5%。亚太经合组织内部贸易比例[①] 1980 年为 57.6%，2000 年达到 72.6%。同期，北美自由贸易区内部贸易比例从 33.6%升至 54.9%。2020 年，北美自由贸易区内部出口为 11 001 亿美元，占成员国总出口的 49.16%。2022 年，欧盟内部出口加进口占成员国对外总贸易的 65%。[②]

6. 各种类型国家的经济发展对贸易的依存度比较高

根据世界银行和世界贸易组织提供的数字，1965—1997 年，世界 GDP 年均增长率为 3.2%，同期世界货物与服务出口年均增长率为 5.7%；2006—2008 年，世界 GDP 年均增长率分别为 3.9%、3.7%、2.0%，同期世界出口年均增长率分别为 8.9%、5.5%、4.3%，导致世界贸易占世界 GDP 的比例迅速提高。从不同国家集团来看，发达国家 2006—2008 年 GDP 增长率分别为 2.8%、2.5%、0.7%，扣除价格因素的出口增长率分别为 8.3%、3.7%、3.2%，同期发展中国家 GDP 增长率分别为 7.2%、7.3%、5.4%，出口增长率分别为 10.5%、8.3%、4.7%，除 2008 年发展中国家出口增长速度低于 GDP 增长速度外，其余年份出口增长速度均超过 GDP 增长速度，由此导致各国对外贸易依存度均保持在较高水平。2007 年，世界货物与服务出口贸易额占世界 GDP 的比例为 32%。2021 年、2022 年这一比重分别为 29.3%、23.2%。[③]

7. 跨国公司成为国际贸易的主要力量

跨国公司的迅速发展构成第二次世界大战后世界经济发展的另一亮点。跨国公司通过对外直接投资在世界各地设立分支机构及子公司，从事产品的生产和服务的提供活动，它们构建的国际生产网络伸入世界各个角落，促成产品和服务的跨界流动，使其在国际贸易中占据重要地位。

与跨国公司有关的贸易包括两个部分：一个部分是外部贸易，即跨国公司与独立买者和卖者之间的贸易；另一个部分是公司内部贸易，指跨国公司母公司与海外分支机构之间，以及海外分支机构之间的贸易。2000 年，在美国进口贸易中，公司内部进口占比为：爱尔兰 76%，日本 74%，加拿大 44%，英国 48.8%。值得注意的是，公司内部贸易的比例也存在显著的行业差异，同样是在 2000 年，在美国进口贸易中，汽车及相关产品、化工及设备产品的内部进口比例均超过 70%（其中汽车电子系统为 73.2%，胶片及摄影材料为 81.5%，轮胎及轮胎零件为 76%，药物制剂为 74.9%，等等），计算机存储设备的内部进口比例也高达 77.9%。[④]

---

① 内部贸易比例＝(内部出口＋内部进口)/(出口总额＋进口总额)。

② UNCTAD 数据库。2020 年 1 月 31 日，英国正式脱欧。

③ 根据 UNCTAD 数据库整理。

④ A. B. Bernard，J. B. Jensen，S. J. Redding，and P. K. Schott，"Intra－firm Trade and Product Contractibility"，*American Economic Review：Papers and Proceedings*，2010，100（2）：444－448，also in http://www.nber.org/papers/w15881，NBER Working Paper 15881，April 2010.

2016 年，跨国公司海外分支机构的销售额为 375 700 亿美元，出口额为 68 120 亿美元（不包括母公司出口），同年世界贸易额（货物加服务）为 204 370 亿美元，跨国公司海外分支机构出口占世界总出口的 33.3%。①

第二节　国际贸易的基本概念

一、对外贸易与国际贸易

中国大学 MOOC（慕课）

国际贸易基本概念（一）

中国大学 MOOC（慕课）

国际贸易基本概念（二）

对外贸易（Foreign Trade）是指一国或地区同别国或地区进行的货物和服务交换活动，是从一个国家的角度来考察这种货物和服务的交换活动的。一些岛屿国家，如英国、日本等国也常用“海外贸易”来表述它们的对外贸易活动。从国际范围来看这种货物和服务交换活动，就称为国际贸易（International Trade）或世界贸易。国际贸易活动由各国的对外贸易活动构成。

广义的对外贸易包括服务贸易；狭义的对外贸易只包含货物贸易的内容。目前国际贸易中的主要构成部分仍然是货物贸易，1980 年，国际货物贸易占国际贸易总额的比重为 84.05%，2010 年为 80.08%，2020 年为 78.16%，2022 年为 78.1%②。③ 表 1-1 反映了 1992—2022 年国际货物贸易发展状况。

表 1-1　国际货物贸易额年均增长情况

	1992—1995 年	1995—2000 年	2000—2005 年	2005—2010 年	2010—2015 年	2015—2020 年	2020—2022 年
货物贸易额年均增长率（%）	11.3	3.65	11.42	6.26	1.51	2.69	18.79

资料来源：UNCTAD 数据库，2023.

二、对外贸易额与对外贸易量

对外贸易额又称对外贸易值（Value of Foreign Trade），由一国或地区一定时期的进口总额（货物与/或服务）与出口总额（货物与/或服务）构成，是反映一国对外贸易规模的重要指标之一。该指标一般采用国际上通行的货币表示，联合国编制和发表的世界各国对外贸易额的数字是以美元表示的，中国商务部公布的中国对外贸易额统计数字也以美元表示④，见表 1-2。

① UNCTAD，World Investment Report，2017.

② 2022 年国际贸易总额为 31 万亿美元，其中货物出口总额为 24.2 万亿美元，服务出口总额为 6.8 万亿美元。

③ WTO，International Trade Statistics，2005，2011；WTO，World Trade Statistics Review，2023.

④ 中国国家统计局公布的中国对外贸易额数字同时采用人民币与美元来表示。

表 1-2 入世后中国对外货物贸易额及增长状况

类别	2001 年		2011 年		2021 年		2022 年	
	金额（亿美元）	同比增长（%）	金额（亿美元）	同比增长（%）	金额（亿美元）	同比增长（%）	金额（亿美元）	同比增长（%）
进出口额	5 096.51	7.5	36 418.64	22.5	60 438.7	29.8	63 065.1	4.3
出口额	2 660.98	6.8	18 983.81	20.3	33 571.4	29.6	35 921.4	7
进口额	2 435.53	8.2	17 434.84	24.9	26 867.3	30	27 143.6	1

注：由于四舍五入的原因，个别数字合计有出入。全书同。2022 年的情况受到中美贸易摩擦、新冠疫情、俄乌冲突、国内经济与产业结构调整等多重因素的影响。

资料来源：中国商务部官方网站，2023.

把世界上所有国家的货物进口总额或货物出口总额按同一种货币单位换算后加在一起，即得到国际货物贸易额——世界货物进口总额或货物出口总额。由于一国的出口就是另一国的进口，因此，从世界范围来看，所有国家货物进口额的合计数字理应等于所有国家货物出口额的合计数字。但是，由于各国在进行货物贸易统计时一般都是按离岸价格（FOB，即起运港船上交货价，其中不包括保险费和运费：Free on Board，FOB）统计出口额，按到岸价格（CIF，即成本、保险费加运费：Cost，Insurance and Freight，CIF）统计进口额，因此世界货物出口总额总是小于世界货物进口总额。

与一个国家的进出口总额不同，世界进出口总额没有任何独立的经济意义，因为它经过了重复计算。通常所说的国际贸易额是指世界出口总额。

以货币表示的货物贸易额经常受到价格变动的影响，因而不能确切地反映一国对外贸易的实际规模的变化，不同时期的对外贸易额也无法直接进行比较。

国际贸易额也存在同样的问题，如 2004 年世界货物贸易量较上年增长了 9%，而货物贸易额的增长却达到了 21%。主要原因是初级产品价格和运输费用急剧上升，由价格上涨因素导致的货物贸易额的增长占到货物贸易额总增长的 50%以上。[①] 2000—2007 年，世界货物出口量年均增长 5.5%，而同期世界货物出口额年均增长达到 12%。[②] 2010 年，世界货物出口量增长 14%，世界货物出口额增长达到 22%。2019 年，世界货物出口量下降 0.1%，世界货物出口额缩减 3%。以上都是价格因素在起作用。所以，在实际工作中，往往用以固定年份为基期计算的进口或出口商品价格指数去调整当年的进口额或出口额，得到相当于按不变价格计算的进口额或出口额。用这种方法计算出来的对外货物贸易额已经剔除了价格变动的影响，单纯反映对外货物贸易的数量规模，被称为对外贸易量（Quantum of Foreign Merchandise Trade）。这一指标便于不同时期对外货物贸易额的比较。

那么，我们该如何运用价格指数对贸易额进行调整，以使其真正反映数量或规模的变化呢？

$$\text{对外贸易量}=\frac{\text{对外贸易额(进口或出口)}}{\text{进口或出口商品价格指数}}$$

① WTO，International Trade Statistics，2005.

② WTO，International Trade Statistics，2008.

假定2020年是报告期，2015年是基期，2020年的货物出口量是q_1，出口价格是p_1，2015年的货物出口量是q_0，出口价格是p_0，现在我们要计算以2015年为基期的2020年的对外贸易量（本例只涉及出口，反映进口或进出口的对外贸易量的调整方法相同），这里有两种计算方法。

方法一：

$$2020\text{年的对外贸易量(出口)}=\sum p_0 q_1$$

方法二：

$$2020\text{年的对外贸易量(出口)}=\frac{\text{出口贸易额}}{\text{出口商品价格指数}}=\frac{\sum p_1 q_1}{\dfrac{\sum p_1 q_1}{\sum p_0 q_1}}=\sum p_0 q_1$$

从上例可以看出，对外贸易量是用价格指数调整后的对外贸易额，它剔除了价格变化对对外贸易额的影响，相当于是按照不变价格或固定价格计算的报告期的对外贸易额，它主要反映贸易规模的状况，使得不同时期的对外贸易额可以直接进行比较。[①]

三、总贸易体系与专门贸易体系

总贸易体系与专门贸易体系是指国家进行对外货物贸易统计所采用的统计制度。

总贸易体系（General Trade System）亦称一般贸易体系；专门贸易体系（Special Trade System）亦称特殊贸易体系。

总贸易体系是以货物通过国境作为统计进出口货物的标准。据此，所有进入本国国境的货物一律计入进口贸易；所有离开本国国境的货物一律计入出口贸易。

专门贸易体系则是以货物经过结关作为统计进出口的标准。凡是通过海关结关进入境内的货物计入进口贸易，凡通过办理海关手续出口的货物计入出口贸易。

在专门贸易体系下，一国的货物进口包括：

（1）用于国内消费和使用的直接进口货物。

（2）用于国内消费和使用的从海关保税区域进入境内的进口货物。

（3）用于国内消费和使用的从经济特区（如自由贸易区、出口加工区等）进入境内的进口货物。

在专门贸易体系下，一国的货物出口指通过海关直接出口的货物，包括两部分：一部分是离开国境，直接出口到其他国家和地区的货物；另一部分是进入经济特区，但没有离开国境的货物。

一般来讲，一国的关境和国境是一致的，在这种情况下，依照关境还是国境对进出口货物进行统计，或者说依照总贸易体系还是专门贸易体系进行货物贸易统计没有差别。但现实中，一些国家在国境内设立自由贸易区、保税区、出口加工区等经济特区，还有

---

① 世界货物出口（进口）量指数是通过用出口（进口）值指数除以出口（进口）单价指数计算出来的，详细内容见第三章第三节“贸易条件”。

的国家通过签署协议建立关税同盟，这些都使关境与国境出现不一致。前者是关境小于国境，后者是关境大于国境，因而相关国家或地区是采用总贸易体系还是专门贸易体系对进出口货物进行统计，就会有很大的不同。

鉴于现实中存在的关境与国境不一致的现象，各国在进行货物贸易统计时采用的方法不同就有着实际的意义。联合国发布的各国对外货物贸易额的统计数字，一般均注明是按何种贸易统计体系编制的，如世界贸易组织每年发布的《世界贸易统计评论》(World Trade Statistical Review)[①] 中的国别贸易额采用国境标准。目前世界上多于半数的国家使用总贸易体系，如中国、美国等，其余的国家则采用专门贸易体系，如埃及，2006 年，埃及出口加工区来自和出口到其他国家的进口额、出口额都为 46 亿美元，但两个 46 亿美元并没有计入埃及当年的进出口额。

四、直接贸易、转口贸易与过境贸易

货物消费国、生产国[②]直接买卖货物的行为，称为直接贸易（Direct Trade）。货物从生产国直接卖给消费国，对生产国而言，是直接出口贸易；对消费国而言，是直接进口贸易。

转口贸易（Entrepot Trade）也称中转贸易。货物消费国与货物生产国通过第三国进行的贸易活动对生产国是间接出口贸易，对消费国是间接进口贸易，而对第三国而言，便是转口贸易。转口贸易的货物可以直接从生产国运送到消费国。在转口贸易中，转口贸易国进口货物但不是用于本国消费，出口货物却又不是真正的货物生产国。转口贸易的发生主要是因为转口贸易国地理位置优越、交通便利、通信设施发达、贸易限制少、结算便利且费用低，相对于其他国家或地区适于作为物流中心，另外转口贸易国的贸易商拥有丰富的商业信息和市场资源也是重要原因之一。世界上著名的转口贸易国或地区有新加坡、中国香港地区。目前，中国销往美国的商品有 50%以上是经由中国香港转口实现出口的。

专栏 1-2

香港的转口贸易

我国香港地区长期以来由于其狭小的本土市场和弱小的农业以及发达的金融、保险、资信、海运业，一直以转口贸易中心被整合进全球经济。许多产品进入香港，然后再出口到欧洲、美国及其他国家或地区。中国的对外开放和经济改革对香港转口贸易中心地位的稳固和发展起到了十分关键的作用。随着内地制成品出口的扩大，香港逐渐成为内地与世界其他国家和地区联系的前沿，20 世纪 70 年代，香港的转口贸易占全港对外贸易的近 20%，2002 年达到 91.3%，目前保持在约 90%的水平。中国与美国是两个最大的转口来源和市场，1998 年，中国对美国出口总额为 380 亿美元，经香港转口的就达到 310 亿美元，占中国对美国出口总额的 81.5%。2000 年以来，在中国的统计中，中国对

---

① 2016 年之前为 International Trade Statistics，2016 年改为 World Trade Statistics Review。

② 由于全球价值链的发展，产品依照生产工序进行切割，在世界不同国家和地区实现增值，这里的生产国不仅包括最终产品的生产国，更多的是指已经完成某一道或几道生产工序，需要将产品跨境转移到下一生产环节的国家或地区。

美国出口的70%左右、自美国进口的30%左右是经由香港转口实现的。

近年来，香港总出口中，转口一直占80%～90%的比例。

2022年，香港复出口达到5 922亿美元，占总出口的99%。

过境贸易（Transit Trade）指别国出口货物通过本国国境，未经加工改制，在基本保持原状的条件下运往另一国的贸易活动。过境贸易有两种类型。一种称为直接过境贸易，如在海运情况下，外国货物到港后，在海关的监管下，从一个港口通过国内航线装运到另一个港口，而后离境，有时，不需卸货转船。直接过境完全是为了转运而通过某国国境，承办过境的国家由此可获得与转运相关的费用。另一种为间接过境贸易，指外国货物到港后，先存入海关保税仓库，未经加工改制，然后从海关保税仓库提出，运出国境的活动。

过境货物均应按照过境国家海关的规定办理过境手续，有的还要向过境国交纳过境税，有些国家为了从过境贸易中获取收益，往往通过简化海关手续、免征过境税等措施来促进过境贸易的发展。

过境贸易与转口贸易的本质区别在于交易关系的确立不同。在过境贸易中，交易关系的确立是在出口国与进口国贸易商之间进行的，而在转口贸易情况下，转口贸易国的贸易商分别与出口国、进口国的贸易商订立买卖合同，达成实际交易。

五、货物贸易与服务贸易

对外贸易按商品形式与内容的不同，分为货物贸易（Goods Trade）和服务贸易（Service Trade）。国际贸易中的货物种类繁多，为便于统计，联合国秘书处起草了1950年版的《国际贸易标准分类》（SITC），并于1960年、1974年、1994年分别进行了修订，目前使用的是2006年的第四次修订版。

在最新的修订版本中，《国际贸易标准分类》把国际货物贸易共分为10大类、67章、262组。这10类商品分别为：食品及活动物（0类）；饮料及烟类（1类）；燃料以外的非食用原料（2类）；矿物燃料、润滑油及有关原料（3类）；动植物油、脂及蜡（4类）；未列名化学品及有关产品（5类）；主要按原料分类的制成品（6类）；机械及运输设备（7类）；杂项制品（8类）；没有分类的其他商品（9类）。在国际贸易统计中，一般把0～4类商品称为初级产品，把5～9类商品称为制成品。

关税与贸易总协定乌拉圭回合多边贸易谈判达成的《服务贸易总协定》（General Agreement on Trade in Service，GATS）依照服务的提供方式将国际服务贸易划分为四种形式：

（1）跨界供应（Cross-border Supply）。

从一参加方境内向任何其他参加方境内提供服务，以这种方式提供的服务，服务提供者和消费者均未进入对方的领土或界域。服务的交付可以通过电话、传真、互联网或其他计算机媒体的链接、电视，或者通过邮件和信使方式发送文件、软盘、磁带等。它类似于传统意义上的货物贸易，在交付产品时，消费者和服务提供者仍然各自滞留在本国领土上。

（2）境外消费（Consumption Abroad）。

在一参加方境内向任何其他参加方的服务消费者提供服务，是指一国居民消费者进入另一国获取服务的过程，如国际旅游、非居民的境外医疗、境外学习等，停留在其他国家的船只的维修也属于境外消费方式。

（3）商业存在（Commercial Presence）。

一参加方在其他任何参加方境内通过提供服务的实体的介入而提供服务，如银行或保险公司通过设立分支机构向当地的消费者提供服务。在境外的商业存在不仅包括严格意义上的法人，而且包括具有相同特征的法律实体，如办事处、分支机构。

（4）自然人流动（Movement of Personnel）。

一参加方的自然人在其他任何参加方境内提供服务，这里的自然人可以代表自己，也可以代表雇主（涉及自营人员和雇员），但都要进入消费者所在国家或地区提供服务，如艺人演出、公司派审计人员去国外公司进行审计、医生和教师在国外的短期就业等。

表1-3源自WTO官方统计数据，它一方面给出了各种服务提供方式涵盖的范围，另一方面反映出各种服务提供方式在国际服务贸易中的重要性。

表1-3 2014年各种服务贸易提供方式涵盖的范围（近似）

服务贸易提供方式	相关数据统计范围	在服务贸易中占有的比重
跨界供应	BOP统计：部分商业性服务（旅游和建筑服务除外）	27%
境外消费	BOP统计：旅游	15%
商业存在	FATS统计、BOP统计：部分建筑服务	53%
自然人流动	BOP统计：部分商业性服务（旅游除外） BOP统计：与劳动力有关的流动（补充信息）	不足5%

注：（1）FATS（Foreign Affiliated Trade in Services，外国附属机构服务贸易）指通过商业存在形式提供的服务。目前该数字只有OECD成员国和少数其他国家可以提供，其中包括中国。①

（2）BOP（Balance of Payments）：指国际收支平衡表，记录一国居民与非居民之间的国际交易。

资料来源：WTO，World Trade Statistics Review，2018.

国际服务贸易也按照部门进行分类，在这种分类中，国际服务贸易被总称为商业性服务（Commercial Services），具体包括以下几类。

（1）运输服务（Transportation Services）。

运输服务包括海运服务（Sea Transportation Services）、空运服务（Air Transportation Services），以及其他运输形式服务（Other Transportation Services），其中，其他运输形式服务包括陆地运输、国内水路运输和管道运输，涉及人员运送、货物移动以及利用相关设施和人员提供的与运输相关的服务。

（2）旅游服务（Travel Services）。

旅游服务包括两部分：

1）个人旅行者由于健康、受教育或其他原因获取的货物与服务。

2）商务旅行者由于健康、受教育或其他原因获取的货物与服务。

① 2017年，外国在华多数股权机构以商业存在方式提供的服务总额达到8 370亿美元，其中租赁与商务服务为1 900亿美元，房地产为1 440亿美元，信息、计算机及软件为1 370亿美元，批发与零售为1 300亿美元。2020年该服务总额达到1.22万亿美元，同年，中国企业海外机构以商业存在方式向当地提供的服务达1万亿美元，德国为6 613亿美元，法国为5 095亿美元，美国为1.74万亿美元。资料来源：WTO官方统计。

与其他形式的服务不同，旅游服务不属于特定一种类型的服务，而是依照旅行者消费的货物与服务进行分类，通常包括的货物与服务有住宿、食品与饮料、娱乐、交通（运输）、礼品、纪念品等。

(3) 其他商业性服务（Other Commercial Services）。

1）通信服务（Communication Services）。包括通信（Telecommunication）、邮政（Post）、递送（Courier）服务。

2）建筑服务（Construction Services）。

3）保险服务（Insurance Services）。

4）金融服务（Financial Services）。

5）计算机与信息服务（Computer and Information Services）。包括新闻机构提供的服务（News Agency Services）。

6）特许与许可服务（Royalties and Licence）。包括与无形非金融资产和财产权利利用相关的收入与支出，如专利、版权、商标、工业流程的使用，特许权的获得等。

7）其他商业服务（Other Business Services）。包括与货物贸易有关的服务（Trade-related Services）、经营性租赁（Operational Leasing）、杂务（Miscellaneous Business）、专业技术性服务（Professional and Technical Services），如法律、会计、管理咨询、公共关系、广告、市场调研、公共意见收集（Public Opinion Polling）、研究与开发、建筑设计、工程设计和其他技术性服务以及农业、矿业和其他露天作业设计等。

8）个人、文化与娱乐服务（Personal，Cultural and Recreational Services），如视听服务。

服务贸易多为无形的、不可储存的，且服务提供与消费同时进行，故其贸易额在各国海关统计中没有反映，部分体现在各国国际收支平衡表中。

2022 年，中国服务进口 4 650 亿美元，出口 4 241 亿美元，服务贸易呈现逆差。主要逆差项目包括旅游（−1 080 亿美元）、知识产权使用费（−311.6 亿美元）、运输（−239.4 亿美元）、保险（−164.2 亿美元）。主要顺差项目包括电信、计算机和信息服务（481.2 亿美元），其他商业服务（473.3 亿美元），建筑服务（206.4 亿美元），加工服务（200.4 亿美元）。[①]

2022 年，世界服务出口总额为 70 430 亿美元，其中与货物有关的服务为 2 450 亿美元，运输为 14 810 亿美元、旅游为 11 160 亿美元、其他商业服务为 42 020 亿美元，占比分别为 3.5%、21%、15.8%、59.7%。[②]

六、贸易差额

一定时期内一国出口总额（货物与/或服务）与进口总额（货物与/或服务）之间的差额称为贸易差额（Balance of Trade）。贸易差额用以表明一国对外贸易的收支状况。出口总额超过进口总额，称为贸易顺差，或贸易出超（Trade Surplus）；进口总额超过出口

---

① 参见 data.mofcom.gov.cn。

② WTO，World Trade Statistics Review，2023.

总额，称为贸易逆差，或贸易入超（Trade Deficit）。通常贸易顺差以正数“+”表示，贸易逆差以负数“-”表示。如出口总额与进口总额相等，则称为贸易平衡。图 1-2 反映了 1995—2022 年中国货物贸易顺差走势，2022 年，中国货物贸易顺差为 8 777.8 亿美元，服务贸易逆差为 409.9 亿美元，对外贸易总顺差为 8 367.9 亿美元。[①]

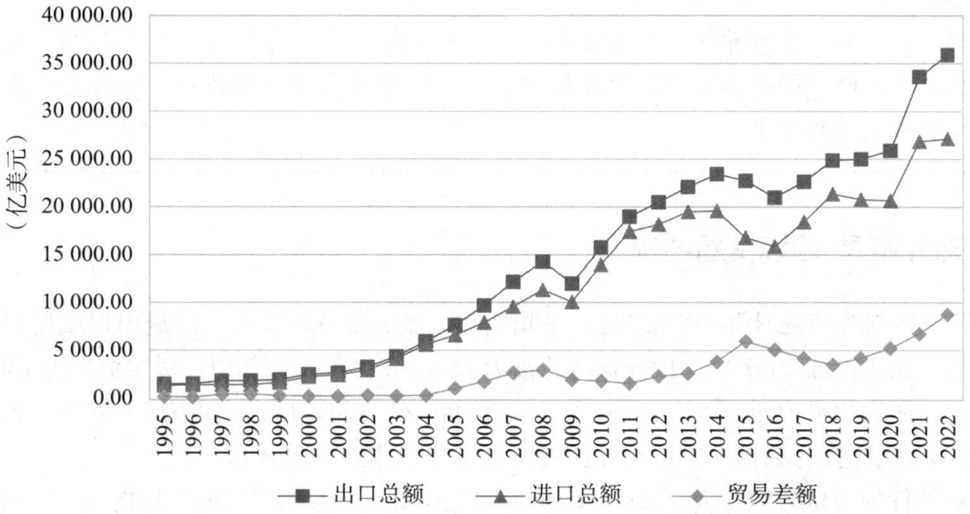

图 1-2 1995—2022 年中国货物贸易进出口总额及差额状况

资料来源：中华人民共和国商务部官网，2023.

一国的进出口贸易收支是其国际收支项目中最重要的组成部分，因而贸易差额状况对一国的国际收支有重大影响。

专栏 1-3

关于中美贸易差额存在的数字争议

长期以来，中美就双边贸易统计数字存在着争议，问题的源头可以追溯到贸易统计方法使用过程中存在的一些问题。

联合国推荐的贸易统计方法是：进口按照原产地（Country of Origin）标准，包括从原产地的直接进口和经由第三地的间接进口；出口按照最终国（Country of Last Know Destination）标准，包括货物直接出口到最终目的地和经由第三国转口到目的地。

正如我们在专栏 1-2 中提到的，中国方面统计，中国经香港地区实现的对美国出口约占 70%，进口约占 30%。

而美国方面统计，中国货物只有 20% 是直接运送到美国的，80% 经由第三地转口。[②]

---

① 参见 data.mofcom.gov.cn。

② 随着产业链在世界范围的延展，用总（或一般）贸易衡量双边贸易失去了意义，因为它不能真正反映双边贸易的实际情况。如，美国以 225 美元一部 iPhone7（32GB）的价格从中国进口 iPhone7，但在 225 美元的成本中，只有 5 美元的组装和测试成本发生在中国，剩余 220 美元成本完全发生在中国之外，包括亚洲（韩国、日本）、欧美。美国从中国进口 iPhone7 实际上是从许多国家进口，甚至包括美国，但是价值数十亿美元的 iPhone7 进口额却对美中双边贸易赤字做出了贡献。以地区增加值为基础对进口产品成本或加工进行分解更能准确地反映双边贸易关系。

美国统计对华贸易时，其进口由两部分构成，一部分直接得自中国，另一部分是经由第三地，特别是香港地区的间接进口。而在统计对华出口时，却只包括对中国的直接出口，经由香港地区、最终目的地是中国的出口部分却被忽略了，结果是，经由香港地区的转口贸易美国只计算了单边，从而人为地缩小了对华出口的规模，加大了美中贸易逆差的数字。

此外，香港地区为货物出口提供的服务使中国出口货值增加了30%～40%，美国在进行贸易统计时，将香港地区的增值部分也计入中国对美出口货值中，从而进一步加大了美中贸易逆差的数字。

七、对外贸易/国际贸易结构

广义的对外贸易/国际贸易结构，是指货物、服务及各大类在一国进出口或世界贸易中所占的比重，如2007年，世界贸易总额为169 090亿美元，其中，货物贸易为136 190亿美元，所占比重为80.54%；服务贸易为32 900亿美元，所占比重为19.46%。狭义的对外贸易/国际贸易结构，又称对外货物贸易/国际货物贸易结构。

对外货物贸易结构（Composition of Foreign Merchandise Trade）是指一定时期内一国进出口贸易中各类货物的构成，即某大类或某种货物进出口贸易额与整个进出口贸易额之比，以份额表示。对外货物贸易结构可以划分为出口结构和进口结构两种。表1-4为2022年中国对外货物贸易结构一览表。从表1-4可以看出，中国对外货物贸易出口结构中，初级产品仅占4.72%，其中主要出口产品为食品及活动物以及矿物燃料、润滑油及有关原料。工业制品在出口中居于主导地位，其比重达到95.28%，其中机械与运输设备比重为47.43%，占工业制品总出口的49.78%；排在第二位的是杂项制品，如皮革等劳动密集型产品，占工业制品总出口的22.10%。对外货物贸易进口结构中，初级产品比重为40.12%，主要集中在非食用原料（燃料除外）以及矿物燃料、润滑油及有关原料上。工业制品比重为59.88%，其中机械与运输设备进口占工业制品进口的57.93%。从表1-4还可以发现，中国对外货物贸易结构中，机械与运输设备无论在进口还是出口中都构成绝对大的比重。

表1-4 2022年中国对外货物贸易结构

商品构成（按SITC分类）	出口		进口	
	金额（亿美元）	份额（%）	金额（亿美元）	份额（%）
总值	2 535 936.01	100.00	27 159.99	100.00
一、初级产品	1 696.06	4.72	10 896.76	40.12
0类 食品及活动物	736.11	2.05	1 311.14	4.83
1类 饮料及烟类	30.69	0.085	70.69	0.26
2类 非食用原料（燃料除外）	250.31	0.70	4 032.81	14.85
3类 矿物燃料、润滑油及有关原料	643.29	1.79	5 352.91	19.71
4类 动、植物油脂及蜡	35.67	0.099	129.20	0.48

续表

商品构成（按 SITC 分类）	出口		进口	
	金额（亿美元）	份额（%）	金额（亿美元）	份额（%）
二、工业制品	34 239.95	95.28	16 263.23	59.88
5 类　化学成品及有关产品	3 133.22	8.72	2 664.22	9.81
6 类　按原料分类的制成品	5 999.82	16.70	1 979.09	7.30
7 类　机械及运输设备	17 047.33	47.43	9 421.12	34.69
8 类　杂项制品	7 567.48	21.06	1 354.40	4.98
9 类　未分类的商品	492.11	1.37	844.36	3.10

资料来源：中华人民共和国商务部官网，2023.

国际货物贸易结构（Composition of International Merchandise Trade）是指一定时期内各大类货物或某种货物在整个国际贸易中的比重，即各大类货物或某种货物贸易额（进口额、出口额或进出口总额）与整个世界贸易额（进口额、出口额或进出口总额）之比。2022 国际货物贸易出口结构见表 1-5。

表 1-5　2022 年国际货物贸易出口结构

货物类别	出口额（百万美元）	比重（%）
总额*	24 904 489	100.00
农产品	2 325 920	9.34
燃料及矿产品	5 157 564	20.71
制成品	15 287 978	61.39
其中：钢铁	627 765	2.52
化工产品	3 009 784	12.09
办公及通信设备产品	2 512 074	10.09
汽车产品	1 517 733	6.09
纺织品及服装	915 375	3.68

* 包括 8.56%的非界定产品。

资料来源：WTO 数据库，2023.

图 1-3 为 2022 年世界制成品出口结构。

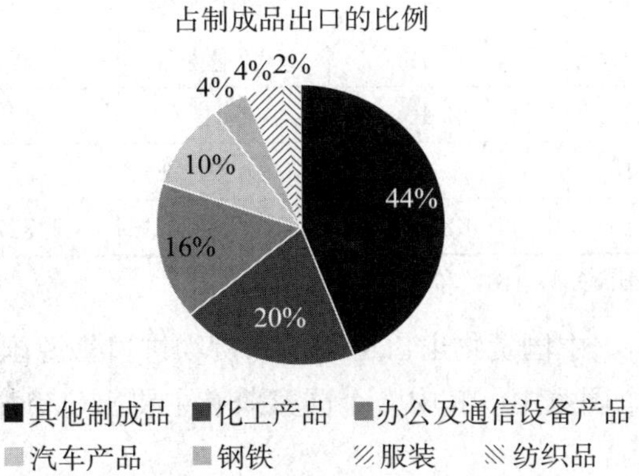

图 1-3　2022 年世界制成品出口结构

值得注意的是，国家或地区货物和服务进出口结构差异很大，例如2021年，世界制成品出口主要集中在北美、中美洲、欧洲、东亚、南亚地区，非洲地区货物出口的77%是初级产品，其进口的制成品是出口的3倍多。[①]

为便于比较分析，世界各国均按《国际贸易标准分类》（SITC）公布其对外货物贸易结构。多数国家发布的贸易结构数字包括出口货物（服务）结构、进口货物（服务）结构、进出口货物（服务）结构。美国公布的数字包括货物与服务贸易结构、进出口货物（服务）结构、高技术产品进出口结构等。

对外贸易/国际贸易结构可以反映出一国/世界的经济发展水平、产业结构状况和发展水平等。

八、对外贸易/国际贸易地理方向

对外贸易地理方向（Direction of Foreign Trade）又称对外贸易地区分布（Foreign Trade by Region）或国别构成，指一定时期内各个国家或国家集团在一国对外贸易中所占有的地位，通常以它们在该国进口额、出口额或进出口总额中的比重来表示。对外贸易地理方向指明一国出口货物和服务的去向以及进口货物和服务的来源，从而反映一国与其他国家或国家集团之间经济贸易联系的程度。一国的对外贸易地理方向通常受经济互补性、国际分工形式与贸易政策的影响。表1-6为2022年中国货物进出口贸易主要国别构成。

表1-6　2022年中国主要货物出口目的国和进口来源国

	出口额（亿美元）	在货物总出口中的占比（%）		进口额（亿美元）	在货物总进口中的占比（%）
总出口	35 921.40	100.00	总进口	27 143.60	100.00
美国	5 817.83	16.20	韩国	1 996.67	7.36
日本	1 729.27	4.81	日本	1 844.97	6.80
韩国	1 626.21	4.53	美国	1 776.44	6.54
印度	1 185.02	3.30	澳大利亚	1 420.91	5.23
荷兰	1 177.31	3.28	德国	1 113.99	4.10
德国	1 162.27	3.24	巴西	1 095.22	4.03
英国	815.45	2.27	沙特阿拉伯	780.46	2.88
澳大利亚	788.27	2.19	印度尼西亚	777.70	2.87
墨西哥	775.35	2.16	瑞士	497.14	1.83
印度尼西亚	713.18	1.99	加拿大	423.83	1.56
10国总计	15 790.16	43.96	10国总计	11 727.33	43.20

资料来源：中华人民共和国商务部官网，2023.

从表1-6可以看出，中国货物出口目的国和货物进口来源国比较集中，10个国家占比达到43%。在这10个国家中，其中6个国家兼有主要出口市场和主要来源国的地位。

---

① UNCTAD, Handbook of Statistics, 2022.

2020年，美国货物出口地区分布为：加拿大占17.9%，墨西哥占14.8%，巴西占2.4%，其他中南美洲国家占6.6%，欧盟占16.2%，中国占8.8%，日本占4.5%，其他国家和地区占28.8%。进口地区分布为：加拿大占11.7%，墨西哥占14.0%，巴西占1.0%，其他中南美洲国家占2.9%，欧盟占17.7%，中国占18.5%，日本占5.1%，韩国占3.3%，其他国家和地区占25.8%。从上述数字也可以看出中美贸易关系的紧密程度。中国在美国货物进出口中分别占18.5%和8.8%。①

2021年，美国服务出口地区构成中，欧盟占26.6%、加拿大占7.9%、瑞士占6.2%、中国占4.6%、新加坡占3.8%，5个国家和地区合计占49%；进口来源地区构成中，欧盟占24.2%、英国占10.8%、加拿大占6.6%、日本占5.3%、中国占5.3%，5个国家和地区合计占52.2%。②

2022年，美国货物主要出口市场排序为：加拿大、墨西哥、中国、日本。货物进口主要来源国排序为：中国、墨西哥、加拿大、日本。③

国际贸易地理方向又称国际贸易地区分布（International Trade by Region），用以表明世界各洲、各国或各个国家集团在国际贸易中所占的地位。计算各国在国际贸易中的比重，既可以计算各国的进、出口额在世界进、出口总额中的比重，也可以计算各国的进出口总额在世界进出口总额中的比重。表1-7、表1-8分别反映了2022年国际货物、服务贸易地区分布情况。

表1-7 2022年国际货物贸易地区分布

（国家或地区货物出口（进口）额占世界总出口（进口）额的比重，%）

国家与地区	货物出口比重	货物进口比重
世界	100.0	100.0
北美	13.3	18.3
美国	8.5	13.4
中南美洲	3.4	3.7
巴西	1.4	1.2
欧洲	35.8	36.9
独联体	3.0	1.6
非洲	2.7	2.9
中东	7.0	4.2
亚洲	35.1	32.5
日本	3.1	3.6
中国	14.8	10.8

资料来源：WTO，World Trade Statistical Review，2023.

① U.S. Bureau of Economic Analysis，U.S. International Trade in Goods and Services，March 2022.

② WTO，World Trade Statistical Review，2023.

③ 美国货物出口额地区分布为：加拿大3 564.53亿美元、墨西哥3 243.10亿美元、中国1 540.12亿美元、日本801.8亿美元；美国货物进口额地区分布为：中国5 363.07亿美元、墨西哥4 547.75亿美元、加拿大4 365.62亿美元、日本1 480.6亿美元。资料来源：美国商务部国际贸易管理局，2023.

表 1-8　2022 年国际服务贸易地区分布

（国家或地区服务出口（进口）额占世界总出口（进口）额的比重，%）

国家与地区	服务出口比重	服务进口比重
世界	100.00	100.00
北美	15.03	13.12
美国	12.78	10.32
中南美洲及加勒比	2.50	3.46
巴西	0.55	1.19
欧洲	50.04	46.86
独联体	1.28	1.72
非洲	1.76	2.75
中东	5.11	5.25
亚洲	24.28	26.84
日本	2.32	3.18
中国	6.00	7.08

资料来源：WTO，World Trade Statistical Review，2023.

表 1-9、表 1-10、表 1-11、表 1-12 分别列举出了 2022 年居于世界货物、服务出口/进口前 10 位的国家和地区。

表 1-9　2022 年居于世界货物出口前 10 位的国家和地区

排名	出口国家和地区	出口值（十亿美元）	占世界的比重（%）
1	中国	3 594	14.4
2	美国	2 065	8.3
3	德国	1 655	6.6
4	荷兰	966	3.9
5	日本	747	3.0
6	韩国	684	2.7
7	意大利	657	2.6
8	比利时	633	2.5
9	法国	618	2.5
10	中国香港	610	2.4

资料来源：WTO，World Trade Statistics Review，2023.

表 1-10　2022 年居于世界货物进口前 10 位的国家和地区

排名	进口国家和地区	进口值（十亿美元）	占世界的比重（%）
1	美国	3 376	13.2

续表

排名	进口国家和地区	进口值（十亿美元）	占世界的比重（%）
2	中国	2 716	10.6
3	德国	1 571	6.1
4	荷兰	899	3.5
5	日本	897	3.5
6	英国	824	3.2
7	法国	818	3.2
8	韩国	731	2.9
9	印度	723	2.8
10	意大利	689	2.7

资料来源：WTO，World Trade Statistics Review，2023.

表 1－11　2022 年居于世界服务出口前 10 位的国家和地区

排名	出口国家和地区	出口值（十亿美元）	占世界的比重（%）
1	美国	900	12.8
2	英国	492	7.0
3	中国	422	6.0
4	德国	406	5.8
5	爱尔兰	355	5.0
6	法国	336	4.8
7	印度	309	4.4
8	新加坡	291	4.1
9	荷兰	270	3.8
10	西班牙	167	2.4

资料来源：WTO，World Trade Statistics Review，2023.

表 1－12　2022 年居于世界服务进口前 10 位的国家和地区

排名	进口国家和地区	进口值（十亿美元）	占世界的比重（%）
1	美国	671	10.3
2	中国	461	7.1
3	德国	458	7.0
4	爱尔兰	373	5.7
5	英国	313	4.8
6	法国	286	4.4
7	荷兰	264	4.1

续表

排名	进口国家和地区	进口值（十亿美元）	占世界的比重（%）
8	新加坡	258	4.0
9	印度	249	3.8
10	日本	207	3.2

资料来源：WTO，World Trade Statistics Review，2023.

九、对外贸易依存度

对外贸易依存度又称对外贸易系数。以一国对外贸易额同该国 GNP 或 GDP 的比率来表示，用以反映一国经济发展对对外贸易的依赖程度。

$$对外贸易依存度=\frac{一国一定时期对外贸易额}{该国同期\ GDP\ 或\ GNP}\times 100\%$$

一国的对外贸易依存度可以用该国对外贸易额与该国 GNP 或 GDP 的比率直接反映，如中国对外贸易依存度 1990 年为 30%，2003 年达到 60.3%；也可以用该国的进口依存度和出口依存度来反映，用公式表示为：

$$出口依存度=\frac{一国一定时期出口额}{该国同期\ GDP\ 或\ GNP}\times 100\%$$

$$进口依存度=\frac{一国一定时期进口额}{该国同期\ GDP\ 或\ GNP}\times 100\%$$

2006 年世界出口依存度为 30%，2021 年为 29.3%。[1] 欧盟 2021 年对外贸易依存度为 21.5%[2]，中国 2022 年对外贸易依存度为 23.23%[3]。

中国大学 MOOC（慕课）

世界市场竞争力指标

十、贸易竞争力指数

在采用什么指标来测度一国产品或服务的国际竞争力方面，通常使用的测度指标包括：

（一）贸易专业化系数（Trade Specialization Coefficient，TSC）

贸易专业化系数的计算公式为：

$$TSC=\frac{X_i-M_i}{X_i+M_i}$$

式中，

[1] 出口额=货物出口额+服务出口额。根据 WTO 数据库数据进行整理。

[2] （货物贸易+服务贸易）/GDP。数据来自 WTO，Trade Policy Review：European Union，2023。

[3] 根据商务部官网的数据进行估算。2022 年 GDP 按照美元兑人民币汇率 1∶7 进行折算。

X_i：一国在 i 产品上的出口额；

M_i：一国在 i 产品上的进口额。

贸易竞争力指数大于 0，该国是 i 产品的净出口国，表明该国 i 产品的生产效率高于世界总体水平，具有贸易竞争优势，且数值越大，优势就越大。

贸易竞争力指数小于 0，该国是 i 产品的净进口国，表明该国 i 产品的生产效率低于世界总体水平，处于贸易竞争劣势，且绝对值越大，劣势就越明显。

贸易竞争力的数值在＋1 与－1 之间，包括两个点，TSC＝＋1 表明该国在 i 产品上只出口，不进口，实现完全的出口专业化，说明该国在 i 产品生产与出口上具有很强的竞争能力；TSC＝－1 表明该国在 i 产品上只进口，不出口，实现 i 产品的完全进口专业化，说明该国在 i 产品生产与出口上不具有竞争力。从 0 趋向于 1，说明竞争优势日益明显，竞争能力在增强；从 0 趋向于－1，说明竞争劣势增强，竞争能力在减弱。

（二）出口业绩相对指数（Index of Relative Export Performance，IREP）

出口业绩相对指数的计算公式为：

$$\mathrm{IREP}_{ij}=\frac{\dfrac{X_{ij}}{\sum\limits_{j}X_{ij}}}{\dfrac{\sum\limits_{i}X_{ij}}{\sum\limits_{i}\sum\limits_{j}X_{ij}}}$$

式中，

X_{ij}：j 国 i 产品出口额；

$\sum\limits_{j}X_{ij}$：世界各国 i 产品出口总额；

$\sum\limits_{i}X_{ij}$：j 国出口总额；

$\sum\limits_{i}\sum\limits_{j}X_{ij}$：世界出口总额。

公式中，分母的含义是 j 国出口总额在世界出口总额中所占的比例，分子的含义是 j 国 i 产品出口额在世界各国 i 产品出口总额中所占的比例。如果 IREP_{ij} 大于 1，说明 j 国 i 产品出口占世界各国 i 产品出口总额的比例大于 j 国出口总额占世界出口总额的比例，表明 j 国在 i 产品生产与出口上拥有竞争优势，享有竞争能力；如果 IREP_{ij} 小于 1，则表明 j 国在 i 产品上不具有出口竞争能力。

十一、净出口、净进口

世界上绝大多数国家或地区在某类商品上既有进口，也有出口。当一国或地区在某类商品贸易中出口额大于进口额时，就称该国在该类商品贸易中处于净出口国的位置，如果出口额小于进口额，就称该国在该类商品贸易中处于净进口国的位置。如 2020 年，中国办公与通信设备出口 6 900 亿美元，进口 5 100 亿美元，在纺织品贸易中，出口额为

1 540 亿美元，进口额为 140 亿美元，因而，中国在世界办公与通信设备贸易、纺织品贸易中均处于净出口国的位置，它也说明了中国办公与通信设备、纺织品在国际市场上都具有一定的竞争优势。

十二、复出口、复进口

复出口（Re-export）是指输入本国的外国货物未经加工再输出。复进口（Re-import）是指输出国外的本国货物未经加工再度输入国内。

2022 年中国的复进口额为 1 228.83 亿美元，占进口总额的 4.52%，主要集中于：

（1）电机、电气设备及其零件；录音机及放声机；电视图像、声音的录制和重放设备及其零件、附件（915.1 亿美元）。

（2）核反应堆、锅炉、机器、机械器具及零件（167.93 亿美元）。

（3）光学、照相、电影、计量、检验、医疗或外科用仪器及设备、精密仪器及设备；上述物品的零件、附件（27.69 亿美元）。

2022 年，新加坡复出口规模为 2 765.89 亿美元，中国香港地区更是达到 5 922.55 亿美元。[①]

本章小结

1. 对外贸易的产生需要具备两个条件：一是有可供交换的剩余产品；二是在各自为政的社会实体之间存在交换行为。对外贸易产生于原始社会末期。

2. 第二次产业革命后，欧洲、北美、日本、澳大利亚先后完成了工业化进程，实现了农业自然经济向资本主义工业经济的转变，并通过贸易使资本主义生产方式在全世界范围扩散开来，资本输出的发展强化了已形成的以欧美国家为主的现代工业经济与其他国家以自然条件为基础的农业、手工业传统经济组合而成的世界经济格局，使国际分工和国际贸易成为世界上多数国家经济生活中的必要组成部分，真正意义上的国际贸易或世界贸易产生了。

3. 要求掌握的国际贸易基本概念：对外贸易与国际贸易，对外贸易额与对外贸易量，总贸易体系与专门贸易体系，直接贸易、转口贸易与过境贸易，货物贸易与服务贸易，贸易差额，对外贸易/国际贸易结构，对外贸易/国际贸易地理方向，对外贸易依存度，贸易竞争力指数。

重要概念

国际贸易　对外贸易额　对外贸易量　总贸易体系
专门贸易体系　直接贸易　转口贸易　过境贸易
服务贸易　贸易差额　对外贸易/国际贸易结构　贸易竞争力指数
对外贸易/国际贸易地理方向　对外贸易依存度

① WTO，World Trade Statistics Review，2023.

测试题

1. 商品生产国与消费国通过第三国进行的贸易称为________。

A. 直接贸易　　B. 间接贸易　　C. 转口贸易　　D. 过境贸易

2. 反映对外贸易的实际规模，便于各个时期进行比较的指标是________。

A. 对外贸易额　　B. 对外贸易量

C. 对外贸易值　　D. 对外贸易依存度

3. 国际贸易额是________的总和。

A. 各国（地区）出口贸易额　　B. 各国（地区）进口贸易额

C. 各国（地区）进出口贸易额　　D. 各国（地区）总贸易额

4. 以货物通过关境为标准统计的进出口称为________。

A. 总贸易　　B. 专门贸易　　C. 过境贸易　　D. 转口贸易

5. 贸易顺差是指________。

A. 进口贸易额大于出口贸易额　　B. 进口贸易额小于出口贸易额

C. 国际收入大于国际支出　　D. 国际收入小于国际支出

6. 某年世界出口贸易额为1.6万亿美元，进口贸易额为1.7万亿美元，该年国际贸易额为________。

A. 3.3万亿美元　　B. 1.6万亿美元　　C. 1.7万亿美元　　D. 0.1万亿美元

计算题

1. A国GNP为10 000亿美元，货物和服务进口额为600亿美元、出口额为400亿美元，计算A国的对外贸易依存度、出口依存度和进口依存度。

思考题

1. 对外贸易的产生需要具备什么条件？

2. 为什么说地理大发现后贸易才具有“世界”的概念？

3. 什么是对外贸易量？它与对外贸易额是什么关系？

4. 转口贸易与过境贸易的区别是什么？

5. 什么是对外贸易依存度？它要说明什么问题？

案例分析

1. 以下四组数据摘自2006—2007年、2011年、2016年、2021年联合国贸易和发展会议出版的《统计手册》及数据库。

a. 货物出口额（FOB）　　单位：百万美元

	世界	发展中国家	中国
1980年	2 050 129	608 323	18 099

续表

	世界	发展中国家	中国
1990 年	3 495 675	843 068	62 091
2000 年	6 452 630	2 077 637	249 203
2005 年	10 502 735	3 856 814	761 953
2010 年	15 300 201	6 546 778	1 577 754
2015 年	16 558 206	7 505 990	2 273 468
2020 年	17 619 005	8 091 539	2 590 221

b. 货物进口额（CIF） 单位：百万美元

	世界	发展中国家	中国
1980 年	2 091 006	502 416	19 941
1990 年	3 609 255	799 639	53 345
2000 年	6 654 712	1 931 658	225 024
2005 年	10 778 217	3 459 892	659 953
2010 年	15 423 662	6 090 433	1 139 247
2015 年	16 733 016	7 149 204	1 679 566
2020 年	17 827 911	7 509 372	2 057 217

c. 服务出口额 单位：百万美元

	世界	发展中国家	中国
1980 年	3 956 605	73 390	—
1990 年	831 350	150 390	5 855
2000 年	1 521 980	352 040	30 431
2005 年	2 685 808	619 334	78 469
2010 年	3 971 178	1 110 064	1 783 398
2015 年	4 999 460	1 496 838	218 634
2020 年	4 984 187	1 110 064	280 629

d. 服务进口额 单位：百万美元

	世界	发展中国家	中国
1980 年	447 770	139 580	—
1990 年	875 190	193 760	4 352
2000 年	1 519 390	416 490	36 031
2005 年	2 627 789	754 035	83 971
2010 年	3 874 373	1 345 613	193 401
2015 年	4 894 948	1 889 565	435 541
2020 年	4 680 843	1 642 343	381 088

2. 根据提供的四组数据查找与计算：

（1）所列年份世界总出口额。

（2）所列年份世界总出口额中货物出口额所占比例。

（3）所列年份发展中国家总出口额占世界总出口额的比例。

（4）所列年份中国总出口额、总进口额及贸易总额。

（5）所列年份中国总出口额与总进口额中货物出口额与进口额所占比例。

（6）所列年份中国总出口额与总进口额分别占世界总出口额与总进口额的比例。

（7）所列年份中国货物总出口额与总进口额分别占世界货物总出口额与总进口额的比例。

（8）所列年份中国服务总出口额与总进口额分别占世界服务总出口额与总进口额的比例。

（9）所列年份中国总出口额与总进口额分别占发展中国家总出口额与总进口额的比例。

（10）所列年份中国货物总出口额与总进口额分别占发展中国家货物总出口额与总进口额的比例。

（11）所列年份中国的贸易差额状况（包括总贸易差额、货物贸易差额、服务贸易差额）。

3. 分析：

（1）世界贸易额、货物贸易额、服务贸易额的发展趋势。

（2）世界货物贸易额、服务贸易额在世界贸易额中的结构变化趋势。

（3）中国在世界贸易额、货物贸易额、服务贸易额中的地位变化趋势。

（4）中国在发展中国家贸易额、货物贸易额、服务贸易额中的地位变化趋势。

（5）中国贸易差额的变化趋势（包括货物贸易、服务贸易）。

拓展阅读

1800—1913 年美国对外贸易结构

第二章
国际分工

学习目标

国际分工是国际贸易的基础，国际分工及其发展决定着国际贸易的发展方向和结构特征，国家参与分工的方式也决定着该国能够获取的贸易利益。通过本章的学习，要求学生了解作为国际贸易基础的国际分工形成与发展的过程，理解和掌握影响国际分工形成与发展的主要因素，对国际分工与贸易理论有一个全面、系统的认识。

第一节　国际分工的产生与发展

一、国际分工的含义

中国大学 MOOC（慕课）

国际分工概述

国际分工是指世界各国之间的劳动分工。它是社会分工发展到一定阶段、国民经济内部分工超越国家界限发展的结果。国际分工是国际贸易和世界市场的基础，因为在国际商品交换的背后，隐藏着各国商品生产者之间的分工。可以说，没有国际分工——不管这种分工是由于自然条件的差异而产生的，还是由于社会经济条件而发生的——就没有国际贸易和世界市场。[①]

① 姚曾荫. 国际贸易概论. 北京：人民出版社，1987：80.

中国大学MOOC（慕课）

国际分工的分类

分工是一种社会范畴，历史上曾经出现过三次社会大分工，但只有在国家出现和社会生产力发展到一定水平后，才产生国际分工。社会分工—地域分工—国际分工整个发展进程是以社会生产力的发展为物质基础的，是社会生产力发展的结果。国际分工和国际贸易使各国之间形成相互依赖的关系。

二、国际分工的发展历程

国际分工的发展历史漫长，到目前，经历了萌芽、形成、发展和深化几个阶段。

（一）国际分工的萌芽阶段（16世纪—18世纪中期）

在前资本主义社会，自然经济占统治地位，生产力水平低下，各个民族、各个国家的生产方式和生活方式的差别较小，商品生产不发达，所以只存在不发达的社会分工和不发达的地域分工。

随着生产力的发展，11世纪欧洲城市兴起、手工业与农业进一步分离，商品经济有了较快的发展。特别是15世纪末至16世纪上半期的“地理大发现”和随后的殖民地开拓，使得市场范围扩大了，促进了家庭手工业向工场手工业的过渡，资本主义发展进入原始积累时期。在这一时期，西欧殖民主义者用暴力和超经济的强制手段，对拉丁美洲、亚洲和非洲进行掠夺。他们开发矿山，建立甘蔗、印度兰、烟草等农作物的种植园，生产和提供本国不能生产的农作物，扩大本国工业品的生产和出口，出现了宗主国与殖民地之间最初的分工形式，建立起早期的国际专业化生产。如当时盛行的三角贸易——由西非洲提供奴隶作为劳动力，西印度群岛生产并出口蔗糖和烟草，英国生产并出口工业品（毛织品、铁器、枪炮等），就属于典型的宗主国和殖民地之间分工的表现形式。

（二）国际分工的形成阶段（18世纪60年代—19世纪中期）

18世纪60年代到19世纪中期的第一次产业革命，使国际分工的发展进入形成阶段。

随着第一次产业革命的完成，英国等国建立起机器大工业和现代工厂制度，建立起资本主义生产体系，促进了社会分工和商品经济的发展，由此促成真正意义上的国际分工的形成。这一时期的国际分工具体呈现出如下特点：

首先，机器大工业的建立为国际分工的形成奠定了物质基础。

（1）机器大生产使生产能力和规模迅速扩张，源源不断地生产出来的商品使国内市场饱和，需要寻求新的销售市场。“不断扩大产品销路的需要，驱使资产阶级奔走于全球各地。它必须到处落户，到处开发，到处建立联系。”[①] 同时，商品生产的急剧膨胀引起对原料需求的增加，机器大工业的快速发展要求开辟丰裕的、廉价的原料来源，结果，机器大工业的发展对商品销售市场和充足原料来源的渴求导致机器大工业日益脱离本国基地，依赖于国外市场。

（2）机器大工业生产的物美价廉的商品和变革的运输方式成为英国资产阶级征服国

① 马克思，恩格斯．马克思恩格斯选集：第1卷．3版．北京：人民出版社，2012：404.

外市场的武器，使得其他国家按照英国生产和消费的需要改变它们的产业结构，成为原料产地和商品销售市场，如印度成为英国的棉花、羊毛、亚麻、蓝靛的产地。原来在一国范围内的城市与农村的分工、工业部门与农业部门的分工逐渐演化为世界城市与农村的分工、以先进技术为基础的工业国与以自然条件为基础的农业国之间的分工。

（3）机器大工业改革了传统的运输方式，提供了电报等现代化的通信工具，把原料生产国和工业品生产国联系在一起，使国际分工成为可能。

（4）机器大工业打破了以往地方和民族的自给自足与闭关自守的市场，把各种类型的国家卷入世界经济中。“一种和机器生产中心相适应的新的国际分工产生了，它使地球的一部分成为主要从事农业的生产地区，以服务于另一部分主要从事工业的生产地区。”①

其次，这一时期的国际分工基本上是以英国为中心形成的。由于英国首先完成了第一次产业革命，它的生产力和经济迅速发展，竞争能力大大加强。英国在实行全面的自由贸易政策以后，加强了对农产品、矿产品尤其是进口谷物和棉花的依赖，从而将亚、非、拉落后的农业、矿业经济逐步拉到国际分工和世界市场体系中来，进一步推动了国际分工的发展。当时的英国是“世界工厂”，如19世纪50年代，英国的制造商包揽了全世界的机器、火车车辆、铁路设备的制造。它垄断了世界贸易和世界航运②，英镑成为世界货币。对于当时英国在国际分工中的地位，一位英国学者曾经进行过生动的描述：“世界的1/5是我们的自愿进贡者；北美大平原和俄国是我们的谷物种植园，芝加哥和敖德萨是我们的谷仓；加拿大和波罗的海诸国是我们的森林；我们羊群的牧场在澳洲，我们的牛群在美洲；秘鲁把它的白银提供给我们；加利福尼亚和澳洲把自己的黄金提供给我们；中国人为我们种茶；而印度人把咖啡、茶叶和香料运到我们的海岸；法国和西班牙是我们的葡萄园，地中海沿岸是我们的果园；我们从北美合众国以及其他国家获得棉花。”③ 马克思也曾就英国当时所处的顶峰状态进行过描述，写道：英国是农业世界的伟大的工业中心，是工业太阳，日益增多的生产谷物和棉花的卫星都围绕着它运转。④

再次，随着国际分工的发展，世界市场上交换的商品日益为大宗商品所代替。这些商品包括小麦、棉花、羊毛、咖啡、铜、木材等。19世纪中期后，随着英国全面自由贸易政策的实施，英国加强了对棉花和谷物的进口依赖，其他资本主义国家也在程度不同地寻找、开发海外原料和食物资源，从而使得大宗商品在世界市场上的贸易额迅速增长。

最后，随着资本主义生产方式的确立和巩固，欧洲殖民国家推行国际专业化生产的手段也发生了改变，从过去的野蛮、暴力掠夺和超经济强制手段转向比较和平的贸易或经济方法，利用交换行为，逐步把亚、非、拉落后的农业经济逐一纳入国际分工体系。事实上，就对殖民地传统经济的破坏力而言，自由贸易远比野蛮强制、暴力掠夺更为彻底。发达国家“把它们的枪和剑变成工厂机器，并且现在在不流血的但是仍然可怕的贸易竞争中彼此搏斗”⑤。马克思指出：“英国起先是把印度的棉织品挤出了欧洲市场，然后

---

① 马克思，恩格斯．马克思恩格斯全集：第23卷．北京：人民出版社，1972：494-495

② 1870年，英国拥有的商船吨位居世界第一，超过荷、法、美、德、俄等国商船吨位的总和。

③ 姚曾荫．国际贸易概论．北京：人民出版社，1987：92.

④ 马克思，恩格斯．马克思恩格斯全集：第21卷．北京：人民出版社，1965：225.

⑤ 同③134.

是向印度斯坦输入棉纱，最后就使这个棉织品的祖国充满了英国的棉织品。”①

值得强调的是，19 世纪建立和发展起来的国际分工是一种垂直分工模式，是以先进技术为基础的工业国与以自然条件为基础的农业国之间的分工，是世界城市与世界农村的分工。②

（三）国际分工的发展阶段（19 世纪中期—第二次世界大战）

19 世纪 70 年代至 20 世纪初出现的第二次产业革命促进了机械、电报工业的迅速发展，石油、汽车、电力等工业相继建立，交通运输工具也获得长足发展，特别是苏伊士运河和巴拿马运河的建成、海底电缆的铺设，都大大地促进了资本主义生产的发展。1820—1870 年，世界工业生产增加了 9 倍，1870—1913 年增加了 4 倍。③ 铁路网的建设使内陆与港口连接起来，加上运输费用的下降、海洋新航线的开辟、先进通信手段的开发，历史上第一次使得各国的国内市场汇合为世界市场。在这个时期，垄断代替了自由竞争。资本输出成为主要的经济特征之一，发达的资本主义国家通过资本输出将资本主义生产移植、扩大到亚、非、拉国家，从而将其完全纳入资本主义生产体系。

综上所述，社会生产力的飞跃式发展与资本输出使得资本主义国际分工的重要形式——宗主国与殖民地半殖民地间的分工、工业产品生产国与初级产品（农产品、矿产品）生产国之间的分工日益加深，得以强化，导致国际分工体系最终形成。具体表现为以下几个方面：

首先，亚、非、拉国家的经济变为单一型经济，其经济发展主要依赖于一两种或两三种产品的生产和出口，从而造成了亚、非、拉国家经济的两种依赖性：一是经济生活依赖少数几种产品的生产和出口，如 1937 年，锡和钨的出口值占玻利维亚出口总值的 67.9%，香蕉和咖啡的出口值占洪都拉斯出口总值的 90.7%、占危地马拉的 87.4%、占哥斯达黎加的 90.3%；二是高度依赖世界市场，特别是工业发达国家的市场。亚、非、拉国家依靠几种产品的生产和出口换取所需要的工业制成品。落后国家对世界市场的这种双重依赖性导致其经济发展呈现出明显的脆弱性，发达国家的周期性经济波动会通过贸易渠道传导到这些国家，从而使这些国家也成为周期性波动经济的一部分。

其次，分工的中心从英国变为一组国家，扩展到包括美国、德国、法国等。它们之间也形成了以经济部门为基础的国际分工关系。1886 年，英国在世界出口中所占比重为 20%，1913 年下降到 13.1%，其他西欧和北美国家，特别是美国和德国在国际贸易中的地位迅速上升。

再次，随着国际分工体系的形成，世界各国之间的相互依赖关系加强了，除亚、非、拉国家之外，发达的资本主义国家也加强了对国际分工的依赖。对这种通过国际分工实

---

① 马克思，恩格斯．马克思恩格斯全集：第 9 卷．北京：人民出版社，1961：146－147.

② 也有一些学者认为第一次产业革命时期，亚、非、拉作为原料产地的贡献是微不足道的，因为英、美、法、德对于第一次产业革命所需要的原料和粮食如小麦、煤、铁矿石、棉花等基本上都能自给自足。当时发达国家与落后国家之间的贸易额很小。参见 W. A. Lewis，*The Evolution of the International Economic Order*，Princeton：Princeton University Press，1978：46。

③ 姚曾荫．国际贸易概论．北京：人民出版社，1987：95.

现的相互依赖关系，罗萨·卢森堡以德国为例做了生动的描述：“德国的产品大部分是输往其他国家及其他大陆的，以供他国居民需要，且其数额逐年不断增大。”“另一方面，德国国民不管在生产上还是在日常消费上，每一步都免不了依赖其他国家的产品。如我们吃俄国谷物制成的面包，匈牙利、丹麦及俄国家畜的肉类；我们消费的米，是从东印度及北美运来的；烟草是从荷领地东印度群岛及巴西运来的；我们还从西非获得可可豆；从印度获得胡椒；从美国获得猪油；从中国买到茶叶；从意大利、西班牙、美国买到水果；从巴西、中美、荷领地东印度群岛买到咖啡……。”①

最后，在现有分工格局的基础上，贸易方式也在发生变化，传统的国际定期集市、现场看货交易方式逐渐减少，代之以样品展览、商品交易所的产生和发展，此时的商品交易所开始依照商品大类品种实施专业化经营，并引入期货交易。1848年，美国芝加哥第一个谷物交易所诞生。1876年，伦敦有色金属交易所成立。

总之，在这一时期，随着国际分工体系的建立，参加国际分工的每一个国家都有许多部门首先是为世界市场生产的，而每一个国家消费的许多产品都源自世界市场，直接或间接凝结着许多国家劳动者的劳动。

（四）国际分工的深化阶段（第二次世界大战后）

第二次世界大战后，世界经济发生了重大变化，具体表现为几个方面：

（1）第三次产业革命以前所未有的力量对社会生产过程产生影响，其影响的广度和深度都是前两次产业革命无法相比的，科技革命造就了一系列新兴产业的建立，如电子、宇航、生物工程、原子能等，使产业产能迅速提高，产业日益呈现出多样化的特点，产业分工趋向细化。

（2）发达国家实施经济结构调整，大量“夕阳产业”外迁，大量高消耗、高污染、劳动密集型产业移入发展中国家，促进了发达国家与发展中国家之间的工业部门分工。

（3）大量新兴产业的建立和生产方式的改进，使得发达国家企业为突破资源和市场的约束，纷纷投资海外进行跨国界生产与经营，促进了资本流动和跨国公司的迅速发展，促进了资源在全球范围的有效配置，强化了国际范围的产业分工格局。

（4）非殖民化过程开始。许多殖民地、半殖民地取得政治上的独立，它们摆脱了殖民国家的政治统治，并力求通过发展民族经济维护政治上的独立。它们制定工业化发展战略，发展工业，引进外国的资本和技术，积极参与国际交换，改变了在国际分工体系中的地位，成为有着政治影响和自己经济利益的发展中国家。

（5）市场经济成为各国经济的主导形式，同一的市场规则在很大程度上清除掉了国家之间经济对接的障碍，提高了国家之间经济的交融性，有助于国际分工的发展。贸易政策趋于自由化，区域经济一体化的发展及多边贸易体制的建立使得国家之间的分工或国际分工从双边、多边层面得到有效促进。

第二次世界大战后，如上诸多因素共同作用，推动国际分工进入深化阶段。在这一阶段，国际分工呈现出以下几方面的特点：

---

① 卢森堡．国民经济学入门．北京：生活·读书·新知三联书店，1962：18-19.

（1）在国际分工格局中，工业国与工业国之间，或发达国家之间的分工居于主导地位。第二次世界大战前，工业制成品生产国与初级产品生产国间的分工居于主导地位，其次才是工业国与工业国间的分工。战后科学技术的迅速进步、发展与其他因素相互作用，共同改变了各种类型国家的经济发展现状，突出了发达国家在新兴产业、区域经济及世界经济中的领导地位，加强了发达国家之间的经济联系与依赖，改变了战前的国际分工格局，从而以自然资源为基础的分工逐步让位于以现代化工艺、技术为基础的分工，形成了以工业国之间的分工占据主导地位的国际分工格局。自20世纪60年代以来，发达国家之间贸易额占其对外贸易总额的比重一直保持在70%左右的水平[①]，这充分说明了发达国家之间由于分工的发展，经济的相互依赖程度已经达到很高的水平。

（2）发达国家间工业部门内分工和产品内分工有逐步增强的趋势。[②] 第二次世界大战前，在工业国家间的分工中，占主导地位的是各国不同工业部门之间的分工，如在钢铁、冶金、化学、机械制造、汽车、造船、造纸、纺织等产业间的分工。第二次世界大战后，随着科学技术的进步和社会分工的发展，原来的生产部门逐步细分，成为独立的产业部门。越来越多的次级部门跨越国界，形成国际上的产业内分工和产品内分工。目前，这些分工主要采取以下几种形式：

1）不同型号、不同规格产品的专业化分工。多数情况下，针对不同的消费群体，同样的产品往往具有不同的型号和规格，不同国家往往就同一产品存在不同型号或规格的分工和专业化生产，以适应市场的需要。例如，在拖拉机研发和生产方面，美国企业侧重发展大功率轮式和履带式拖拉机，这主要是基于美国土地辽阔、大面积耕种的要求；英国发展中型轮式拖拉机；德国关注小功率的轮式拖拉机。在轿车研究与开发和生产方面，美国重视宽大、舒适，日本关注用料节俭、低能源消耗，美日企业的这种差异与其所在国的资源条件、市场环境、消费者偏好以及企业在市场中的定位等因素有关。

2）零、配件和部件生产的专业化分工。由于各国科技工艺水平、资源条件、政策环境存在差异，一国在某一种零、配件或部件的生产上可能拥有优势，其他国家则对另一种零、配件或部件的生产可能拥有优势，因此就产生了零、配件或部件国家之间分工的必要，实现零、配件或部件的专业化生产。战后，这种形式的专业化生产，在许多产品的生产中得到广泛的推广。例如，飞机、原子能发电站设备、电子计算机、汽车、拖拉机、收音机、电视机等大批量生产所需的各种零、配件或部件往往在不同国家进行专业化生产，如波音747客机，其几百万个零部件分别是由位于60多个国家的500多家大企业和15 000多家中小企业参与生产提供的。

---

① 1960年、1970年、1980年、1990年、2001年相应的比例分别为69%、75%、69.7%、77%、71.3%。资料来源：UNCTAD，Development and Globalization：Facts and Figures，2004：53。

② 根据分工的产业特点，国际分工可以划分为产业间分工、产业内分工和产品内分工。产业间分工是不同产业部门之间的生产国际专业化，如农业、矿业、制造业之间的分工；资本密集型产业与劳动密集型产业的分工；产业内分工是指产品的不同型号和规格标准、生产过程的不同工艺、不同环节之间的生产国际专业化；产业内分工的纵深发展衍生出产品内分工，并促成其快速发展，其具体表现就是零部件中间贸易在国际贸易中的比重提升。产品内分工是指产业内分工进入产品内部，产品生产过程中不同工艺工序、不同区段、不同零部件基于各国的资源条件差异进行的专业化生产，是产品生产或增值的全过程在国际范围进行的专业化分工。

专栏 2-1

芭比娃娃生产过程中的国际分工

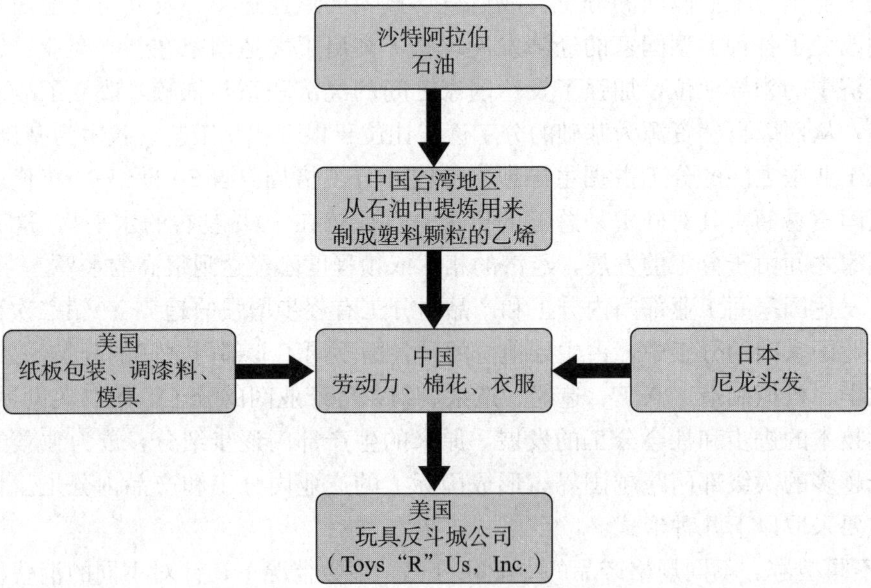

3）工艺过程的专业化分工。工艺过程的专业化分工是指不同国家对生产过程的不同阶段进行专业化分工。例如，在化学工业方面，某国一些工厂专门生产半成品，然后出口这些半成品，提供给设在其他国家的化工厂去生产各种化学制品。德国拜耳公司专门生产化工原料，提供给国内外化工企业去生产制造各种化学成品，就属于工艺过程专业化分工的典型。

（3）发达国家与发展中国家间的工业分工在发展，而工业国与农业国、矿业国的分工在削弱。从国际分工产生到第二次世界大战前，宗主国主要从事工业制成品的生产，而殖民地、附属国和落后国家则主要从事以自然条件为基础的农业或矿产的生产。战后的科技革命、发达国家的经济结构调整、发展中国家工业化战略的实施以及跨国公司的经营活动都导致某些工业产品的生产从发达国家向发展中国家转移，从而促进了发达国家与发展中国家之间工业分工的发展，出现了高精尖工业与一般工业的分工以及资本、技术密集型产品与劳动密集型产品的分工。

（4）区域性经济贸易集团成员国之间内部分工迅速发展。第二次世界大战后，经济一体化程度不同的区域性经济贸易组织或集团风起云涌，多数属于封闭式的一体化组织或集团，即对成员国和非成员国适用不同的政策措施。到目前为止，最为成功或者准确地说是经济一体化程度最高的区域性经济贸易集团当属欧盟。在众多的经济一体化组织或集团中，成员国之间贸易壁垒不断地降低，直至消除，但对于非成员国还保留高低不同的贸易壁垒，结果，一体化形成的内部市场促进了成员国之间资本、人员、商品、服务的流动，在某些情形下政府有意识地进行政策引导，更加深化发展了集团成员国之间的分工，这一特点通过集团成员国之间贸易的发展速度超过对集团外部国家贸易的发展速度，以及集团成员国之间贸易在集团总贸易中所占比例超过对外部国家贸易所占比例等数字就能清楚地反映出来。2022 年；欧盟内部货物出口占总货物出口的比例为 62.17%，内部进口占比 57.73%。①

（5）服务业国际分工逐渐形成。第二次世界大战前，国际分工主要局限于生产制造类产业部门，20 世纪 80 年代后，国际分工开始从有形商品领域发展到无形商品领域——服务。事实上，服务业国际分工的形成是以科技革命和生产制造业国际分工的发展为物质基础的。科技革命和生产制造业的发展使服务融入社会再生产的全过程。战后，科技革命导致一系列新兴服务部门的出现，如信息服务、计算机服务等。生产制造部门的急速发展则带动了直接为其提供服务的一些部门如银行、保险、运输、信息、咨询等的发展②，而后又将增长辐射到其他衍生服务部门，如教育、文化、娱乐、餐饮服务等部门。生产制造领域国际分工的迅速发展带动着服务业国际分工的发展，特别是跨国公司的发展，加速了服务业国际范围的扩张，形成依据竞争优势实现的服务业国际分工。

服务业的国际分工呈现出以下三个特点：

首先，发达国家仍是国际服务业的主体，在服务业国际分工中居于主导地位。发达国家 GNP、GDP 基数很大，其中服务业所占比重多数在 70%左右，个别国家如美国，服务业就业人数占就业总人数的比例在 1990 年已经达到 75%。发展中国家服务业发展水平要低得多，以 2004 年 GDP 居于世界第六的中国为例，服务业占 GDP 的比重不到 40%，服务出口仅占总出口的 22.2%。1980—2003 年，在世界服务贸易总额中，发达国家所占比例一直保持在 70%以上，发展中国家只占 18%～23%。③ 2020 年，发达国家占比 67.9%。④

其次，在服务业的国际分工中，发达国家在高技术投入、高资本投入、高人力资源投入、管理密集的服务业占据控制地位，如金融、保险、计算机信息、设计、咨询等部门。发展中国家在劳动密集型行业拥有优势，如建筑承包、劳务输出服务项目。

最后，发展中国家在服务业国际分工中参与程度不同，发展极度不平衡，只有少数国家在国际服务贸易中比较重要，多数国家微不足道。表 2-1、表 2-2 分别是 2022 年世界十大服务出口、进口国家和地区名单。在世界十大出口国家和地区中，中国列第三位，所占比重为 6.0%。排在第一、第二位的分别是美国、英国，它们在世界服务总出口中占有的比重分别为 12.8%、7.0%。在世界十大服务进口国家和地区中，中国位居第二位，占有的比重为 7.1%。排在第一的是美国，它在世界服务总进口中占有的比重为

---

① WTO，World Trade Statistics Review，2023.

② 近几十年来，生产性服务业成了世界经济中增长幅度最快的行业，尤其是在世界大城市的中心区发展势头迅猛。如 1984—1987 年伦敦中心区生产性服务部门在总就业中的比重从 11%上升到 18%，1989 年达到 20%，而其他行业却出现了下降趋势；20 世纪 80 年代以来，东京情报信息业、广告业、金融保险业等快速发展，90 年代末，金融保险业占东京国内生产总值的比重为 12.5%，比 80 年代初上升了约 6 个百分点；纽约 20 世纪 70 年代后期以来的经济高速发展主要得益于强大的生产性服务业。2005 年 6 月 11 日，中国上海第一个大规模的生产性服务业集聚区上海西郊生产性服务业集聚区在嘉定区江桥镇开工奠基。到 2010 年，该集聚区总投资额超过了 230 亿元，年交易额超过了 1 000 亿元，年税收超过了 60 亿元，成为全国“面积最大、规模最大、功能最全、辐射最广”的生产性服务业商务盆地。

③ UNCTAD，Development and Globalization：Facts and Figures，2004.

④ UNCTAD，Handbook of Statistics，2021.

10.3%。在世界服务总出口中，居前十位的国家和地区占比 56.1%，在世界服务总进口中，占比 54.4%。而发展中国家和地区分别占其中的 18.5%和 20.0%。

表 2-1　2022 年世界十大服务出口国家和地区

排名	出口国家和地区	出口值（十亿美元）	比重（%）
1	美国	900	12.8
2	英国	492	7.0
3	中国	422	6.0
4	德国	406	5.8
5	爱尔兰	355	5.0
6	法国	336	4.8
7	印度	309	4.4
8	新加坡	291	4.1
9	荷兰	270	3.8
10	西班牙	167	2.4

资料来源：WTO，World Trade Statistics Review，2023.

表 2-2　2022 年世界十大服务进口国家和地区

排名	进口国家和地区	进口值（十亿美元）	比重（%）
1	美国	671	10.3
2	中国	461	7.1
3	德国	458	7.0
4	爱尔兰	373	5.7
5	英国	313	4.8
6	法国	286	4.4
7	荷兰	264	4.1
8	新加坡	258	4.0
9	印度	249	3.8
10	日本	207	3.2

资料来源：WTO，World Trade Statistics Review，2023.

（6）跨国公司内部分工与外部分工构成国际分工的重要组成部分。内部分工指公司各构成实体之间的分工，分工可以是水平型的，如同种产品在不同国家的复制，或不同区位子公司间形成的零部件分工生产协作；也可以是垂直型的，如规模庞大的石油公司，其子公司分处于生产过程的不同阶段。外部分工指公司通过外包合同、长期买卖合同、企业合作而同外部企业建立的分工协作关系。跨国公司的跨国界生产活动在公司内部、外部形成有序的分工体系。跨国公司依照利润最大化原则安排其全球的生产经营活动，内部贸易和外部贸易就是跨国公司内部分工和外部分工的具体体现，由于跨国公司国际化经营的特性，这种内部分工和外部分工客观上就表现为跨国界的国际分工。实质上，第二次世界大战后国际分工快速发展的重要推动力量和载体是跨国公司。

2016年，跨国公司海外分支机构的销售额为375 700亿美元，出口额为68 120亿美元（不包括母公司出口），同年世界出口额（货物加服务）为204 370亿美元，跨国公司海外分支机构出口占世界总出口的33.3%。2019年，跨国公司海外分支机构的销售额为312 880亿美元，增加值为80 000亿美元，同年世界GDP总量为871 270亿美元，跨国公司海外分支机构增加值占世界GDP总量的9.18%。①

（7）价值链分工成为国际分工的新发展趋势。全球价值链是指商品和服务在创造过程中所经历的从开始到结束的各个连续的价值增值阶段或过程，包括研发设计、生产制造、销售、服务、最终消费和回收处理等诸多环节连成一体的全过程，同时也是所有参与者在其中参与价值创造和利润分配的过程。

由于这些环节和活动本质上就是一个价值创造过程，其前后有序的承接关系形成了整个价值链条。众多企业通过承担和履行不同环节的功能，获取各不相同的利润，协调实现该价值增值链条的持续性运作。

我们以苹果手机为例。苹果手机的主供货商为来自14个国家和地区的183家供货商，美国供货商主要提供核心芯片、内存和集成电路等核心零部件；日本供货商主要提供摄像等光学组件及显示面板；中国台湾地区供货商主要从事印刷电路板、中央处理器芯片的代工生产及最终组装。183家供货商中，共有748家工厂为苹果供货，分布于中国、奥地利、捷克、巴西、墨西哥、菲律宾、印度尼西亚等国家和地区，其中340家工厂设在中国。

苹果手机的供应链是全球性的，日本、美国、韩国和中国深度参与苹果手机产品内分工，中国在苹果手机全球价值链分工中有着重要地位，但盈利性比较差，所获利润不到总利润的5%。苹果手机的研发设计环节占据总利润的将近60%，这部分利润主要归属美国苹果公司及其美国紧密合作体。

随着国际生产网络的不断发展，产品的价值链在国家间不断延展细化，国际分工从行业间深化到行业内，进一步深化到同一产品的不同工序和环节，全球价值链分工逐渐成为国际分工的新发展趋势。

在全球价值链分工中，发达国家凭借其技术优势掌控着价值链上高附加值部分的生产与经营，如研发、营销等环节，发展中国家的企业则只能从事附加值较低环节的生产。② 价值链分工在全球范围内实现利益分配，对发达国家和发展中国家的产业结构产生了深刻影响。

第二节　国际分工形成与发展的影响因素

国际分工的发展要受到各种因素的影响和制约。影响国际分工形成和发展的因素主要

---

① UNCTAD, World Investment Report, 2020.

② 例如，货物贸易顺差在中国、利润在美国就是价值链分工现状的反映。

包括以下几个方面。

中国大学 MOOC（慕课）

国际分工的影响因素

一、社会生产力是国际分工形成与发展的决定性因素

（一）国际分工是生产力发展的必然结果

一切分工，其中包括国际分工，都是社会生产力发展的结果。生产力的增长是社会分工形成与发展的前提条件。它突出地表现在科学技术的重要作用上，迄今为止出现的三次产业革命都深刻地改变了许多生产领域，不断改善工艺技术、劳动过程和生产过程，使社会分工和国际分工随之发生变革。18 世纪 60 年代—19 世纪中期，欧洲各国相继完成了第一次产业革命，建立起机器大工业，改善了交通运输工具，消灭了古老的民族工业，使一切国家的生产和消费都具有世界性，出现了国际分工。19 世纪 70 年代开始的以电力的发现与应用为主要标志的第二次产业革命，导致一系列新的产业部门的建立，促进了生产的进一步发展，加速了资本的积聚与集中，资本输出成为重要的经济现象，使国际分工进一步发展，形成了资本主义国际分工体系。第二次世界大战以后，出现了第三次产业革命，它以原子能、电子技术为主要标志，使生产力的发展日益超越国家的界限，形成了生产与资本的国际化，催生了大量的跨国公司，推动国际分工发展成世界分工。这次科技革命使国际分工从产业之间扩大到产业内部，出现了各国在产品零、部件和工艺流程上的内部分工；使国际交通、通信工具不断革新，运输费用不断下降，其结果是，使全球经济成为完整的一体化经济。

（二）各国的生产力水平决定其在国际分工中的地位

历史上，英国最先完成了第一次产业革命，生产力得到巨大发展，使英国成为“世界工厂”，在国际分工中居于主导地位。继英国之后，欧美其他资本主义国家相继完成第一次产业革命，生产力迅速发展，与英国一道成为国际分工的中心与支配力量。第二次世界大战后，原来的殖民地、半殖民地在政治上取得独立，努力发展民族经济，生产力得到较快发展。一些新兴的工业化国家经济发展迅速，它们在国际分工中的不利地位正在逐步得到改善。

（三）生产力的发展对国际分工的形式、广度和深度起着决定性作用

随着生产力的发展，各种经济类型的国家都加入国际分工行列，国际分工已把各国紧密结合在一起，形成了世界性的分工。随着生产力的发展，各国参加国际分工的形式从“垂直型”向“水平型”和“混合型”过渡，出现了多类型、多层次的分工形式，国际分工纵深发展的结果是国际贸易中产品种类的多样化。2023 年，中国进出口税则的税目总数已经达到 8 948 个，编码全部达到 8 位。

（四）生产力的发展决定了国际分工的产品内容

随着生产力的发展，国际贸易中的工业制成品、高精尖产品不断增多；中间产品、技术贸易和服务贸易也出现在国际分工中。

(五) 技术在国际分工中的作用日渐显著

在许多产业中，竞争优势好像既不是由国家潜在的基本特征[①]决定的，也不是由大规模生产的静态优势决定的，而是由公司研究与开发活动所产生的知识和经验决定的[②]。

二、自然条件是国际分工产生与发展的基础

自然条件是一切经济活动的基础，没有一定的自然条件，进行任何经济活动都是困难的，甚至是不可能的。如矿产品只能在拥有大量矿藏的国家生产和出口。自然条件也决定某些特定的地区能种植某些种类的作物，而其他地区则不适宜种植这些作物。多数农作物如咖啡、茶叶、橡胶等的耕作，需要特殊的气候。

应当指出，自然条件对国际分工的确很重要，但是，随着生产力的发展，自然条件对国际分工的作用在逐渐减弱。因此，自然条件只提供国际分工的可能性，不提供现实性，要把可能性变为现实性，还需要以一定的生产力为条件。石油不能在没有石油的地区开采，但存在丰富石油的地区，只有在科学技术和生产力发展到一定阶段后，才能对石油进行充分的开发和利用。因此，在生产力与自然条件之间，前者居于主导地位。

三、资本流动，特别是战后跨国公司的兴起和发展成为国际分工向广度、深度、多层次发展的重要力量

从世界经济发展的历史来看，国际资本流动在国际分工体系形成与发展过程中发挥着重要作用。第二次产业革命以前所未有的物质创造能力极大地促进了资本主义生产方式的发展，资本主义经济发展从自由竞争进入垄断，发达国家国内市场被各种形式的协约、联盟瓜分，资本为寻求高利润和新的盈利机会就必须走出国门。此时的资本大多流向落后的国家和地区，进入农产品种植园，从事自然资源的开采和初级加工，投资于促进进出口贸易的金融、贸易、运输、保险领域，由此强化了旧有的国际分工格局，使发达国家与落后国家建立在自然基础上的分工获得发展，形成国际分工体系。这一时期，国际资本流动以间接资本输出为主，准确地说是以借贷资本输出为主，1914 年前，国际资本流动约 90%属于间接资本输出。

第二次世界大战后，国际资本流动对国际分工的作用更为明显。

首先，第二次世界大战后国际资本流动以对外直接投资（Foreign Direct Investment，FDI）为主体，FDI 占国际资本流动总量的 70%以上。发达国家既是 FDI 的主要输出国，也是 FDI 的主要东道国，各占 FDI 输出、输入的 70%左右。FDI 对发达国家的进入主要基于两方面的考虑：一是市场导向，目的是避开对方的贸易壁垒，占领当地市场，如美国、日本企业对西欧的大举进入与西欧经济一体化的建立和发展密切相关。二是资源导向，目的在于利用当地的各种可利用资源，如技术资源、人力资源、自然资源

---

① 如有熟练劳动力的国家倾向于出口技术密集型产品，土地资源丰富的国家出口农产品。

② 但在第二次世界大战以后，国际贸易的相当一部分不可简单地归因于出口这些产品的国家的潜在优势，相反，贸易更多地反映出一国在规模经济或激烈的技术竞争中暂时取得领先地位的优势。

等，充分发挥当地的资源优势，进入当地优势产业，在全球范围展开竞争。资源导向FDI的客观效果是加强了发达国家之间的分工，促进了发达国家之间贸易的发展。第二次世界大战后，发达国家之间货物贸易占世界货物贸易的70%以上，其中FDI功不可没。

其次，发达国家与发展中国家之间工业分工的发展也与FDI有着密切的关系。第二次世界大战后，发展中国家为促进民族经济发展，纷纷推行工业化战略，大力发展进口替代和出口导向工业，发展中国家政府在发展工业的过程中，积极引进外资，特别是FDI，而此时，发达国家的产业结构调整也促使发达国家将一些资源消耗大、劳动密集的产业外迁，由此发达国家的大量企业将资本转入发展中国家的工业部门，促进了发展中国家工业部门的发展，促使发达国家与发展中国家之间的工业分工获得发展。

最后，第二次世界大战后，产业内分工更与FDI有直接关系。FDI的物质载体是跨国公司，为追求资源配置效率最佳，它们实施多国投资、多国生产、多国协作、全球销售的经营战略，国内外分支机构之间形成分工协作关系，客观上促进了跨国界产业内分工和贸易的发展。第二次世界大战后，中间产品贸易构成国际贸易的很大比重，占发达国家制成品贸易的70%左右就是很好的说明。可以这样讲，第二次世界大战后国际分工发展的任何特征无不打上了FDI的烙印。

四、政府行为可以推进或延缓国际分工的发展

政府行为对国际分工的影响主要通过政府经济政策的制定与实施体现。首先，政府可以通过单边行动，调整和改变一国参与分工的方式和在国际分工中的地位。例如政府可以通过宏观经济政策特别是产业政策的制定，确立优先发展、扶持发展、维护发展、抑制发展产业目录，通过政策倾斜或导向，影响资源流向，改变或调整产业结构，从而对一国参与国际分工的方式和在国际分工中的地位产生影响。其次，政府可以通过与其他国家协商、缔约的方式，共同推进区域性分工、贸易的发展。现实中有许多实例，如欧洲经济一体化的发展，加强了成员国之间分工的发展和贸易的扩大。欧盟（欧共体）在实现关税同盟之初，1970年成员国内部贸易占集团总贸易的比例为59.5%，1980年为60.8%，1990年为65.9%，1992年底欧洲统一大市场建立以后，成员国之间的商品、服务、资本、人员流动的障碍基本清除，成员国之间贸易占集团总贸易的比重2002年达到61.0%。北美自由贸易区建立前，三国间贸易占总贸易的比重1970年为36%，建立后，在2002年达到56%。① 最后，政府通过参加国际组织、缔结国际协定可以改善并加强其在国际分工中的地位。如中国加入WTO后，整个贸易环境发生改变，趋向自由化，中国企业和商品可以更大程度地根据比较优势或竞争优势参与世界市场的角逐，更客观、准确地在国际分工体系中给自己定位。

总之，政府是奉行开放的政策还是封闭的政策，是实行自由贸易还是保护贸易，是积极参与多边行动还是独立作战，都将对一国参与分工的方式、在国际分工中的地位和获取的利益产生影响，甚至是决定性的影响。

① UNCTAD，Development and Globalization：Facts and Figures，2004：55.

值得注意的是，政府经济政策的制定与执行不是政府主观意志的体现，它反映着客观条件的要求，受一国资源条件、市场发育程度、产业结构、技术水平、经济发展水平、经济开放程度等因素的制约，当然一国的政体和政府领导人的思想、受教育背景、决策方式也会对经济政策的制定与执行产生影响，但是，违反客观规律和要求的经济政策是无法通过时间的检验的。

第三节　国际分工与贸易理论

早在16世纪，西欧重商主义就开始对国际贸易问题进行探讨。这一时期资本主义发展处于资本原始积累阶段，除在国内对农民进行剥削之外，国际贸易和海外掠夺成为西欧国家资本原始积累的重要手段，重商主义对贸易的研究主要集中在如何进行贸易上，具体地讲，如何通过限制进口、鼓励出口增加黄金或货币的流入，从而增加社会财富。重商主义是对国际贸易问题进行系统研究的开始。随着资本主义的发展，国际贸易理论的研究也获得发展，古典经济学的重要代表亚当·斯密（Adam Smith）、大卫·李嘉图（David Ricardo）以及后来的约翰·穆勒（John Mill）为国际分工理论奠定了基础，其论点至今仍支配着国际贸易理论的发展。

在约翰·穆勒后，经过马歇尔（A. Marshall）、埃奇沃思（F. Y. Edgeworth）、陶西格（F. W. Taussig）、瓦伊纳（J. Viner）、哈伯勒（G. Haberler）、俄林（B. Ohlin）等人的努力，国际分工理论获得进一步发展。

从亚当·斯密的绝对优势论到当代国际分工与贸易理论，国际分工与贸易理论的发展大体上经历了四个阶段：

第一阶段，古典国际贸易理论，以亚当·斯密的绝对优势论、李嘉图的比较优势论为代表。

第二阶段，新古典国际贸易理论及其扩展，以赫克歇尔、俄林的要素禀赋论为基础，并由萨缪尔森（Samuelson）、斯托尔珀（Stolper）、雷布津斯基（Rybczynski）加以扩展，里昂惕夫（Leontief）对要素禀赋论进行实证检验。

第三阶段，当代国际贸易理论，主要围绕里昂惕夫之谜和第二次世界大战后国际贸易发展中出现的新现象，如产业内贸易、发达国家之间的贸易、国家产业领先地位转移等问题，寻求理论上的解释，提出许多观点，如生产要素密集度逆转说、劳动熟练说、人力资本说、技术差距说、产品生命周期说、需求偏好相似说、产业内贸易说等。

第四阶段，新新贸易理论，学者开始将关注焦点从国家和产业层次移至企业主体层

中国大学MOOC（慕课）

国际贸易理论的研究框架

中国大学MOOC（慕课）

古典贸易理论

中国大学MOOC（慕课）

新古典贸易理论

中国大学MOOC（慕课）

新贸易理论

次，围绕企业异质性提出一系列相关学说，主要有以梅里兹（M. Melitz）为代表人物的异质企业贸易模型和以安特拉斯（P. Antràs）为代表人物的企业内生边界模型。

一、亚当·斯密的绝对优势论

（一）关于亚当·斯密

亚当·斯密（1723—1790年）是资产阶级经济学古典学派的主要奠基人之一，他第一次把经济科学主要领域的知识归结成一个统一和完整的体系，他也是国际分工与贸易理论的创始者。他处在从工场手工业向机器大工业过渡的时期，在其代表著作《国富论》中，整体贯穿着他的自由放任的市场经济思想，贸易思想是其整个自由竞争市场经济体系的一个有机组成部分。斯密认为，自由竞争和自由贸易是实行自由放任原则的主要内容。他通过对家庭和国家的对比分析来描述国际分工与贸易的必要性，由此提出他的国际分工与自由贸易的理论，对国际分工与贸易理论做出了重要贡献。

在对其理论的论述中，斯密首先分析了分工的利益。他认为分工可以提高劳动生产率，其原因在于：（1）分工能提高劳动的熟练程度；（2）分工使每个人专门从事某项作业，可以节省与生产没有直接关系的时间；（3）分工有利于发明创造和改进生产工具。

斯密认为，如果一件物品的购买成本小于自己生产的成本，那么就不应该自己生产，这是每一个精明的家长都知道的。裁缝不需要自己做鞋子，只需要向鞋匠购买就可以了；鞋匠也不需要自己裁制衣服，这一工作应留给裁缝，因为裁缝更擅长裁制衣服，生产的成本更低。

在斯密看来，适用于一国内部的不同职业之间、不同工种之间的分工原则，也适用于各国之间。他认为，每一个国家都有其适宜生产某些特定产品的绝对有利生产条件，去进行专业化生产，然后彼此进行交换，这对所有交换国家都是有利的。

在斯密的国际分工与贸易理论中，不论进口还是出口，都是市场上的一种自由交换行为，没有好坏、优劣之分，各方自由交换的结果是都能从交换中获得利益。

（二）绝对优势论的主要内容

斯密认为，国际分工与贸易的原因或基础是各国存在的劳动生产率和生产成本的绝对差别。如果一国在某种产品生产上具有比别国高的劳动生产率，该国在该种产品生产上就具有绝对优势；相反，如果一国在某种产品生产上具有比别国低的劳动生产率，该国在该种产品生产上就具有绝对劣势。至于导致劳动生产率存在差异的原因，斯密归结为历史条件和一国的地理环境、土壤、气候等因素所构成的自然条件。斯密认为各国都应集中生产并出口其具有劳动生产率和生产成本“绝对优势”的产品，进口其不具有“绝对优势”的产品，其结果要比没有依照“绝对优势”进行分工时有利。

那么，依照“绝对优势”进行分工与贸易，各参与国家得到了什么好处呢？为了说明参与分工的国家通过贸易能够取得的利益，斯密还举例予以说明。

假定英国、葡萄牙两国都生产葡萄酒和毛呢两种产品，如表2-3所示，依照斯密的“绝对优势”分工原则，英、葡两国进行分工。在本例中，绝对优势是通过“生产成本”

来衡量的，在英国，每单位葡萄酒需要的劳动投入是120人/年，在葡萄牙是80人/年，对于每单位毛呢，英国的生产成本是70人/年，葡萄牙的是110人/年。通过比较我们可以得知，葡萄酒的生产成本是英国的高于葡萄牙的，毛呢的生产成本是英国的低于葡萄牙的，英国的“绝对优势”产品是毛呢，葡萄牙的“绝对优势”产品是葡萄酒。分工前，英国和葡萄牙各享有1单位葡萄酒和1单位毛呢。世界产品总量是2单位葡萄酒和2单位毛呢。依照“绝对优势”分工原则，英国生产和出口毛呢，葡萄牙生产和出口葡萄酒。在现有劳动投入水平下，英国毛呢的生产总量是2.7单位，葡萄牙葡萄酒的生产总量是2.375单位。假定英、葡的“绝对劣势”产品拥有量与分工前一样，国际上，葡萄酒与毛呢的交换比价是1∶1，分工后，英国享有1单位葡萄酒、1.7单位毛呢，比分工前增加了0.7单位毛呢，葡萄牙享有1单位毛呢、1.375单位葡萄酒，比分工前增加了0.375单位葡萄酒。

至于交换比价为什么是1∶1，原因是国际交换比价必须介于英、葡两国国内交换比价之间，如果交换条件还不如国内有利，就会有国家退出交换，在本例中，英国的国内交换比价是1单位葡萄酒交换1.7单位毛呢，葡萄牙的国内交换比价是1单位葡萄酒交换0.7单位毛呢。如果以毛呢为基准，则英国国内交换比价是1单位毛呢交换0.59单位葡萄酒，葡萄牙是1单位毛呢交换1.375单位葡萄酒。英国用毛呢与葡萄牙交换葡萄酒，1单位毛呢换得葡萄酒的数量不能低于0.59单位葡萄酒，否则英国人宁愿在国内以毛呢交换葡萄酒。葡萄牙用葡萄酒交换英国的毛呢，1单位葡萄酒换得毛呢的数量不能低于0.7单位毛呢，同样，低于这一交换比价，葡萄牙人也会选择在国内以葡萄酒交换毛呢。1∶1的交换比价正好处于英、葡两国国内交换比价之间。

表2-3 绝对优势条件下的国际分工与贸易利益

	国家	葡萄酒产量（单位）	所需劳动投入（人/年）	毛呢产量（单位）	所需劳动投入（人/年）
分工前	英国	1	120	1	70
	葡萄牙	1	80	1	110
	总产量	2		2	
分工后	英国			2.7	190
	葡萄牙	2.375	190		
	总产量	2.375		2.7	
交换后	英国	1		1.7	
	葡萄牙	1.375		1	

值得注意的是，斯密认为，由于历史和自然禀赋条件的原因，一国在某种产品的生产上总会处于比其他国家有利的地位，这就是斯密分工理论的明显局限所在。在现实社会中，有些国家在生产所有产品上都具有效率，而有些国家在生产所有产品上都低效率，前者的每种产品都是绝对优势产品，后者的每种产品都是绝对劣势产品，这样一来，依照斯密的分工原则，两国之间就不存在贸易的可能性，而实际上贸易仍然会在两个国家之间进行，对于此类现象，斯密的理论无法给出解释。

由于这个理论是按各国绝对有利的生产条件进行国际分工，所以，斯密的分工理论又叫地域分工论（Theory of Territorial Division of Labor）或绝对成本论（Theory of Absolute Cost）。

二、大卫·李嘉图的比较优势论

大卫·李嘉图（1772—1823年）是英国第一次产业革命发展时期的经济学家，他对国际分工与贸易理论具有开创性的贡献，他是自由贸易的坚决支持者，在其代表著作《政治经济学及赋税原理》中，李嘉图以一个对国际贸易具有解释力的一般理论支持了自己自由贸易的观点，这就是比较优势论（也称比较成本论），从此，比较优势论成为人们广泛接受的"真理"，后来被无数经济学者引用并发展。[①]

（一）比较优势论的主要内容

李嘉图认为，国际贸易的利益在于，它"可以增加用收入所购买的物品的数量和种类"[②]。同斯密一样，李嘉图也强调进口带来的利益，但是他没有简单重复斯密提到的自由贸易的好处，而是将贸易理论系统化，具有更强的解释力，他从资源最有效配置的角度论证国际分工与贸易的必要性。

根据斯密的观点，国际分工应按照地域、自然条件及绝对的成本差异进行，即一个国家输出的产品一定是其在生产上具有绝对优势、生产成本绝对低的产品。但是，如果一个国家在各种产品生产上都处于绝对优势，而另一个国家却在各种产品生产上都处于绝对劣势，该怎么办？斯密的绝对优势论无法做出回答。李嘉图进一步发展了斯密的观点，他认为一个国家在各种产品生产上都处于绝对优势，另一国家都处于绝对劣势，但它们在不同产品生产上的优、劣势程度是不同的，具体表现为劳动生产率的差距是不同的。如绝对优势国家单位葡萄酒的生产成本为绝对劣势国家生产成本的50%，而棉布生产成本仅为绝对劣势国家生产成本的30%，对于绝对劣势国家而言，生产任何一种产品的生产成本都比绝对优势国家的生产成本高，但葡萄酒生产成本高出的程度小于棉布生产成本高出的程度。在此基础上，李嘉图提出了"比较优势"[③]"比较成本"的概念，他认为，国际分工与贸易的基础不限于劳动生产率的绝对差异，只要各国之间存在劳动生产率的相对差异，就会出现产品生产成本的相对差异，从而使不同国家在不同产品生产上具有"比较优势"。也就是说，一个国家不一定要生产各种产品，而应集中生产优势最大或劣势最小的产品，即比较优势产品，然后通过国际贸易，在资源要素投入不变的情况下，所生产产品的总量将增加，由此形成的国际分工对贸易各国都有利。

为了说明依据"比较成本"或"比较优势"原则进行分工交换，参加各国都可以获

---

① 约翰·伊特韦尔，默里·米尔盖特，彼得·纽曼. 新帕尔格雷夫经济学大辞典：第4卷. 北京：经济科学出版社，1996：196-214.

② 大卫·李嘉图. 政治经济学及赋税原理. 北京：商务印书馆，1962：112.

③ 事实上，比较优势的概念最早是由罗伯特·托伦斯（Robert Torrens）提出的，李嘉图进一步阐释、解读了这一概念并使之易于理解，所以人们在讨论这一问题时，只记住了李嘉图而不知道罗伯特·托伦斯。参见海闻，P. 林德特，王新奎. 国际贸易. 上海：上海人民出版社，2003：56-57。

得利益，李嘉图沿用了英国和葡萄牙的例子，但对条件做了一些改动，如表 2-4 所示。

表 2-4 比较优势条件下的国际分工与贸易利益

	国家	葡萄酒产量（单位）	所需劳动投入（人/年）	毛呢产量（单位）	所需劳动投入（人/年）
分工前	英国	1	120	1	100
	葡萄牙	1	80	1	90
分工后	英国			2.2	220
	葡萄牙	2.125	170		
交换后	英国	1		1.2	
	葡萄牙	1.125		1	

从表 2-4 中可以看出，葡萄牙单位葡萄酒和毛呢的生产成本分别是 80 人/年和 90 人/年，所需劳动投入均少于英国，从而英国在这两种产品的生产上都处于不利地位。根据斯密的绝对优势论，两国之间不会进行国际分工，从而也不会发生国际贸易。而李嘉图认为，葡萄牙生产每单位葡萄酒所需劳动投入比英国少 40 人/年，生产毛呢只少 10 人/年，即葡萄牙每单位葡萄酒的生产成本为英国的 0.67，每单位毛呢的生产成本为英国的 0.9。显然，葡萄牙在葡萄酒的生产上优势更大一些，虽然它在毛呢的生产上也具有优势；英国在两种产品的生产上都处于劣势，但在毛呢的生产上劣势小一些。根据李嘉图的论点，应依据“两优取最优，两劣取次劣”的原则进行分工和贸易，英国虽然在两种产品的生产上都处于绝对不利地位，但应取其不利程度较小的毛呢进行生产，葡萄牙虽然在两种产品的生产上都处于绝对有利地位，但应取其有利程度较大的葡萄酒进行生产。按这种原则进行国际分工，在两国劳动投入没有发生变化的条件下，两国产量都会增加，通过进行国际贸易，两国都会获得利益。在本例中，分工后，英国的毛呢产量达到 2.2 单位，葡萄牙的葡萄酒产量达到 2.125 单位，在各国保持需要交换产品的拥有量与分工前相同的情况下，也就是说，英国仍然拥有 1 单位葡萄酒，葡萄牙仍然拥有 1 单位毛呢，假定国际交换比价是 1∶1[①]，分工后两国拥有的产品总量都增加了，英国增加了 0.2 单位毛呢，葡萄牙增加了 0.125 单位葡萄酒。

至于为什么葡萄牙自己生产单位毛呢的成本是 90 人/年，却要去购买英国成本达到 100 人/年的毛呢，李嘉图自己的解释是，对于葡萄牙来说，与其挪用可以用来生产葡萄酒的要素去生产毛呢，还不如用这些要素去生产葡萄酒，因为由此可以从英国换得更多的毛呢。

归纳起来，李嘉图比较优势论的核心是贸易的原因或基础是劳动生产率的相对差别以及由此产生的相对成本的不同。它认为一国在产品的生产上不需要具有绝对优势，只要具有比较优势，就可以在要素投入不发生改变的条件下通过参与国际分工从贸易中获取利益，但贸易利益实现的前提必须是完全的自由贸易。

（二）对比较优势论的评价

（1）比较优势论在历史上曾起过进步的作用。它促进了当时英国的资本积累和生产

① 关于交换比价为什么选择 1∶1，在斯密的绝对优势论中已经作过解释。

力的发展。在这个理论的影响下，英国废除了《谷物法》，取得了自由贸易的胜利。

（2）这个理论的出发点是认为这个世界是一个静态均衡的世界，是一个各国间、各经济集团间利益和谐一致的世界。它认为资本主义国际分工和国际贸易是自然的、永恒的现象。与此相反，马克思主义认为，经济范畴及规律具有历史相对性。因此，资本主义的国际分工和国际贸易等经济范畴和经济现象具有历史暂时性，而不能被看做是永恒的规律。

（3）比较优势论的分析方法属于静态分析，李嘉图提出的基本假定中排除了经济发展、资本积累、技术进步等动态因素对比较优势产生的影响，把多变的经济抽象成为静态的、凝固的状态。

（4）比较优势论只是提出国际分工的一个依据，未能揭示国际分工形成与发展的主要原因。成本、自然条件等因素对国际分工的形成有一定的影响，但不是唯一的和根本的因素。实际上，生产力、科学技术、社会条件等都对国际分工有重要影响。

（5）比较优势论未能够揭示国际商品交换所依据的规律，即价值规律的国际内容，做出了"支配一个国家中商品相对价值的规则不能支配两个或更多国家间互相交换的商品的相对价值"① 的结论。认为由于资本在国际上不易流动，因此，各国之间的利润率无法趋于一致，这就是一个国家包含少量劳动的商品能够和另一个国家包含多量劳动的商品相互交换的原因。因而，一切外国商品的价值都是"由用来和它们交换的本国土地和劳动产品的数量来衡量的。所以，即使由于新市场的发现而使本国一定量的商品所能换得的外国商品数量增加一倍，我们所得的价值也不会更大"②。这样，他就把国际贸易中价值的决定问题转移为交换价值的决定问题，以交换价值来取代价值正是李嘉图的劳动价值论不完善的具体表现。

三、赫克歇尔-俄林的要素禀赋论

古典学派的国际分工与贸易理论在西方经济学界占支配地位达一个世纪之久。随着资本主义生产的迅速发展，多要素投入成为生产过程的普遍特征，研究投入-产出关系的经济理论获得发展，新古典经济学逐渐形成，随之在新古典框架下对国际贸易问题的分析得到发展。

在建立和发展新古典国际分工与贸易理论的过程中，许多学者做出了重大贡献，他们是赫克歇尔、俄林、保罗·萨缪尔森等，还有许多学者在拓展、验证新古典国际贸易理论方面做出了贡献，如斯托尔珀、雷布津斯基、里昂惕夫等。在众多学者中，贡献最大的还属赫克歇尔（1879—1952年）和俄林（1899—1979年）。赫克歇尔1919年发表的《对外贸易对收入分配的影响》被认为是要素禀赋论的起源，其中他探讨了各国资源要素禀赋与贸易发展模式之间的关系。③ 俄林的代表著作是《区际和国际贸易》。由于俄林的

① 大卫·李嘉图. 政治经济学及赋税原理. 北京：商务印书馆，1962：112.

② 同①108.

③ 约翰·伊特韦尔，默里·米尔盖特，彼得·纽曼. 新帕尔格雷夫经济学大辞典：第2卷. 北京：经济科学出版社，1996：666-667.

理论采用了赫克歇尔的主要观点，最终形成较完整的要素禀赋论（Factor Endowment Theory），因此这一理论又被称作赫克歇尔-俄林定理，或简称赫-俄定理（H-O 定理）。

（一）关于要素禀赋论

古典学派认为商品的价值是由生产商品所花费的劳动时间决定的。而以俄林为代表的新古典学派运用在互相依赖的生产结构中的多种生产要素的理论代替了古典学派的单一生产要素的理论。古典学派认为国际贸易发生的原因是各个国家在生产各种商品时劳动生产率的差异，而且各国劳动生产率及其差异都是固定不变的。俄林则在他的要素禀赋论中，为简化分析，假定各个国家在生产商品时所使用的生产技术是一样的，即生产函数相同，排除了各国劳动生产率的差异，把各国间要素禀赋的相对差异以及在生产各种商品时利用各种生产要素的强度的差异作为国际分工与贸易的基础。赫克歇尔曾写道："国际贸易的前提可以概括为进行交换的国家之间生产要素的相对稀缺程度和不同产品中所使用生产要素的不同比例。"①

要素禀赋论有狭义和广义之分。狭义的要素禀赋论是指生产要素供给比例说，也称 H-O 定理或模型，它通过对相互依存的价格体系的分析，用不同国家的生产诸要素的丰缺解释国际分工与贸易产生的原因和一国进出口商品结构的特点。广义的要素禀赋论，除生产要素供给比例说之外，还包括要素价格均等化定理、斯托尔珀-萨缪尔森定理、雷布津斯基定理。要素价格均等化定理研究国际贸易对要素价格的影响，说明国际贸易不仅使国际上的商品价格趋于均等化，还会使各国的要素价格趋于均等化。斯托尔珀-萨缪尔森定理揭示了分工、贸易对参与分工和贸易的国家收入分配的影响。雷布津斯基定理则关注一国资源禀赋条件的变化对该国产出及贸易的影响。它们是对赫克歇尔、俄林研究的拓展。

（二）赫克歇尔-俄林定理（生产要素供给比例说）

1. 主要结论

（1）每个区域或国家在国际分工与贸易体系中都应该生产和输出丰裕要素密集的商品，输入稀缺要素密集的商品。②

（2）区域贸易或国际贸易的直接原因是价格差别，即各个地区间或国家间商品价格不同。

（3）商品贸易趋向于（即使是部分地）消除工资、地租、利润等生产要素收入的国际差异，导致国际上商品价格和要素价格趋于均等化。

2. 结论推导

生产要素供给比例说结论的推导是从商品价格的国际绝对差开始逐层展开的。

---

① Eli Heckscher, "The Effect of Foreign Trade on the Distribution of Income", in H. Flam and M. J. Flanders (eds.), *Heckscher-Ohlin Trade Theory*, Cambridge, MA: The MIT Press, 1991.

② 丰裕是相对的概念，用资本劳动比率即人均资本来衡量。这样一国同另一国相比是资本丰裕国家，而同第三国相比又可能成为劳动丰裕国家。

（1）价格的国际绝对差。俄林认为，各国所生产的同样商品的价格绝对差是国际贸易发生的直接原因。

（2）成本的国际绝对差。俄林认为，价格的国际绝对差源自成本的国际绝对差。同一种商品的价格的国家之间的差别，主要是成本的差别。所以，成本的国际绝对差是国际贸易发生的第一个条件。

（3）不同的成本比例。俄林认为，国际贸易发生的第二个条件是两国国内商品的成本比例不同。

（4）相同的成本比例。俄林认为，如果两国的成本比例是相同的，一国的两种商品成本都按同一比例低于另一国，那么两国间只能发生暂时的贸易关系，直到两国的汇率变化使两国商品的单位成本完全相等（见表 2-5）。

表 2-5　相同成本比例条件下的国际贸易

	美国	英国
小麦的单位成本（美元）	1.00	2.00
成衣的单位成本（美元）	2.00	4.00

如表 2-5 中的数字所示，美国生产两种商品的单位成本都低于英国，并且低的程度相等，美国小麦的单位成本是英国的 50%，成衣也是英国的 50%，对于英国而言，任何一种商品从美国进口都比自己生产划算。于是，英国开始进口，以满足国内对两种商品的需求。随着进口的持续，美元的汇率就会上升，这意味着以英镑表示的美国商品价格将会上升，在汇率达到一定水平时，由于美国两种商品的成本同程度低于英国，最终导致两种商品以相同货币标价在两国的价格完全相同，两国的贸易就此终止。在本例中，美元升值一倍就会使两国同种商品的单位成本水平完全相等。因此，俄林认为，不同的成本比例即比较成本差异是国际贸易发生的重要条件。

（5）生产诸要素的不同的价格比例。为什么存在着比较成本的差异，即不同国家有不同的成本比例呢？俄林认为是因为各国国内的生产诸要素的价格比例不同。不同的商品是由不同的生产要素组合生产出来的，在每一个国家，商品的成本比例反映了它的生产诸要素的价格比例关系，也就是工资、地租、利息、利润之间的比例关系。由于各国的生产要素价格不同，因而就产生了成本比例的不同。

由于每种生产要素的价格都是由供给和需求决定的，因而两国的生产要素价格的比例关系不同，也就是两个国家生产诸要素的供给与需求存在着不同的比例关系。

（6）生产诸要素的不同的供求比例。各国在生产要素的供给方面是不相同的，即各国所拥有的各种要素的数量、种类和质量是不同的。国际贸易就建立在各个国家各种生产要素的多寡不同和价格高低不同的基础上。另外，即使生产诸要素的供给比例是相同的，对这些生产要素不同的需求也会导致生产诸要素的不同的价格比例，从而为国际贸易提供一个基础。

（7）国际分工与贸易的基础和利益。俄林从价格的国际绝对差出发，分析了成本的国际绝对差，又探讨了不同国家不同的成本比例，进而探讨了生产诸要素的不同的价格比例，最后分析了生产诸要素的不同的供给和需求比例。

他认为，在这个链条中，供给比例是最重要的环节，但没有一个单一的环节是国际贸易的最终的基础。各个环节之间的互相依赖关系决定了每个国家的价格结构。而各个国家的价格结构决定了它们在国际分工与贸易体系中的比较利益，同时这也就构成了国际分工与贸易的基础。

俄林还认为国际生产要素不能充分流动使生产达不到理想结果，但是商品的流动在一定程度上可以弥补国际上生产要素缺少流动性的不足，即通过国际贸易可以部分弥补国际上要素分配不均的缺陷。

（三）要素价格均等化定理（H-O-S 定理）

赫克歇尔和俄林不仅认为不同国家不同的要素禀赋是国际贸易发生的原因，而且还进一步探讨国际贸易将导致各国生产要素的相对价格和绝对价格均等化趋势，提出要素价格均等化定理（Factor-Price Equalization Theorem）。美国学者萨缪尔森发展了这一观点，他认为，国际要素价格均等化不仅是趋势，而且是必然。

鉴于萨缪尔森对赫克歇尔-俄林要素价格均等化观点的发展，因此要素价格均等化定理又称赫克歇尔-俄林-萨缪尔森定理（H-O-S Theorem）。从逻辑上讲，要素价格均等化定理属于赫-俄定理的推论。

按照这一定理，虽然生产要素在国际上不能自由流动，但国际上商品的自由流动将会导致相关国家的工人取得同等的实际工资，资本获取同等的利息，土地获得同等的地租。这是因为两国在实行分工和发生贸易之后，各自大量使用本国丰裕要素进行商品生产，从而使丰裕要素价格日趋上涨；同时，由于各自不断进口本国稀缺要素密集的外国产品，使本国稀缺要素价格不断下降。这样，通过国际贸易，两国间生产要素的价格差异不断缩小，要素价格最终趋向均等化。

但是，俄林认为，要素价格完全相同几乎不可能，要素价格均等只是一种趋势，其主要原因有以下几点：（1）影响市场价格的因素复杂多变，而不同地区的市场又存在差别，价格水平难以一致；（2）生产要素在国际上不能充分流动，即使在国内，也不能实现生产要素从一个部门向另一个部门的充分流动；（3）产业对几种要素的需求往往是"联合需求"，而且它们的结合不能任意改变，这种整体性和固定性的结合影响了要素价格的均等；（4）集中的大规模生产必然使一些地区要素价格相对较高，另一些地区要素价格相对较低，从而阻碍生产要素价格完全均等。

但是，萨缪尔森针对这一问题作了进一步的推论。他认为国际贸易将使不同国家间生产要素的相对价格和绝对价格均等化。这种均等化不是一种趋势，而是一种必然，"自由贸易不仅使两个贸易国家的商品价格相等，而且使两国生产要素的价格相等，最终两国工人获得同样的工资率，资本（或土地）获得同样的利润（或租金），而不管两国生产要素的供给和需求模式如何"①。

他认为，国际贸易会导致各种要素相对价格的完全均等化，是由于在多种要素相对

---

① P. A. Samuelson, "International Trade and the Equalisation of Factor Prices", *The Economic Journal*, 1948, 58 (230): 163-184.

价格有差异的情况下，贸易仍将持续扩大和发展，而贸易的扩大和发展将会减少两国间要素价格的差异，直到两国国内各种商品的相对价格完全均等化为止，这时就意味着两国国内各种要素的相对价格也完全均等化了。

他还进一步论证了两国要素绝对价格的均等化问题，在要素的相对价格均等化、商品市场和要素市场存在着完全的自由竞争以及两国使用同样的技术等条件下，国际贸易将会导致要素的绝对价格完全均等化。

他试图通过这一理论说明，国际贸易不仅可以合理配置资源、调整贸易和经济结构，而且还可以“改善”各国的收入分配不均、缩小彼此的经济差距。因此，这个理论又称要素报酬均等化理论。

（四）斯托尔珀-萨缪尔森定理（Stolper-Samuelson Theorem）①

斯托尔珀-萨缪尔森定理认为，在一国不存在完全专业化和要素密集度逆转的条件下，商品价格的变化将影响生产要素价格的变化。如果一种商品的相对价格提高，则将提高生产这种商品所密集使用的生产要素的价格，降低生产其他商品所密集使用的生产要素的价格。

这是因为若商品相对价格上升，则这种商品的产量增加，对密集使用的生产要素的需求增加。在生产要素的供给量既定的条件下，这种密集使用的生产要素的价格将上升。而其他商品的相对价格下降，商品产量减少，对密集使用的生产要素的需求减少。在生产要素的供给量既定的条件下，这种密集使用的生产要素的价格将下降。由于要素价格就是要素所有者的报酬，因此斯托尔珀-萨缪尔森定理也揭示出商品价格的变动和收入分配之间的关系。

根据斯托尔珀-萨缪尔森定理，随着国际贸易的进行，本国商品价格会发生变化，这种变化也将影响要素价格和收入分配，在一国内部形成贸易的既得利益者和利益受损者。这样造成的后果是，如果贸易提高了劳动密集型商品的相对价格，则劳动力的实际报酬将会提高，资本的实际报酬将会降低；但如果贸易提高了资本密集型商品的相对价格，则资本的实际报酬将会提高，劳动力的实际报酬将会降低。

依照 H-O 定理，一国应该生产和输出丰裕要素密集的产品，输入稀缺要素密集的商品。当一国出口丰裕要素密集型商品时，在国内商品供应给定的条件下，丰裕要素密集型商品的价格将逐渐提高，从而提高密集使用的丰裕要素的报酬。当一国进口稀缺要素密集型商品时，由于进口品的价格低廉而使本国同类商品面临的竞争加剧，生产产量减少，对稀缺生产要素的需求也随之减少，本国稀缺要素密集型商品的价格下跌，本国稀缺要素的价格也将下降。因此，贸易总是有利于相对丰裕的生产要素的所有者，不利于相对稀缺的生产要素的所有者。

因此，斯托尔珀-萨缪尔森定理认为，自由贸易不利于相对稀缺的生产要素的所有者，本国进口行业总是希望通过关税等贸易保护措施提高进口商品的价格，从而减少竞

---

① W. F. Stolper and P. A. Samuelson, “Protection and Real Wages”, *The Review of Economic Studies*, 1941, 9: 58-73.

争，提高本国同类商品的价格和稀缺要素所有者的报酬。

斯托尔珀-萨缪尔森定理进一步认为，生产要素价格变动的幅度会超过商品价格变动的幅度。

（五）雷布津斯基定理（Rybczynski Theorem）①

各国的生产要素禀赋不是固定不变的，会随时间推移而发生变化。一般而言，资本和技术积累较快，而劳动力增长较慢，土地和资源增长更慢且有限。雷布津斯基定理阐述了一国生产要素禀赋的变化对该国产出及国际贸易的影响。

雷布津斯基定理认为，如果商品的相对价格保持不变，则某种生产要素的增加将使密集使用该要素的商品产量增加，使密集使用其他生产要素的商品产量减少。举例来说，一国资本的增加会使资本密集型产品的生产增加，同时会减少劳动密集型产品的生产。为什么呢？因为资本的增加使资本的成本降低，并且资本密集型产品成本降低的程度大于劳动密集型产品，原因在于资本密集型产品使用资本的比例大，价格下降明显。利润的增加使资本密集型产品生产扩张。由于资本密集型产品生产的增加需要增量劳动要素的配合，这样，劳动密集型产业中的一部分劳动就会转移到资本密集型产业，从而导致资本密集型产品生产增加的同时，劳动密集型产品生产减少。

该定理还认为，如果密集使用增加要素的产品属于这个国家的比较优势产品，那么，随着这种要素供给量的增加，其产品的出口量也将相应增加。如果密集使用增加要素的产品不属于这个国家的比较优势产品，则随着这一要素供给的增加，该国会逐步增强对进口产品的生产能力，从而减少竞争性产品的进口；同时由于要素使用发生转移，在这种条件下该国比较优势产品的出口将会减少。

总之，当一种生产要素供给增加时，如果密集使用这种要素的产品是比较优势产品，那么该国的对外贸易量（出口与进口量）会增加，如果它不是比较优势产品，那么该国的对外贸易量（进口与出口量）会减少。

（六）对赫克歇尔-俄林要素禀赋论的评价

（1）在各国参加国际分工、专业化生产的依据上，赫克歇尔-俄林定理比李嘉图的比较优势论从体系上更为完整、全面。

（2）赫克歇尔-俄林定理正确地指出了生产要素拥有状况在各国对外贸易中的重要地位，指出了在各国的对外贸易竞争中，土地、劳动力、资本、技术等要素的结合所发挥的重要作用。

（3）赫克歇尔-俄林定理只能用来解释要素禀赋不同的国家间的分工与贸易行为。按照该理论，国际贸易应发生在要素禀赋不同的工业国家与初级产品生产国之间。国家之间要素禀赋差异越大，贸易机会就越多，贸易利益就越明显。但当代国际贸易的一个重要特点是，大量贸易发生在要素禀赋相似、需求格局接近的工业国之间。

（4）在赫克歇尔-俄林要素禀赋论的基础上，许多经济学家进一步分析了贸易对商品

---

① T. M. Rybczynski，“Factor Endowment and Relative Commodity Prices”，*Economica*，1955，22：336－341.

价格、要素价格及收入分配、产出与贸易模式的影响，同时逐步放松两要素-两产品分析假定，丰富和完善了要素禀赋论。

四、里昂惕夫反论与要素禀赋论的扩展

（一）对赫克歇尔-俄林要素禀赋论的实证检验——里昂惕夫反论

在赫克歇尔-俄林要素禀赋论提出后的一段时间里，H-O 定理成为解释第一次产业革命以后贸易产生原因的主要理论，人们普遍认为，各国的资源禀赋条件和生产产品的不同要素比例构成了国家之间贸易的主要原因。

美国学者里昂惕夫[①]在其 1953 年发表的论文中[②]，首次对 H-O 定理进行了实证检验。依照要素禀赋论，一个国家拥有较多的资本，就应该生产和输出资本密集型产品，而输入在本国生产中需要较多使用国内比较稀缺的劳动力要素的劳动密集型产品。基于以上认识，他利用投入-产出分析法对美国的对外贸易商品结构进行计算，来验证赫克歇尔-俄林定理。沿用赫克歇尔-俄林定理的假定，他把生产要素分为资本和劳动两种类型，对 200 种贸易商品进行分析，计算出每百万美元的出口商品和进口替代（或竞争）[③] 商品所使用的资本和劳动量，从而得到美国出口商品和进口替代（或竞争）商品的资本劳动比率，以反映商品的资本和劳动密集度。其计算结果见表 2-6。

表 2-6　美国出口商品和进口替代商品对国内资本和劳动的需要量

	1947 年		1951 年	
	出口	进口替代	出口	进口替代
资本（美元）	2 550 780	3 091 339	2 256 800	2 303 400
劳动（人/年）	182.313	170.004	173.91	167.81
资本劳动比率	13 991	18 184	12 977	13 726

从表 2-6 中可以看出，1947 年生产进口替代商品的资本劳动比率即人均资本使用量与生产出口商品的人均资本使用量的比率约为 1.30，这一数字说明美国出口商品的资本密集度低于进口替代商品，或者说美国出口商品的劳动密集度高于进口替代商品。这个验证结果正好与里昂惕夫的初始逻辑相反，他认为美国是资本相对丰裕的国家，如果赫-俄定理是正确的，美国进口商品的资本密集度就应该低于美国出口商品的资本密集度。而验证结果不是这样，正如里昂惕夫所言："美国参加国际分工是建立在劳动密集型生产

---

① 由于他的投入-产出分析法对经济学的杰出贡献，他获得了 1973 年诺贝尔经济学奖。他的主要著作有《投入-产出经济学》《生产要素比例和美国的贸易结构：进一步的理论和经济分析》等。

② W. W. Leontief, "Domestic Production and Foreign Trade: The American Capital Position Re-examined", *Proceedings of the American Philosophical Society*, 1953, 97: 332-349.

③ 进口替代或进口竞争行业是指国内存在的一些行业，这些行业的商品有进口，从而国内生产的商品与进口商品形成替代、竞争关系。计算国内生产的进口替代商品的资本劳动比率可以用来近似地表述进口商品的要素密集特征。

专业化基础上的，而不是建立在资本密集型生产专业化基础上的。”① 里昂惕夫发表其验证结果后，西方经济学界大为震惊，结论明显有悖于依照赫-俄定理应推演出的结论，因而将这个不解之谜称为“里昂惕夫之谜”或“里昂惕夫反论”，并掀起对赫-俄定理进行重新评价、进一步验证和探讨里昂惕夫之谜的热潮。一些人怀疑里昂惕夫的方法和数据存在错误，里昂惕夫自己也反复对方法和结论进行核对，证明无误。1956 年，里昂惕夫又根据美国 1951 年的数据再度进行实证检验（见表 2-6 中 1951 年的数据和比率），得出了相同的结果，美国出口商品的资本密集度低于美国进口替代商品的资本密集度，进口替代商品与出口商品资本劳动比率之比约为 1.06。鲍德温（Baldwin）1971 年对美国 1958—1962 年的数字进行检验，得出美国出口商品资本劳动比率与进口商品资本劳动比率之比为 0.79 的结论，里昂惕夫之谜仍然存在。一些经济学家，如沃尔、建元正弘，仿照里昂惕夫的做法对一些国家如加拿大、日本的对外贸易数据进行分析，结果发现，加拿大与日本出口商品的资本劳动比率高于进口商品的资本劳动比率，而这两个国家的主要贸易伙伴是美国，依照赫-俄定理，这个结论说明加拿大与日本从资源禀赋条件上相对于美国是资本丰裕的国家，这明显与事实不符。有学者对印度数据进行分析后发现，印度与世界上除美国之外的国家进行贸易时，其出口的是劳动密集型商品，进口的是资本密集型商品；而同美国进行贸易时，出口商品的资本劳动比率高于从美国进口的商品。对印度的研究结果一方面给予赫-俄定理以支持，另一方面又在前人之后，进一步证实了里昂惕夫之谜的存在。

（二）对里昂惕夫反论的解释及有关学说的发展

对于里昂惕夫之谜，西方经济学界提出了各种各样的解释，并在一定程度上带来了战后国际分工与贸易理论的发展。下面我们对具有代表性的解释与论点予以简述。

1. 生产要素密集度逆转说

赫-俄定理对要素密集的基本假定是，如果按照生产要素价格的某一比率，某商品的资本密集度高于另一商品，那么在所有的生产要素价格比率下，这一商品的资本密集度都高于另一商品。举例来说，在 A 国（劳动要素相对比较丰裕）的生产要素价格比率下，成衣是劳动密集型商品，在 B 国（资本要素相对比较丰裕）的生产要素价格比率下，成衣也是劳动密集型商品。但事实可能并非如此，B 国由于资本相对丰裕，可能在生产成衣中以资本取代劳动，也就是说，生产过程更多地使用资本而不是劳动，这样，在 B 国成衣就变为资本密集型商品。这就是典型的生产要素密集度逆转的例子。在这种情况下，可能会出现 B 国进口的商品在别国是劳动密集型商品，而在 B 国是资本密集型商品，B 国出口的商品在别国是资本密集型商品，而在 B 国是劳动密集型商品。这样一来，就有可能引发里昂惕夫之谜。因为在美国是资本密集型商品，如进口替代商品，可能在真正对美出口的国家却是劳动密集型商品。这一原因导致美国出口商品的资本密集度低于进口商品的资本密集度。

---

① W. W. Leontief, “Domestic Production and Foreign Trade: The American Capital Position Re-examined”, *Proceedings of the American Philosophical Society*, 1953, 97: 332-349.

里昂惕夫在计算美国出口商品的资本劳动比率时，采用的是美国本土的数字，而进口商品的资本劳动比率是用进口替代商品的资本劳动比率来代替的，所谓进口替代商品的资本劳动比率是指美国生产同类商品所需要的资本劳动比率，不是在原出口国生产该商品实际使用的资本劳动比率。因此，产生里昂惕夫之谜就不足为怪了。

但对这一解释的实证检验结果如何呢？明翰斯（Minhas）1962 年发表的研究结果表明，有大约 1/3 的研究样本中存在生产要素密集度逆转的情况。鲍尔（Ball）1966 年的研究结果则是生产要素密集度逆转在现实中少有发生。[①]

2. 劳动熟练说（Skilled Labor Theory）

劳动熟练说又称人类技能说（Human Skill Theory），最先是由里昂惕夫提出的，后由美国学者基辛（D. B. Keesing）加以发展，这一理论利用劳动效率和劳动熟练程度或技能的差异来解释里昂惕夫之谜。

里昂惕夫认为："谜"的产生可能是由于美国工人的劳动效率比其他国家高。他认为美国工人的劳动效率大约是其他国家工人的三倍。[②] 因此，如果以效率单位衡量劳动，美国就成为劳动要素相对丰富、资本要素相对稀缺的国家，则其出口商品的资本密集度低于进口商品的资本密集度就比较容易理解了。至于为什么美国工人的劳动效率比其他国家高，他认为这是由于美国企业管理水平较高，工人所受的教育和培训较多、较好，以及美国工人具有较强的进取精神。但是，有些学者却认为里昂惕夫的解释过于武断，一些研究表明，实际情况并非如此。例如，美国经济学家克雷宁（Krelnin）经过验证，认为美国工人的效率和欧洲工人相比，最多高出 1.2～1.5 倍，因此，里昂惕夫的这个论断通常不为人们所接受。

后来，美国经济学家基辛对这个问题进一步加以研究。他利用美国 1960 年的人口普查资料，将美国企业职工区分为熟练劳动力和非熟练劳动力两大类。熟练劳动力指科学家、工程师、经理人员、技术员、制图员、机械工人、电工、办事员、推销员、其他专业人员和熟练的手工操作工人等。非熟练劳动力指不熟练和半熟练工人。他还根据对劳动力的两大分类对 14 个国家的进出口商品结构进行分析，其结论是，资本较丰富的国家，如美国，倾向于出口熟练劳动密集型商品，资本较缺乏的国家，如印度，倾向于出口非熟练劳动密集型商品。基辛认为劳动熟练程度的不同是国际贸易发生的重要影响因素之一。

3. 人力资本说（Human Capital Theory）

人力资本说是美国学者凯南（P. B. Kenen）等人提出的，他们运用人力投资这一概念来解释里昂惕夫之谜。他们认为，生产过程中的劳动是不同质的，这种不同质表现为劳动效率的差异，这种差异主要是由劳动熟练程度决定的，而劳动熟练程度的高低，又取决于对劳动者进行培训、教育的开支和其他相关的开支水平，即对智力开发的投资，因此，高的劳动效率归根结底是对人力投资的结果。由此可以认为，商品生产所需的资本投入应包括有形资本和无形资本即人力资本。人力资本主要是指一国用于职业教育、技术培训等方面的资本。人力资本投入可提高劳动技能和专门知识水平，促进劳动生产

---

① 海闻，P. 林德特，王新奎. 国际贸易. 上海：上海人民出版社，2003：97-98.

② 这一说法没有得到经验研究的支持。

率的提高。由于美国投入了较多的人力资本，因而拥有更多的熟练劳动力，因此，美国出口商品含有较多的熟练劳动。如果把熟练劳动收入高出非熟练劳动收入的部分资本化，并同有形资本相加，那么经过这样的处理之后，美国出口商品的资本密集度就会高于进口商品的资本密集度。

根据可获得的数据，美国实物资本、高度熟练劳动力、中等熟练劳动力、不熟练劳动力占世界总要素的比例在 20 世纪 90 年代分别是 25.8%、28.5%、13.6%、0.5%。①美国熟练劳动力拥有量将近占世界总量的 1/3 弱。美国出口行业的工人平均工资高出进口替代行业 15%，可见美国劳动力以熟练劳动为特征，出口行业工人的人力资本投入要高于进口替代行业。②

人力资本说对劳动熟练说起到了一定的补充解释作用。

4. 技术差距说（Theory of Technological Gap）

技术差距说由美国学者波斯纳（M. U. Posner）提出，后经格鲁伯（W. Gruber）和弗农（R. Vernon）等人进一步论证，其主要论点是：技术领先的国家具有较强的开发新产品和新工艺的能力，形成或扩大了国际上的技术差距，从而有可能暂时享有生产和出口某类高技术产品的比较优势。

波斯纳认为，人力资源是过去对教育和培训进行投资的结果，因而可以将其作为一种资本或独立的生产要素，而技术是过去对研究与开发进行投资的结果，也可以作为一种资本或独立的生产要素。但是，由于各国技术投资和技术革新的进展不一致，因而存在着一定的技术差距。这样就使得技术资源相对丰裕或者在技术发展中处于领先地位的国家，有可能享有生产和出口技术密集型产品的比较优势。

为进一步论证，格鲁伯和弗农等人根据 1962 年美国 19 个产业的有关资料进行统计分析，发现其中 5 个具有高技术水平的产业（运输、电器、工具、化学、机器制造）的研究与开发经费占 19 个产业研究与开发经费总额的 89.4%；5 个产业的技术人员占 19 个产业技术人员总数的 85.3%；5 个产业的销售额占 19 个产业总销售额的 39.1%；5 个产业的出口量占 19 个产业总出口量的 72%。这一研究表明，美国在上述 5 个产业的技术密集型产品的生产和出口方面，确实具有比较优势。因此可以认为，出口科研和技术密集型产品的国家也就是资本要素相对丰裕的国家，而美国就是这样的国家。

技术差距说补充发展了要素禀赋论，并根据创新活动的连续性使要素禀赋论动态化。

5. 产品生命周期说（Theory of Product Life Cycle）

产品生命周期说由美国学者弗农提出，并由威尔士（L. T. Wells）等人加以发展。它是用来解释国家进出口贸易模式变化的理论。弗农把新产品的生命周期划分为三个阶段：

（1）产品创新时期。少数在技术上领先的创新国家的创新企业根据本国的资源条件和市场需求首先开发出新产品，而后在国内投入生产。这一时期该创新企业在新产品的生产和销售方面享有垄断权。新产品不仅满足国内市场的需求，而且出口到与创新国家收入水平相近的国家和地区。在这一时期，创新企业几乎没有竞争对手，鉴于国外还没

---

①② 海闻，P. 林德特，王新奎. 国际贸易. 上海：上海人民出版社，2003：99.

有该产品的生产，当地对该新产品的需求完全依靠创新国家的创新企业的出口来满足。

（2）产品成熟时期。随着技术的成熟，生产企业不断增加，企业之间的竞争增强了，对企业来说，产品的成本和价格变得日益重要。与此同时，随着国外该产品的市场不断扩展，出现了大量仿制者。这样一来，创新国家企业的生产不仅面临着国内原材料供应相对或绝对紧张的局面，而且还面临着产品出口运输能力和费用的制约、进口国家的种种限制及进口国家企业仿制品的竞争。在这种情况下，企业若想保持和扩大对国外市场的占领，就必须选择对外直接投资，即到国外建立子公司，当地生产、当地销售，在不大量增加其他费用的同时，由于利用了当地的各种廉价资源，减少了关税、运费、保险费用的支出，大大降低了产品成本，增强了企业产品的竞争力，巩固和扩大了市场。

（3）产品标准化时期。在这一时期技术和产品都已实现标准化。参与此类产品生产的企业日益增多，竞争更加激烈，产品成本与价格在竞争中的作用十分突出。在这种情况下，企业通过对各国市场、资源、劳动力价格进行比较，选择生产成本最低的地区建立子公司或分公司来从事产品的生产活动。此时往往由于发达国家劳动力价格较高，生产的最佳地点从发达国家转向发展中国家，创新国家的技术优势已不复存在，国内对此类产品的需求也转向从国外进口，对于创新企业来说，若想继续保持优势，选择只有一个，那就是继续进行新产品的发明创新。

从产品的要素密集性上看，处于产品生命周期不同阶段的产品存在不同的特征。在产品创新时期，需要投入大量的研究与开发费用，这一时期的产品要素密集性表现为技术密集型；在产品成熟时期，知识和技术要素投入减少，资本和管理要素投入增加，高级的熟练劳动投入越来越重要，这一时期的产品要素密集性表现为资本密集型。在产品标准化时期，产品的技术趋于稳定，技术投入更是微乎其微，资本要素投入虽然仍很重要，但非熟练劳动投入大幅度地增加，产品要素密集性也随之改变。在产品生命周期的各个阶段，由于要素密集性不同、产品所属类型不同、技术先进程度不同以及产品价格不同，因而各种不同类型的国家在产品处于不同时期时具有的比较利益不同，从而“比较利益也就从一个拥有大量熟练劳动力的国家转移到一个拥有大量非熟练劳动力的国家”①。图 2-1 可以用来说明产品生命周期过程中相关国家贸易模式的演进。图中的相关国家包括创新国家、与创新国家收入水平相近的国家、后起的发展中国家。从图中我们可以看到，随着产品生命周期的展开，产品生产的比较优势在相关国家之间进行转移，先从创新国家转向与创新国家收入水平相近的国家，而后又转向后起的发展中国家，比较优势转移的具体表现就是产品出口国家的变迁，产品出口国从开始的创新国家最终演化为后起的发展中国家，而创新国家最终演化为产品的进口国。

产品生命周期说是一种动态理论。产品的要素密集性在产品生命周期的不同阶段会发生规律性变化，随之比较利益将从某一国家转向另一国家，这就使赫-俄静态的生产要素供给比例说变成动态的生产要素供给比例说，产品生命周期说是对生产要素供给比例说的发展。

---

① R. Vernon，“International Investment and International Trade in the Product Cycle”，*The Quarterly Journal of Economics*，1966，80（2）：190-207.

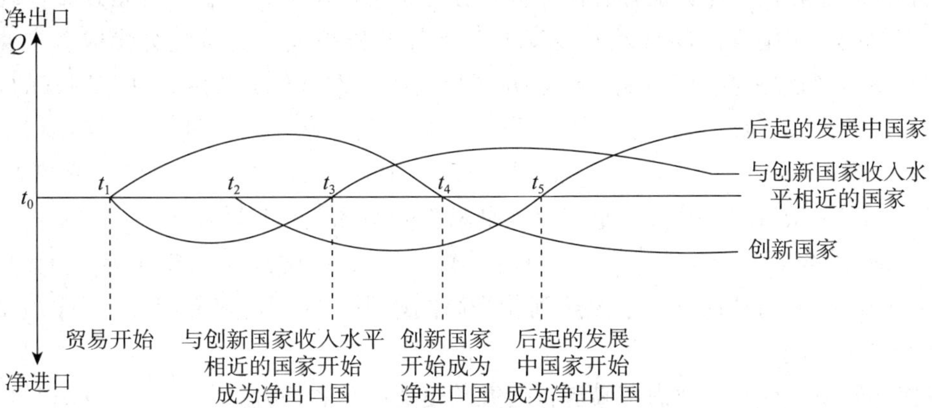

图 2-1 产品生命周期过程中国家贸易模式的演进

6. 需求偏好相似说（Theory of Demand Preference Similarity）[①]

需求偏好相似说又称偏好相似说或收入贸易说（Income Trade Theory），是由瑞典学者林德（S. B. Linder）提出的，用国家之间需求结构的相似性来解释工业制成品贸易的发展。他认为赫-俄定理只适用于工业制成品和初级产品之间的贸易，而无法解释工业制成品之间的贸易。

林德认为，工业制成品在生产的初期是满足国内的需求，随着生产规模的扩大，才会想到扩大销售范围，将产品推向国际市场。由于该产品是为满足国内市场偏好和适应国内收入水平而生产的，故该产品较多地是出口到那些偏好相似、收入水平相近的国家。这些国家间的需求结构和偏好越相似，其贸易量就越大，如果这些国家的需求结构和偏好完全一样，那么一国可能进出口的商品，也就是另一国可能进出口的商品。

那么，影响一国需求结构的因素是什么？林德认为主要因素是人均收入水平。人均收入水平的相似程度可以用来作为需求结构相似的衡量指标。人均收入水平越相似的国家，其消费偏好和需求结构就越相近，产品的相互适应性就越强，贸易机会就越多，而人均收入水平的差异则是贸易的潜在障碍。

林德认为，人均收入水平和消费品、资本品的需求类型有着紧密的联系。人均收入水平较低的国家，其选择的消费品质量也较低，因为要让有限的收入满足多样化的需求；同时，为了实现充分就业和发展生产，也只能选择通用的技术简单的资本设备，这又导致这些国家消费品结构的低级化。人均收入水平较高的国家，其选择的消费品质量与档次较高，而资本设备也更先进、更高级。因此，即使一个国家拥有比较优势产品，但由于其他国家的收入水平与它不同，从而对其产品没有需求，这种比较优势产品也不能成为贸易产品。

7. 产业内贸易说（Intra-industry Trade Theory）

第二次世界大战后，世界同类产品贸易增长迅速，古典和新古典国际贸易理论认为

① S. B. Linder, *An Essay on Trade and Transformation*, New York: J. Wiley & Sons, 1961.

贸易的根源在于各国生产方面存在的差异，如劳动生产率的差异、资源禀赋条件的差异。依照它们的论点，国家之间技术和要素禀赋条件差异越大，贸易机会就越多。现实中，由技术和要素禀赋决定的贸易属于产业间贸易。第二次世界大战后，许多国家的贸易更多地转向产业内部，具体表现为，在同类产品中，既有进口也有出口。一些学者采用产业内贸易指数（Index of Intra-industrial Trade，IIT）来测度产业内贸易程度[①]，美国1970年、1987年、1999年制造业产业内贸易指数分别为55.1%、61%、81.1%，德国的数字分别为59.7%、66.4%、85.4%，中国1999年的数字为88.5%。[②] 上面的数字说明国家之间的产业内贸易程度已经达到相当高的水平，在制造业部门，半数以上的贸易属于产业内贸易。

首先比较系统地对产业内贸易进行研究的是美国学者格鲁贝尔（H. G. Grubel）和劳埃德（P. J. Lloyd）[③]，他们在研究共同市场成员国之间贸易量的增长时，发现发达国家之间的贸易大量属于产业内同类产品的贸易，因而开始对产业内贸易进行研究，力图解释产业内同类产品贸易增长的特点和原因，后来，产业内贸易说由默瑞·坎普（Murray C. Kemp）、克鲁格曼（P. Krugman）[④] 等进一步发展和完善。

他们认为，当代国际贸易商品结构大致可分为产业间贸易和产业内贸易两类。一般说来，产业内贸易具有以下几个特点：

（1）它与产业间贸易在贸易内容上有所不同。它是产业内同类产品的交换，不是产业间非同类产品的交换。

（2）产业内贸易的产品流向具有双向性。同一产业内的产品，可以在两国之间相互进出口。

（3）产业内贸易的产品具有多样化特点。这些产品中既有资本密集型产品，也有劳动密集型产品；既有高技术产品，也有标准技术产品。

（4）产业内贸易的产品必须具备两个条件：一是在消费上能够相互替代；二是在生产中需要相近或相似的生产要素投入。

产业内贸易形成的原因或前提条件可以归纳为以下几个方面：

（1）同类产品的异质性是产业内贸易形成的重要基础。产业内贸易论者摒弃古典与新古典完全竞争的假设，认为大多数制造品不是同质的，从实物形态上，同类产品可以由于商标、品牌、款式、包装、规格等方面的差异而被视为异质产品，即使实物形态相同，也可以由于信贷条件、交货时间、售后服务和广告宣传等方面的差异而被视为异质产品。这种同类的异质产品可以满足不同消费心理、消费欲望和消费层次的消费需要。

---

① $IIT=1-\frac{X-M}{X+M}$，其中 X 和 M 分别代表同类产品的出口值和进口值，IIT 的数值介于0～1之间，如果一国只出口或进口，则 IIT=0，即不存在产业内贸易；如果 IIT>0，说明该国在同类产品上既有进口也有出口，IIT 数值越大，产业内贸易程度就越高。

② 海闻，P. 林德特，王新奎．国际贸易．上海：上海人民出版社，2003：161.

③ H. G. Grubel and P. J. Lloyd，*Intra-industry Trade：The Theory and Measurement of International Trade in Differentiated Products*，London：Macmillan，1975.

④ P. Krugman，"Scale Economies，Product Differentiation，and the Pattern of Trade"，*The American Economic Review*，1980，70（5）：950-959.

产品的异质性使其市场呈现出垄断竞争的特性，同类产品的生产者可以依据自己的优势或对消费者的吸引力生产具有一定垄断性的产品，从而导致不同国家之间产业内贸易的发生与发展。

（2）规模收益递增是产业内贸易的重要成因。产业内贸易论者认为，生产要素禀赋相近或相似国家之间能够进行有效的国际分工，从而获得贸易利益，其主要原因是企业规模经济的存在。[①] 一国的企业可通过大规模的专业化生产，取得规模经济利益，其成本将会随着产量的增加而递减，使该国企业在生产成本上具有比较优势，从而打破各生产企业之间原有的比较优势均衡状态，使自己的产品处于相对的竞争优势，在国际市场上具有更强的竞争力，产品出口扩大。这样，产业内部的分工和贸易也就形成了。

（3）经济发展水平是产业内贸易的重要制约因素。产业内贸易论者认为，经济发展水平越高，产业内异质产品的生产规模就越大，产业内分工也就越发达，从而形成异质产品的供给市场。同时，经济发展水平越高，人均收入水平也就越高，较高人均收入层上的消费者的需求会变得更加复杂、更加多样化，呈现出对异质产品的强烈需求，从而形成异质产品的需求市场，当两国之间人均收入水平趋于相等时，其需求结构也趋于接近，产业内贸易发展倾向就越强。

需求偏好相似说是从需求方面阐述产业内部贸易发展的原因，而产业内贸易说是从供给方面分析阐述产业内贸易问题。

以上对“反论”或“之谜”的各种解释是在继承传统的西方国际分工与贸易理论的基础上进行整修补缀的论述。里昂惕夫之谜所引出的解释不是对比较优势论和赫-俄定理的全盘否定，也不是对这些传统理论的全盘继承，而是针对战后国际分工与贸易的新现象、新变化，在继承传统理论的基础上，有所创新、有所扩展。从理论上，它们继承了西方传统国际分工与贸易理论中最基本的东西，即比较优势的概念，把两个国家、两种产品、两种要素的模式分析，替换为多数国家、多种产品以及天然资源、劳动效率、人力资本、技术差距、需求因素和规模经济等多因素的分析；从方法上，他们把定性分析和定量分析结合起来，把理论研究和实践论证结合起来，把比较利益的静态分析和动态转移过程结合起来，特别是在产品生命周期说中动态地考察了比较利益的转移过程，使比较优势论动态化。这些都是它们与传统理论的不同之处，起到了对传统理论进行修改与补充的作用。

五、新新贸易理论（New-New Trade Theory）

新新贸易理论属于企业层面的贸易理论，它将贸易模式的研究从产业视角引入企业视角，从而为企业全球化生产和贸易模式的选择提供了新的理论依据。新新贸易理论由两个具有代表性的理论组成。一是以梅里兹为代表人物的异质企业贸易模型，二是以安特拉斯为代表人物的企业内生边界模型。

异质企业贸易模型主要解释为什么有的企业在从事出口贸易，而其他企业却不选择

① 规模经济在这里指规模收益递增的现象，即指所有投入要素的平衡增长导致生产规模扩张、平均成本下降的情形。

出口贸易；企业内生边界模型主要解释是什么因素决定了企业选择公司内部贸易、外包还是直接投资进行资源配置。两者都关注企业进入海外市场的方式问题。

相较而言，异质企业贸易模型的发展更为成熟，在国际贸易理论学界受到更广泛的关注。

（1）异质企业贸易模型。

20世纪90年代以来，一些学者如伯纳德（A. B. Bernard）、詹森（J. B. Jensen）等通过实证研究发现，国际贸易不是所有企业都会选择的行为；即使在同一产业内部，也存在着出口企业与非出口企业在劳动生产率、资本技术密集度和工资水平上的显著差异，企业存在异质性。劳动生产率与企业出口相关联。[①]

2003年，哈佛大学的梅里兹基于一般均衡下的垄断竞争分析框架，拓展了克鲁格曼的贸易模型，引入企业生产率的差异，打破企业同质性假设，提出异质企业贸易模型，关注企业的异质性和企业内部资源配置问题，建立起企业层面的国际贸易新理论。梅里兹的异质企业贸易模型，利用企业生产率差异解释国际贸易中企业的行为和出口决策差异，其基本的分析逻辑和结论是：模型首先假定，生产相同产品的不同企业往往具有不同的生产率，即存在企业生产率的异质性；其次假定，企业出口需要支付一个开拓市场的固定成本[②]。由于出口固定成本的存在，生产率低的企业可能由于盈利能力弱，无法支付这一固定成本，从而放弃出口。生产率最高的企业由于较高的盈利能力，可以冲抵出口面临的固定成本，因而可以获得国外市场，进而扩大其在行业中的份额；生产率较低的企业无法支付出口的固定成本，因此只能在国内销售；生产率最低的企业由于受到高生产率企业扩大生产规模带来的竞争压力，只能退出市场，放弃生产。[③]

异质企业贸易模型解释了企业生产率与企业出口决策之间的关系。

在这一模型中，虽然每家企业的生产率都不变，但由于资源进行了重新配置，整个行业的平均生产率上升了，整个社会的福利水平也由此提高。[④] 贸易导致行业生产率水平上升被认为是继传统比较优势和规模经济效应之后的又一贸易利益来源。

耶普尔（Yeaple）进一步将企业的竞争性生产技术、贸易成本和异质性技术工人三种要素作为企业异质性的根源。[⑤]

---

① 伯纳德和詹森（1995）针对美国企业的研究，伯纳德和韦杰（Bernard and Wager，1997）针对德国企业的研究，克莱里德斯、拉克和泰鲍特（Clerides，Lach，and Tybout，1998）针对哥伦比亚、墨西哥和摩洛哥出口企业的研究，以及其他学者针对中国台湾地区、法国企业的研究，都得出了相同或类似的结论。参见 A. B. Bernard and J. B. Jensen，“Exporters，Jobs，and Wages in U. S. Manufacturing：1976－1987”，*Brookings Papers on Economic Activity*，*Microeconomics*，1995，26：67－119；A. B. Bernard and J. Wagner，“Exports and Success in German Manufacturing”，*Review of World Economics*（*Weltwirtschaftliches Archiv*），1997，133（1）：134－157；S. K. Clerides，S. Lach，and J. R. Tybout，“Is Learning by Exporting Important? Micro－dynamic Evidence from Colombia，Mexico and Morocco”，*Quarterly Journal of Economics*，1998，113：903－947。

② 这一点比较容易理解，如了解国外市场的相关法律和政策以降低风险，使自己的产品符合当地的质量、技术、检验检疫、包装等标准，建立分销渠道，寻找买方，等等，都需要支付成本，而这些成本与出口产品的数量无关。

③ M. J. Melitz，“The Impact of Trade on Intra-industry Reallocation and Aggregate Industry Productivity”，*Econometrica*，2003，71（6）：1695－1725.

④ 贸易的参与将导致企业间利润的再分配，利润进一步流向生产率较高的企业。低生产率企业的退出和出口收益向高生产率企业的集中将提高该行业的总体生产率。

⑤ S. R. Yeaple，“A Simple Model of Firm Heterogeneity，International Trade，and Wages”，*Journal of International Economics*，2005，65（1）：1－20.

2004年，赫尔普曼（Helpman）、梅里兹和耶普尔的研究拓展了异质企业贸易模型，研究企业建立海外公司的决策因素，认为企业是出口还是对外直接投资是由企业的生产率预先决定的。生产率最高的企业既在国内生产也进行对外直接投资；生产率次之的既在国内生产也出口；生产率水平再次之的只能在国内生产与销售；生产率水平最低的企业只能退出该行业。①

（2）企业内生边界模型。

梅里兹的异质企业贸易模型主要解释了企业的国际化决策问题，即是立足国内市场还是出口到国外市场。企业内生边界模型主要解释两个问题：一是企业的国际化决策，即企业是否要进入国际市场；二是企业以什么方式进入国外市场，是通过对外直接投资，还是通过产品或服务外包，即"制造或购买"的选择。

企业内生边界模型是以安特拉斯（2003）、安特拉斯和赫尔普曼（2004）的研究为始端的，他们探讨了企业的异质性如何影响企业边界、如何影响内部一体化和外部一体化战略的实施，并对企业组织形式如何影响贸易模式进行了探索。

安特拉斯（2003）认为针对某个生产环节，企业到底应该自己生产还是外包生产，企业到底应该在本国生产还是通过对外直接投资到东道国生产，决策的关键是考察不同结构形式下的交易成本。他对美国进出口行业的企业的研究发现，内部进出口占较大比重的企业都具有资本和技术密集的特征，这表明企业的异质性（资本、技术、契约制度）在企业国际化决策中发挥着重要作用，企业进行边界内贸易主要是出于降低交易成本的需要。②

安特拉斯和赫尔普曼（2004）的进一步研究发现，企业的国际一体化战略是企业对内生组织边界自发的选择，拥有异质性要素的企业会根据自身的特点选择不同的生产组织方式。资本和技术密集度高的企业更倾向于内部一体化方式，即更多采用母公司和子公司之间及子公司之间的内部贸易，较少依赖外部市场。企业的异质性也影响着企业中间产品的获取方式和生产地的选择。③

赫尔普曼（2006）等将企业异质性观点和企业边界理论结合起来，针对生产率水平不同的企业在确定企业边界和市场进入方式方面有何不同表现，在不同模型假设下进行了探索。④

本章小结

1. 国际分工是社会分工发展到一定阶段、国民经济内部分工超越国家界限发展的结果，国际分工是国际贸易和世界市场的基础。

① E. Helpman, M. J. Melitz, and S. R. Yeaple, "Export Versus FDI with Heterogeneous Firms", *The American Economic Review*, 2004, 94 (1): 300-316.

② P. Antràs, "Firms, Contracts, and Trade Structure", *The Quarterly Journal of Economics*, 2003, 118 (4): 1375-1418.

③ P. Antràs and E. Helpman, "Global Sourcing", *Journal of Political Economy*, 2004, 112 (3): 552-580.

④ E. Helpman, "Trade, FDI, and the Organization of Firms", *Journal of Economic Literature*, 2006, 44 (3): 589-630.

2. 国际分工的发展经历了萌芽、形成、发展、深化阶段。国际分工萌芽于地理大发现之后，形成于第一次产业革命时期，国际分工体系确立于第二次产业革命时期。

3. 国际分工形成与发展的影响因素可以归纳为：社会生产力的决定作用、自然条件的基础性作用、资本流动的促进作用、政府行为的推进或延缓作用。

4. 斯密的绝对优势论认为，国际分工与贸易的原因和基础是各国间生产同种产品存在劳动生产率和生产成本的绝对差异。各国应集中生产并出口具有绝对优势的产品，进口不具有绝对优势的产品，这样，贸易双方都会从中获益。

5. 李嘉图的比较优势论认为，国际分工与贸易的原因和基础是生产产品的劳动生产率的相对差异，及由此产生的生产成本的相对差异。每个国家都应生产与出口比较优势产品，进口比较劣势产品，这样，对参加分工与贸易的国家都有利。

6. 赫克歇尔-俄林定理认为，产品的相对成本差异主要取决于生产产品的要素比例和一国资源禀赋条件的差异。各国应该生产与出口本国丰裕要素密集的产品，进口本国稀缺要素密集的产品，如此，各国都会获取贸易利益。

7. 美国学者里昂惕夫20世纪50年代运用美国数据对赫-俄定理进行实证检验，其结果与赫-俄定理相悖，被称为里昂惕夫之谜。对里昂惕夫之谜的解释包括生产要素密集度逆转说、劳动熟练说、人力资本说、技术差距说等。

8. 第二次世界大战后，针对国际贸易发展中的一些新现象，如产业内贸易、发达国家之间的贸易、国际产业领先地位转移等问题产生了许多理论阐释，主要包括产业内贸易说、需求偏好相似说、产品生命周期说等。

9. 21世纪初，国际贸易理论的最新进展是新新贸易理论的建立，它突破了以产业为对象的研究范畴，进入微观企业层次，主要有以梅里兹为代表人物的异质企业贸易模型和以安特拉斯为代表人物的企业内生边界模型。异质企业贸易模型主要解释为什么有的企业在从事出口贸易，而其他企业却不选择出口贸易；企业内生边界模型主要解释是什么因素决定了企业选择公司内部贸易、外包还是直接投资进行资源配置。前者关注企业生产率差异对其国际化决策的影响，后者关注企业组织形式差异对国际化及其方式的影响。

重要概念

国际分工　　绝对优势　　比较优势　　要素密集性

里昂惕夫之谜　　生产要素密集度逆转　　产业内贸易

测试题

1. 国际分工体系形成于________。

A. 第一次产业革命时期　　B. 第二次产业革命时期

C. 第三次产业革命时期　　D. 第二次世界大战之后

2. 依照“两优取最优，两劣取次劣”的原则进行分工的思想是________提出的。

A. 亚当·斯密　　B. 大卫·李嘉图

C. 俄林　　D. 托马斯·孟

3. 亚当·斯密、大卫·李嘉图、赫克歇尔-俄林的学说都是主张________。

A. 公平贸易　　B. 自由贸易　　C. 保护贸易　　D. 管理贸易

4. 亚当·斯密和李嘉图认为国际贸易产生的原因和基础是________。

A. 各国商品价格不同

B. 各国生产要素禀赋不同

C. 各国生产各种商品的劳动生产率不同

D. 各国要素价格不同

5. 资本充裕的国家应集中生产和出口资本密集型产品，这种说法源于________。

A. 亚当·斯密的绝对优势论　　B. 大卫·李嘉图的比较优势论

C. 赫克歇尔-俄林的要素禀赋论　　D. 普雷维什的贸易理论

6. 中国生产一只手表需要 8 个劳动日，生产一辆自行车需要 9 个劳动日，泰国生产一只手表和一辆自行车分别需要 13 个和 11 个劳动日，根据比较优势论，________。

A. 中国应集中生产和出口手表　　B. 中国应集中生产和出口自行车

C. 泰国应集中生产和出口手表　　D. 泰国不宜参加社会分工

7. 俄林认为，________是国际贸易发生的直接原因。

A. 成本的国际绝对差　　B. 价格的国际绝对差

C. 成本比例的国际绝对差　　D. 价格比例的国际绝对差

8. 二战后国际贸易商品结构的变化主要表现为________。

A. 工业制成品比重上升　　B. 工业制成品比重下降

C. 初级产品比重下降　　D. 初级产品比重上升

9. 影响国际分工形成与发展的因素包括________。

A. 社会生产力　　B. 社会生产关系

C. 自然条件　　D. 政府行为

E. 资本流动

10. 第二次世界大战后，国际分工深化表现为________。

A. 发达国家间的分工居于主导地位

B. 发达国家间工业部门内部分工逐步增强

C. 发展中国家被日益排除在国际分工体系之外

D. 区域性经济贸易集团内部的分工趋于加强

11. 产业内贸易表现为________。

A. 零部件分工　　B. 生产工艺过程的分工

C. 不同型号、规格产品的分工　　D. 贸易量的急剧增大

思考题

1. 为什么说国际分工体系的建立是在第二次产业革命时期？

2. 为什么说社会生产力是国际分工形成与发展的决定性因素？

3. 为什么说比较优势论是对绝对优势论的继承和发展？

4. 以赫克歇尔、俄林为代表的新古典国际贸易理论在解释国际贸易成因时与古典国际贸易理论有什么区别？

5. 产品生命周期说是如何解释产业优势地位在不同国家或地区间的转移的？

6. 需求偏好相似说是如何解释要素禀赋相同或相似国家之间的贸易行为的？

7. 产业内贸易说是如何阐释产业内贸易形成的原因或前提条件的？

拓展阅读

增加值贸易概念的意义

第三章 世界市场与世界市场价格

学习目标

国际分工具体表现为参加分工的国家和地区在世界市场上的交换活动。通过本章的学习，要求学生了解当代世界市场的构成与运行，掌握世界市场价格的主要形式，能够解读国家之间商品交换比价即贸易条件的含义。

第一节 当代世界市场的构成与运行

中国大学 MOOC（慕课）

世界市场构成与运行

市场是商品和服务的交换领域，也是商品生产正常进行的必要条件。哪里有社会分工和商品生产，哪里就有市场。市场的容量与社会分工和社会劳动专业化程度密切相关。随着社会分工和商品生产的发展，市场也逐步地发展起来。[①] 市场与社会分工的发展是相辅相成的，社会分工是基础，市场是社会分工的产物，社会分工随着科学技术的进步与发展而不断发展，因此，市场的发展是没有止境的。

① 姚曾荫．国际贸易概论．北京：人民出版社，1987：125．

一、世界市场的发展与构成

（一）世界市场的形成

世界市场是在地方市场和民族市场形成与发展的基础上产生的。它是由世界范围内通过国际分工联系起来的各个国家国内市场与国家之间的市场组合而成的。

在自然经济占主导的社会中，社会分工不发达，商品生产只在有限的范围内进行，产品种类单一，这个时期的市场以地方市场为特征。随着生产力和商品生产的发展，自然经济逐步走向解体，在封建社会末期，社会分工的发展使地域之间的经济联系产生并加强，经过漫长的过程，最终促成民族市场的形成，18—19 世纪，大约花了 200 年的时间，在欧洲、北美、日本相继建成了民族市场。

世界市场的形成与发展同国际分工的形成与发展相呼应，世界市场随着地理大发现而萌芽，随着第一次产业革命而发展，伴随着第二次产业革命后国际分工体系的建立而最终形成。

15 世纪末到 16 世纪初的地理大发现将隔绝的大陆、大洲通过贸易手段联系起来，使得国家之间的交换扩展到更广阔的地理范围，具有“世界”的意义，从而使世界市场进入萌芽阶段。马克思、恩格斯曾经指出：“美洲的发现、绕过非洲的航行，给新兴的资产阶级开辟了新天地。东印度和中国的市场、美洲的殖民化、对殖民地的贸易、交换手段和一般商品的增加，使商业、航海业和工业空前高涨”①。民族经济开始融合，基本独立的、区域性的市场逐步发展成为初步相互关联的、具有“世界”概念的市场。15 世纪末至 18 世纪中期前，随着国家之间贸易的发展和世界市场的发展，直接服务于商品交易的新的商业机构陆续出现，如银行、股份公司、交易所、保险公司等，推动着国际贸易向规范化、成熟商业化运作发展。

第一次产业革命确立了机器大工业生产的基础，它对世界市场的发展与形成起着决定性作用。机器大工业需要一个不断扩大的产品销售市场②，需要一个不断扩大的生产原料来源；机器大工业使工业和人口向城市集中，形成众多的工业中心和生活消费品中心，通过逼迫小生产者破产和海外移民补充来扩大劳动力供给；机器大工业为各国经济的密切联系提供和改善了交通运输和通信工具。总之，机器大工业本身的欲求和产生的客观结果，导致国家之间的商品交换从地域范围到商品范围都发生了根本的改变。越来越多的国家和地区被纳入国际分工与交换的范畴，相关国家的国内市场相互连接，其经济都程度不同地与外部世界发生着联系。

在这一时期，世界市场上的主要经济贸易联系存在于发达国家与落后国家之间，发达国家用工业制成品去交换落后国家的食品与工业原料是世界市场主要的商品交换方式，这时期的工业制成品主要是纺织品和钢铁制品，1850—1870 年，英国输出产品的 80%是

---

① 马克思，恩格斯．共产党宣言．北京：人民出版社，1997：28.

② 19 世纪的世界经济史证明，每一次新的工业高涨都与一个新的国外市场的开辟也就是世界市场的扩大同时发生。参见姚曾荫．国际贸易概论．北京：人民出版社，1987：135。

纺织品和钢铁制品。

然而，这一时期机器大工业虽然在西欧少数发达国家占据统治地位，但世界绝大部分地区包括欧洲大部分国家的经济仍然是以农业为主或属于纯粹的农业经济，只有英国是典型的工业经济。也就是说，在这一时期的世界市场中，自然经济还没有被完全打破，商品经济、商品交换还没有成为绝大多数国家经济的必然组成部分，资本主义生产方式、资本主义制度的国际性质还没有真正确立，世界市场还没有形成，但是国家之间的经济联系正在变得密切起来。

19 世纪 70 年代至 20 世纪初，第二次产业革命发生，新的产业建立，西欧与北美发达国家完成了工业化过程，工农业生产的发展、交通运输工具的革命、铁路和轮船的出现与发展意味着世界经济代替了国民经济，国际分工进一步发展，同期，资本主义从自由竞争走向垄断，资本输出成为资本主义国家的重要经济特征，资本输出深化了旧有的国际分工格局，最终国际分工体系得以确立，统一的世界市场也随之形成。因此，世界工农业生产的增长、交通运输工具的革命和资本输出联合作用的结果，就是在世界历史上第一次实现了把世界各国都联系起来的一个统一的世界市场的诞生。[①]

世界市场形成的标志可以表述为以下几个方面：

1. 多边贸易和多边支付体系的形成

多边贸易的早期形式可以追溯到西欧、西印度群岛和北美，以及西印度群岛、北美和非洲之间的三角贸易。但直到 19 世纪末 20 世纪初，一个复杂的多边贸易和多边支付体系才建立起来，它基本囊括了所有国家的贸易差额和支付差额。

在多边贸易和多边支付体系下，各国不再需要必须保持与每一个贸易对手国家的贸易平衡，而是寻求对一些国家的贸易顺差冲抵对另一些国家的贸易逆差，最终保持总贸易量基本平衡。如英国，从西欧和北美新兴工业国家进口工业制成品，对这些国家的贸易常年处于入超状态，英国虽然也从经济不发达国家大量进口食品与工业原料，但英国也是不发达经济的工业制成品的主要提供国，英国对不发达经济的贸易常年处于出超状态，因而，英国就可以利用与不发达经济的贸易出超冲抵与西欧、北美诸国的贸易入超。同时，英国海外投资的大量收入也成为冲抵入超的主要来源之一。以 1910 年为例，该年度，英国对印度有 6 000 万英镑的顺差，对中国有 1 300 万英镑的顺差，这些顺差加上英国对日本、澳大利亚、土耳其的贸易顺差才可以冲抵英国对美国、西欧大陆和加拿大为数达到 12 000 万英镑的贸易逆差。

多边贸易和多边支付体系为所有贸易参加国提供购买货物的支付手段，同时使国家间债权债务的清偿、利息与红利的支付能够顺利完成，由此可见，多边贸易和多边支付体系的建立加强了世界市场上国家之间的经济联系，使商品交易与金融交易紧密联系，共同促进各国及世界经济的顺利发展。

2. 国际金本位制度和世界货币的形成

世界市场的发展与世界货币的发展之间是相互促进、相辅相成的关系。世界市场越

---

① 到 1900 年，世界上各个国家被卷入世界市场的过程基本完成，统一的世界市场形成。参见姚曾荫. 国际贸易概论. 北京：人民出版社，1987：153。

是发展，货币就越需要摆脱它的地方的、民族的特殊形态，而回到天然最适宜担当一般等价物的商品形态，那就是贵金属。① 世界货币的早期形态是黄金与白银，后来是黄金。国际金本位制度是1914年前世界多边贸易和多边支付体系发挥作用的重要基础。它的作用主要体现在两个方面：一是为世界上各国货币的价值提供一个相互比较的尺度，并能使各国货币汇价保持稳定；二是为世界各国商品价格提供一个相互比较的尺度，从而使各国商品以同一货币标价时，价格基本相同，有利于将各国的商品生产与交换更紧密地联系在一起。

国际金本位制度的建立顺应了世界市场形成的要求，世界货币的产生是各国生产与交换国际化的表现与结果。在所形成的世界市场上，世界货币发挥着价值尺度、支付手段、流通手段、贮藏手段的职能，其中最重要的是作为支付手段平衡国际收支差额。

3. 形成比较完备的世界市场运作机制

（1）世界市场价格形成机制。世界市场价格的统一性是世界市场形成的重要标志。1914年前，同一商品的世界价格趋于一致的倾向是在市场竞争过程中形成的，是自发的，没有政府干预，不存在商品的国际协定和任何形式的双边、多边安排。

同一时期，世界市场价格不受销售地区的影响，只受商品异质性的影响，由异质商品的价值决定。受价格规律的作用，商品从价格低的地方流向价格高的地方，商人根据地域和时间的不同而低价买入高价卖出（套利），最终致使同一商品在世界市场上的价格趋同。

世界市场上商品价格是波动的，其变化主要受供求关系影响，所有影响供求关系的因素都会影响相应商品的世界市场价格，如生产厂商数目的变化、预期、经济周期、消费者需求的变化等。

在1914年以前，对于大多数商品来说已经存在一个世界市场和一个统一的世界市场价格，芝加哥、布宜诺斯艾利斯、伦敦、汉堡的小麦价格除去运费和关税，只有微小的差别。②

世界市场价格形成机制的建立和运行说明各国的国内市场已经成为世界市场的有机组成部分，统治各国国内市场运行的价值规律已经演化为国际价值规律而在世界市场上发挥作用，世界市场价格取代了国内市场价格，竞争过程在世界范围的扩展使得同一商品在世界市场上趋于拥有同一的价格。

（2）固定的商品市场、专业的商业机构、完备的运输设施。在这一时期，大型固定的商品交易场所建立并获得极大的发展，各类大宗贸易商品的专业性交易所和综合交易所、国际拍卖市场、国际博览会、国际展销会纷纷建立；各种专业性机构，如运输公司、保险公司、银行都与一个以世界为范围的销售过程程度不同地发生联系；固定的航线，建设完备的港口、码头设施，这一切都使世界市场能够有效率地运行。

4. 商品种类的多样化和大宗贸易的增长

随着先进国家工业化的完成，在国际贸易中，机器大工业制成品最终取代了手工业制成品，大批量、统一标准的工业制成品进入世界市场，同时，生产规模的急剧扩张，

---

① 马克思．资本论：第1卷．2版．北京：人民出版社，2004：108.

② 姚曾荫．国际贸易概论．北京：人民出版社，1987：175.

引发了对食品、工业原料需求的扩张，致使一些大宗贸易商品的世界市场开始形成。远洋货轮的定期行驶、铁路运输的畅通、运费的下降，为大宗贸易商品迅速发展提供了物质技术条件，煤炭、铁矿石、粮食、肉类、纤维等大宗货物成为世界市场交易的中心。[①]希吉特（F. Hilgerdt）在国际联盟（League of Nations）的研究报告中所列举的世界市场上交易的商品中，1938 年世界出口值在 1 亿美元以上的商品达到 24 种，依照出口值大小排列，它们是：棉花、煤炭、原油、小麦、羊毛、汽油、烟草、糖、铜、黄油、煤气和燃料油、橡胶、咖啡、牛肉、羊肉、玉米、猪肉、茶叶、大米、铁矿石、丝、面粉、锡、柑橘类。[②]

在大宗贸易商品成为世界市场交易主角的同时，世界市场上商品的多样化程度也在迅速提高，除去传统贸易商品外，大量新的产品进入国际交换领域。工业制成品除传统的棉纺织品、金属制品外，大量的机器设备、钢轨、机车等产品从产地转运到世界其他地方，食品和生产原料的种类更加繁多，大量的锡、石油、橡胶等在世界市场上进行买卖以适应新兴的汽车行业发展的要求，不同国家的各类食品鲜蔬也在世界市场上进行着交易，成为不同国家民族共同享用的生活用品。

值得注意的是，世界市场形成后，虽然制成品贸易增长速度很快，但初级产品贸易仍然居于主导地位，初级产品贸易的增长仍然是国际贸易增长的主要因素。

（二）当代世界市场的构成与运行

1. 交易对象

世界市场的交易对象分为有形商品（货物）和无形商品（服务）两大类。有形商品依照《国际贸易标准分类》共分为 10 大类、67 章、262 组。服务依照国际货币基金组织、世界贸易组织等国际机构的分类，划分为运输服务（Transportation Services）、旅游服务（Travel Services）、通信服务（Communication Services）、建筑服务（Construction Services）、保险服务（Insurance Services）、金融服务（Financial Services）、计算机与信息服务（Computer and Information Services）、特许与许可服务（Royalties and License）、其他商务服务（Other Business Services）以及个人、文化与娱乐服务（Personal，Cultural and Recreational Services ）10 大类。

2. 参与国家

对参加世界市场活动的国家的分类，目前采用比较多的是 WTO 和 UNCTAD 的分类法。WTO 基本是按照地区划分，将全球分为北美、中南美洲及加勒比、欧洲、独联体、非洲、中东、亚洲七大区。UNCTAD 将所有国家分别划入发达国家或发展中国家。[③] 2021 年，各类国家在世界货物总出口中所占比重分别为：发达国家占 60%、发展中国家占 40%，发展中国家中，非洲占 3%、美洲（拉丁美洲及加勒比）占 5%、亚洲和

---

① 大宗的食品和生产原料交易在之前是不可能的，原因在于：一是许多矿藏没有开发出来，即使开发出来也承担不起昂贵的运输费用；二是机器工业的规模和使用范围还没有发展到能够充分利用这些原料的程度。

② 姚曾荫. 国际贸易概论. 北京：人民出版社，1987：167.

③ UNCTAD，Handbook of Statistics.

大洋洲占 32%；各类国家在世界服务总出口中所占比重分别为 72.8%和 27.2%，发展中国家中，非洲占 1.7%、美洲占 2.6%、亚洲和大洋洲占 22.9%。①

3. 订约人

世界市场的订约人依照活动的目的和性质可以划分为以下五类：

（1）企业与企业主联合组织。“企业”是指以商业营利为目的，从事生产、服务性经济活动的单位。企业依照不同的划分标准，有各种各样的类型。依照所有制标准，企业可以划分为国有企业、私有企业、混合拥有企业；依照对企业债务承担的法律责任，可以分为有限责任公司、无限责任公司，等等。

企业主联合会是企业主联合组织，它们多数为民间组织，如日本经济团体联合会（简称经团联），它们代表企业（往往是某一行业企业）的利益，游说政府以形成对其有利的政策和措施，同时它们服务于企业，为企业采购、生产、销售、出口等提供信息及咨询服务。它们定期组织各种类型的形势研判会，商讨企业对策，协调企业利益，组织集体行动。如日本的一些同业行会在产品出口方面行使协调的职能，主要是价格方面的协调，避免提供同类产品的企业在同一市场展开过于激烈的竞争，从而有损日本企业的利益。企业主联合会通常以联盟、协会的形式存在。

（2）政府机构。世界市场上的政府机构可以分为三种类型：一是作为直接的采购方，在世界市场上采购货物与服务，属于政府采购范围；或作为直接的卖方，提供物品与服务，如通过商品输出方式提供军事或经济援助。二是政府专门设立的干预机构，通过在世界市场上买进与卖出商品来调节市场供求关系，最终影响市场价格。三是政府设立的促进出口机构，其一部分职能是帮助企业获取市场信息，甚至直接帮助企业达成交易。

（3）国际机构。国际机构在这里主要指诸如世界银行、国际货币基金组织、联合国等机构，它们日常运转需要消耗大量的物品和服务，如办公设备、办公材料，是世界市场上诸多物品和服务的大买家。它们的大宗采购主要采取在成员范围内招标的方式进行。

（4）其他机构。其他机构是指以不同形式或身份介入世界市场交易的各种类型的机构，如国际商品协定下设的干预基金。有些国际商品协定对参与国家的权利与义务的规定采取设立缓冲存货的做法，也就是由出口国家提供实物，进口国家提供资金，就某种商品建立干预基金，并就该种商品设立最高、最低限价，当世界市场价格高于最高限价时，为保护参加协定的进口国家的利益，干预基金在市场上抛售该种产品，抑制价格上升，将价格压到最高限价以下，当世界市场上价格低于最低限价时，为保护参加协定的出口国家的利益，干预基金在市场上大量收购该种产品，促使价格升至最低限价以上，如《国际天然橡胶协定》。

（5）自然人。电子商务和贸易便利化的发展赋予个人跨境贸易更多的机会，个人可以直接通过境外网站或交易平台购入自己所需要的物品。

2022 年，中国跨境电商进出口规模达 2.1 万亿元人民币，同比增长 7.1%，其中出口额为 1.53 万亿元人民币，占当年货物出口总额的 6.4%，进口额为 5 278 亿元人民币，占当年货物进口总额的 2.9%；主要出口地美国占 34.3%，英国占 6.5%，主要进口来源

① UNCTAD，Handbook of Statistics，2022.

地日本占 21.7%，美国占 17.9%；出口的 92.8%为消费品，其中，服饰鞋包占 33.1%，手机等电子产品占 17.1%，进口的 98.3%同为消费品，其中，美妆及洗护用品占 28.4%，食品生鲜占 14.7%。[①]

4. 国际商品市场形式

(1) 固定的国际商品市场。

1) 商品交易所。商品交易所是一种典型的具有固定组织形式的市场。它是在指定的地点，按照规定的程序和方式，由特定的交易人员（一般为会员经纪人）进行大宗商品交易的专业市场。商品交易所最早是建于荷兰阿姆斯特丹的粮食交易所。

在商品交易所进行交易的商品往往具有同质性，即品质相同，如有色金属、谷物、原料、油料、橡胶等。目前主要通过交易所交易的商品有 50 多种，占世界商品流通额的 15%～20%。世界性的商品交易所，如芝加哥期货交易所（CBOT）[②]、芝加哥商品交易所（CME）[③]，每天的开盘、收盘价格及全天的最高、最低价格均被刊登在世界重要的报刊上，作为市场价格的指示器，因此，一般来说，世界性商品交易所的价格被公认为是世界市场价格的重要参考数据，对世界市场价格有着建设性影响。

交易所运作一般采取会员制，只有交易所的会员才可以在场内交易，会员的场内交易分为两类：一是自营，即利用自有或自筹资金进行商品买卖交易；二是充当经纪人，代理非会员的个人、企业、机构进行商品交易，并收取佣金。

在交易所中进行的商品交易分为现货交易和期货交易两种。现货交易是实际或当期商品买卖活动，以卖方交货、买方付款方式完成合约，具有即期交割性质。期货交易合约是买卖双方签订的在将来一个确定的时间按照确定的价格买卖某商品的协议。下面我们以芝加哥期货交易所交易的玉米期货合约来说明期货交易是如何进行的。

假定现在是 3 月，在纽约的一位投资者指示他的经纪人买入 7 月[④]交割 5 000 蒲式耳玉米的期货合约[⑤]，经纪人立即将指令传递给在 CBOT 交易场内的某个交易员。同时，在加利福尼亚州的一位投资者指示他的经纪人卖出 7 月到期的 5 000 蒲式耳玉米的期货合约，这个指令也被传递给 CBOT 交易场内的某个交易员，两个交易员相遇，协商 7 月到期的 5 000 蒲式耳玉米的价格，最后达成交易。交易的价格也取决于供求关系，如果卖出的 7 月玉米数量多于买入数量，7 月玉米期货的价格就会下降，如果卖出的 7 月玉米数量少于买入数量，那么，7 月交割的玉米价格就会上涨。

商品期货交易只能按照交易所规定的品质标准进行，这种标准在交易所被称为基本品级。如在芝加哥期货交易所，小麦期货共有“2 号软红冬小麦”“2 号硬红冬小麦”等 7 个基本品级。在交易中，交易双方无须出示、验看样品，只需按照品级进行交易即可。

期货交易合约的交割属于远期交割，但实际上，只有少数期货合约到期后执行商品实物

---

① 中国海关统计数据，2023.

② 建于 1848 年，主要交易玉米、燕麦、大豆、豆油、小麦等。

③ 建于 1874 年，主要交易猪肉、生牛、生猪、存栏牛等。

④ 期货合约每年有固定的几个到期日，只有在到期日才可以实施交割。

⑤ 在期货合约中，一份合约交易的数量或金额都是标准化的，不同商品的期货合约规定的标准交易数量和金额都是不同的，投资者买或卖的数量或金额只能是标准交易数量或金额的倍数。

交付，多数合约在到期前就已经平仓。[①] 目前，商品交易所进行的交易中80%属于期货交易。

目前，商品交易所交易的专业化程度非常高，不同商品的大宗交易集中于不同的交易所，谷物交易主要集中于芝加哥、伦敦、利物浦、温尼伯、鹿特丹、安特卫普、米兰等地的交易所；有色金属交易主要集中于纽约、伦敦、新加坡等地的交易所；天然香蕉交易主要集中于新加坡、伦敦、纽约、吉隆坡等地的交易所；棉花交易主要集中于纽约、新奥尔良、芝加哥、利物浦、亚历山大、圣保罗、孟买等地的交易所；生丝交易主要集中于横滨、神户等地的交易所。

2）拍卖行（公司）。拍卖（Auctions）至今已有几百年的历史了，它是一种在规定的时间和场所，按照一定的规章和程序，通过公开叫价竞购，把事先经买主验看的货物逐批或逐件卖给出价最高者的过程。以拍卖方式进入国际市场的商品，大多数为品质不容易标准化、不易存储、生产厂家众多、产地分散或难以集中交易的商品，如毛皮、茶叶、古玩艺术品、地毯等。一些国家的政府和海关在处理库存和罚没的物品时也常采取拍卖方式。

拍卖交易具有以下特点：

第一，在拍卖中，买卖双方不直接洽谈生意，而是通过专营拍卖业务的拍卖行或拍卖公司进行，拍卖行（公司）设有专门的拍卖场所、拥有专业人员和设备。

第二，拍卖是一种单批、实物的现货交易，具有当场公开竞购、一次成交的性质。拍卖货物在拍卖前是经有购买意向的买主验看过的，拍卖结束后，卖方和拍卖行（公司）对商品的品质不承担赔付责任。

第三，拍卖交易对买方要求很高，他或她必须对货物的质量和价值有鉴别力，按质论价的特点在拍卖中尤为突出。

专栏3-1

拍卖类型

现实中的拍卖有四种基本类型：

（1）英式拍卖：拍卖商向众多的潜在买家征求一个初始报盘，或者宣布一个卖者的底价。任何递价，一旦为拍卖商所认可，就成为不可回撤的立定递价（Standing Bid）。任何新的递价，当且仅当它高于立定递价时才被认可。当拍卖商再也不能得到新的更高的递价时，拍卖物品就以等于递价金额的价格，拍板成交给最后和最高的递价竞买者。

（2）荷式拍卖：在荷式拍卖过程中，价格在开始时被定在一个被认为高于任何买者所愿意支付的水平上，随后拍卖商就减价，直到有第一个买者通过喊“我的”而接受这一价格为止。

（3）第一价格拍卖：这是一种普遍的“密封”或书面投标拍卖，其中最高价竞买者以等于全额投标出价的价格得到拍卖物品。

（4）第二价格拍卖：这是一种密封投标拍卖，其中最高价竞买者将以等于第二高竞

① 平仓（Closing Out a Position）：持有一个与初始交易头寸相反的头寸，如投资者在3月买入5份7月到期的玉米期货合约，他或她可以在6月3日卖出5份7月到期的玉米期货合约进行平仓。如果投资者在3月卖出5份7月到期的玉米期货合约，他或她可以选择在6月5日买入5份7月到期的玉米期货合约进行平仓。

买价的价格得到拍卖物品。这种拍卖形式多存在于邮票拍卖中，其他情况很少使用。

说明：关于拍卖的详细内容参见约翰·伊特韦尔，默里·米尔盖特，彼得·纽曼. 新帕尔格雷夫经济学大辞典：第1卷. 北京：经济科学出版社，1996：149-155。

目前，在世界市场中，主要通过拍卖成交的商品都有固定的拍卖地：

羊毛：伦敦、利物浦、开普敦、墨尔本、悉尼。

毛皮：纽约、伦敦、蒙特利尔、哥本哈根、奥斯陆、斯德哥尔摩、圣彼得堡。

茶叶：伦敦、加尔各答、科伦坡、科钦（印度）。

烟草：纽约、阿姆斯特丹、不来梅、卢萨卡（赞比亚）。

3）博览会、展览会。

博览会是一种在同一地点、在规定的期限内定期举办的有众多国家、众多厂商参加产品展销的国际市场，举办博览会的目的是使参展者展示科技成果、商品样品，洽谈业务，促成贸易。

展览会一般是不定期举办的，它与博览会的区别是只展览不销售，通过产品展示，促成会后的交易。

从商品和举办的范围来看，博览会和展览会大致可以分为以下几种[①]：

- 样品国际博览会：博览会举办期间，参加国家的厂商、参展商品样品很多，规模很大。莱比锡博览会、里昂博览会的正式名称就是样品集市（Sample Fair）。
- 综合性国际博览会：这是一种由许多国家和厂商参加的、涉及各行各业产品展示的国际集市，通常规模很大，如米兰国际博览会，2010年在上海举行的第41届世界博览会，中国国际进口博览会（China International Import Expo）[②]。
- 消费品国际博览会：以日常或耐用消费品及工艺装饰品为展销内容的博览会，如德国的家庭用品集市、英国理想家庭博览会。
- 主要工业产品国际博览会：这种博览会行业性较强，一般集中于新兴的高新技术产业，如每年在世界各地举办的航空航天、电子、自动化设备、汽车博览会就属于这一类型。
- 一般工业产品博览会：规模可大可小，一般聚集的产品多为劳动密集型的生活用品，如玩具、衣帽鞋类、照相机及用品等。
- 国别展览、展销会：一般是一个国家在另一个国家举办的综合性或专业性展览会或展销会。
- 独家公司展览、展销会：一般是大型企业自行举办的展览、展销会。

（2）非固定的国际商品市场。

除了有固定组织形式的国际商品市场外，通过其他方式进行的国际商品交易都可以纳入非固定的国际商品市场。这些交易基本可以划分为两类：一是单纯的商品买卖交易；二是与其他内容相结合的商品买卖交易。这些内容我们将在世界市场的交易方式中予以解释。

---

① 陈同仇，薛荣久. 国际贸易. 北京：对外经济贸易大学出版社，1997：88-89.

② 这是世界上第一个以进口为主题的国家级博览会。

5. 国际商品销售渠道

销售渠道是指商品从生产者到消费者手中要经过的路线，常见的国际商品销售渠道类型如表 3-1 所示。

表 3-1 国际商品销售渠道

出口国	进口国
1. 出口企业	国外用户
2. 出口生产企业—出口商	进口商—国外用户
3. 出口生产企业—中间商—出口商	进口商—零售商—国外用户
4. 出口生产企业—中间商—出口商	批发商—零售商—国外用户
5. 出口生产企业—中间商—出口商	进口商—批发商—零售商—国外用户
6. 出口生产企业—中间商—出口商	零售商—国外用户
7. 出口生产企业	零售商—国外用户

资料来源：陈同仇，薛荣久．国际贸易．北京：对外经济贸易大学出版社，1997：93.

6. 国际运输与信息网络

（1）运输网络。运输网络由铁路运输①、公路运输、水路运输、航空运输、管道运输（如石油、天然气跨境交易）共同组成。

（2）信息网络。国际贸易中各种商业信息获取源包括企业内部信息网络、企业外部信息网络。企业外部信息网络是由诸多结点构成的，这些结点包括商业性信息提供机构、政府设立的贸易促进机构（如美国的中小企业出口促进机构）、政府部门（如使馆商务处）、各种媒体、互联网等。

二、世界市场的交易方式

世界市场上的交易方式多种多样，这里我们将介绍一些主要的交易方式，包括单纯的商品买卖交易、固定市场交易、包销、代理、寄售、招标与投标、加工贸易、补偿贸易等。

（一）单纯的商品买卖交易

相当部分的有形商品交易和绝大部分服务交易都属于单纯的商品买卖交易。它是买卖双方通过单独洽谈达成交易的。这种交易方式的通常做法是买卖双方自由选择交易对象，对商品的品质、规格、数量、价格、支付条件、商检、装运、保险、索赔、仲裁等方面一一进行谈判来予以确定，最后在意见一致的基础上签订交易合同。单纯的商品买卖交易是世界上最基本、最普遍的国际商品、服务交换方式。

（二）固定市场交易

如交易所交易、拍卖交易、展览会、博览会，相关内容见本节中固定的国际商品市

① 截至 2023 年 10 月，丝绸之路经济带北向路线的中欧班列可由中国 110 多个城市通达欧洲 25 个国家的 200 多个城市。中欧班列已经成为“一带一路”互联互通标志性项目。

场部分。

(三) 包销 (Exclusive Sales)

包销又称独家经销，在国际贸易中是指出口人（供货商）通过包销协议把某种或某类货物在某一地区和期限内的独家经营权给予国外商人（进口商或包销商）的做法。包销方式使买卖双方在包销协议下建立起稳定的商品或服务的购销关系。

在包销交易方式下，供货人和包销人之间是一种售定性质的关系，即供货人是卖方，包销人是买方。货物由包销人购买、销售、自负盈亏。它与逐笔销售方式的区别在于包销人在规定区域和时限内的独家经营权。

在包销交易方式下，供货人可以利用包销人的资金和销售能力，在特定区域开发出一个稳定的商品销售市场；而对包销人来说，这种方式避免了多头竞争，在对商品未来销售前景有一个比较准确预测的前提下，可以保证利润的获得。

包销协议是包销交易方式的关键，它通过在包销货物范围、包销地区、包销数量或金额、包销专营权、作价方法、包销期限等方面进行规定来确立供货人和包销人在以包销交易方式进行贸易的过程中的权利和义务。

(四) 代理

代理的种类繁多，作为国际贸易交易方式的代理是指销售代理。

在代理交易方式下，出口商（委托人）与国外的代理商达成协议，由出口商作为委托人，授权代理人推销其产品、代理委托人签署买卖合同。代理人在出口商授权范围内行事，不承担销售风险和费用、不需要垫付资金，通常依照帮助达成交易的数额提取佣金，而无论交易盈亏与否。

在代理交易方式下，委托人可以利用代理人对当地市场的熟悉和已建立起来的销售渠道销售自己的产品，而代理人可以通过选择品质好、价格合理、市场定位准确的产品，确定合适的佣金比率来确保一个好的收益。

(五) 寄售 (Consignment)

在国际贸易中，寄售是一种跨国委托代售的做法，是指寄售人（Consigner）先将货物运往国外的寄售地，委托当地的代销人（Consignee）按照寄售协议规定的条件，替寄售人进行销售，货物销售后，由代销人与寄售人结算货款，并依照协议规定收取相应的报酬。

在寄售方式下，寄售人与代销人之间是代销关系，而非买卖关系；货物的所有权一直属于寄售人，货物的风险仍属于寄售人，除非是由代销人的过失所造成的损失；货物售出后，代销人根据协议规定扣除相关费用和佣金后，把货款汇给寄售人。

在寄售方式下，寄售人可以利用代销人的市场资源拓展自己的海外市场。代销人和寄售人的权利义务都规定在寄售协议中，寄售协议涉及的主要内容包括寄售商品的价格（一般有三种做法：规定最低限价、随行就市、销售前征得寄售人的同意）、佣金、货款的收付等。

（六）招标与投标

在世界市场上，一些国际机构、政府机构、国有企业在进行大规模物资采购时通常采取招标形式。招投标更多地用于国际工程承包。

招标是指招标人发布招标公告，说明计划采购的商品或服务的名称、规格和数量，或是计划兴建项目的标准与要求，邀请投标人按照一定程序在规定时间、地点进行投标，最后选择对招标人最有利的条件达成交易的行为。

投标是指供应商或工程承包公司根据招标条件在规定的时间向投标人递价的行为。

从定义上可以看出，招标与投标是同一交易的两个方面，因而通常统称为招投标。

招标与一般贸易做法不同的是，在招标中，双方当事人没有磋商过程，不存在讨价还价，而是由投标人同时报价，成交与否取决于投标人价格的竞争力。

招投标的基本程序为：招标前准备——发布招标公告——投标——开标——评标——定标——签署交易或承包合同。

（七）加工贸易

加工贸易是指企业从境外保税进口全部或部分原材料、零部件、元器件、包装材料等，经加工和装配后，将半成品或成品复出口的交易形式。

加工贸易有两种基本形式：

1. 来料加工

来料加工是指由外国企业免费提供全部或部分原材料、辅料、零部件、包装材料等，由加工方依照外国企业的要求进行加工和装配，成品交由外方销售，加工方只收取工缴费的交易形式。

2. 进料加工

进料加工是指加工方自行进口原材料、辅料、零部件、包装材料等，经加工成半成品、成品后再度出口的做法。

在中国相当比例的加工贸易属于贴牌生产。2022 年，加工贸易产品出口占中国货物总出口的 22.5％。[①]

（八）补偿贸易

补偿贸易是商品贸易、技术贸易与信贷的三位一体。补偿贸易是国内企业在国外企业提供信贷的基础上取得项目建设和产品生产所需要的机器设备、原材料、生产技术及其他商品和服务等，在项目建成投产后，主要用引进技术和设备生产出的产品或双方商定的其他产品去偿还贷款本息的一种贸易方式。

补偿贸易最主要的特点是贸易与信贷相结合、出口与进口相结合，企业在信贷的基础上进口，又缘于进口举债而出口。

---

① 根据中国海关总署的海关统计月报整理得出。

第二节　世界市场价格

一、世界市场价格的种类

中国大学 MOOC（慕课）

世界市场价格的种类

商品的世界市场价格按其形成原因、变化特征可以分为下列两大类。

(一) 世界“自由市场”价格

世界“自由市场”价格是指在国际上不受垄断或国家力量干预的条件下，独立经营的买者和卖者之间进行交易的价格。国际供求关系是这种价格形成的客观基础。

“自由市场”是由较多的买主和卖主集中在固定的地点、按一定的规则、在规定的时间进行的交易，尽管这种市场也不可避免地会受到国际垄断和国家干预的影响，但是，由于商品价格在这里是通过买卖双方公开竞争而形成的，所以，它常常能够比较客观地反映商品供求关系的变化。

联合国贸易和发展会议所发表的统计中，把美国谷物交易所的小麦价格、玉米（阿根廷）的英国到岸价格、大米（泰国）的曼谷离岸价格、咖啡的纽约港交货价格等 36 种初级产品的价格列为世界“自由市场”价格。

联合国贸易和发展会议还定期发布年度和季度初级产品自由市场价格指数，表 3-2 给出了 1995—2021 年间初级产品自由市场价格的变化状况。

表 3-2　1995—2021 年间初级产品自由市场价格的变化趋势（2015 年=100）

	1995 年	2000 年	2005 年	2010 年	2016 年	2017 年	2018 年	2019 年	2020 年	2021 年
所有初级产品	46.3	56.2	98.2	141.9	90.6	106.4	123.4	114.2	96.1	148.7
所有食物	79.5	58.2	68.2	114.0	103.6	102.3	95.6	93.8	100.0	129.9
食物*	80.5	64.0	68.6	111.3	104.0	102.7	96.5	98.3	101.5	120.8
热带饮料	87.2	53.1	64.5	110.0	96.7	93.7	85.7	81.3	85.2	109.3
菜籽油和油脂	73.5	51.0	69.6	121.1	107.0	106.5	99.9	93.0	105.7	157.5
农业原料	99.2	69.0	86.3	142.4	99.6	104.9	103.1	99.0	97.0	110.0
矿物原料	44.4	36.4	60.6	136.3	104.6	116.4	117.8	125.1	144.6	174.6
燃料	36.6	61.8	118.3	149.7	82.5	103.9	132.5	115.8	78.7	146.2

*包括小麦、玉米、水稻、糖、牛肉、香蕉、胡椒、豆粉、鱼。

资料来源：UNCTAD 数据库.

从表 3-2 可以看到，热带饮料价格波动幅度很大，1995 年价格指数为 87.2，5 年后降到 53.1，又经历 10 年后，升至 110.0，9 年后又降到 81.3。为区分不同类别初级产品价格波动幅度的差异性，国际机构启用价格不稳定指数（Instability Indices of Price）指标，它通过计算观测值与预期数值偏离度的加权均值来比较价格波动幅度的大小。①

① UNCTAD，Handbook of Statistics，2008.

(二) 世界“封闭市场”价格

世界“封闭市场”价格和“自由市场”价格不同，它是买卖双方在一定的特殊关系下形成的价格。在这种情况下，商品在国际上的供求关系一般对价格不会产生实质性的影响。世界“封闭市场”价格主要包括以下几种类型：

1. 调拨价格（Transfer Price）

调拨价格又称转移价格，是指跨国公司为了在国际经营业务中最大限度地减轻税负①、逃避东道国的外汇管制，以及为了扶植幼小的子公司等目的，在公司内部进行交易时采用的价格，该价格一般不受国际市场供求关系的影响，由公司上层管理者制定。

专栏 3-2

跨国公司调拨价格的范围与影响

跨国公司调拨价格使用的范围广泛，影响巨大。目前，发达国家制成品贸易的1/3～1/2甚至更高比例属于公司“内部贸易”，这些内部贸易基本上都在使用与市场价格存在不同程度偏差的调拨价格。此外，专利使用费、劳务费、利息支付等大量交易也是在跨国公司内部完成的。调拨价格的使用会改变各子公司的经营业绩，表现为高或低的利润水平，最终影响所在东道国的税收收入。

针对跨国公司利用调拨价格进行避税的管理的关键在于寻找参照价格。许多标准化产品不易进入公司内部交易，即使进入，其价格是否适当，也很容易参照市场公开价格进行检查。真正的问题是一些公司高度专业化的产品不容易找到现成的参照价格，这类产品的技术含量及生产结构的复杂性使计算参照价格变得非常困难，往往需要支付很高的成本，但效果并不理想。唯一可行的办法是各国统一相关税率，从根源上杜绝公司利用调拨价格赚取各国间税率差异所产生的盈利。但基于国家间经济发展水平、发展目标等方面的差异，统一税率根本不可行。这也是利用调拨价格避税禁而不止的原因。

---

2. 垄断价格

垄断价格是指国际垄断组织利用其经济实力和对市场的控制力所确定的价格，它有买方垄断价格与卖方垄断价格两种形式。垄断组织在国际上采用垄断价格也是有条件的，其实施主要考虑某一部门竞争的公司数量、产品的需求价格弹性、替代弹性的大小以及国际经济和政治形势等因素。

3. 区域性经济贸易集团内的价格

第二次世界大战后，出现了许多区域性经济贸易集团。在这些经济贸易集团内部，形成了区域性经济贸易集团内的价格，如欧洲经济共同体实施的共同农业政策中的统一价格。

4. 国际商品协定下的协定价格

一些国际商品协定通过采用最低价格和最高价格等办法来稳定商品价格。当有关商

① 事实上，一些无关联企业合谋减轻税负也会采取类似的价格操纵措施。

品价格降到最低价格以下时，就减少出口，或用缓冲基金收购商品；当价格超过最高价格时，则扩大出口或抛售缓冲存货。

二、世界市场价格的决定

世界市场的供求关系决定世界市场价格。①

商品的世界市场价格围绕世界生产价格上下波动。② 最终确定在哪一个价格水平上是由供求关系决定的，或者说是由买卖竞争关系决定的。这种竞争关系存在于卖方之间、买方之间、买卖方之间。影响供求关系的因素主要包括以下几个方面：

（1）垄断。垄断组织为了获取最大限度的利润，通过影响供应量（需求量）或直接干预价格的做法对世界市场价格施加影响。

1）通过瓜分销售市场、规定国内市场的商品销售量或数额、规定出口额、限制商品生产量和出口量、限制开采矿产和阻碍新工厂的建立、在市场上收买“过多”商品或出口“剩余”产品等来影响商品的供求关系。

2）直接降低商品价格，使部分竞争者破产，减少供应，实施垄断价格。

3）采用夺取原料产地的方法垄断原料市场，控制原料开采并实施垄断价格。

4）获取国家订货，按垄断价格与政府或政府机构达成交易，如美国政府的军品采购。

5）利用对市场的支配力量获取产品定价权。

6）跨国公司内部的转移定价。

（2）经济周期。经济增长是有周期性的，一般经历危机、萧条、复苏、高涨四个阶段。在危机期间，商品供求关系失衡表现为供应远大于需求，商品价格快速下降，利润率大幅度降低，企业只有通过减产来应对危机。危机过去后，生产逐渐上升，对各种产品的需求增加，价格又开始上涨。在周期过程中各种商品价格的变化幅度主要取决于产品的供需弹性。

（3）市场结构③。世界市场的市场结构主要指经营某种商品的买主和卖主的数量、他们之间的竞争与合作程度，以及产品的差异化程度。如果市场上就某种产品存在大量的买主与卖主，则买卖双方均不能获得对市场价格的控制力，市场的垄断程度比较低，市场价格是在买卖双方及内部竞争的基础上形成的。如果市场上仅有少数卖主，有大量的买主，则卖主可以通过独立采取行动或合谋控制产量从而控制市场价格。如果市场上存在少量买主，有大量卖主，则买主可以通过控制需求量，影响供求关系，达到降低产品价格的目的。值得注意的是，垄断对市场价格的操控不是没有任何约束的，垄断价格的上限取决于世界市场对垄断方产品的需求量，下限取决于生产费用及垄断者国内的平均利润率，由于现实的世界中，垄断无法排除竞争，因而客观上存在垄断价格波动的界限。

（4）政府采取的政策措施。第二次世界大战后，国家开始出台多种政策措施以提高

---

① 不包括封闭市场条件下由特殊关系决定形成的封闭市场价格。

② 有些著述认为是围绕商品的自然价格或自然价值上下波动，而自然价格或自然价值是由影响商品内在价值的长期力量和持久因素决定的。书中“世界市场价格围绕世界生产价格上下波动”的说法源于马克思的观点。

③ 垄断市场条件下对世界市场价格的影响见（1）。

本国产品的国际竞争力，如支持价格政策、出口补贴政策、进出口管制政策、外汇政策、战略物资收购及抛售政策等，政策实施的结果均会对世界市场价格产生影响。

政府之间签署的商品协议或协定对某些商品的世界市场价格也会产生重大影响，如针对初级产品政府间签署的国际商品协定，其目的是稳定某些初级产品的价格，维护该产品生产国和消费国的利益，协定对参加国家权利与义务的规定是通过订立经济条款实现的，其中一类条款称为缓冲存货，它通过建立干预基金、设定价格波动范围来维护价格的稳定。当市场价格高出协定规定的上限时，基金就抛出实物，压低价格；当市场价格低于规定价格的下限时，基金就购入实物，迫使价格回归到允许的波动范围之内。

（5）商品销售中的各种因素。这些因素包括产品品质与包装、付款条件、运输条件、销售季节、是否为名牌、使用的货币、成交数量、客户的爱好、地理位置、广告宣传、服务质量等，它们都会对产品需求产生影响。

（6）自然灾害、政治动乱及投机等。如自然灾害通过减产影响产品的供求关系，进而影响该产品的价格。

专栏 3-3

世界市场上的初级产品价格

初级产品主要包括农产品、燃料和金属三大类。世界上大部分初级产品价格是在商品交易所由供求关系决定的，如铜、铝、锡等金属的价格形成主要在伦敦金属交易所(LME)，小麦在芝加哥商品交易所，能源在纽约商品交易所，这些世界性商品交易所的交易价格被公认为世界市场价格的主要参考。

美国商品研究局（CRB）编制的期货价格指数比较能够反映世界市场初级产品价格的变化趋势。CRB 期货价格指数由 21 种商品组成，其中每种商品所占的权重是 1/21，价格指数包括期货价格指数、现货价格指数和期货分类指数。21 种商品包括谷物（小麦、燕麦、玉米、黄豆、黄豆油、黄豆粉)、能源（轻原油、热燃油)、贵金属（黄金、白金、白银)、基本金属（铜)、软性商品（糖、可可豆、咖啡、棉花、冻橘汁)、牲畜类(活牛、活猪、猪腩)、其他（包括木材)。

表象上世界初级产品价格也受非市场因素的影响，但最终还是归结到供求关系，它们通过影响商品的供求关系，最后影响到价格。

中国大学 MOOC（慕课）

贸易条件

第三节　贸易条件

一、与贸易条件相关的指数

（一）出口（进口）单价指数（Unit Value Indices of Export/Import）

出口（进口）单价指数不是纯粹的价格指数，因为它的变化受价格与数量双重因素的影响，但许多国家将其作为出口（进口）商品价格指数的替代。出口（进口）单价指数的计算方法为：

$$p_u=\left(\frac{\sum_{m=1}^{M}p_m^1q_m^1}{\sum_{m=1}^{M}q_m^1}\Bigg/\frac{\sum_{n=1}^{N}p_n^0q_n^0}{\sum_{n=1}^{N}q_n^0}\right)\times 100$$

式中，

p_u：出口（进口）单价指数；

$\dfrac{\sum_{m=1}^{M}p_m^1q_m^1}{\sum_{m=1}^{M}q_m^1}$：报告期 M 类商品出口（进口）的加权平均价格；

$\dfrac{\sum_{n=1}^{N}p_n^0q_n^0}{\sum_{n=1}^{N}q_n^0}$：基期 N 类商品出口（进口）的加权平均价格，权重是出口（进口）商品的数量，出口（进口）数量大的商品，其价格对平均价格的影响就大，反之亦然；

p_m^1、p_n^0：分别表示报告期和基期出口（进口）某类商品的价格；

q_m^1、q_n^0：分别表示报告期和基期出口（进口）某类商品的数量。

联合国贸易和发展会议的《统计手册》（Handbook of Statistics）、国际货币基金组织的《统计月报》（Monthly Bulletin of Statistics）、联合国的《统计年鉴》（Statistics Yearbook）和《国际贸易统计年鉴》（International Trade Statistics Yearbook）均发布年度或季度出口（进口）单价指数。[1] 联合国贸易和发展会议的《统计手册》还提供国别数字。制成品出口（进口）单价指数最早于 1953 年由国际货币基金组织发布在《统计月报》上。

出口（进口）单价指数大于 100 说明出口（进口）单价提高，小于 100 说明出口（进口）单价降低。出口单价提高（进口单价降低）有利于出口国（进口国），说明出口收入增加（进口支出减少）；出口单价降低（进口单价提高）不利于出口国（进口国），说明出口收入减少（进口支出增大）。

虽然许多国家以出口（进口）单价指数代表出口（进口）商品价格指数，但这种做法存在明显的偏差。因为计算出口（进口）单价指数的数据均来自各国海关，每年各国出口（进口）的商品结构会发生变化，造成不同商品的权重会发生变化，利用出口（进口）单价数据进行历史比较不是非常准确，而出口（进口）商品价格指数的商品结构是稳定的，因而进行历史比较更具有说服力。但鉴于成本因素，许多国家仍只提供海关的实际出口（进口）数据，只能以出口（进口）单价指数近似地反映出口（进口）商品价格的平均变化。

（二）出口（进口）量指数（Volume Indices of Export/Import）

出口（进口）量指数用来反映某一国家或地区出口（进口）数量的变化，出口量指

① 《中国统计年鉴》提供出口（进口）单价指数数据。

数等于出口值指数与出口单价指数的比率，进口量指数等于进口值指数与进口单价指数的比率，计算公式为：

$$Q=\frac{\dfrac{\sum_{m=1}^{M}p_m^1q_m^1}{\sum_{n=1}^{N}p_n^0q_n^0}}{\dfrac{\dfrac{\sum_{m=1}^{M}p_m^1q_m^1}{\sum_{m=1}^{M}q_m^1}}{\dfrac{\sum_{n=1}^{N}p_n^0q_n^0}{\sum_{n=1}^{N}q_n^0}}}\times 100=\frac{\sum_{m=1}^{M}q_m^1}{\sum_{n=1}^{N}q_n^0}\times 100$$

式中，

Q：出口（进口）量指数；

p_m^1、p_n^0：分别表示报告期和基期出口（进口）某类商品的价格；

q_m^1、q_n^0：分别表示报告期和基期出口（进口）某类商品的数量；

$\dfrac{\sum_{m=1}^{M}p_m^1q_m^1}{\sum_{n=1}^{N}p_n^0q_n^0}$：出口（进口）值指数；

$\dfrac{\sum_{m=1}^{M}p_m^1q_m^1}{\sum_{m=1}^{M}q_m^1}\Bigg/\dfrac{\sum_{n=1}^{N}p_n^0q_n^0}{\sum_{n=1}^{N}q_n^0}$：出口（进口）单价指数。

出口（进口）量指数大于 100 表示出口（进口）规模扩张，出口（进口）量指数小于 100 表示出口（进口）规模萎缩，扩张或萎缩的程度取决于指数与 100 的差度。

1953 年，国际货币基金组织在《统计月报》上第一次发布制成品出口（进口）量指数。

联合国贸易和发展会议的《统计手册》、国际货币基金组织的《统计月报》、联合国的《统计年鉴》和《国际贸易统计年鉴》均发布年度或季度出口（进口）量指数。①

二、贸易条件（Terms of Trade）

（一）贸易条件的定义

贸易条件指一个国家出口单位商品与其从贸易伙伴处换取的进口商品的比率，一般

① 《中国统计年鉴》提供出口（进口）量指数。

采用出口商品价格与进口商品价格的比率表示。应该注意，这里的贸易条件是所有出口商品价格与所有进口商品价格之间的比率。现实中的贸易条件计算可以采用出口商品价格指数与进口商品价格指数直接进行比较的做法①，国际组织和机构则利用进出口单价指数直接计算各国或地区集团的贸易条件②。

贸易条件可以用来衡量一国通过贸易获取利益的状况，只有一国为其进口支付更少的出口商品，该国的利益才会增加，或者说，只有一国在出口商品数量不变的情况下可以换得更多的进口商品，该国的贸易利益才会增加。③

（二）贸易条件的类型

在国际贸易中，贸易条件主要有以下几种形式。

1. 贸易条件或净易货贸易条件（Terms of Trade；Net Barter Terms of Trade）④

贸易条件只考虑进出口商品价格变化对一国进口能力产生的影响，它是出口商品价格与进口商品价格的比率，即每单位出口商品换得的进口商品的单位数，一般以一国一定时期的出口单价指数与同期进口单价指数的比率来反映。计算方法为：

$$N=\frac{P_{ux}}{P_{um}}\times 100$$

式中，

N：贸易条件；

P_{ux}：出口单价指数；

P_{um}：进口单价指数。

例 1 假定某国以 2020 年为基期，2021 年出口单价指数为 70，进口单价指数为 120，该国 2021 年贸易条件为：

$$N_{2021}=\frac{70}{120}\times 100=58.3$$

---

① 商品价格指数依照对数量权重时期选择的不同，有 Laspeyres（拉氏）、Paasche（帕氏）两种基本形式，拉氏商品价格指数的数量权重选择基期的数量，即 $\frac{\sum p_1q_0}{\sum p_0q_0}$，帕氏商品价格指数的数量权重选择报告期的数量，即 $\frac{\sum p_1q_1}{\sum p_0q_1}$。为利用联合国、国际货币基金组织提供的现有数据，我们的出口（进口）商品价格指数选取出口（进口）单价指数。

② 进出口单价指数是各成员提供的。

③ 整个 17—18 世纪，北美殖民地居民一直出口经济作物（烟草和大米）和本地丰富的特产（鱼类和木材），换取从英国进口的制造品。贸易条件，即出口商品价格与进口商品价格的相对关系，是影响殖民地经济福利水平的一个关键因素。烟草价格由于欧洲需求增加而上涨，让殖民地居民换取了更多的英国制造品，而出口商品价格下跌使得来自欧洲的进口商品变得昂贵，也使殖民地农民的收入减少。因此，出口商品价格和进口商品价格的波动对北美殖民地的经济增长和福利状况具有深刻的影响。摘自道格拉斯·欧文. 贸易的冲突：美国贸易政策 200 年. 北京：中信出版集团，2019。

④ UNCTAD，Handbook of Statistics；G. S. Dorrance，"The Income Terms of Trade"，*The Review of Economic Studies*，1948－1949，16（1）：50－56，also in https://www.jstor.org/stable/2296143.

在例1中，在以2020年为基期的条件下，2021年出口商品价格的平均变化相对于进口商品价格的平均变化处于不利的地位，出口商品价格总体在下降，平均下降幅度达到30%，进口商品价格总体在上涨，涨幅达到20%，贸易条件的计算结果58.3说明，每单位出口商品换得的进口商品的数量在减少，在这种条件下，一国若想保持原有的进口规模，只能依靠扩大出口。

例2 假定某国以2020年为基期，2021年出口单价指数为120，进口单价指数为70，该国2021年纯贸易条件为：

$$N_{2021}=\frac{120}{70}\times 100=171.4$$

在例2中，在以2020年为基期的条件下，2021年出口商品价格的平均变化相对于进口商品价格的平均变化处于有利的地位，出口商品价格平均上涨20%，进口商品价格平均下浮30%，贸易条件的计算结果171.4说明，每单位出口商品换得的进口商品的数量在增加，因而，一国在保持原有出口规模不变的条件下可以增加进口商品数量。

因此，我们可以得出以下结论：

贸易条件大于100，说明该国出口商品价格的上升幅度超过进口商品价格的上升幅度，或出口商品价格的下降幅度小于进口商品价格的下降幅度（即出口商品价格相对于进口商品价格在上涨），或出口商品价格在上升而进口商品价格在下降，这三种情况下，贸易利益都在增加，进口能力在提高，具体表现为，该国为进口商品都在支付更少的出口商品，因而贸易条件得到改善。

贸易条件小于100，说明该国出口商品价格的上升幅度低于进口商品价格的上升幅度，或出口商品价格的下降幅度大于进口商品价格的下降幅度（即出口商品价格相对于进口商品价格在下降），或出口商品价格下降而进口商品价格上涨，这三种情况下，该国的贸易条件都会恶化，进而，进口能力受到削弱。表3-3为OECD提供的2012—2022年美国、欧盟、印度的贸易条件。

表3-3 2012—2022年美国、欧盟、印度的贸易条件*

	贸易条件										
	2012年	2013年	2014年	2015年	2016年	2017年	2018年	2019年	2020年	2021年	2022年
美国	94.52	95.91	96.69	100	101.47	101.87	102.51	103.68	103.4	107.35	—
欧盟	96.28	97.13	97.99	100	101.1	100.29	99.65	100.18	101.73	100.03	96.16
印度	103.93	100.99	98.96	100	101.59	106.66	101.9	109.25	115.67	—	—

* 贸易条件=出口商品价格指数/进口商品价格指数。

资料来源：data.oecd.org.

2. 总易货贸易条件（Gross Barter Terms of Trade）[①]

总易货贸易条件是出口商品数量与进口商品数量的比率。一般以出口量指数与进口

① 这一概念是由陶西格提出的。

量指数的比率表示。

$$G = \frac{Q_x}{Q_m} \times 100$$

式中，

G：总易货贸易条件；

Q_x：出口量指数；

Q_m：进口量指数。

3. 收入贸易条件（Income Terms of Trade）或出口购买力指数（Purchasing Power Indices of Export）①

收入贸易条件同时考虑出口规模的变化与进出口商品价格的相对变化对一国进口能力的影响。计算方法为：

$$I = \frac{\dfrac{\sum_{m=1}^{M} p_m^1 q_m^1}{\sum_{n=1}^{N} p_n^0 q_n^0}}{\dfrac{\dfrac{\sum_{m=1}^{M} p_m^1 q_m^1}{\sum_{m=1}^{M} q_m^1}}{\dfrac{\sum_{n=1}^{N} p_n^0 q_n^0}{\sum_{n=1}^{N} q_n^0}}} \times 100$$

式中，

I：收入贸易条件（出口购买力指数）；

分子：出口值指数；

分母：进口单价指数。

例 3　我们仍然假定某国以 2020 年的价格、出口值为基期值，2021 年出口值指数为 200，进口单价指数为 150，出口单价指数为 120，那么该国 2021 年净易货贸易条件为 80，收入贸易条件为 133。

$$I_{2021} = \frac{200}{150} \times 100 = 133$$

虽然贸易条件的计算结果表明在以 2020 年为基期的条件下，出口商品价格的平均变化相对于进口商品价格的平均变化处于不利的地位，即每单位出口商品换得的进口商品的数量在减少，贸易条件对该国而言恶化了，但是由于出口规模扩张，因而不仅可以扭

① UNCTAD，Handbook of Statistics；G. S. Dorrance，“The Income Terms of Trade”，*The Review of Economic Studies*，1948－1949，16（1）：50－56，also in https://www.jstor.org/stable/2296143.

转出口商品价格相对于进口商品价格变化所处的不利局面，而且还使该国的进口能力提高了 33%。

例 4 接例 3，如果出口值指数是 140，而不是 200，收入贸易条件的计算结果将变为 93。这说明单纯从贸易条件上看，该国由于进口商品价格上升、出口商品价格下降而导致进口能力削减 20%，但由于出口值增加了 40%，从而可以部分抵消进出口商品价格相对变化对该国进口能力带来的消极影响，使进口能力削减的幅度从 20%降低到 7%。

例 5 如果出口值指数是 80，收入贸易条件的计算结果是 53.3。这说明出口规模的萎缩与进出口商品价格的相对不利变化共同对该国进口能力产生了不利的影响，也就是说出口规模的萎缩进一步强化了该国进口能力的下降，使得进口能力的下降幅度从 20%上升到 46.7%，贸易条件继续恶化。

4. 单因素贸易条件（Single Factorial Terms of Trade）

单因素贸易条件是在贸易条件的基础上，考虑出口商品劳动生产率的变化对该国贸易利益的影响。计算方法为：

$$S=\frac{P_{ux}}{P_{um}}\times Z_x\times 100$$

式中，

S：单因素贸易条件；

P_{ux}：出口单价指数；

P_{um}：进口单价指数；

Z_x：出口商品劳动生产率指数。

例 6 我们仍然以 2020 年为基期，2021 年的进、出口单价指数分别为 120 和 70，出口商品劳动生产率指数为 150，计算的结果是，贸易条件为 58.3，单因素贸易条件为 87.5，这说明尽管贸易条件在恶化，但由于此期间出口商品劳动生产率的提高抵消了一部分出口商品价格相对于进口商品价格的不利变化，因而使单因素贸易条件向好的方向发展。

5. 双因素贸易条件（Double Factorial Terms of Trade）

双因素贸易条件不仅考虑到出口商品劳动生产率的变化，而且考虑到进口商品劳动生产率的变化，其计算公式为：

$$D=\frac{P_{ux}}{P_{um}}\times\frac{Z_x}{Z_m}\times 100$$

式中，

D：双因素贸易条件；

P_{ux}：出口单价指数；

P_{um}：进口单价指数；

Z_x：出口商品劳动生产率指数；

Z_m：进口商品劳动生产率指数。

假定例 6 中的进出口单价指数不变，出口商品劳动生产率指数不变，进口商品劳动生产率指数为 170，则双因素贸易条件等于 51.5，该结果说明虽然出口商品劳动生产率的提高可以部分抵消出口商品价格相对于进口商品价格的不利变化，但是进口商品的劳动生产率也在提高，并且进口商品价格不但没有下降，却在上涨，而且上涨幅度还超过出口商品价格上涨幅度，从而导致出口国的贸易条件进一步恶化。在这种条件下，只有出口商品劳动生产率指数高于进口商品劳动生产率指数，方可缓解出口商品价格相对于进口商品价格的不利变化对该国贸易条件带来的不利影响。

由上述各例我们可以发现，任何一种贸易条件形式，其结果大于 100 时，表明该国的贸易条件得到改善，小于 100 时，则表明该国的贸易条件恶化。

世界上大多数国家的贸易条件或净易货贸易条件、收入贸易条件或出口购买力指数由联合国、国际货币基金组织定期发布，还有一些国家提供总易货贸易条件数字。表 3-4 为 UNCTAD 数据库提供的国别进出口价格、数量方面的数据，我们摘录了其中关于中国的数据（2010 年＝100）。

表 3-4 1980—2020 年中国贸易价格与数量指数（2010 年＝100）

	1980 年	1985 年	1990 年	1995 年	2000 年	2005 年	2011 年	2015 年	2020 年
出口额（10 亿美元）	18	27	62	148	249	762	1 898	2 273	2 590
出口单价指数	82.4	71.0	79.1	85.7	81.6	87.9	110.6	109.4	105.6
出口量指数	1.4	2.4	5.0	11.0	19.4	54.9	108.8	131.8	155.5
进口额（10 亿美元）	20	42	53	132	225	660	1 743	1 680	2 057
进口单价指数	57.6	62.9	63.6	68.9	66.9	81.6	114.8	97.0	94.6
进口量指数	2.5	4.8	6.0	13.7	24.1	57.9	108.8	124.1	155.8
贸易条件	143.1	112.8	124.4	124.2	121.9	107.8	96.3	112.8	111.7
收入贸易条件	2.0	2.8	6.2	13.7	23.6	59.2	104.8	148.6	173.6

从表 3-4 可以看出，中国 1980—2020 年贸易条件变化不明显，多数年份略大于 100，进出口价格变化趋势比较有利于中国。1980—2020 年中国收入贸易条件上升很快，主要归功于出口规模的快速扩张，因为从前面的贸易条件可以看出，1980—2020 年出口商品价格变化相对于进口商品价格变化的优势并不明显。

表 3-5 展示的是 2009—2021 年世界贸易条件的状况，从收入贸易条件的角度看，发达国家与发展中国家均有改善，而贸易条件基本没有变化。

表 3-5 2009—2021 年世界贸易条件（2015 年＝100）

	收入贸易条件					贸易条件				
	2009 年	2014 年	2018 年	2019 年	2021 年	2009 年	2014 年	2018 年	2019 年	2021 年
发达国家	81	97	107	108	112	102	99	101	101	101
发展中国家	71	100	110	109	123	97	100	100	99	103

本章小结

1. 世界市场是在地方市场和民族市场形成与发展的基础上产生的。它是由世界范围内通过国际分工联系起来的各个国家国内市场与国家之间的市场组合而成的。

2. 第二次产业革命发生后，西欧与北美发达国家完成了工业化过程，工农业生产的发展、交通运输工具的革命、铁路和轮船的出现与发展意味着世界经济代替了国民经济，国际分工进一步发展，同期，资本主义从自由竞争走向垄断，资本输出深化了旧有的国际分工格局，最终国际分工体系得以确立，统一的世界市场也随之形成。

因此，世界工农业生产的增长、交通运输工具的革命和资本输出联合作用的结果，就是在世界历史上第一次实现了把世界各国都联系起来的一个统一的世界市场的诞生。

3. 当代世界市场由交易对象、参与国家、订约人、国际商品市场、国际商品销售渠道、国际运输与信息网络构成。

4. 世界市场的供求关系确定世界自由市场价格。世界市场的价格分为两类，即世界“自由市场”价格和世界“封闭市场”价格。

5. 贸易条件即一国进出口商品的交换比价，一般以出口商品价格指数与进口商品价格指数的比率表示。贸易条件根据考虑因素的不同包括贸易条件、总易货贸易条件、收入贸易条件、单因素贸易条件、双因素贸易条件等几种形式。

重要概念

世界“自由市场”价格　世界“封闭市场”价格　垄断价格
转移价格　贸易条件　收入贸易条件
单因素贸易条件　双因素贸易条件

测试题

1. 分析一国参与国际分工、贸易获得的利益，一个常用的指标是________。
A. 贸易条件　B. 收入贸易条件
C. 单因素贸易条件　D. 双因素贸易条件

2. 能够反映商品供求关系变化的价格是________。
A. 世界“封闭市场”价格　B. 世界“自由市场”价格
C. 国际商品协定价格　D. 政府贸易协定价格

3. 跨国公司内部交易的价格称为________。
A. 垄断价格　B. 协定价格
C. 调拨价格　D. 内部价格

4. 商品交易所里形成的价格属于________。
A. “自由市场”价格　B. “封闭市场”价格
C. 国际市场价格　D. 半封闭市场价格

5. 有固定组织形式的国际商品市场包括________。

A. 商品交易所　　　　B. 拍卖行（公司）

C. 网上交易市场　　　　D. 博览会

6. 在国际市场上，属于“封闭市场”价格的有________。

A. 协定价格　　　　B. 垄断价格

C. 商品交易所价格　　　　D. 调拨价格

7. 贸易条件改善是指________。

A. 出口商品价格指数不变，进口商品价格指数上升

B. 进口商品价格指数不变，出口商品价格指数上升

C. 出口商品价格指数下降，进口商品价格指数上升

D. 进口商品价格指数下降，出口商品价格指数上升

E. 进出口商品价格指数同时上升

8. 贸易条件是指________。

A. 测试产品竞争力水平的指标

B. 企业从事进出口贸易必须具备的条件

C. 出口商品价格指数与进口商品价格指数的比率

D. 对国际贸易的依赖程度

思考题

1. 结合前面两章的学习，从历史发展的角度分析国际分工、国际贸易、世界市场之间的关系。

2. 世界市场形成的标志是什么？

3. 什么是贸易条件？它的主要形式有哪些？

拓展阅读

高通公司滥用市场支配地位案

第四章
对外贸易政策

学习目标

通过本章的学习，要求学生充分掌握各国对外贸易政策的类型与内容构成，认识和了解各国贸易政策制定的理论依据；同时正确认识和理解对外贸易政策的变化，了解政策变化的条件，并客观地对贸易政策的适用性做出评价。

第一节　对外贸易政策概述

一、贸易政策的定义、目的与构成

中国大学 MOOC（慕课）

对外贸易政策概述

（一）贸易政策的定义

对外贸易政策是各国在一定时期对进出口贸易进行管理的原则、方针和措施手段的总称。对外贸易政策范畴包含以下几方面的基本因素：

1. 政策主体

政策主体指政策行为者，即政策的制定者和实施者，一般来说是指各国政府部门。

2. 政策客体或政策对象

政策客体或政策对象就是贸易政策规范、指导、调整的贸易活动和从事贸易活动的企业、机构和个人。

3. 政策目标

贸易政策行为是有目的的行动。贸易政策的内容首先是在一定政策目标的指导下确定的，政策目标是政策内容制定的依据。

4. 政策内容

政策内容即贸易政策所涵盖的方面和内容。

5. 政策手段

政策手段即为实现既定的政策目标、实施政策内容所采用的对外贸易管理措施，如关税、非关税等。

（二）贸易政策制定与实施的目的

各国制定对外贸易政策的目的主要有以下几个方面：

（1）保护本国市场。

（2）扩大本国产品的国外市场。

（3）优化产业结构。

（4）积累发展资金。

（5）维护和发展同其他国家和地区的政治经济关系。

（6）其他。

（三）贸易政策的构成

各国对外贸易政策一般由下述内容构成：

1. 总贸易政策

总贸易政策包括货物进口与服务获取总政策和货物出口与服务提供总政策。它是从整个国民经济出发，在一个较长的时期内实行的贸易政策。

2. 商品和服务贸易政策

商品和服务贸易政策是根据总贸易政策、国内经济结构与市场供求状况针对不同的商品和服务分别制定和适用的贸易政策。

3. 国别、地区贸易政策

国别、地区贸易政策是根据总贸易政策以及同别国或地区的政治、经济关系分别具体制定的贸易政策。

二、对外贸易政策的制定与执行

各国对外贸易法规政策的制定与修改一般都是由政府职能部门、政府专设机构（如各种形式的委员会）根据国家立法提出贸易政策制定和修改的建议，经反复讨论审议后，由最高行政机构批准付诸实施，或由国家立法机构审议批准，形成法案、法令而生效。多数情况下，政府职能部门、政府专设机构在制定和修改对外贸易政策法规及有关规定之前，要征询有关的政策咨询机构、社会经济集团的意见。发达国家一般要征询大企业的意见。大企业通过各种半民间半官方机构（如各职能部门自己组建的政策咨询委员会）、民间机构（如企业家联合会）反映自己对现行贸易政策的看法和建议。类似企业家联合会、商会、工会等的民间组织的领导人还经常聚集在一起协调、商定共同的立场，向政府提出建议，直至派人参与制定或修改有关的贸易法规与政策。

我们以美国、日本为例。根据宪法，美国国会享有对外贸易的立法权和决策权，所有贸易法律法规的制定和对外贸易条约的签订，必须得到国会批准才能生效。特定条件下国会可以授权美国总统全权处理对外贸易谈判。

联邦政府根据国会立法制定和执行对外贸易政策。美国总统掌握着对外贸易政策实施的决策权，包括关税的调整、非关税壁垒削减、保护本国工业、对外谈判签约、实行制裁等各方面。

美国政府中负责对外贸易事务的机关主要有美国贸易代表办公室、商务部、国际贸易委员会和海关。它们直接接受总统领导，但权限由国会确定。

美国贸易代表办公室的首脑为美国贸易代表，直接对总统和国会负责。美国贸易代表及其委员会是美国政府参与对外贸易决策的主要机构。美国贸易代表的职责主要包括以下几个方面：

（1）主要负责美国国际贸易（包括商品问题、与国际贸易有关的直接投资问题）政策的制定、实施和协调。

（2）担任总统国际贸易问题的主要顾问，就美国政府的其他政策对国际贸易的影响向总统提出建议。

（3）作为美国的主要代表，负责包括货物贸易和直接投资等事宜的国际贸易谈判。

（4）和其他部门进行贸易政策的协调。

（5）担任总统的国际贸易发言人。

（6）就贸易协定事宜向总统和国会汇报，并就其实施向总统和国会负责；就非关税壁垒、国际商品协议和与贸易协定相关的其他问题，向总统和国会提供建议。

（7）兼任贸易政策委员会的主席。

商务部具体负责美国对外贸易法律法规和政策的实施。海关负责关税、进出口监管事宜以及核定审查贸易法规的执行状况。国际贸易委员会不从属于任何政府部门，拥有贸易调查权，对“不正当竞争”行为进行立案调查，裁定其是否对美国国内行业造成损害并确定采取的对策。此外，一些相关部门，如财政部、农业部等，在其相应的职权范围内承担一定的对外贸易管理职能。

美国贸易政策制定的基本程序为：首先由贸易政策工作委员会提出制定政策的设想及修订政策的意见，经贸易政策审查委员会审议并提出意见，交回贸易政策工作委员会重新研究修改，然后报送贸易政策委员会讨论通过，最后报总统审批后交有关部门执行。有些重大问题，经总统审定后，还要交国会通过，使之形成法案，然后交商务部和有关部门执行。总统向国会提交各种法案，也可对国会制定的法案行使否决权。法案经总统否决后，国会议员要获得 2/3 以上的多数支持来推翻总统的否决，法案才可生效。

日本对外贸易政策制定主要涉及以下两个机构：

1. 贸易会议

1970 年前贸易会议为出口会议。会议由内阁总理大臣任主席，经济产业省大臣任副主席。成员除外务省大臣、财务省大臣、经济企划厅长官、日本银行总裁、日本输出入银行总裁等政府官员外，还吸收商社和出口厂商的代表以及经济贸易专家等。贸易会议的日常事务由经济产业省处理。贸易会议下设综合部会和 14 个行业会议。此外，还专门设立 70 多个专门部会。贸易会议的主要任务是讨论综合性和长期性的贸易政策，对与贸易有关的（航空、海上运输等非贸易）政策、措施、其他有关事项进行调查与审议。

2. 经济产业省进出口贸易审议会

审议会成立于 1953 年，是经济产业省大臣的咨询机构，由经济产业省大臣指定的民间人士构成。主要任务是对贸易政策进行分析研究和审议，提出意见，反映民间企业的要求。贸易审议会设有常设机构。该会下设调整部会和按商品划分的 14 个专门委员会。

日本对外贸易政策制定的程序通常是由经济产业省提出，经过法律或其他手续，以法律、政令、省令形式确定下来，颁布实施，同时根据情况的变化，及时做出修正。经济产业省是日本政府制定对外贸易政策的主要部门。

关于对外贸易政策制定的机构，有两点需要注意：

（1）虽然名称不同，但多数国家都设立政府跨部门的贸易政策制定委员会，美国是贸易代表办公室下的贸易政策工作委员会、审查委员会、制定委员会；日本是贸易会议；印度尼西亚是经济稳定委员会。一些国家即使没有专门设立跨部门的贸易政策制定委员会，也由国家的贸易部门或主管贸易的部门会同其他的职能部门共同就对外贸易政策的制定和修改提出建议和方案，由上级行政主管或立法机构审议批准。如印度，商业和工业部是制定贸易政策的主要机构，它定期与其他各部门进行协商，最终形成贸易政策制定和修改的建议和议案。新加坡则是由贸易与工业部负责贸易政策的制定和修改，但部门之间的磋商对最终政策制定和修改建议的形成起着重要作用。

（2）在贸易政策法规制定和修改过程中，商界参与程度较高。它们可以通过参与政府设立机构的活动实现，如印度的贸易委员会，其成员除有关部门、机构的政府官员外，还包括来自商会、工业联合会等商业企业界的代表。在美国，商界代表可以直接向参与贸易政策制定和修改的部门就贸易政策发表意见，如美国的劳工代表或企业界代表可以直接与商务部长、贸易代表面谈，反映对贸易政策的意见，而后由商务部和贸易代表通过正式的渠道转达。此外，贸易政策制定机构还经常从各种咨询机构听取相关的意见和建议。

关于对外贸易法规、政策制定和修改的程序，则根据法规、政策内容的性质而有所不同。如果政策内容属于指导性或实施性法规，需要以法案、法令的形式长时间有效，则必须经由立法机构批准，才能生效实施。如果政策内容属于围绕现有的法律、法规、法令的执行而制定的实施条例、规章、指示等，则只需要最高行政机构，如国务院，甚至有关职能部门单独或联合批准即可生效。

三、对外贸易政策的基本类型

对外贸易产生与发展以来，基本上有两种类型的对外贸易政策，即自由贸易政策与保护贸易政策，其他类型的贸易政策都是在这两种形式的基础上演化而来的，是这两种政策类型的变种。

（一）自由贸易政策

国家取消对商品进出口和服务贸易的限制和障碍，取消对本国商品进出口和服务贸易的各种特权和优待，使商品自由进出口，服务贸易自由经营，也就是说国家对贸易活动不加或少加干预，任凭商品、服务和有关要素在国内外市场公平、自由地竞争。

（二）保护贸易政策

国家广泛利用各种措施对商品进口和服务经营领域与范围进行限制，保护本国的产品和服务在本国市场免受外国产品和服务的竞争，并对本国出口的产品和服务给予优待与补贴。国家对贸易活动进行干预，限制外国商品、服务和有关要素参与本国市场的竞争。

四、对外贸易政策的演变

在资本主义生产方式准备时期，为促进资本的原始积累，西欧各国广泛推崇重商主义，在贸易政策上实施强制性的贸易保护主义，通过限制货币（贵重金属）出口和扩大贸易顺差的办法扩大货币的积累，以英国实行得最为彻底。

资本主义自由竞争时期，资本主义生产方式占据统治地位，世界经济进入商品资本国际化阶段。但由于欧美各国经济发展水平不同，出现了两种类型的贸易政策。资本主义较发达的国家如英国推行自由贸易政策；而资本主义比较落后的国家如美国、德国则执行以保护幼稚工业为目标的保护贸易政策。

19 世纪末到第二次世界大战前，由于垄断的出现与加强，资本输出占据统治地位。1929—1933 年的大危机使市场矛盾日益激化，主要资本主义国家开始推行带有垄断性质的超保护贸易政策。

第二次世界大战后，先是由于美国对外扩张的需要，继而因为生产、资本的国际化以及国际分工在广度和深度上的迅猛发展，出现了世界范围的贸易自由化倾向。

20 世纪 70 年代中期后，由于两次经济危机的爆发，经济发展减缓，出现结构性失业，使市场问题趋于尖锐，以美国为首的发达国家转向采取新的贸易保护主义。

20 世纪 80 年代中后期以来，由于世界经济政治关系的深刻变化、各国经济相互依赖的加强，世界范围内特别是发达国家开始推行协调管理贸易的做法。它们对内制定各种对外贸易法规和条例，对本国进出口有秩序的发展加强管理，对外通过协商、签订各种对外经济贸易协定，以协调和发展与他国之间的经济贸易关系。在这一时间段，贸易自由化趋势仍为主导，但伴随着各国经济发展的不平衡和产业竞争力的变化，贸易保护主义声音和做法不时出现。

进入 21 世纪以来，特别是 2008 年金融危机以来，由于发达国家经济增长步入下行轨道，以美国为首的发达国家纷纷采取措施实施贸易保护主义，美国的单边行动和贸易中的双重标准最为典型，2018 年特朗普发动贸易战，掀起新一轮中美贸易争端，对来自中国的三分之一进口采用高关税，拜登上台后，进一步通过出口管制、产业补贴、对中国实体企业进行制裁、关键技术和资源限制等办法，人为逆转贸易流向，倒逼全球供应链重构和产业回流，同时在双边和多边层面上，强调“美国优先，去中国化”，致使战后建立和完善起来的贸易流向和结构受到破坏，不利于各国充分利用国际分工格局高效配置资源。

第二次世界大战后，发展中国家根据各国经济发展的需要，大多数国家执行保护贸易政策。但随着经济的发展和需要，其贸易政策逐步开放，贸易自由化程度逐步提高。

第二节　重商主义

中国大学MOOC（慕课）

重商主义

一、重商主义理论

重商主义理论产生于15—17世纪资本主义生产方式准备时期，该理论最早对国际贸易问题进行了系统研究。

(一)产生背景

在资本主义生产方式准备时期，由于商品交换和货币经济的发展，货币成为全社会各阶层所追求的东西，成为财富的代表形态。当时，商业资本与高利贷资本在流通领域占据统治地位，商业成为人们意念中利润和财富的源泉。在这一社会背景下，以流通领域为研究对象，认为利润来自流通领域，而与生产过程无关的重商主义便产生了。

重商主义把货币和财富混为一谈，认为一个国家拥有的黄金和白银越多，其财富的拥有量就越大，因而也就越富有。重商主义认为商业是利润和财富的源泉，而除开掘金银矿藏之外，只有对外贸易才能不断增加一国的货币量，从而增加国家的财富。因此该理论强调国内的商品生产应服从于对外贸易的需要，国家应通过鼓励工场手工业的发展促进商品的出口，以增加黄金、白银的流入。

(二) 主要论点

重商主义理论的发展经历了两个阶段，早期为重金主义，或称货币差额论；晚期为贸易差额论。

从15世纪到16世纪中期为早期重商主义时期，其代表人物是英国的威廉·斯塔福(W. Stafford)，其理论的主要观点是：货币（金银）是唯一的财富形式，任何商品输入都会使货币流出，减少本国的货币拥有量，从而减少本国的财富，因而一国在对外贸易中就应尽可能地多输出少输入，最好是不输入，只有这样，一国才能迅速地增加货币，实现财富的积累。同时为保留货币，该理论主张禁止货币出口。这个时期的重商主义者“就像守财奴一样，双手抱住他心爱的钱袋，用妒嫉和猜疑的目光打量着自己的邻居”①。

但是，货币是国际上商品流通的手段，各国都限制金银的外流，其结果是窒息了贸

---

① 马克思，恩格斯. 马克思恩格斯全集：第1卷. 北京，人民出版社，1956：596.

易，阻碍了金银的流入。重商主义在实践中认识到货币只有在运动中、流通中才能增值，于是重商主义的发展开始超越其早期阶段进入晚期，货币差额论发展成为贸易差额论，成为名副其实的重商主义。

晚期重商主义理论的主要代表人物是英国的托马斯·孟（T. Mun），其《英国得自对外贸易的财富》一书是重商主义的代表作，也是重商主义的“福音书”。在书中，托马斯·孟认为增加英国财富的手段就是发展对外贸易，但必须遵循一条原则，即卖给外国人的商品总值应大于购买他们的商品总值。但不要求对每一个国家的贸易都有顺差，而只是从每年总的进出口贸易中取得顺差，增加货币的流入量。他反对早期重金主义禁止金银输出的思想，他把货币与商品联系起来，指出“货币产生贸易，贸易增多货币”[①]。只有输出货物，才能输入更多的货币。为了保证有利的贸易顺差，托马斯·孟主张扩大出口，减少外国制品的进口，反对英国人消费英国能够生产的外国产品及能够在国外销售的本国产品。他还主张发展加工业和转口贸易。既然英国的财富积累取决于对外贸易，托马斯·孟认为英国一切生产和消费都应当服从于发展对外贸易的需要。

重商主义对贸易的研究主要集中在如何进行贸易上，具体地讲，就是如何通过限制进口、鼓励出口来增加一国的货币流入，从而增加一国的财富总量。因为重商主义者认为，国内贸易是由一部分人支付货币给另一部分人，一部分人获利，而另一部分人利益受到损害，其结果只是社会财富在不同群体之间的转移，属于社会再分配范畴，整个社会财富没有变化。但国际贸易却不一样，它通过商品的跨境流动，引发货币的跨境流动，从而改变一国的货币拥有数量，改变一国拥有的财富总量。重商主义是从商人的视角研究国际贸易问题，认为国际贸易是一种“零和博弈”，一方获益，另一方必定利益受损，其错误思想的根源在于重商主义者只把货币作为财富的形式，而不是获取财富的手段，然而一国真正的财富应该是国民能够消费的国内外产品的总和，这些产品的增减不是来自流通领域，而是来自生产领域。

虽然重商主义的贸易思想存在许多错误和局限性，但其提出了许多有价值的概念，如贸易顺差、逆差等为后人研究国际贸易问题打下了基础，更重要的是，重商主义开启了对国际贸易问题的系统研究。熊彼特曾对重商主义做过这样的评价，重商主义为“18世纪末19世纪初形成的国际贸易一般理论奠定了基础”[②]。

二、重商主义贸易政策

重商主义贸易政策是西欧封建社会后期中央集权国家增加货币财富、促进资本积累的政策。这种政策代表商业资产阶级的利益，其目的是增加国外金银的流入，并将其保留在国内，以增加本国的财富，促进国内的资本形成与积累。

在早期重商主义时期，一些国家为达到上述目的，采取了以下两方面的措施：（1）禁止货币出口，由国家垄断所有的货币交易；（2）要求外国人来本国进行贸易时，必须将其销售货物的全部款项用于购买本国的货物。

---

① 托马斯·孟. 英国得自对外贸易的财富. 北京：商务印书馆，1965：14.

② J. A. Schumpeter，*History of Economic Analysis*，New York：Oxford University Press，1954.

英国政府对进出口贸易的控制更为严格。凡是英国出口商，只能到国外指定的地点进行交易，并规定每次出售英国商品所得到的货币必须包括一部分外国货币或金银，以便运回本国。对于到英国做生意的外国商人则规定了两条法律：一是把所携带的外国货币换成英国货币；二是在英国销售货物所得货币必须全部用于购买英国货物，在英国花费掉。

16 世纪下半期，重金主义转变为重商主义，西欧开始进入晚期重商主义时期。这时商业资本已高度发达，工场手工业获得长足进展，信贷业开始出现，商品经济发展迅速。当时的封建王朝和商业资产阶级更加需要货币，“他们开始明白，一动不动地放在钱柜里的资本是死的，而流通中的资本却会不断增殖……人们开始把自己的金币当作诱鸟放出去，以便把别人的金币引回来”①。于是管理金银进出口的政策为管制货物进出口的政策所取代。各国力图通过实施奖励出口、限制进口的政策措施，保证贸易出超，以达到金银流入的目的。

为鼓励出口，西欧各国采取的措施包括以下几个方面：

(1) 以补贴和出口退税等措施鼓励出口。

(2) 禁止重要原料的出口，但许可自由输入原料被加工后再出口。

(3) 降低或免除出口税。

(4) 设立特权贸易公司，实行独占性的殖民地贸易政策。

(5) 与外国签订贸易条约。

英国除采取以上措施之外，还采取以下做法以达到贸易出超和金银进口的目的：

(1) 颁布《谷物法》②，限制谷物进口。

(2) 颁布《职工法》，禁止技术工人离境，鼓励外国技工移入，以促进国内工场手工业的发展。

(3) 颁布《航海法》(Navigation Acts)，规定一切输往英国的货物必须用英国船只或原出口国的船只载运，一切输出到亚洲、非洲、北美洲的货物必须使用英国或殖民地的船只，以此来限制英国对外贸易中外国运输业与英国运输业的竞争。③

(4) 奖励人口繁殖，以扩大劳工来源，降低劳工成本。

西欧各国为限制进口，采取了以下几方面的措施。

(1) 直接禁止若干外国商品尤其是奢侈品的输入。

(2) 课征保护关税，即以高关税来限制国外商品的进口。

重商主义贸易政策是 15 世纪以后西欧各国普遍采取的政策，最早出现于意大利，后

---

① 马克思，恩格斯. 马克思恩格斯全集：第 1 卷. 北京：人民出版社，1956：596.

② 《谷物法》(Corn Laws)：英国的《谷物法》是在谷物（小麦、大麦、黑麦、燕麦）充足和低价期，为了生产者的利益而控制贸易的法规。

③ 《航海法》人为要求殖民地贸易需要经过英国及其在西印度群岛的领地。该法案规范了英国和殖民地商业往来中使用的船只和海员的国籍，限制了殖民地产品可以运往的目的地和进口产品的来源地。对于北美殖民地，最重要的规制内容是几乎所有的出口和进口都要经过英国运输。在出口方面，所有被列入《航海法》的产品在到达最终目的地之前都必须途经英国的一个港口，北美向英国出口的产品 3/4 被列入《航海法》，这一间接运输路线安排给北美出口商增加了额外的成本。《航海法》对北美进口没有产生过多的扭曲，因为进口产品的产地主要是英国，只有不到 20%的非英国产品必须从英国转运。引自道格拉斯·欧文. 贸易的冲突：美国贸易政策 200 年. 北京：中信出版集团，2019。

来在西班牙、葡萄牙、荷兰实行，最后在英国、法国、德国、俄国先后实行。在实行重商主义贸易政策的过程中，各国的政策重点不同。在法国表现为积极促进工场手工业的发展；在西班牙、葡萄牙表现为殖民地贸易；在荷兰表现为航海和中间贸易；在英国则比较全面，除上述各项外，还包括农业内容。

三、重商主义理论与政策评价

重商主义理论和政策在历史上曾起过进步作用，它们促进了资本的原始积累，推动了资本主义生产方式的建立和发展。但它们把货币当作财富的象征，把商业尤其是对外贸易视为财富的源泉；它们只是简单地描述社会的表面现象，对社会经济现象的探索只局限于流通领域，而未深入生产领域，因而其经济理论是幼稚的、不科学的。正如马克思曾经指出的："真正的现代经济科学，只是当理论研究从流通过程转向生产过程的时候才开始。"①

第三节　自由贸易政策

中国大学 MOOC（慕课）

自由贸易政策

自由贸易政策形成于资本主义自由竞争时期，始于经济最发达的英国，其后其他国家随着自身经济发展水平的提高以及为了适应经济发展的要求也开始接受并实施自由贸易。在资本主义发展进入垄断阶段后，自由贸易的发展一度受阻，这种状态一直持续到第二次世界大战之后，自由贸易才又重新被推到前台，成为大多数国家一致推举的贸易政策与做法。

第二次世界大战后，贸易政策的发展趋势总的来看是自由化的，虽然中间有些停滞，如为 20 世纪 70 年代末期新贸易保护主义所打断，但自由贸易的大方向并没有就此改变，而是在环境条件稍有改善后，继续得到更深程度和更广范围的发展。客观地讲，第二次世界大战后的自由贸易与第二次世界大战前的自由贸易相比已发生重大变化，自由贸易的范围已从一国向地区甚至世界范围演变，政府政策行为也渐渐地从一国政府的行为逐步向超国家、国际经济组织的行为转变，贸易自由化的范围也从过去的局限于货物贸易领域向服务贸易、要素贸易领域拓展，进入大贸易范畴。

一、自由竞争时期的自由贸易政策

（一）英国自由贸易政策的兴起与胜利②

英国自 18 世纪中期开始第一次产业革命，确立其世界工厂的地位。一方面，英国工

① 马克思．资本论：第 3 卷．2 版．北京：人民出版社，2004：376.

② 英国自由贸易的兴起背景、过程及 20 世纪 30 年代对自由贸易的背离和放弃，请观看中央电视台制作的纪录片《贸易战争（二）》。

业的发展要求其从国外进口廉价的工业原料和粮食；另一方面，英国的第一次产业革命早于其他国家，工业制成品具有强大的国际竞争力。因此此时的重商主义贸易政策实质上已成为英国经济发展和英国工业资产阶级向外扩张的障碍，工业资产阶级强烈要求废除保护主义的贸易政策，实施自由贸易政策。

工业资产阶级经过长期不懈的努力和不断的斗争，最后终于使自由贸易政策在英国取得胜利，具体表现在以下几个方面：

1. 废除《谷物法》[①]

1838年英国棉纺织业资产阶级组成“反谷物法同盟”（Anti-Corn Law League），而后又成立全国反谷物法同盟，展开声势浩大的反谷物法运动。经过斗争，迫使国会于1846年通过废除《谷物法》的议案，并于1849年生效。马克思指出：“英国谷物法的废除是19世纪自由贸易所取得的最伟大的胜利。”[②]

2. 关税税率逐步降低，纳税商品数目减少

19世纪初，经过几百年的重商主义实践，英国有关关税的法令达1 000件以上，没有人了解法令的全部内容。1825年英国开始简化税法，废止旧税率，建立新税率。进口纳税项目从1841年的1 163种减少到1853年的466种、1862年的44种、1882年的20种。所征收的关税全部是财政关税，税率大大降低。禁止出口的法令完全被废除。

3. 废除《航海法》

《航海法》是英国限制外国航运业竞争和垄断殖民地航运业的政策。英国国会1849年废除《航海法》，1850年生效。到1854年，英国的沿海贸易、殖民地贸易以及航运全部对外开放。

4. 取消特权贸易公司

英国在1813年和1814年分别废止了东印度公司对中国和印度的贸易垄断权，从此对中国和印度的贸易开始开放给所有的英国人。1853年，英国国会解散了特权贸易公司。

5. 改变殖民地贸易政策

在18世纪，英国对殖民地的航运享有特权，殖民地的货物输入英国享受特惠关税。在英国机器大工业建立以后，英国产品不惧怕任何国家的竞争，所以对殖民地的贸易逐步采取自由放任的态度。1849年《航海法》被废止后，殖民地已经能自由输出入商品。英国通过关税改革，废止了对殖民地商品的特惠税率，同时准许殖民地与外国签订贸易协定，殖民地可以与任何外国建立直接的贸易关系，英国不再加以干涉。

---

① 禁止或不鼓励谷物进口的法规可以追溯到15世纪，特别是1815年的《谷物法》，其目的在于通过禁止进口，直到国内价格达到一定水平的办法来鼓励国内生产，因而该《谷物法》成为消费者、中产阶级制造商及出口商猛烈攻击的目标。

② 马克思，恩格斯. 马克思恩格斯全集：第4卷. 北京：人民出版社，1958：444. 随着欧洲小麦供应的枯竭，从19世纪30年代中期起，《谷物法》已经停止对谷物贸易制造很大的实际困难。《谷物法》的废除没有导致小麦价格的下跌，但减少了每年小麦进口量的波动。

6. 与外国签订带有自由贸易色彩的贸易条约

1860年英法签订《科布顿-谢瓦里埃条约》（Cobden-Chevalier Treaty），有效期为10年。根据这一条约，英国允许大量法国产品自由进入，降低对法国的葡萄酒和烧酒的进口关税，并承诺不再禁止煤炭出口，法国则保证对从英国进口的一些制成品征收不超过30%的从价税①。《科布顿-谢瓦里埃条约》是以自由贸易精神签订的一系列贸易条约的第一个，列有最惠国待遇条款。19世纪60年代，英国缔结了8个类似的条约。② 20世纪第一个10年，英国与46个国家签订了双边协定，德国也与30个国家签署了该类协定。③

事实上，19世纪的自由贸易运动是在两个层次进行的。在一些国家内部，政治割据、关卡林立的局面有所改变，逐渐形成了统一的民族国家和国内市场。在国际上，许多国家实行自由贸易政策，结束了英国、法国、西班牙、葡萄牙等殖民国家的保护贸易政策和特权贸易公司控制对外贸易的局面。总之，从1815年到19世纪70年代是自由贸易政策蓬勃发展的时期，尽管各国情况有所不同，但各国都从自由贸易中获得了经济利益。在自由贸易政策的影响下，国际贸易迅速增长。从1820年到1850年，国际贸易量增加了2倍以上，从1850年到1876/1880年又增加了将近2倍。④

（二）自由贸易政策的理论依据

随着西欧特别是英国经济的发展，重商主义理论已经不能适应工业资产阶级发展经济和向外扩张的要求，于是一些资产阶级思想家开始探索研究对外贸易与经济发展的内在联系，试图从理论上说明自由贸易对经济发展的好处，由此产生了自由贸易理论。

在国际贸易理论的发展过程中，首先提出自由贸易论点的是18世纪下半期的法国重农学派，他们认为农业才是一国财富的基础，交换不能产生新的财富，并要求国家放弃对经济生活的干预，反对保护贸易政策，支持自由贸易政策。⑤ 法国重农学派成为英国古典学派自由贸易理论的先驱。其后，自由贸易理论得到英国古典学派的进一步发展。英国古典学派的主要代表人物是英国的亚当·斯密⑥和大卫·李嘉图。后来一些经济学家如穆勒、马歇尔进一步对古典学派的论点进行演绎和发展⑦。自由竞争时期自由贸易理论的

---

① 自1864年10月1日起从价税率为25%，资料来源：彼得·马赛厄斯，悉尼·波拉德. 剑桥欧洲经济史：第8卷. 北京：经济科学出版社，2004.

② 18世纪最惠国待遇条款开始被使用，尤其是在英国签订的条约中。1778年2月，在与法国签署的商业条约中，美国把“互惠”引入最惠国待遇条款。资料来源：同①。

③ 爱德华·曼斯菲尔德，海伦·米尔纳. 表决、否决与国际贸易协定的政治经济学. 上海：上海人民出版社，2019.

④ W. W. Rostow, *The World Economy: History and Prospect*, Austin: University of Texas Press, 1978: 669.

⑤ 重农学派对贸易不重视，他们只是从“自由经济”的基本理念和法国农民的实际利益出发，反对重商主义对贸易的干预，提出自由贸易的口号，因而重农学派对国际贸易理论实际上没有做出太多的贡献。

⑥ 亚当·斯密也讨论过自由贸易的例外，如保护与国防关系重大的国内产业，他还讲到“当外国采用高关税和禁运来限制我们的某些制造品进入其国境时……继续自由进口某些外国产品是否合适?”在此种情形下，互惠或对等报复或许是合适的政策选择。资料来源：道格拉斯·欧文. 贸易的冲突：美国贸易政策200年. 北京：中信出版集团，2019。

⑦ 17—18世纪的自由贸易概念并不代表零关税及对贸易没有任何政府限制，自由贸易是指一个国家的商人可以去自己想去的地方做生意，只要依规纳税，就不会遭遇歧视性禁止或殖民地特惠规定，自由贸易可以更准确地描述为开放贸易，各国课征进口关税，并对航运进行管理，但应该采取非歧视的方式。资料来源：同⑥。

主要论点有以下几个方面：

1. 自由贸易可以形成互相有利的国际分工

在自由贸易条件下，各国可以按照绝对成本（亚当·斯密）、比较成本（大卫·李嘉图）状况，专心生产其最有利和有利较大或不利较小的产品，提高各国的资源配置效率。

2. 扩大国民的实际收入

在自由贸易条件下，每个国家都根据自己的条件发展最擅长的生产部门，生产要素会得到最有效的配置，再通过对外贸易以较少的花费换回较多的物品，提高了国民的真实收入。

3. 自由贸易可以阻止垄断，加强竞争，提高经济效益

自由贸易使得独占或垄断无法实现，企业必须通过开发、改进技术，提高生产效率，以及降低成本的办法加强自身的竞争能力，从而扩大经济利益。

4. 自由贸易有利于提高利润率，促进资本积累

李嘉图认为，社会的发展势必导致工人的名义工资上涨，从而降低利润率，削弱产品的竞争力。为避免这一情况的出现、维持高水平的资本积累和工业扩张，只有通过自由贸易从外部输入廉价的生活必需品，降低工人的名义和实际工资水平。

（三）自由竞争时期的自由贸易理论与政策评价

（1）自由贸易政策促进了英国及其他西欧国家经济和对外贸易的发展，使英国经济跃居世界首位。1870 年，英国在世界工业生产中所占的比重为 32%；在煤、铁和棉花消费中，各占世界总消费量的一半；在世界贸易总额中的比重达 22%，超过德（13%）、法（10%）、美（8%），居世界第一；它拥有的商船吨位居世界第一，超过荷、法、美、德、俄商船吨位的总和。伦敦由此成为世界金融中心。

（2）自由贸易理论为自由贸易政策制造了舆论，成为自由贸易政策论证的有力武器。

（3）自由贸易理论存在以下几个方面的问题：

1）没有考虑到生产力水平的差异对贸易利益分配的影响。

2）片面强调自由贸易对参与国家的积极效果，却忽视了消极影响。

3）研究的出发点是一个静态均衡的世界，没有考虑到动态因素对分工与贸易的决定性影响。

二、第二次世界大战后至 20 世纪 70 年代中期的贸易自由化

第二次世界大战后，随着资本主义世界经济的恢复和发展，从 20 世纪 50 年代到 70 年代初期，发达国家对外贸易政策具有自由化的倾向。①

① 1941 年 8 月 13 日签署的《大西洋宪章》开启了二战后国际经济新秩序的建立进程，其中包括贸易秩序或体制，之后国家之间的贸易摩擦与纷争并没有消失，而是在规定的框架内以新的方式推演，关于这一过程，请观看中央电视台制作的纪录片《贸易战争（三）》。

（一）贸易自由化的表现

1. 大幅度削减关税

（1）在关税与贸易总协定缔约方范围内大幅度降低关税。1947 年到 20 世纪 70 年代中期，在关税与贸易总协定的主持下，举行了七轮多边贸易谈判，缔约方的平均进口最惠国关税税率已从 50%左右降低到 5%以下。

（2）欧洲经济共同体（1967 年 7 月 1 日，《布鲁塞尔条约》生效，欧洲经济共同体与欧洲煤钢共同体、欧洲原子能共同体合并主要机构，合并后称欧洲共同体；1993 年 11 月 1 日，《马斯特里赫特条约》生效，欧洲联盟成立，欧洲共同体被纳入欧洲联盟）实现关税同盟，对内取消关税，对外通过谈判达成关税减让协议，导致关税大幅度下降。

根据《罗马条约》建立关税同盟的规定，欧洲经济共同体从 1959 年 1 月 1 日起分三个阶段减税，于 1970 年 1 月 1 日完成。实施的结果为，成员国间工业品和农产品的自由流通分别于 1968 年 7 月和 1969 年 1 月提前完成。1973 年英国、丹麦、爱尔兰加入欧洲共同体，到 1977 年 7 月 1 日与原成员国间实现了工业品和农产品贸易互免关税。此外，从 1973 年起，欧洲共同体开始与欧洲自由贸易联盟进行工业品贸易互减关税，到 1977 年 7 月 1 日，一个包括 17 国在内的占世界贸易 40%的工业品自由贸易区在欧洲建立起来，由此扩大了欧洲贸易自由化的范围。

与此同时，欧洲共同体还通过与非洲、加勒比和太平洋地区的发展中国家签订优惠贸易协定的方式，单方面提供关税减免待遇。① 除此之外，欧洲共同体还同地中海沿岸的一些国家、阿拉伯国家、东南亚联盟等缔结了类似的协定。

（3）通过普遍优惠制的实施，发达国家对来自发展中国家和地区的制成品和半制成品的进口提供普遍的、非歧视的、非互惠的关税优惠待遇。

2. 降低或撤销非关税壁垒

二战后初期，发达国家对许多商品进口采用严格的进口限额、进口许可证和外汇管制等措施，以限制商品进口。随着经济的恢复和发展，这些国家程度不同地放宽了进口数量限制，扩大了进口自由化；放宽或取消了外汇管制，实行货币自由兑换，促进了贸易自由化的发展。

到 20 世纪 60 年代初，关税与贸易总协定缔约方、经济合作与发展组织成员国之间的进口数量限制已取消 90%。到 1961 年，欧洲经济共同体成员国之间完全取消工业品进口数量限制；农产品进口数量限制也随着内部关税削减而逐步取消。与此同时，欧洲经济共同体对外部非成员国的某些商品的数量限制也有所放宽。此外，发达国家还相继放宽或解除了外汇管制，恢复了货币自由兑换。

（二）贸易自由化的主要特点

（1）美国成为战后贸易自由化的积极推行者。第二次世界大战后，美国成为世界上

---

① 即《洛美协定》。

最强大的经济和贸易国家。为实现对外扩张，美国积极主张削减关税，取消数量限制，成为贸易自由化的积极推行者。

（2）各国经济的恢复与发展为战后贸易自由化建立了物质基础。

（3）战后贸易自由化是在国家垄断资本主义日益加强的条件下发展起来的，因而带有浓重的政府干预色彩。

（4）各种区域性经济贸易集团、关税与贸易总协定的建立都是以贸易自由化为宗旨的。由于它们的建立而实现的地区、国际范围内的贸易政策协调为贸易自由化的开展和发展提供了可能。

（5）战后贸易自由化发展不平衡，主要表现在以下几个方面：

1）发达国家之间的贸易自由化超过它们对发展中国家和社会主义国家的贸易自由化。发达国家根据关税与贸易总协定等国际多边协定，较大幅度地降低彼此之间的关税，放宽相互之间的数量限制。但对发展中国家的一些出口商品，特别是劳动密集型产品保留征收较高的关税，并实行其他的进口限制；对社会主义国家除采取严格的关税与非关税壁垒措施以限制其产品进入发达国家市场之外，还通过实施出口管制办法，阻止发达国家的一些产品流入它们的国内市场。

2）区域性经济贸易集团内部的自由化超过集团对外的贸易自由化。以欧洲经济共同体为例，根据《罗马条约》的规定，对内取消关税与其他进口限制，商品在成员国之间自由流通，实行完全的贸易自由化；对于非成员国则在区域性贸易壁垒的基础上有选择、有限度地实行部分贸易自由化。

3）不同商品的贸易自由化程度也不同，表现在以下两方面：

第一，工业制成品的贸易自由化超过农产品的贸易自由化。

第二，机械设备的贸易自由化超过工业消费品的贸易自由化。

（6）战后贸易自由化促进了世界经济的迅速发展。

（三）战后贸易自由化作用评价

（1）战后贸易自由化推进了世界经济和贸易的高速发展。

（2）战后贸易自由化确立了各国贸易政策发展的总趋向。

（3）战后贸易自由化为国家贸易、经济可通过协商、协调获得发展提供了先例。

第四节　保护贸易政策

中国大学MOOC（慕课）

保护贸易政策

一、自由竞争时期的保护贸易政策

（一）产生背景

当以英国为首的欧洲先进工业国家完成第一次产业革命，开始逐步推行自由贸易政策，向世界进行扩张时，美国刚刚取得独立和统一，德国也结束了其封建割据的局面，开始工业化进程。为追赶先进工业国，美国和德国于19世纪先后实行了严厉的保护贸易政策，使本国工业在英国等欧洲先进工业国家的强大压力之下得以生存并获得发展。①

中国大学MOOC（慕课）

超保护贸易政策

中国大学MOOC（慕课）

当代国际贸易政策

（二）保护贸易政策的主要特点

1. 保护的阶段性

贸易保护是为达到国家最终发展目标而采取的过渡性措施，在积极发展和扶持本国工业的初期，逐步提高进口关税税率，经过一段时间的发展后，随着国内工业部门的建立和竞争能力的提高，开始逐步降低某些商品的进口关税，直至整体关税水平的降低。

2. 保护的有选择性

在同一时期，对不同工业部门采取不同程度的保护措施，实行区别对待，通过实施差别税率，鼓励和限制商品的进口。

3. 保护贸易政策的执行与整个国民经济、工业发展目标相结合

与保护贸易政策相配套，采取一系列鼓励投资、鼓励发展新兴产业的金融、税收等政策。

4. 贸易保护的主要措施

贸易保护的主要措施包括：以高关税和禁止进口来限制国内幼稚工业部门产品的进口；以低关税或免税鼓励复杂机器设备、原料等国内无法生产但急需的商品的进口；通过高关税和禁止出口的办法限制重要原料的出口；向私营工业发放政府信用贷款、津贴、奖金等，为其发展提供必要的资金。

（三）理论依据

保护贸易政策的理论中，就其影响而言，德国经济学家弗里德里希·李斯特（Friedrich List）的幼稚工业保护论最具代表性。这一理论最早由18世纪美国经济学家汉密尔顿（Alexander Hamilton）提出②，后来由李斯特发展和完善，成为完整的理论

① 关于美国和德国在这一时期实施保护贸易政策的背景、采取的措施及其效果的一些比较具体的情况和数字，请观看中央电视台制作的纪录片《贸易战争（二）》。

② 汉密尔顿关于保护幼稚工业的思想集中体现在他于1791年12月向美国国会提交的《关于制造业的报告》（Report on Manufacture）中。他认为外国政府在其国民参与竞争的领域给予奖励、优惠及其他人为鼓励构成了美国促进国内制造业发展的最大障碍，这意味着美国国内制造商不仅需要同"新业务面对面地竞争所面临的天然不利因素"抗争，还要应对"其他国家的政府给予本国制造商的好处与补贴"，在这种情况下，美国制造商在质量和价格上取得竞争成功是不切合实际的。至于鼓励国内制造业发展的措施中，他认为定向货币奖励或补贴优于进口高关税、专利及其他措施，原因有三：一是效果直接，能增加盈利机会；二是与进口高关税不同，补贴不会导致稀缺；三是能促进出口，扩大厂商的潜在市场。最后提高进口关税的建议获得了国会的批准，补贴则以有悖公平原则、很容易被滥用等理由没有得到回应。

体系。

汉密尔顿认为，自由贸易不适合美国的现实，美国必须执行保护贸易政策源于本国的幼稚工业经不起外来竞争，自由贸易只能使美国永远成为欧洲先进国家的原料产地和工业品的销售市场。汉密尔顿提出，一个国家要在消费廉价产品的短期利益和本国经济实力增强的长远利益之间做选择。

汉密尔顿认为，制造业对国民经济发展具有重要意义，它不仅能够使特定工业部门获得发展，而且将产生连带效果，促进国家整体经济实力的增强。他主张国民应注重长远利益，为长远利益的实现放弃短期利益。

汉密尔顿主张用定向补贴和征收保护关税的办法来鼓励幼稚工业的发展，但他并不主张对一切进口商品征收高关税或禁止进口，而只是对本国能够生产但缺乏竞争力的进口商品实施严厉的进口限制，而对发展本国制造业所需要进口的原材料等则降低关税。

李斯特接受了汉密尔顿贸易保护的基本立论并加以系统发展，建立了以生产力理论为基础、以保护关税制度为核心的幼稚工业保护论。这一理论在承认自由贸易利益的前提下，主张以保护贸易为过渡，扶持有前途的幼稚工业，促进社会生产力的发展，最终实现自由贸易。

李斯特幼稚工业保护论的主要内容有以下几个方面：

1. 对古典自由贸易理论提出批评

（1）指出比较优势论忽视国家、民族的长远利益，只注重交换价值，不注重生产能力的形成，因而不利于德国生产力的发展，不利于国家竞争实力的增强，不利于德国实现真正意义上的政治经济独立。

依照比较优势论，一国应遵循“两优取最优，两劣取次劣”的原则参与国际分工与交换，输出本国拥有比较优势的产品，输入本国具有比较劣势的产品，但李斯特认为，如果依照这一原则，德国国民应该全面进口本国相对缺乏竞争力的产品，特别是幼稚工业的产品，短期来看，这种选择是合理的，因为可以减少消费支出，在收入不变的条件下，拥有的产品总量将会增加。但长期来看，德国将永远无法建立自己的生产能力，一些产品的供应将永远依附其他国家，经济上难以独立，如果发生战争，这种经济上的不独立将直接对政治独立产生负面影响。停止从国外进口具有比较劣势的产品，短期看会使消费者有所损失，但从长期来看，经过一段时间，在幼稚工业建立并获得发展后，其产品价格有可能会低于之前进口的产品价格，这样，一方面德国消费者会获得消费利益，另一方面国家会获得财富的生产力。李斯特认为：“财富的生产力比财富本身，不晓得要重要多少倍，它不但可以使已有的和已经增加的财富获得保障，而且可以使已经消失的财富获得补偿。”①

（2）批评古典自由贸易理论忽视了各国历史和经济上的特点，认为各国对外贸易政策的选择应全面考虑其对国民经济发展的影响，这取决于该国当时所具备的各种条件和所达到的经济发展水平。

李斯特根据国民经济发展程度，把国家经济发展划分为五个阶段，即原始未开化阶

① 弗里德里希·李斯特. 政治经济学的国民体系. 北京：商务印书馆，1961：118.

段、畜牧阶段、农业阶段、农工业阶段、农工商阶段；并认为各国经济发展所处阶段不同，采取的对外贸易政策也应不同。处于农业阶段的国家应实行自由贸易政策，以利于所需工业品的自由输入。处于农工业阶段的国家，因为本国工业已有所发展，但并没有发展到能够与外国产品相竞争的程度，因而应该实行保护关税制度，以使本国工业免受外国产品的冲击。而处于农工商阶段的国家，由于国内工业、农业都比较发达，具有竞争力，因此应实行自由贸易政策，以充分享受自由贸易的利益。李斯特认为，当时的英国处于农工商阶段，德国和美国处于农工业阶段，法国介于第四和第五阶段之间，所以德国应该实行保护工业政策，促进德国的工业化进程。

(3) 主张国家干预经济生活。认为政府应对国民经济活动的一部分加以限制，来保证国家经济利益的实现，而国家利益的保证是持久的个人利益实现的前提。

李斯特在论述国家在经济生活中的重要作用时，曾以风力和人力在森林成长中的作用进行形象的比喻："经验告诉我们，风力会把种子从这个地方带到那个地方，因此荒芜原野会变成稠密的森林，但是要培养森林因此就静等着风力的作用，让它在若干个世纪的过程中来完成这样的转变，世界上岂有这样愚蠢的办法？如果一个植树者选择树秧，主动栽培，在几十年内达到了同样的目的，这不是一个可取的办法吗？历史告诉我们，有许多国家，就是由于采取了那个植树者的办法，胜利实现了它们的目的。"① 在这里，李斯特以森林成长的例子来说明德国幼稚工业的建立与发展在现有条件下不会是一个自然的过程，而幼稚工业的建立与发展对德国生产力的发展至关重要，因此只能通过政府干预，实行保护贸易政策，以实现建立与发展幼稚工业的目的。

2. 保护的对象和时间

(1) 保护对象。

1) 农业不需要保护。

2) 一国工业虽然幼稚，但在没有强有力的竞争者时，也不需要保护。

3) 只有刚刚开始发展且遭遇国外强有力竞争的工业才需要保护。

李斯特还十分强调受保护工业要有发展前途，即受保护工业应具有潜在的发展优势，经过一段时间的保护之后能够成长起来，并能带动整个经济的发展。

(2) 保护时间。

以 30 年为最高限期，如果在此期限内，被保护的工业始终发展不起来，就应放弃保护。

3. 保护手段

通过禁止输入与征收高额关税的办法来保护幼稚工业，以免税或征收少量进口关税的方式鼓励复杂机器的进口。

4. 理论与政策评价

幼稚工业保护论的积极意义有以下几个方面：

(1) 幼稚工业保护论把经济发展看作一个规律性的历史过程来研究，强调国际贸易

---

① 弗里德里希·李斯特. 政治经济学的国民体系. 北京：商务印书馆，1961：155.

中国家、民族的长远利益，强调各国应根据各自国家的国情和经济发展水平选择对外贸易政策。

（2）幼稚工业保护论认为国家生产力水平直接关系到国家的兴衰存亡，而建立高度发达的工业又是提高生产力的关键，因而有必要对国内处于发展中的、有前途的但遭遇到国外有力竞争的工业部门采取适当的保护。

（3）幼稚工业保护论强调贸易保护的过渡性和有选择性，强调贸易保护是达到发展工业、发展生产力目的的手段而不是目的本身，认为一国应随着生产力发展水平的提高逐步降低保护，最终走向自由贸易。

（4）幼稚工业保护论对美国、德国当时经济政策的形成产生了重大影响，在美国、德国经济发展中曾起过积极的作用，使其工业得以生存并迅速发展起来，实现了赶超世界先进国家的目标，但是应该注意的是，美、德目标的达成是保护贸易政策与其他因素共同作用的结果，包括美、德两国高度重视教育、科研及国民素质的提高，英国的自由贸易政策，以及其他落后国家作为原料产地和产品销售市场等。

同时，也应注意到幼稚工业保护论也存在许多缺陷，主要表现在以下几个方面：

（1）对生产力的理解比较含糊，对影响生产力的因素的分析也很混乱。

（2）以经济部门作为划分经济发展阶段的基础歪曲了社会经济发展的真实过程。

（3）保护对象的选择缺乏客观具体的标准。

二、垄断时期的超保护贸易政策

（一）超保护贸易政策的产生背景与特点

超保护贸易政策盛行于第一次世界大战与第二次世界大战之间。这一时期，垄断代替了自由竞争，资本主义国家实现了资本的高度积聚和集中，国内市场变得相对狭小，资本对市场的争夺日益激烈，不断爆发的经济危机又使市场问题进一步尖锐化，从而使保护贸易获得空前发展，出现了超保护贸易政策。

与自由竞争时期的保护贸易政策相比，超保护贸易政策有其自己的特点：

（1）不仅保护幼稚工业，而且更多地保护国内发达的或衰败的工业。

（2）不再是培养自由竞争的能力，而是巩固和加强对国内外市场的垄断。

（3）不是防御性地限制进口，而是在垄断国内市场的基础上对国外市场进攻性地扩张。

（4）不是保护代表先进势力的一般工业资产阶级，而是保护大垄断资产阶级。

（5）保护政策的措施不仅有关税和贸易条约，还有其他各种奖出限入措施，如非关税措施的大量出现。

两次世界大战期间的超保护贸易政策造成世界贸易急速萎缩，以 1929 年世界贸易水平为 100 来计算，1932 年降为 39.1，1934 年为 34，直到 1938 年才恢复到 40.5。①

① 海闻，P. 林德特，王新奎. 国际贸易. 上海：上海人民出版社，2003：263.

（二）超保护贸易政策的理论依据

1. 凯恩斯的"保护就业论"

20世纪30年代，面对资本主义世界经济增长下降、失业不断增加的局势，凯恩斯由坚定的自由贸易论者转变为保护贸易论者，他在批判传统经济理论的基础上，以有效需求不足为基础，以边际消费倾向、边际资本效率、灵活偏好三个基本规律为核心，以国家干预经济生活为政策基点，把对外贸易和国内就业结合起来，创立了保护就业论。[①]后来，凯恩斯的追随者又充实和发展了凯恩斯的观点，从宏观角度论证了对外贸易差额对国内经济的影响，主张国家干预、实行奖出限入的政策，最终形成了凯恩斯主义的保护贸易理论。

（1）投资乘数原理。

凯恩斯认为有效需求由消费、投资、政府开支和净出口（出口与进口的差额）构成。投资作为有效需求的一个构成部分对国民收入、就业水平的影响过程可以表述为：

投资增加→有效需求增加→国民收入与就业水平提高。

对于投资增加或减少对国民收入和就业水平的影响程度，凯恩斯提出了著名的投资乘数概念，揭示出一国投资量的变动（增加或减少）与国民收入的变动之间客观存在一种依存关系，这种关系被凯恩斯称为投资乘数或投资倍数。他认为由投资引发的国民收入变动往往几倍于投资量的变动，其倍数的大小则取决于该国的边际消费倾向。[②]

（2）对外贸易乘数原理。

凯恩斯的追随者马克卢普（F. Machlup）[③] 和哈罗德（R. F. Harrod）等人将凯恩斯的投资乘数引入对外贸易分析，创立了对外贸易乘数原理。他们认为一国的出口与国内投资一样，有增加国民收入的作用，一国的进口与国内储蓄一样，有减少国民收入的作用。一国出口增加先是使出口部门收入增加，消费增加，而后导致其他相关部门投资增加，生产扩大，就业增加，收入增加，消费增加……如此反复下去，最终国民收入的增加往往几倍于出口的增加；进口对国民收入的作用是反向的，它先是使进口替代部门投资减少，生产萎缩，收入减少，消费减少，而后影响到相关产业部门，如此反复下去，国民收入的减少往往是进口增加的几倍，因而得出，一国出口与进口的波动将会对国民收入的变动产生倍数影响，国民收入的变动量将几倍于出口与进口的变动量。

这里我们将投资乘数或对外贸易乘数假定为 K，它的计算公式为：

$$K=\frac{1}{1-\text{边际消费倾向}}$$

---

① 凯恩斯（1883—1946年），英国著名的经济学家，他的贸易保护思想主要体现在1936年出版的《就业、利息和货币通论》（*The General Theory of Employment，Interest and Money*）一书中。

② 投资乘数告诉我们：当存在总投资的一个增量时，收入将增长$\frac{1}{1-c}\times\Delta I$（凯恩斯，1936），这里 c 代表边际消费倾向（增加的可支配收入中用于消费的比例），ΔI 代表增加的投资。

③ 美籍奥地利经济学家，对外贸易乘数原理的基本思想见《国际贸易与国民收入乘数》（F. Machlup，*International Trade and the National Income Multiplier*，Philadelphia：Blakiston，1943）。

当边际消费倾向为0时，乘数为1；当边际消费倾向为1时，乘数为∞；当边际消费倾向为1/2时，乘数为2。

现在设ΔY代表国民收入增加额，ΔI代表投资增加额，ΔX代表出口增加额，ΔM代表进口增加额，K代表乘数。计算对外贸易顺差对国民收入的影响的公式为：

$$\Delta Y=[\Delta I+(\Delta X-\Delta M)]\times K$$

当ΔI与K一定时，贸易顺差越大，ΔY就越大；反之，如果贸易差额是逆差，则ΔY会缩小。因此一国越是扩大出口，限制进口，贸易顺差就越大，对本国经济发展的积极作用就越大。由此凯恩斯和其追随者的对外贸易乘数论为超保护贸易政策提供了理论基础。

（3）理论评价。

1）凯恩斯主义的保护贸易理论可以说明发达国家如何通过实施保护贸易政策，实现国内充分就业，提高国民收入水平，以保持其在国际经济贸易中的领先地位。

2）对外贸易乘数揭示出贸易量与一国宏观经济以及各主要变量如投资、储蓄等之间的相互依存关系，在某种程度上指出了对外贸易与国民经济发展之间的某些内在的规律性。

3）从理论上，凯恩斯主义的保护贸易理论没有多少新意，与其他理论相比，更侧重于政策方面，因而成为发达国家推行超保护贸易政策的理论依据。

4）这一理论没有考虑到国家之间贸易政策的连锁反应，一国的奖出限入势必会招致其他贸易伙伴国的报复，从长期看，会对一国经济与贸易发展产生更为严重的负面效果。

5）对外贸易差额对一国经济发展积极作用的发挥只有在世界总进口值增加的条件下才能成行。否则依靠降低出口价格来维持出口扩张的做法无法长期促进国民经济增长。

2. 其他超保护贸易观点

（1）国内市场扭曲的超保护贸易观点。这一观点认为，国内市场由于生产要素的非移动性、内部与外部经济的存在、竞争基础的差异等而使得价格机制不能充分发挥作用，资源无法实现最佳配置。在这种条件下，只能通过政府对经济生活的干预，适当地消除市场扭曲引发的不良影响，贸易保护就是政府所采取的消除不良影响以获取资源配置的“次佳”状态的措施之一。

（2）改善贸易条件的超保护贸易观点。这一观点认为，在一定条件下通过对进口商品征收关税或限制进口可以压低进口商品的价格，从而改善征税国家的贸易条件。

但这一目标的实现需要具备两个条件：

1）该国必须具备大国贸易条件，即它对某一商品的进口需求量占到该商品世界总出口量的相当比重，具有一定的需求垄断优势。

2）出口国该种商品的供应呈刚性，即无论价格如何变化，出口量都难以做大幅度的调整。

（3）维持高水平工资的超保护贸易观点。该论点认为，经济发展落后而劳动力相对丰富的国家工资水平较低，因而商品成本较低。如果实行自由贸易，从低工资国家进口商品势必会导致本国同类部门生产萎缩，工人失业增加，工资水平下降，从而影响到其他部门的工资水平。要改变这种状况，就应对来自这些低工资国家的商品进口征收高关税。这种观点过分夸大了工资在商品成本结构中的作用。

（4）增加国内就业的超保护贸易观点。这一观点可以在两个层次上进行阐述：一是中观层次上，通过对行业的保护，增加就业；二是宏观层次上，即凯恩斯主义的观点，通过限制进口、鼓励出口，刺激国内有效需求，增加国内生产，提高就业水平。

但通过保护来增加就业只能在短期内发挥效力，因为从中长期看，一国的贸易保护势必会招致其他国家的报复，从而使保护政策难以发挥预期的作用。

（5）公平贸易的超保护贸易观点。一般意义上，不公平贸易是指通过政府的直接介入，使国内外商品进行不公平竞争的现象，如通过政府补贴使得本国商品得以在国外市场以低于正常价值的价格进行倾销，占领当地市场的行为。① 公平贸易的超保护贸易观点认为，国际贸易的规则应该是公平贸易，对于通过不公正手段强行进入进口国市场的商品就必须通过征收高额关税和限制进口的办法消除不公平贸易对进口国带来的负面影响。

在以反对不公平贸易为借口进行贸易保护的国家中，美国最为典型，它是最早通过法律规定对不公平贸易行为进行报复的国家。1897 年美国通过《反补贴关税法》，根据形势的变化，于 1979 年、1984 年两度进行修改。1916 年通过《反倾销法》。《1974 年贸易法案》中的“301 条款”明确授权政府可以采取限制进口等贸易保护手段抵制国外的不公平贸易行为，以保护本国企业的利益。《1988 年综合贸易和竞争法案》中的“超级 301 条款”将不公平起诉的权利下放给美国的贸易代表，同时还要求贸易代表每年审议“不公平贸易国家”，并将其上报国会，列入可能招致报复的对象名单。②

以公平贸易为借口进行贸易保护所采取的手段一般包括反倾销税、反补贴税及其他惩罚性关税的征收以及进口限额、贸易制裁等。

（6）改善贸易收支和国际收支的超保护贸易观点。这一观点的基本思想是通过贸易保护来减少进口，减少外汇支出，增加外汇储备，以实现贸易出超或平衡国际收支。

实际上，通过贸易保护来维持贸易出超、实现国际收支平衡是一种消极的办法，只能短期有效。而通过提高出口行业的劳动生产率、降低出口商品成本、提高出口商品质量、优化出口商品结构等办法获得的贸易出超、国际收支平衡才能持久。

（7）非经济目标的超保护贸易观点。这一观点认为，采取保护贸易政策除了有经济方面的考虑之外，还有一些非经济因素的考虑，它们是民族自尊、社会公平和国家安全。

关于民族自尊，该观点认为，如果将进口产品全部改由国内生产，就可以增加民族自尊和民族自豪感，这样一来，一方面可以增强民族自信心，另一方面可以促进民族工业的发展。

关于社会公平，该观点认为，虽然自由贸易可以增加一国的福利，但它却可能使某一地区、某一民族、某一行业的收入受到损害。在这种条件下，政府必须采取贸易保护

---

① 有些地方把劳改人员生产的产品、使用童工生产的产品的出口也视为不公平贸易，因为犯人、童工的工资被强迫性压低，这样产品成本就可以降低，出口产品由此获得在价格上的竞争力。

② “301 条款”见《1974 年贸易法案》。“超级 301 条款”和“特别 301 条款”是在原“301 条款”的基础上，在《1988 年综合贸易和竞争法案》中增补的。“特别 301 条款”是指专门针对那些没有很好地提供版权、专利、商标和其他知识产权保护的国家进行贸易制裁或威胁的法律规定。中国于 1991 年被美国列入“特别 301 条款”名单，后经双方谈判，美国撤销了对中国“不公平贸易”的指控。

的做法，保护有关方的利益不得由于贸易的原因而受到损害，以免波及政治的稳定。

关于国家安全，该观点认为，出于维护国家安全的考虑，国家必须有供战时使用的战略物资储备，必须建立自己的生产能力以备战时的物资供应。如果一味地依赖进口，则会受制于人，危及国家的安全。因此政府必须通过贸易保护，保证拥有自己的军事工业和相关工业。

上述各种非主流的超保护贸易观点都是从不同的侧面论述了实施贸易保护的合理性，但是它们都忽略了其理论政策效果得以实现需要具备的前提条件。

专栏 4-1

美国 1934 年《互惠贸易协定法案》(RTAA)

大萧条引发了全球经济衰退，超保护贸易兴起。也正是大萧条导致美国贸易政策在 20 世纪 30—40 年代发生了历史性转变。

1932 年美国总统大选，罗斯福在竞选纲领中指出，《1930 年斯穆特-霍利关税法案》(简称《1930 年关税法案》) 过高的关税税率招致了 40 多个贸易伙伴国家的报复行动，摧毁了美国的对外贸易，过高的关税税率必须下调，并建议召开国际会议，通过国家之间的谈判，在全球范围内降低居高不下的关税税率。

1934 年美国国会颁布《互惠贸易协定法案》，授权总统在美国与其他国家谈判达成的贸易协定中下调进口关税，使得美国进口关税进入下降通道。

该法案在序言中指出，法案的颁布是"为了扩大美国产品的国外市场……是一种在当前紧急形势下帮助恢复美国生活水平的手段"。总统可以"根据美国各个生产部门的特点和需求"，宣布下调外国产品进入美国时的关税。签订贸易协定后，总统可以发布行政命令，提高或调低特定产品的进口关税，幅度不得超过 50%，而且不能调换应税和免税产品，这些关税将适用于所有享受无条件最惠国待遇的国家向美国出口的产品。

1935 年，美国国务院开始推进贸易协定谈判。贸易协定的达成流程如下：由助理国务卿发掘研究有兴趣与美国进行贸易谈判的国家，如果该国原则上同意降低关税，跨部门贸易协定委员会将发布与该国进行贸易谈判的消息，留出一段时间供公众发表意见，互惠信息委员会负责接收意见信息，随后，跨部门贸易协定委员会启动双边谈判，美国会根据各个生产部门的特点和需要，有选择地就具体产品提出关税减让，并进行谈判。

美国国务院制定了一个互惠贸易协定模板和一系列可以根据各国具体情况进行修改的条款。协定的第一部分涉及整体贸易并包括最惠国待遇、国内税收、配额和外汇管制、垄断和政府采购等条款；第二部分涉及关税减让条款、相关国家进口关税调整以及撤销和修改关税减让措施的条件；最后一部分涉及领土适用、最惠国待遇例外、一般保留、技术问题磋商等，以及协定的临时适用、期限和可能的终止期。

到 1936 年，美国仅与加拿大、法国、荷兰签署了协定，占 9 大出口市场的 1/3。到 1940 年，美国已经与 21 个国家签署了互惠贸易协定，美国与这些国家的贸易额占美国贸易总额的 2/3。从总体发展趋势看，互惠贸易协定的签署有利于美国国外市场份额的扩大。

谈到《互惠贸易协定法案》，必须提到一个人，他是罗斯福政府新任国务卿科德尔·赫尔，赫尔认为大多数现代军事冲突和其他重大国际争议都根源于经济原因，经济竞争是战争发生的前奏，要想缓和全球政治紧张局势，需要“公平、友好和正常的贸易关系”。在《互惠贸易协定法案》成形、获批和落实的各个阶段，赫尔的决心、坚持和立法经验都发挥了决定性作用。赫尔一生都致力于互惠贸易协定，倡导在平等的基础上发起和展开伙伴间的谈判，以降低关税和贸易壁垒。

资料来源：整理自道格拉斯·欧文. 贸易的冲突：美国贸易政策 200 年. 北京：中信出版集团，2019。

三、20 世纪 70 年代中期以后的新贸易保护主义

（一）背景

20 世纪 70 年代中期以后，发达国家经济在经历 20 多年的高速发展之后进入低速增长阶段，失业率不断提高，致使贸易保护在世界自由贸易进程中再度兴起。关于贸易保护的再度兴起，除了经济增长缓慢、失业增加的原因外，其他影响因素还包括以下几个方面：

（1）各国对外贸易发展不平衡，使得贸易保护成为必要。以美国为例，第二次世界大战后，随着其他发达国家经济的恢复和发展，美国的经济地位在相对下降，在世界工业生产、贸易、外汇储备中的比例不断降低，特别是贸易逆差日益加大，不仅日本和西欧在主要的工业产品如钢铁、汽车、电器等领域与美国展开激烈的竞争，一些新兴工业化国家的出口产品也开始对美国产品构成威胁。①

（2）20 世纪 70 年代中期以后，随着发达国家经济实力对比的变化，美元的地位开始弱化，国际货币关系失调，发达国家普遍实行浮动汇率制度。一方面，浮动汇率制度的实施增加了跨境贸易的风险与成本；另一方面，过高与过低的汇率水平都容易对贸易保护主义形成压力。②

（3）政治因素，主要是国内政治竞选的需要、政府所代表的社会利益集团的要求等。

（4）贸易政策的相互影响。鉴于国家之间经济相互依存程度不断提高③，一国保护贸易政策的实行势必会产生连锁反应，其他国家会效仿，会进行报复。

---

① 1950 年，美国占全球 GDP 的 27%，占全球出口的 23%，到 1973 年，这两个比重分别降至 22%和 16%。战后欧洲和日本经济的恢复和发展、集装箱革命、不断下调的关税使得国际经济与贸易的格局和增长发生了变化，美国的国际竞争力在下降，1971 年，美国出现自 20 世纪 30 年代以来的第一次贸易逆差，8 月宣布对进口到美国的货物征收 10%的进口附加税。20 世纪 80 年代是美国对外贸易最艰难的时期，1979—1982 年的严重衰退和 1980—1985 年的美元升值严重挤压了国内出口。美国贸易保护主义复燃，贸易限制涵盖的进口总额从 1975 年的 8%，升至 1980 年的 12%，再升至 1984 年的 21%。

② 《史密森协议》所规定的美元的新的汇率平价只维持了一年，1973 年 3 月，外汇市场的巨大压力迫使各国政府放弃维护固定汇率的责任，允许货币价值波动，这标志着布雷顿森林体系下的汇率制度正式终结。

③ 1960—1980 年，美国进出口额占制造业增加值的比重增长了 1 倍多，它说明国际因素对美国经济的影响发生了质的变化，许多国内问题转化为与贸易有关的问题，国际贸易已经成为国民经济不可或缺的一部分，美国经济对国际因素的依赖程度不断提高。参见保罗·克鲁格曼. 战略性贸易政策与新国际经济学. 北京：中国人民大学出版社，2000：8。

（二）政策特点

新贸易保护条件下的贸易政策特点可以归纳为以下几个方面：

1. 被保护的商品不断增加

被保护的商品从传统工业品、农产品延伸到高技术产品和服务。工业品的保护范围从纺织品①、鞋、陶瓷等“敏感性产品”扩展到钢铁、彩电、汽车、计算机、数控机床等。在服务贸易领域，一些发达国家在开业申请、投资比例、收益汇回等方面做出保护性限制。

2. 限制进口措施的重点从关税措施转向非关税措施

第二次世界大战后到20世纪70年代后期，在关税与贸易总协定的主持之下，七轮关税减让谈判使各国关税水平大幅度下降，发达国家的关税水平已经从1948年的36%下降到5%左右，关税对国内市场的保护作用日益减弱。随着发达国家争夺市场的矛盾的尖锐化，特别是在20世纪70年代世界经济危机的冲击下，发达国家竞相采取非关税措施，限制商品进口，抵消由于关税降低而造成的不利影响，具体表现在如下几个方面：

（1）非关税措施的项目日益繁杂。据统计，20世纪60年代末，发达国家所实行的非关税措施共计850项，到20世纪70年代末已达到900多项，到20世纪90年代达到3 000多项，名目繁多。除进口国采取措施限制进口外，还强制出口国“自动”限制其出口，绕过关税与贸易总协定的基本原则，大行“灰色区域措施”。此外，许多国家限制进口措施的实施规则和程序不尽相同，实际上也加强了限制进口的作用。

（2）非关税措施的利用范围日益扩大。随着非关税措施项目的增加，这些措施用于限制商品进口的范围也日益扩大。据关税与贸易总协定估计，世界贸易受非关税限制的部分从1974年的40%扩大到1980年的48%。从1966年到1988年，受非关税限制的进口占总进口的比例，日本从34%上升到50%，美国从27%上升到57%，欧洲经济共同体/欧洲共同体从15%上升到58%。发展中国家制成品受非关税限制的比例1981年达到31.3%，其中的纺织品和服装受限制比例高达71.8%。②

（3）非关税措施的歧视性增长。发达国家往往根据与出口国的政治、经济关系采取不同的非关税措施。如欧洲经济共同体/欧洲共同体对中国的麻布抽纱制品规定进口限额，1980年这一限额为140吨，与此同时对其他国家的麻布抽纱制品的进口不加限制。

---

① 1974年，在1957年美日纺织品贸易“短期安排”的基础上，《多种纤维协定》出台，管理纺织品和服装贸易。《多种纤维协定》是一个对纺织品和服装贸易进行双边限制的多边体系，涉及18个国家，占全球棉花、羊毛、人造纤维进口量的3/4；美国还与其他10个出口国达成“谅解”，内容为：如果这些国家的出口增长太快，并且给美国国内生产商带来问题，则美国有可能对其进行出口限制。该协定明显违背了《关税与贸易总协定》的非歧视原则和配额限制进口措施的使用。1977年，第二版《多种纤维协定》更新了出口限制，通过降低年增长率收紧配额，同时限制出口商在不同年份和产品类别中转换供给种类的能力，并在进口激增对国内生产者造成伤害的情况下允许“合理偏离”配额，协定生效至1981年。1982年第三版协定生效，将发展中国家纺织品和服装对美出口的年增长率从6%降至2%，同时严格原产地要求，强化对进口激增和扰乱市场的管理，到1985年，协定涵盖了来自31个国家和地区的650个类别的纺织品和服装产品进口。1986年第四版协定生效，扩大了产品限制范围。1985年，美国国会通过《纺织品和服装贸易实施法案》，这是一个极具保护主义色彩的法案，以美国单方面实施的全面进口配额取代《多种纤维协定》的双边安排。

② 参见1987年3月2日联合国贸易和发展会议秘书处的报告。

3. 贸易保护的重心从限制进口转向鼓励出口

随着贸易自由化和国际分工的发展，各国经济发展对国外市场的依赖性不断增强，各国对市场的争夺日益激烈，各国政府在加强非关税措施来限制进口以保护国内市场的同时，还设法从经济上、组织上和精神奖励上鼓励本国商品的出口。在经济方面，通过采取出口信贷、出口信贷担保、出口补贴、外汇倾销等措施，促进本国商品的出口。在组织方面，发达国家广泛设立各种促进出口的机构，协助本国厂商扩大出口。在精神方面，发达国家制定各种评奖制度，对扩大出口成绩卓著的厂商给予奖励，以刺激本国商品的出口。

4. 贸易保护日益制度化、法律化

这一特点具体表现在两个方面：

一是加强贸易立法，甚至以此为中心与国内其他法律形成配套，同时增强贸易中单边行动的权利。如美国，《1974 年贸易法案》中的“301 条款”对美国总统授权，可以对给予美国出口实施不公平待遇的国家进行报复。《1988 年综合贸易和竞争法案》中的“超级 301 条款”“特别 301 条款”针对实施公平贸易不得力、知识产权保护不得力的国家进行报复，目前，美国涉及对外贸易的法律规定达到 1 000 多种。

二是对外贸易单边管理、双边与多边协调并存。各国在加强单边行动权利的同时，也不放弃进行国际协调，通过谈判、强调互惠、有限度地让步为国内产品出口营造比较宽松的贸易环境。如 1995 年，依据美国《1974 年贸易法案》中的“301 条款”，美国对来自日本的豪华轿车征收 100%的进口关税，原因在于日本向美国同类轿车市场开放不够，使得美国相应轿车在日本的市场占有率远远低于日本相应轿车在美国的市场占有率，前者为 1.5%，后者达到 25%。在双边汽车零部件贸易中，美国的逆差超过 100 亿美元。为此日本也曾经表示要采取措施改变现状，但迟迟没有实际行动。因此，美国在认定日本侵害了其利益，日方不合理的政策和做法已经对美国商业构成负担和限制的基础上，单方面宣布并采取贸易制裁，最后的结果是迫使日本与美国进行谈判，承诺开放相关产品的市场。

（三）理论依据

新贸易保护主义是 20 世纪 70 年代中期后在世界经济结构调整的大背景下形成的一种贸易保护思潮，它是以凯恩斯的经济理论为依据，以保护国内充分就业和国际收支平衡为中心形成的一套理论，其主要代表人物是英国的维尼·高德莱（Wynne Godly）。

高德莱认为传统贸易理论忽视了对外贸易与一国主要宏观经济因素和变量的关系。从宏观角度看，对外贸易对一国总需求和就业水平不仅具有关键作用，而且具有不可替代的作用。一方面出口扩张，保持贸易顺差将直接关系到一国国民收入的提高和充分就业的实现；另一方面对进口的限制将会诱发国内私人投资增加，生产扩大，继而是政府财政收入增加，公共投资增加，而这又将进一步刺激私人投资，这样通过一系列连锁反应可以直接促进国民收入和就业水平的提高。由此可见贸易保护可以通过双渠道对国民收入增加和就业水平提高发挥作用。并且由于贸易保护国家出口的增加势必会引起进口的相对增加，因而保护贸易政策不会对其贸易伙伴国的贸易产生不利影响。它只是一种政策选择。

(四) 新贸易保护主义对国际贸易的影响

第一，新贸易保护主义打着公平贸易的旗号，实际上其政策与做法带有明显的歧视性、排他性。它保护着国内缺乏竞争力的产业，降低了资源配置效率，同时限制和扭曲了国际贸易中商品的正常流向，降低了国际贸易增长速度。1975—1985 年，国际贸易年均增长速度为 7.78%（贸易量增长 2.94%），较之 1960—1970 年的 9.66%（贸易量增长 8.96%）低了近 2 个百分点，从贸易量增长的角度看，低了约 6 个百分点。①

第二，严重损伤了发达国家、发展中国家的经济贸易利益。发达国家对进口进行严格限制的直接结果就是导致国内生产成本和最终产品价格的上升，进一步影响着国内产品的价格竞争力，也影响着消费者的利益，如英国在签订第二个《多种纤维协定》之后，服装零售价格平均上涨了 20%。新贸易保护主义导致发展中国家的主导出口产品如纺织品、鞋、玩具等劳动密集型产品出口受阻，出口收入锐减，造成一些发展中国家经济增长减速，甚至有些发展中国家出现了债务危机。

第三，发达国家没有获得预期的保护政策效果，经济增长没能走出低迷。发达国家的 GDP 实际增长速度是，1973—1980 年年均增长率为 2.8%，1980—1985 年年均增长率为 2.5%。②

20 世纪 90 年代后，随着经济的恢复，削减贸易壁垒的需求开始迫切起来。伴随着《美加自由贸易协定》的签署及生效、乌拉圭回合谈判的完成和世界贸易组织的建立，以及发展中国家，包括东欧国家，逐步推行市场化改革，全球贸易开始快速回暖和增长。

进入 21 世纪，特别是 2008 年源于美国而后扩散到其他发达和发展中国家的经济危机，使贸易又被罩上浓重的保护主义色彩，反补贴、反倾销、保障措施的频繁使用成为这一时期贸易保护的重要特征。

四、2008 年金融危机后贸易保护主义的新特点

第一，一些发达国家倡导的行为是对多边体制的回退，它们通过更多的区域性贸易安排，寻求地区性贸易自由和保护。

WTO 多边体制致力于建立“公开、公平和无扭曲竞争的规则体制”，具有节制自由贸易的特点，它以贸易自由化为基本目标，同时允许自由贸易与正当保护并存。

在 WTO 新加坡会议和日内瓦会议后，鉴于世界经济发展缓慢、贸易保护主义加强、新贸易方式的挑战，需要通过多边贸易谈判，加强成员的贸易自由化共识，形成新的规则，同时也为纠正 WTO 协定与实施中的失衡问题，WTO 在 2001 年 11 月发起了新一轮多边贸易谈判，即多哈回合谈判，但进展并不顺利，成果有限。其主要根源在于欧美在农产品问题上的分歧及发展中国家差别待遇问题等。多边体制的发展陷入僵局。

---

① 根据 WTO，International Trade Statistics，2005 提供的数字整理。

② World Bank，World Development Report，1988；UNCTAD，Development and Globalization：Facts and Figures，2004.

在这种情况下，以欧美发达国家为代表的成员寻求通过发展区域贸易自由化来改写原来的贸易规则和实施新的贸易规则，而后加以推广，形成新的国际规则与原则，以继续主导全球经贸治理，不断弱化 WTO 多边约束机制的作用，逼迫 WTO 按照欧美发达国家的利益做出规则调整。

根据《跨太平洋伙伴关系协定》（Trans-Pacific Partnership Agreement，TPP），协定成员统一监管范围包括货物与服务贸易自由、货币自由兑换、税制公平、国企私有化、保护知识产权、保护环境、信息自由等，协定成员不仅受到贸易机制的约束，还受到法律法规、社会团体、生态环境、商业模式等的制约。美国于 2017 年 1 月宣布退出 TPP，2017 年 11 月除美国以外的 11 个国家就继续推进 TPP 正式达成一致，并于 2018 年 3 月签署了更名后的新的自由贸易协定，即《全面与进步跨太平洋伙伴关系协定》（CPTPP）。

《跨大西洋贸易与投资伙伴关系协定》（Transatlantic Trade and Investment Partnership，TTIP）是美国和欧盟双边自由贸易协定，美欧谈判的核心是统一标准，TTIP 在投资、政府采购、知识产权、非关税措施、环境保护、竞争政策等方面制定更严格、更高水平的标准。

区域性贸易安排可以成为多边体制很好的试验田，区域层面的进一步开放可以激发全球层面取得进展，但是，这些协定涉及许多技术标准、法规和认证的互认，会促进区域内贸易的发展，但也会限制与区域外贸易的发展，客观上是与 WTO 的基本目标相背离的。

第二，美国在对外贸易中采用双重标准与奉行单边主义。

一方面，美国在对外贸易方面采用双重标准。

美国通过立法直接或间接限制购买其他国家的产品，对其他国家的产品构成歧视。根据经合组织发布的“国外供应商差别待遇”35 个经合组织成员国的排名，2013 年，美国排第 32 位，若包括 12 个非经合组织国家，美国排第 39 位，位列巴西、印度、印度尼西亚等国之后，表明美国产品市场对外国存在严重歧视。①

但同时，美国却要求 WTO《政府采购协议》成员方，及包含采购条款的贸易协定的协议方开放政府采购市场，提供公平贸易机会。

美国政府一边对国内部分产业和企业提供大量补贴、救助和优惠贷款，如波音公司长期获得联邦和州政府的定向补贴及各种救助、优惠、贷款等。再如 2022 年 8 月 9 日美国拜登总统签署《芯片与科学法案》（CHIPS and Science Act），通过提供巨额联邦补贴扶持本国半导体产业的发展，具体内容包括资助美国本土发展芯片制造与研发的 527 亿美元紧急补充拨款，一项大约价值 240 亿美元的针对芯片投资者提供的税收减免，以及为未来 10 年的研究提供 2 000 亿美元资助。这一法案的实施将重塑世界半导体产业格局，引发其他国家政府的补贴竞争，违反 WTO 公平竞争原则，降低行业效率，损害其他国家企业的利益。② 而另一边，美国却打着公平贸易的旗号，通过反倾销与反补贴的方式抵

① 中华人民共和国国务院新闻办公室. 关于中美经贸摩擦的事实与中方立场，2018.

② 在总额为 2 800 亿美元的法案里，527 亿美元在 2022—2026 年间将用于补贴建设和更新晶圆厂，以促进半导体制造回流美国，并支持半导体研究和国防创新等相关领域。该法案在以税务优惠补贴等措施帮助晶圆制造研发与建厂的同时，也提出附加限制条款，拟针对获美国国家补贴的公司，规定其在获补助期间不得在中国投资 28 纳米以下制程技术，以确保该法案对美国半导体产业竞争力的保护。

消贸易对手出口对美国产生的“影响”。

上述事例充分说明了美国贸易行为的双重标准特性。

另一方面，美国在对外贸易方面奉行单边主义。

美国通常根据国内立法，以产业损害和知识产权保护的名义，绕开 WTO 争端解决机制，以“232 条款”“201 条款”“301 条款”[①] 发起调查，在调查中使用选择性证据和材料，武断地下结论，实施惩罚性关税，达到限制进口的目的。

美国的单边主义行动扰乱了国际贸易秩序，招致了贸易对手国的报复，实际上也损害了美国的经济利益。近年来，包括中国、加拿大、欧盟、墨西哥等在内的美国主要贸易伙伴已宣布对美国贸易保护主义措施实施反制，如：加拿大政府于 2018 年 6 月 29 日宣布，从 7 月 1 日起，对价值 126 亿美元从美国进口的商品加征进口关税；欧盟针对美国钢铝关税采取反制措施，将美国进口摩托车关税从 6%提高到 31%。

第三，贸易保护措施主要集中在救济和技术性贸易措施使用方面。

根据 WTO 的规定，成员方在进口存在倾销、补贴或进口过快增长对国内产业造成损害的条件下，可以使用贸易救济措施，可以通过征收反倾销税、征收反补贴税、限制进口等手段抵消其负面影响。目前，贸易救济已经成为欧美国家限制进口的非关税措施，被频繁使用。截至 2021 年底，美国实施中的反倾销措施有 489 项，包括 483 个反倾销措施指令和 6 起签署暂停适用协议，值得注意的是，执行中的 489 项反倾销措施中，有 245 项措施属于日落条款审议后重新启用。截至 2021 年底，美国反倾销措施使用期限平均为 10.4 年，其中 96 项反倾销措施已经执行至少 20 年，193 项反倾销措施已存续 10 年；最高的临时和最终反倾销税税率达到 541.75%。[②] 2018 年，欧盟仍在生效的“双反”措施有 133 项，其中反倾销措施 120 项，针对亚洲的有 99 项，反补贴 13 项，针对亚洲的有 10 项，针对亚洲的主要是针对中国。截至 2022 年底，欧盟生效的双反措施有 178 项。[③]

技术性贸易壁垒（Technical Barriers to Trade，TBT）是指各国为保证其进出口商品的质量，或者保护人类、动物或植物的生命或健康以及保护环境或防止欺诈行为而设立的技术法规、技术标准、合格评定程序等。

技术性贸易壁垒日益成为限制进口的重要手段，主要涉及产品生产、加工、包装、销售、消费等多个环节。发达国家通过制定高技术标准、严格的法律法规及复杂认证程序拖延时间、增加贸易成本，达到限制进口的目的。发展中国家由于产业发展水平大多比较低，技术标准低，检验能力差，出口产品难以适应和达到发达国家的高标准及复杂

---

① “232 条款”：指《1962 年贸易扩大法》第 232 节，美国商务部根据该条款的授权，对特定产品进口是否威胁美国国家安全进行立案调查，并在 270 天内向总统提交报告，总统在 90 天内做出是否对相关产品进口采取最终措施的决定。

“201 条款”：指美国《1974 年贸易法案》第 201～204 节，根据该条款，美国国际贸易委员会对进口至美国的产品进行全球保障措施调查，对产品进口增加是否对美国国内产业造成严重损害或严重损害威胁做出裁定，并在 120 天内向总统提交报告和建议，总统根据法律授权，在收到国际贸易委员会报告后 140 天内做出最终措施决定。

“301 条款”：指美国《1974 年贸易法案》第 301～310 节，根据该条款，美国可以对它认为是“不公平”的其他国家的贸易做法进行调查，并可与有关国家政府协商，最后由总统决定采取提高关税、限制进口、停止有关协定执行等报复措施。

② WTO，Trade Policy Review：United States，2022.

③ WTO，Trade Policy Review：European Union，2019，2023.

检验程序，往往是技术性贸易壁垒适用的受害者。

截至 2018 年，美国的认证体系有 55 个；据 WTO 统计，美国已通报的卫生与植物检疫和技术性措施分别有 3 004 项和 1 574 项，占全球的比重分别为 18%和 6.6%。例如，一棵树被进口到美国，要满足 54 项卫生与植物检疫措施的要求，影响了通关效率，增加了贸易成本。

五、发展中国家的保护贸易政策

(一) 背景

第二次世界大战后，发展中国家为取得经济上的独立以巩固政治独立，纷纷走上发展民族经济的道路。但发展民族经济却受到旧的国际分工与贸易体系的严重阻碍，“单一经济结构”在自由贸易的旗帜下不断被强化。发展中国家无法摆脱发达国家原料产地和产品销售市场的地位。为改变这种局面，一些国家开始摒弃传统的自由贸易原则，转向实施保护贸易政策。

(二) 政策特点

贸易政策的选择与一国的经济发展战略密切相关。第二次世界大战后，发展中国家的发展战略或发展方式总体上可归纳为两种模式：一是外向型发展战略；二是内向型发展战略。由此围绕发展战略而采取的贸易政策也可以分为两大类：进口替代贸易政策和出口导向贸易政策。进口替代贸易政策指为保证替代进口的实现，达到保护、扶持和促进本国工业发展的目标而采取的贸易政策。出口导向贸易政策通过鼓励出口来推动本国经济的发展。无论哪种贸易政策，都是从本国工业化的角度出发，根据需要而实施的不同程度的保护贸易政策。

(三) 理论依据

发展中国家保护贸易政策的理论依据主要是普雷维什的保护贸易理论。普雷维什关于发展中国家应执行保护贸易政策结论的提出基于以下两个论点：

1. 中心-外围论

普雷维什将世界分为中心国家和外围国家，即由发达国家构成的中心体系和由发展中国家构成的外围体系。它们是两个社会经济结构、技术结构极其不同的体系，在经济发展过程中处于不平等的地位。外围国家在经济发展中缺乏自主性和独立性，经济结构呈现单一结构特征，在技术进步利益的分配中处于被动地位。

普雷维什认为形成这种局面的原因在于：（1）中心国家通过资本输出，凭借其技术和管理上的垄断优势构筑和强化了外围国家在经济上对中心国家的依赖关系；（2）传统的国际分工造成了外围国家经济结构的单一性，使外围国家成为中心国家的原料产地和制成品销售市场；（3）外围国家贸易条件长期恶化。

2. 贸易条件恶化论

普雷维什认为初级产品的贸易条件具有长期恶化的趋势，外围国家以生产和出口初级产品作为国民经济的支柱，因而在与中心国家的贸易过程中处于不利的局面。

普雷维什认为外围国家贸易条件长期恶化的形成原因主要有三方面：（1）技术进步利益分配不均衡；（2）制成品的市场结构具有垄断性；（3）中心国家的工资刚性得到了工会组织的强化。

美国经济学家辛格（H. M. Singer）则从需求的角度论证了初级产品贸易条件恶化的观点。

基于以上分析，普雷维什认为传统的国际分工与贸易理论虽然从逻辑上讲是正确的，但其前提条件与实际相去甚远，因而只能适用于中心国家之间，不能适用于中心国家和外围国家之间。外围国家必须通过实行保护贸易政策独立自主地发展民族经济、实现工业化来摆脱在国际分工与贸易中的不利地位。

（四）理论与政策评价

（1）普雷维什的保护贸易理论一改过去将发达国家作为研究出发点的做法，把不发达国家作为自己的主要研究对象，在国际贸易研究领域具有开拓性。

（2）普雷维什的保护贸易理论分析了不发达国家在现存国际分工与贸易体系中的不平等，探讨了不发达国家贸易条件长期恶化的趋势，提出了实行保护贸易政策、走发展工业化道路、打破传统国际分工体系、建立国际经济新秩序的一系列政策主张。其出发点是积极的，论点是基本正确的，政策主张也有一定的实践意义。

（3）普雷维什的保护贸易理论第一次在理论上和实践上揭示了发达与不发达国家之间贸易关系的不平等本质。

（4）其理论也有一定的局限性，主要表现在：1）没有揭示出传统贸易理论如何造成利益分配的不平等，从而导致不发达国家经济贸易状况不断恶化；2）其用以解释的各种理由存在着一些不科学的成分，如对不发达国家贸易条件长期恶化的分析，应区分不同国家和产品，结合其他影响因素，做具体分析。

（5）第二次世界大战后，特别是20世纪60年代以后，多数不发达国家纷纷程度不同地实行了保护贸易政策，客观地说，这一政策的实施对不发达国家工业部门的建立和完善、经济结构的调整、对外贸易结构状况的改善都起到了积极的作用，取得了一定的效果，但不可避免地也带来了一些问题。

六、战略贸易政策

（一）战略贸易政策产生的背景

20世纪70年代以后，发达国家的经济增长速度普遍放慢。欧洲失业率不断上升，美国由于工资水平上涨缓慢，导致实际购买力下降。堪称世界经济增长奇迹的日本在20世纪90年代也开始经历经济增长停滞与下降。作为发达国家，如何作为才能改善其经济发展的现状？一种要求国家干预，通过对某些所谓战略产业加以扶持以刺激经济增长的新的理论观点，即战略贸易理论出台了。虽然不能武断地评述自由贸易与保护贸易孰优孰劣，但从全球资源配置效率的角度看，无疑自由贸易会成为首选，贸易保护会为采用该举措的国家带来效率和利益损失。但战略贸易理论却认为在一定条件下一国可通过采取能够赋予某些国内产业以竞争优势的政策而获得利益。

（二）战略贸易政策的理论依据——战略贸易理论

1. 布兰德（James A. Brander）-斯潘塞（Barbara J. Spencer）的“以补贴促进出口”论点

布兰德-斯潘塞认为，传统贸易理论是建立在完全竞争的市场结构之上的，因而自由贸易政策为最优贸易政策。但现实中，不完全竞争和规模经济普遍存在，市场结构是以寡头垄断为特征的。他们根据产业组织理论和博弈论的研究成果，创造性地探讨了在不完全竞争[①]和规模经济条件下，政府的补贴政策对一国产业发展和贸易发展的影响，建立了战略贸易理论的基本框架。

布兰德-斯潘塞认为，在寡头垄断市场结构下，厂商产品的初始价格高于边际成本。政府通过对本国厂商生产和出口该产品进行补贴，包括直接补贴和减税，可以使本国厂商实现规模经济，降低产品的边际成本，从而产品可以在国内外竞争中占有较大的市场份额和垄断利润份额。同时未来规模经济的实现也可以为消费者带来利益。

本质上，布兰德认为政府可以运用补贴来加强国内厂商在有外国竞争者的国际市场上的战略地位。其基本思想和目的就是通过政府补贴把利润从国外厂商处转移到国内厂商处。

在寡头垄断产业，没有一家厂商能够像完全竞争者那样采取行动，它们能意识到，自己的利润部分地依赖于竞争对手的行为。布兰德-斯潘塞认为，政府补贴在帮助国内厂商获取更多利润过程中的作用主要表现在两个方面：一是使国内厂商能够扩大生产规模，降低生产成本；二是生产成本的降低会使国内厂商在市场中的战略地位发生改变，从而获得更多的市场份额。最终的结果是国内厂商获得了从国外厂商处转移过来的利润，如果扶植产业选择得当，这部分利润将大于政府补贴数额，厂商的收益将大于纳税人的损失。

因此，政府可以运用补贴对国外的竞争对手构成威慑，迫使它们减产或影响它们在国际市场上的战略地位，而这一点上厂商力量是达不到的。[②]

关于战略贸易政策的产业选择标准，斯潘塞认为应考虑以下几个方面的因素[③]：

（1）产业或潜在产业所获得的额外收益（利润或工人能得到的更多回报）必须超过补贴的总成本。这就要求至少在一段时间内保持相当高的进入壁垒。

（2）本国产业必须是面临着外国厂商的激烈竞争或潜在竞争。对本国产业的补贴要能迫使外国竞争对手削减生产能力计划和产出。大量的固定资本投入可能增加这类行为的机会。

（3）与出口相关的国内产业应该比外国竞争产业更集中或同样集中。这一标准是考

---

① 不完全竞争市场并不意味着竞争不激烈或厂商的行为反常，它只是意味着在这些市场上所发生的事情不同，比用简单的供给与需求概念描述的市场要复杂得多。

② 美国厂商抱怨说，它们可以与日本厂商进行竞争，但日本厂商与日本政府联合起来后，它们就无法与之抗衡了。一些非美国厂商也抱怨说，它们无法与能够获得巨额国防合同的美国厂商竞争。这些抱怨反映出政府政策的效应。

③ 保罗·克鲁格曼. 战略性贸易政策与新国际经济学. 北京：中国人民大学出版社，2000：100-126.

虑到，实际上，在生产主要面对国外消费者的条件下，该国的最大利益是维持高额垄断利润，因而要求由于补贴而导致的价格下降能保持在最低水平，这就需要国内产业集中程度比较高，因为只有在国内产业集中程度比较高的条件下，国内某一厂商扩大产量对其他厂商的价格和利润的负面影响才会较小。

（4）国内扶持政策不应引起要素价格上升得过高，否则会抵消补贴保护带来的产品成本下降。为此需要具备三个条件：1）该产业没有强大的工会；2）工人收入至少部分地取决于利润分成；3）关键投入品的供应不能固定不变。

斯潘塞认为，如果本国产业相对于外国竞争有相当大的潜在的成本优势，增加生产会带来相当大的规模经济效益或相当多的学习经验，那么扶持政策的效果将更明显。

下面引用美国波音公司和欧洲空中客车公司的例子来说明布兰德-斯潘塞的战略保护贸易观点。[①]

为了分析的简便起见，假定两家企业都能生产一种新型客机，这种机型生产具有规模经济。企业面对的选择是生产还是不生产这种新型客机。在市场需求有限的条件下，不同的决策对企业蕴含着不同的意义，两家企业在不同情况下的收益见图 4－1，正数为收益，负数为亏损。就每对数字而言，左边代表波音公司，右边代表空中客车公司。

		空中客车公司 生产	空中客车公司 不生产
波音公司	生产	(－5，－5)	(100，0)
	不生产	(0，100)	(0，0)

图 4－1 波音公司和空中客车公司在不同情况下的盈利/亏损

在图 4－1 中，我们可以发现，无论哪一家企业单独生产，都会盈利。但是，如果两家都计划生产，结果是都亏损。哪一家能获得利润呢？这取决于谁能先占领这一市场。

如果波音公司先进入，对于空中客车公司只存在生产亏损与不生产不亏损两种选择；但如果是空中客车公司先进入，波音公司就面临着与前面空中客车公司一样的备选方案。

布兰德-斯潘塞认为，欧洲政府能改变这种状况。假设欧洲政府对空中客车公司进入新机型的生产提供 25 单位的补贴，这时，无论波音公司做何决策，空中客车公司都会盈利，见图 4－2。

		空中客车公司 生产	空中客车公司 不生产
波音公司	生产	(－5，20)	(100，0)
	不生产	(0，125)	(0，0)

图 4－2 政府对空中客车公司提供补贴情形下两家企业的盈利/亏损

在空中客车公司接受补贴进入新机型生产的形势下，如果波音公司选择生产，它会蒙受损失，只有放弃，退出新机型的生产。事实上，政府补贴使波音公司的先动优势不

① 保罗·克鲁格曼，茅瑞斯·奥伯斯法尔德. 国际经济学（第四版）. 北京：中国人民大学出版社，1998：255－274.

复存在。最后的结果是，仅仅因为欧洲政府提供了25单位的补贴，欧洲空中客车公司的盈利从0变为125单位，这个数字也表明，补贴使利润的增加远远超过补贴本身。

布兰德自己也认为，战略贸易政策的实施会招致贸易对手国家的报复。① 各国政府所面临的战略环境类似于寡头厂商所面临的环境，每一个参与方的所得都既取决于自己的行动，也取决于竞争对手的行动。在政府是参与方的条件下，一国的福利既取决于自己的贸易政策，也取决于外国的贸易政策。但结果会怎么样呢？不外乎三种情况：

（1）一个国家通过保护使本国厂商在国际市场上获得竞争优势。

（2）所有国家都试图通过补贴保护国内厂商，但没有一个国家取得成功。

（3）所有国家都放弃补贴保护的想法和做法。

2. 克鲁格曼“以进口保护促进出口”论点②

克鲁格曼认为，在寡头垄断市场和存在规模经济的条件下，对国内市场的保护可以促进本国的出口。因为进口保护措施③可以为本国企业提供超过其国外竞争对手的规模经济优势。这种规模经济优势可以转化为更低的边际成本，其结果是增强了本国厂商在国内外市场上的竞争能力，最终达到促进出口的目的。

也就是说，在不完全竞争和规模经济存在的条件下，一个受到保护的企业可以充分利用国内封闭起来的市场扩大生产获取静态规模经济效益，不断降低产品生产的边际成本，通过销售经验的积累使销售成本沿着学习曲线不断下降，从而降低产品的总成本。同时通过采用差异价格策略，在国外市场上借助于倾销扩大企业的市场份额。

在动态规模经济条件下，进口保护也能达到促进出口的目的，在这里，规模经济表现为生产的边际成本随着研究与开发支出的增加而趋于下降，而本国厂商一旦在边际生产成本的竞争中处于优势，便可以达到促进出口的目的。

实际上，以进口保护促进出口实现的具体过程表现为，该国的进口保护措施将本国市场整个封闭起来，为本国企业提供超过国外竞争者的规模经济优势，这种规模经济优势将转化为更低的边际成本和更高的市场份额。其结果是，贸易障碍的设立进一步增强了本国厂商在对方国家和第三国市场上的竞争力，同时，削弱了外国厂商在本国及第三国市场上的竞争力。正是由于存在着产量—边际成本—产量之间相互作用的机制，政府通过对本国市场的保护，可以为本国企业带来不断增大的规模经济效益，从而进一步提高企业的竞争能力，使该国企业在所有市场上都扩大本国的销售量，减少外国企业的销售量。

克鲁格曼“以进口保护促进出口”论点进一步丰富和发展了战略贸易政策理论，使人们对战略贸易政策发生作用的机理更加清楚。

3. “战略支持产业的外部经济效应”论点

所谓外部经济效应在这里是指某一产业的经济活动对其他产业产生的有利影响。新

---

① “我们不能期望别国政府被动地无所事事，让一国政府随心所欲地运用前面所描述的政策。”参见保罗·克鲁格曼．战略性贸易政策与新国际经济学．北京：中国人民大学出版社，2000：51。

② P. R. Krugman，“Import Protection as Export Promotion：International Competition in the Presence of Oligopoly and Economies of Scale”，in H. Kierzkowski（ed.），*Monopolistic Competition in International Trade*，Oxford：Oxford University Press，1984.

③ 进口保护措施在这里主要指关税和配额。

兴的高技术产业往往具有这种积极的外部经济效应。其创造的知识、技术和新产品将对全社会的科技进步与经济增长有着积极的推动作用。

"战略支持产业的外部经济效应"论点认为，现实世界中存在着由于知识的无偿占有而导致的潜在市场失灵。也就是说一些产业的企业所生产的知识被其他企业无偿占用，但实际上这种知识生产所带来的外部经济效益并不对该企业形成有效的激励，私人利益与社会利益相偏离。如果这些企业得不到政府某种形式的补偿或扶持，就会逐渐丧失投资于高技术产业的原动力，而这将有损于国家长远发展目标的实现。在这种条件下，只要外部经济效应比较重要和明显，政府的相应补贴与财政扶持从逻辑上就变得必要了。

在发达国家，客观存在着这样一些产业，它们产业活动的核心就是不断地生产知识和技术，利用生产出来的知识和技术去制造和销售产品。政府财政支持的必要性在于，虽然这些产业的企业可以获得它们对生产知识进行投资所带来的收益，但遗憾的是，它们并不能获取投资产生的全部利益。为保护企业知识创造的热情，刺激企业的知识开发活动，扩大知识外溢所产生的经济效应，政府直接扶持这些产业的活动是十分必要的。

同时，这一论点还认为，对合适产业提供的战略支持不仅能促进该产业的发展，使其在国内外市场的扩张获得成功，而且该国还能获取该产业作为战略支持产业得到迅速发展而产生的外部经济效应。但是，同其他战略贸易政策理论的论点相同，战略产业的选择和扶持程度的确定相当关键。政府的补贴或扶持必须确保落实到真正的高技术产业企业，补贴或扶持的程度要根据外部经济效应的重要性来确定。

综合上述战略贸易理论的论点，战略贸易理论的核心是，政府干预对外贸易、扶持战略产业的发展是一国在不完全竞争和规模经济条件下获得资源次优配置的最佳选择。

（三）战略贸易政策的内容

战略贸易政策是指一国政府在不完全竞争和规模经济条件下，凭借研究、开发、生产、出口补贴或保护国内市场的关税和配额等措施和手段，扶持本国战略产业的成长，获取规模经济效益，增强其在国际市场上的竞争能力，夺取他国的市场份额。

应该承认，在特定的不完全竞争产业中，虽然依据规模经济的实现来推行战略产业保护是以牺牲竞争对手国家的利益为代价的，但从促进民族产业发展、提高国内产品竞争力的角度看，不失为一种可行的做法。但是这一政策的实行需要具备一定的前提条件。

西方学者认为，不完全竞争和规模经济的存在是战略贸易政策实施的必要条件。除此之外，政府必须拥有充分的信息以选定战略产业、确定补贴程度，获得战略支持的产业具有垄断地位和外部经济，国内相应市场存在潜力，战略保护可以设置产业进入壁垒来维护战略产业的垄断地位，贸易对手国不采取报复措施等，成为战略贸易政策实施的充分条件。上述任何一个方面出现偏差，都会影响战略贸易政策实施的实际效果，甚至带来负面效果。

1. 信息不完全引起政府决策失误

一国政府制定战略贸易政策的前提条件是获取、掌握决策所需的完全、充分的各种有关信息，并具有能够有效处理、使用这些信息的能力。政府在确定战略支持产业前，首先必须对这一产业的组织结构、市场结构做出正确的分析，对这一产业的市场潜力和潜在的可实现利润有一个较为准确的估计，其后才能判断出这一产业是否属于政府需要支持的产业、补贴支持的程度如何等。如果信息不完全或不准确，就会导致政府产业扶持选择不当，有限的资源没有被用于具有潜在优势但未被充分认识的产业，造成资源错置、效率降低。

2. 贸易对手国家的报复将引致两败俱伤

布兰德-斯潘塞的分析没有充分考虑贸易对手国家对本国政府贸易干预政策可能做出的反应。在现实生活中，一国采取战略产业保护贸易政策必然会引起贸易对手国的强烈反应乃至报复，因为它是以牺牲别国利益为代价来提高本国福利的政策。如果报复被付诸实施，不仅将抵消本国战略产业保护贸易政策的功效，使本国无法获得转移利润和规模经济效益，而且将使两国正常的经贸关系受到损伤，从而不利于经济发展，最终造成两败俱伤。

总之，战略贸易政策的实施是有许多限制性条件的，有些条件是客观存在的，而有些条件不一定能够满足，因此战略贸易政策运用的现实性和有效性就要大打折扣。

（四）评价

第一，战略贸易理论建立在20世纪80年代发展起来的不完全竞争理论和规模经济理论的基础之上，是它们在国际贸易政策领域的具体体现。它背离自由贸易传统，通过论证在不完全竞争和规模经济存在的条件下，政府的直接干预可以转移他国利润以提高本国的福利水平，从而为国家进一步干预对外贸易活动提供了依据。

第二，战略贸易政策在实践中确实可以起到扶持相应产业发展的作用。但战略贸易政策的实施是以牺牲他国利益为代价的，因而势必会导致其他国家的报复，从而引发贸易保护主义的抬头，抵消战略产业扶持发展的效果。

本章小结

1. 自对外贸易产生以来，基本有两种类型的对外贸易政策，即自由贸易政策和保护贸易政策，其他类型的贸易政策都是这两种形式的变种。

2. 重商主义认为国内贸易只是财富在不同群体之间的再分配，对外贸易对于财富积累的意义则不同，进口导致金银外流，会减少一国财富，出口使外国金银流入，会增加一国财富。这种经济思想在贸易政策上的体现就是奖励出口、限制进口，历史上称为强制性保护贸易政策。

3. 自由竞争时期，由于各国经济发展水平的差异，各自奉行不同的贸易政策。英国遵循李嘉图的比较优势论，实施进出口自由、无限制、无鼓励、无歧视的自由贸易政策。美国、德国在汉密尔顿和李斯特以保护生产力为出发点、以保护关税为核心的幼稚工业保护论的指导下，执行对幼稚工业实施保护的贸易政策，这一政策的特点可归结为保护具有过渡性和选择性。

4. 凯恩斯主义的保护贸易理论以对外贸易乘数论为核心，认为一国的出口与国内投资一样，有增加国民收入的作用，一国的进口与国内储蓄一样，有减少国民收入的作用。一国出口与进口的变化将会对国民收入的变动产生倍数影响，国民收入的变动量将几倍于出口与进口的变动量。

理论政策含义为：为促进经济增长，一国政府应采取措施在加强对国内市场的垄断、保护的同时，积极扩张海外市场，实施以全面保护、维护垄断、积极进攻为特征的超保护贸易政策。

5. 第二次世界大战后的贸易自由化更准确地说是有选择的自由贸易，贸易自由化通过两个方面体现：一是不同范围关税的大幅度下降；二是非关税壁垒的削减和消除。但自由化发展也呈现出不平衡的特点，具体表现在：发达国家之间的贸易自由化超过它们对其他国家的自由化；区域性经济贸易集团内部的自由化超过对集团外部国家的自由化；不同商品贸易自由化程度也不同。

6. 20 世纪 70 年代中期后的新贸易保护主义主要呈现出两个特点：一是限制进口措施的重点从关税转向非关税；二是贸易保护的重心从限制进口转向鼓励出口。

7. 2008 年金融危机后的贸易保护主义呈现出以下特点：一些发达国家倡导的行为是对多边体制的回退；美国在对外贸易中采用双重标准和奉行单边主义；贸易保护措施主要集中在贸易救济和技术性贸易措施使用方面。

8. 战略贸易政策理论的核心是，政府干预对外贸易、扶持战略产业的发展是一国在不完全竞争和规模经济条件下获得资源次优配置的最佳选择。

战略贸易政策是指一国政府在不完全竞争和规模经济条件下，凭借研究与开发、生产、出口补贴或保护国内市场的关税和配额等措施和手段，扶持本国战略产业的成长，获取规模经济效益，增强其在国际市场上的竞争能力，夺取他国的市场份额。但是这一政策的实行需要具备一定的前提条件。

重要概念

自由贸易政策　　保护贸易政策　　重商主义　　幼稚工业保护论

对外贸易乘数　　超保护贸易政策　　贸易自由化

测试题

1. 李斯特的保护贸易理论的主要特点为________。

A. 保护幼稚工业　　B. 保护成熟工业

C. 保护垄断工业　　D. 保护衰退工业

2. 亚当·斯密、大卫·李嘉图、赫克歇尔-俄林的学说都主张________。

A. 公平贸易　　B. 自由贸易

C. 保护贸易　　D. 管理贸易

3. 对外贸易乘数论属于________。

A. 自由贸易理论　　B. 保护贸易理论

C. 超保护贸易理论　　D. 管理贸易理论

4. 已知一国的贸易顺差为 30 亿美元，投资增加额为 20 亿美元，国民收入增加额为 80 亿美元，则该国的对外贸易乘数为________。

A. 1.8　　B. 1.6　　C. 0.6　　D. 2.6

5. 早期重商主义绝对禁止________外流。

A. 纸币　　B. 贵重金属　　C. 资本　　D. 货币

6. 新贸易保护主义“奖出限入”的重心是________。

A. 限制进口　　B. 鼓励出口

C. 限制进口与鼓励出口并重　　D. 放松进口管制

7. 自由贸易理论认为，自由贸易政策可以形成互相有利的国际分工，这种国际分工可以带来以下利益：________。

A. 生产专业化使生产要素得到最优配置

B. 扩大国民的真实收入

C. 阻止垄断，加强竞争，促进劳动生产率的提高

D. 提高企业利润率

8. 自由贸易政策的理论依据主要包括________。

A. 绝对优势论　　B. 比较优势论

C. 要素禀赋论　　D. 对外贸易乘数论

9. 20 世纪 70 年代以后的新贸易保护主义的主要特点是________。

A. 被保护的商品不断增加

B. 贸易保护措施多样化

C. 限制进口措施的重心从关税转向非关税

D. 保护政策重心从限制进口转向鼓励出口

10. 超保护贸易政策的特点是________。

A. 保护具有进攻性　　B. 保护幼稚工业

C. 保护措施多样化　　D. 保护的目的是培植竞争力

思考题

1. 对外贸易政策的基本类型有哪些？

2. 李斯特幼稚工业保护论的核心内容是什么？

3. 超保护贸易政策的特点是什么？

4. 普雷维什关于发展中国家应执行保护贸易政策的理论依据是什么？

5. 什么是战略贸易政策？其理论依据是什么？

拓展阅读

RCEP 解读：货物贸易

第五章
关税措施

学习目标

通过本章的学习，要求学生了解并掌握对外贸易政策措施中关税措施的具体内容、运用方法、作用与影响。

第一节　关税概述

中国大学MOOC（慕课）

关税措施：关税类型

中国大学MOOC（慕课）

贸易救济措施：两反一保

一、关税含义

（一）关税定义

关税（Custom Duty；Tariff）是进出口商品经过一国关境时，由政府所设置的海关向进出口商征收的税收。

（二）海关

海关征收关税的领域叫关境或关税领域。它是海关管辖和执行海关各项法令和规章的区域。一般来说，关境和国境是一致的，但有些国家在国境内设立自由港、自由贸易区和出口加工区等经济特区，这些地区不在关境的范围之内，这种情况下，关境小于国境；有些国家之间缔结关税同盟，参加关税同盟的国家的领土即成为统一的关境，此时关境大于国境。

二、关税的主要特点

关税是国家财政收入的一个重要组成部分。它与其他税收一样，具有强制性、无偿性和预定性，但又具有自己的特点。

（一）关税属于间接税

关税的主要征收对象是进出口商品，其税负由进出口商先行垫付，而后被计入商品价格，转嫁给最终消费者，因而关税属于间接税。

（二）关税的税收主体和客体分别是进出口商和进出口货物

税收主体（Subject of Taxation）也称课税主体，是指在法律上负担纳税的自然人和法人，也称纳税人（Taxpayer）。税收客体（Object of Taxation）也称课税客体或课税对象。

关税的税收主体是本国的进出口商。当商品进出国境或关境时，进出口商根据海关规定向当地海关交纳关税，他们是税收主体，是纳税人。

关税的税收客体是进出口商品。根据海关税法和有关部门的规定，海关对各种进出口商品依据不同的税目和税率征收关税。

（三）关税可以调节一国进出口贸易规模与结构

许多国家通过制定和调整关税税率来调节进出口贸易。在出口方面，通过低税、免税和退税鼓励商品出口；在进口方面，通过税率的高低、减免来调节商品进口。对于国内不能生产或生产不足的商品，制定较低税率或免税以鼓励进口，对于国内能大量生产或非必需品的进口，则制定和适用较高税率，以限制进口或达到禁止进口的目的，等等。

此外，关税还可以调整贸易差额。当一国贸易逆差过大时，进口国家可以通过提高关税税率或征收附加税限制进口，减缓贸易逆差，但这一做法只具有短期效应。如美国为扭转巨额贸易逆差，1971 年 8 月宣布对所有进口商品加征 10％的进口附加税，这一做法并没有从根本上改变美国的贸易收支状况。

（四）关税是一国执行对外贸易政策的重要手段

一国实施自由贸易政策还是保护贸易政策、贸易保护的程度有多高、所实施的贸易保护是否存在歧视性等都在该国的关税政策上有体现，如在自由贸易政策下，对多数商品进口免征关税或适用较低的关税税率，在保护贸易政策下，一国往往对进口商品数量和结构予以限制，限制的主要手段之一就是关税，限制的程度则取决于关税税率的高低。在一国对外贸易关系的发展过程中，实施歧视性待遇通常采用的重要做法之一，就是针对来自不同国家或地区的商品适用不同的关税税率。

三、关税水平

关税水平是指一国的平均进口关税税率。但关税水平有不同的计算方法，包括以下几种：

(一) 简单算术平均法[①]

$$关税水平=\frac{一国海关税则中所有税目的税率(最惠国税率)之和}{税目总数}$$

2022年依据最惠国税率计算的进口关税水平（MFN Simple Average Duty）[②]，欧盟为5.1%，中国为7.5%，印度为18.1%，日本为3.9%，美国为3.3%。

(二) 加权算术平均法

1. 进口货值加权平均法

$$关税水平=\frac{一个国家一定时期内所征收的进口关税税款总额}{该国同时期进口商品的总价值}$$

2. 有税进口货值加权平均法

$$关税水平=\frac{一个国家一定时期内所征收的进口关税税款总额}{该国同时期有税商品进口总值}$$

3. 选择商品加权平均法

这种方法只是在特殊的情况下才使用。[③]

$$关税水平=\frac{代表性商品进口关税总额}{代表性商品进口总额}$$

加权平均方法充分考虑了不同商品的进口价值在总进口值中的比重对平均进口关税税率水平的影响。在总进口值中所占比重大的进口商品，其关税税率水平对一国整体的关税水平的影响力就大，如果比重小，影响力就小。但是在方法（二）1中，没有剔除免征进口关税商品的进口值，这样在进行国际比较时，如果国家之间免征进口关税商品总值在总进口值中的比重不同，计算出来的关税水平就不具有可比性，因为免税进口商品价值在总进口值中所占比重大的，关税水平偏低，比重小的，关税水平偏高。相比较，方法（二）2更能真实地反映出各国在继续保留对某些进口商品设置保护壁垒的条件下，其保护的平均水平状况。

从表5-1可以看出，以进口值为权重计算的关税税率水平，简单平均要高于加权平均，这是因为较低关税税率的高比例进口拉低了平均关税水平。只有印度农产品除外，它正好相反，农产品中，高税率商品的高比例进口抬高了农产品进口的关税水平，印度农产品进口关税税率大于100%的关税税目占总税目的2.3%，占进口总值的1.5%。[④]

---

① 对于不存在最惠国税率的进口商品选择普通税率。平均关税税率的变化取决于两方面的因素：一是从价税率的变化，二是从量税对应的商品价格的变化，实际上，对应的商品价格在上涨，意味着平均关税税率水平在下降。

② 资料来源：WTO数据库。在其他情况给定的前提下，进口关税税率随着加工程度的提高而提高。

③ 出于关税谈判的需要，或者在特殊行业，几种商品的产值、出口值占据绝对比重，这几种商品就有了充分的代表性的情况。

④ WTO，World Tariff Profiles，2023.

表 5-1　2022 年国家或国家集团进口简单平均关税税率水平与加权平均关税税率水平一览（%）

国家或国家集团	适用的最惠国税率	全部商品	农产品	非农产品
中国	简单平均	7.5	13.9	6.4
	加权平均	3.2	13.1	2.4
欧盟	简单平均	5.1	11.4	4.1
	加权平均	2.9	8.4	2.5
日本	简单平均	3.9	13.4	2.4
	加权平均	2.1	13.1	1.1
美国	简单平均	3.3	5.1	3.1
	加权平均	2.2	4.4	2.1
印度	简单平均	18.1	39.6	14.7
	加权平均	11.4	48.5	9.2

第二节　关税分类

一、按照征收对象或商品流向分类

(一) 进口关税

进口关税（Import Duty）是进口国家的海关在外国商品输入时，根据海关税则对本国进口商所征收的关税。进口关税在外国货物直接进入关境或国境时征收，或者外国货物由自由港、自由贸易区或海关保税仓库等运往进口国国内市场，在办理海关手续时征收。

进口关税主要分为最惠国税和普通税。最惠国税适用于来自与该国签订包含有最惠国待遇条款的贸易协定的国家或地区的商品。普通税适用于与该国没有签订包含有最惠国待遇条款的贸易协定的国家或地区的商品。最惠国税率比普通税率低，有时差幅较大，达十几倍，如 2021 年，中国税号为 9614001010 的含濒危动物成分的烟斗及烟斗头，进口最惠国税率为 10%，普通税率为 130%。

第二次世界大战后，多数国家都加入关税与贸易总协定或签订双边贸易条约或协定，相互提供最惠国待遇，享受最惠国税，因此最惠国税又被称为正常关税。到 2006 年，中国进口总额的 99.99%适用最惠国税率和更为优惠的关税税率。[①]

一些国家通过征收高额进口关税以提高进口商品的价格，削弱进口商品的价格竞争能力。我们通常提及的关税壁垒，便是指高额进口税。如日本，允许其每年消费的 700 万吨大米中的 10%免税进口，超过 10%就要征收 500%的进口关税。再如，历史上日本曾经对来自中国的魔芋进口征收 1 000%的进口关税。2022 年，美国对烟草酒类产品征

① WTO，Trade Policy Review：China，2008.

收的进口关税最高达380%，水果蔬菜最高达132%；日本对奶类产品征收的进口关税最高达411%，水果蔬菜最高达246%；印度对纺织品征收的进口关税最高达347%；欧盟对奶制品、烟草酒类产品、水果蔬菜征收的进口关税最高分别为133%、144%、141%；2022年，中国进口商品关税税率没有超过100%的。一般地，进口关税税率超过100%就属于禁止进口关税了。[①]

各国在制定进口关税税率时，并不是对所有的进口商品一概征收高关税。多数国家关税结构设计遵从以下原则：工业制成品的进口适用较高的关税税率；半制成品的进口税率次之；原料进口关税税率最低甚至免税。2022年，中国农产品进口最惠国关税税率为13.9%，非农进口商品为6.4%。[②]

(二) 出口关税

出口关税（Export Duty）是出口国家的海关对本国产品输往国外时，对出口商征收的关税。[③]

出口关税的征收将提高本国商品在国外市场的销售价格，削弱本国商品的竞争力，因而大多数国家都不再征收。只有一些发展中国家出于增加财政收入或者保证本国生产或市场供应的考虑，继续对其全部或部分出口商品征收出口关税，如瑞典、挪威出于保护其纸浆及造纸工业的考虑，对木材出口征收出口关税。

中国出口关税的征收出于保护环境、能源与稀缺资源的考虑。中国出口关税税率有法定税率与临时税率两种，以最惠国税率为基础。2020年，中国法定出口税率适用《协调制度》(HS) 8位编码税目的有102个，临时税率适用的有75个，主要采用从价税方式征收，税率水平分别为20%～50%不等、0～35%不等。2022年，中国继续对铬铁等106项商品征收出口关税。[④]

(三) 过境关税

过境关税（Transit Duty）是一国对通过其关境或国境的外国货物所征收的关税。

目前大多数国家在外国商品经过其领土时不再征收过境关税，只是征收少量的准许费、印花费、登记费等。

二、按照征税的目的分类

(一) 财政关税

财政关税（Revenue Tariff）又称收入关税，是指以增加国家财政收入为目的而征收的关税。

为达到增加财政收入的目的，对进口商品征收财政关税时，应考虑三个方面：

---

①② WTO, World Tariff Profiles, 2023.

③ 美国宪法第一条第九款明确禁止征收出口关税。

④ 见中华人民共和国海关总署公告2021年第119号。

（1）征税的进口货物必须是国内不能生产或无代用品的商品，以避免对国内市场形成冲击；（2）征税的进口货物在国内必须有大量消费；（3）关税税率必须适中，否则达不到增加财政收入的目的。

目前，大多数国家的关税收入在财政总收入中的重要性都在不断降低①，例如，中国关税收入占一般公共预算收入的比例，2001 年为 5.13%，2021 年降至 1.39%。②

（二）保护关税

保护关税（Protective Tariff）是指以保护本国工业或农业发展为目的而征收的进口关税。

为达到保护的目的，保护关税的税率比较高，有时税率高达 100%以上，等于禁止进口，称为禁止关税（Prohibited Duty）。

三、按照差别待遇和特定的实施情况分类

（一）进口附加税

进口国家对进口商品，除征收一般进口关税外，有时根据某种目的与需要会加征进口关税。这种对进口商品除征收一般关税以外再加征的额外关税，称为进口附加税（Import Surtaxes）。

征收进口附加税通常是一种特定的临时性措施。其目的主要有：应付国际收支危机；维持进出口平衡；防止外国商品低价倾销；对某个国家实行歧视或报复等。因此进口附加税又称特别关税。

进口国家除对所有进口商品征收进口附加税外，有时还针对个别国家或个别商品征收进口附加税，这种进口附加税主要有反补贴税和反倾销税。

1. 反补贴税

反补贴税（Counter-vailing Duty）又称抵消税或补偿税，是对直接或间接地接受奖金或补贴的外国商品进口所征收的一种进口附加税。进口商品在生产、制造、加工、买卖、输出过程中接受了直接或间接的奖金或补贴，并使进口国生产的同类产品遭受了重大损害，是构成征收反补贴税的重要条件。反补贴税的税额一般按“补贴数额”征收。其目的在于增加进口商品的成本，抵消出口国对该商品所做补贴的鼓励作用。

发达国家之间常在补贴与反补贴问题上发生贸易摩擦。因此，《关税与贸易总协定》对反补贴问题做出了规定。

《关税与贸易总协定》第六条有关反补贴税的规定，主要包括以下几点内容：

（1）反补贴税应理解为：为了抵消商品于制造、生产或输出时所直接或间接接受的

---

① 1790—1860 年，增加政府收入成为美国设立进口关税的主要原因，美国联邦政府 90%的收入来自关税，1792 年，美国关税和航运业吨位税收入达 340 万美元，占政府全部收入 370 万美元的 91.89%。资料来源：整理自道格拉斯·欧文. 贸易的冲突：美国贸易政策 200 年. 北京：中信出版集团，2019。

② 数据来自《中国统计年鉴 2022》。

任何奖金或补贴而征收的一种特别关税。

（2）补贴的后果对国内某项已建的工业造成重大损害或产生重大威胁，或对国内某一工业的新建造成严重阻碍，才能征收反补贴税。

（3）反补贴税的征收不得超过“补贴数额”。

（4）对于受到补贴的倾销商品，进口国不得同时对它既征收反倾销税又征收反补贴税。

（5）在某些例外情况下，如果延迟将会造成难以补救的损害，进口国可以在未经缔约方总体事前批准的情况下，征收反补贴税，但应立即向缔约方总体报告，如未获批准，这种反补贴税应立即予以撤销。

（6）对产品在原产国或输出国所征的捐税，在出口时退还或因出口而免税，进口国对这种退税或免税不得征收反补贴税。

（7）对初级产品给予补贴以维持或稳定其价格而建立的制度，如符合该项条件，不应作为造成了重大损害来处理。

此外，《关税与贸易总协定》还在第十六条补贴和第二十三条利益的丧失或损害中对有关方面做出了规定。这些条款在统一反补贴税的某些规定和调解有关国家和地区之间的某些分歧方面起到了一定的作用。但由于这些条款比较简单、笼统和约束力不强，在执行过程中经常发生分歧。因此，东京回合制定与通过了《关于解释和应用关税与贸易总协定第六条、第十六条和第二十三条的协议》（Agreement on Interpretation and Application of Articles Ⅵ，ⅩⅥ and ⅩⅩⅢ of the General Agreement on Tariffs and Trade），又称《补贴与反补贴守则》或《补贴与反补贴协议》。它进一步明确和补充了总协定中有关补贴和反补贴税的条款。其目的在于保证签字方不使用补贴来损害其他签字方的贸易利益，不以反补贴措施不合理地阻碍国际贸易。该协议的主要内容有以下几方面：

（1）反补贴税的调查程序和有关事项。该协议第二条规定：签字方必须按照规定的程序发起调查，才可征收反补贴税。一般应根据受影响的工业部门或以受影响的工业部门的名义提出书面要求发起调查，以确定所称补贴的存在、程序和影响情况。书面要求包括下列充分证据：

1）补贴存在。如有可能，说明补贴的金额。

2）在本协议解释的总协定第六条的意思范围内的损害。

3）补贴的进口品与所称损害之间存在着因果关系。

（2）反补贴税的征收。协议的第四条规定：在满足一切征税要求的情况下，是否要征收反补贴税，由进口签字方的机构做出决定，但反补贴税不得超过已查明的补贴数额。在出口签字方政府同意取消或限制补贴，或出口商同意修改其价格，使调查机构确信补贴的损害性影响已经消除的情况下，一般可中止或结束诉讼，不再征收反补贴税。

（3）损害的确定。协议规定，“损害”（Injury）一词除另有规定外，是指对某种国内工业造成的实质损害（Material Injury），对某种国内工业有实质损害威胁，或者对建立此种工业有实质妨碍。损害的确定应包括以下两方面的客观审查：

1）补贴进口的数量及其对国内市场同类产品价格的影响。

2）这些进口品对国内同类产品生产者带来的影响，如产量、销售、市场份额、利润、生产率、投资利润和设备利用等。由于其他原因而造成的损害不应归咎于补贴的进口商品。

（4）有关出口补贴的严格规定。在协议第七条至第十一条中对出口补贴作了严格的规定，主要有以下三点：

1）禁止对包括矿产品在内的工业品实行出口补贴。

2）对农产品的出口补贴应“不以引起给予补贴的签字方占有超过这些产品的世界出口贸易的公正份额的方式”进行。

3）各签字方为了推行社会和经济政策的目标而采用出口补贴以外的补贴，如政府对国内某些企业的资助等，应避免造成下列三种不利的影响：第一，对其他签字方的国内工业造成损害；第二，严重损害其他签字方的利益；第三，可能抵消或减损另一签字方根据总协定所应得到的利益。

（5）对发展中国家特殊待遇的规定。协议第五部分对发展中国家作了某些规定。主要有以下两点：

1）不应妨碍发展中国家为扶植国内工业而采取的政策与措施，其中包括对出口部门的政策与措施。发展中国家可以对其工业品出口实行补贴，但这种补贴不得对其他签字方的贸易和生产造成重大损害（Serious Prejudice）。

2）当某一发展中国家签字方补贴的使用违背其竞争和发展需要时，应“尽力”做出保证减少和取消出口补贴。

乌拉圭回合谈判把补贴和反补贴规则纳入重要议题，通过谈判对原有的守则进行修改和补充，达成新的《补贴与反补贴守则》，其主要内容有以下几方面：

（1）补贴的定义（Definition of Subsidy）。补贴是指政府或任何公共机构对企业提供的财政捐助和政府对收入或价格的支持。其范围包括以下几方面：

第一，政府直接转让资金，即赠与、贷款、资产注入；潜在的直接转让资金或债务，即贷款担保。

第二，政府财政收入的放弃或不收缴。

第三，政府提供货物或服务，或购买货物。

第四，政府向基金机构拨款，或委托、指令私人机构履行前述第一至第三的职能。

第五，构成1994年《关税与贸易总协定》第十六条含义的任何形式的收入或价格支持。

（2）补贴的主要分类。可分为以下三种：

1）禁止使用的补贴（Prohibited Subsidy），又称禁止的补贴。包括：其一，在法律上或事实上与出口履行相关的补贴，即出口补贴。在协议中列出了具体的出口补贴示范清单。其二，其他由公共开支的项目。其三，国内含量补贴，即指前面述及的补贴只与使用国产货物相联系，而对进口货物不给予补贴。禁止使用补贴的具体内容见本书第七章出口补贴部分。

2）可申诉的补贴（Actionable Subsidy），指政府通过直接转让资金、放弃财政收入、提供货物或服务以及各种收入支持和价格支持对某些特定企业提供的特殊补贴。这种特殊补贴属于政府实施的有选择、有差别或带有歧视性的补贴。如果这种特殊补贴造成其他缔约方国内有关工业的重大损害，则该缔约方可诉诸争端解决机制加以解决。

3）不可申诉的补贴（Non-actionable Subsidy）①，指普遍性实施的补贴和在事实上并没有向某些特定企业提供的补贴。包括：其一，不属于特殊补贴的补贴，即属于普遍性补贴；其二，扶植企业的科研活动、更高水平的教育或建立科研设施所提供的补贴，但属于工业科研项目的扶植不得超过其成本的75%或其竞争开发活动成本的50%；其三，扶植落后地区的经济补贴；其四，为适应新的环境保护要求，扶植改进现有设备所提供的补贴，但这种补贴仅限于改造成本的20%。上述补贴不可诉诸争端解决，尽管如此，却要求缔约方将这类补贴情况提前、及时通知各缔约方，如果有异议，也须磋商解决。

（3）征收反补贴税的程序。该守则对征收反补贴税的程序作了如下具体规定：

第一，申诉和调查。

第二，举证，即所有利害关系方提供书面证据。

第三，当事双方磋商解决问题。

第四，如果磋商后补贴方愿修改价格或做出其他价格承诺，补贴诉讼可暂停或终止。②

第五，如承诺后无实际行动，可继续调查，算出补贴数额，征收反补贴税。

第六，日落条款，即规定征收反补贴税的期限不得超过5年，除非国家负责部门在审定的基础上认定，取消反补贴税将导致补贴和损害的继续或再现。

（4）对发展中国家的特殊优惠规定。主要包括以下几个方面：

第一，禁止使用的出口补贴对最不发达国家以及那些人均国民生产总值不足1 000美元的发展中国家（如印度、巴基斯坦等）不适用；其他发展中国家则应在8年内逐步取消这类出口补贴。

第二，发展中国家达到出口竞争标准的产品，在2年内逐步取消补贴。

第三，原产于发展中国家的产品，其总补贴额不超过单位产品金额的2%，或者该产品不足同类产品进口总额的4%，或所有发展中国家的所有该种产品加起来不足同类产品进口总额的9%，则对该产品的补贴调查应立即终止。此外，从计划经济向市场经济过渡的转型国家的出口补贴，应在7年内逐步取消。

2. 反倾销税

反倾销税（Anti-dumping Duty）是对实行商品倾销的进口商品所征收的一种进口附加税。进口商品以低于正常价值的价格进行倾销，并对进口国的同类产品造成重大损害是构成征收反倾销税的重要条件。反倾销税的税额一般以倾销差价征收，其目的在于抵制商品倾销，保护本国工业和市场。

《关税与贸易总协定》第六条对倾销与反倾销有下列规定：

（1）用倾销手段将一缔约方产品以低于正常价值的价格挤入另一缔约方市场时，如因此对进口缔约方领土内已建立的某项工业造成重大损害或产生重大威胁，或者对进口

① 1999年自动失效，目前适用的是禁止使用的补贴和可申诉补贴。

② 反补贴中的价格承诺有两种形式：第一，出口商同意修改价格，以消除补贴的有害影响；第二，出口方政府同意取消或限制补贴，或采取其他可以消除补贴有害影响的措施。

缔约方领土内工业的新建产生严重阻碍，这种倾销应该受到谴责。

（2）缔约方为了抵消或防止倾销，可以对倾销的产品征收数量不超过这一产品的倾销差额的反倾销税。

（3）正常价值的确定有三种方法。第一，指相同产品在出口方用于国内消费时在正常情况下的可比价格。第二，指相同产品在正常贸易情况下向第三方出口的最高可比价格。第三，指产品在原产国的生产成本加合理的推销费用和利润。

（4）不得为了抵消倾销或出口补贴，而同时对该产品既征收反倾销税又征收反补贴税。

（5）为了稳定初级产品价格而建立的制度，即使它有时会使出口产品的售价低于相同产品在国内市场销售的可比价格，也不应认为造成了重大损害。

东京回合对原有规定进行修改，补充了某些规定的细则，制定了《关于实施关税与贸易总协定第六条的协议》（Agreement on Implementation of Article Ⅵ of the General Agreement on Tariffs and Trade），又称《反倾销守则》或《反倾销协议》。主要规定包括以下几个方面：

（1）征收反倾销税的程序与有关事项。根据该协议第五条的规定，如果倾销对某些协议签字方的国内工业造成重大损害，那么受到影响的工业可提出书面要求。这种书面要求应包括下列足够证据：

第一，倾销存在。

第二，在本协议解释的总协定第六条范围内的损害。

第三，倾销进口货和所称损害之间存在着因果关系。

（2）损害的确定。根据协议第三条的规定，损害的确定应以无可辩驳的证据为依据，并须对下列两点做客观审查：

第一，倾销的进口货的数量及其价格对国内同类产品的影响。

第二，这种进口货对国内同类产品的生产者的影响。

（3）反倾销税的征收。根据协议的规定，“对任何产品征收反倾销税时，应在非歧视的基础上对所有经查明进行倾销并造成损害的进口货征收适当数额的反倾销税。”“但反倾销税不应超过确定的反倾销差额。”同时，如果出口商做出价格保证，即修改价格或停止按倾销价格向有关地区出口，有关当局确信倾销的损害性影响已经消除，则可在不征收反倾销税的情况下中止诉讼。

（4）关于磋商、调解和解决争端问题的规定。协议规定，一个签字方对另一个签字方提出的关于影响协议执行的任何问题，应给予同情的考虑，并提供足够的磋商机会。如磋商不能达成解决的办法，有关签字方可将问题提交反倾销措施委员会进行调解。如该组织仍未能达成相互满意的解决办法，则需成立咨询小组来解决争端。

（5）有关发展中国家的特殊规定。协议第十三条规定，在征收反倾销税时，要求发达国家对发展中国家的特殊情况给予特殊考虑。如果反倾销税影响发展中国家的基本利益，则在征收反倾销税前应“仔细研究本协议提供建设性补救措施的可能性”。

东京回合的《反倾销守则》的某些规定仍不够明确，这就使签字方在执行中有可能在很大程度上按其自己的利益对协议做出不同的解释。因此，乌拉圭回合达成了新的《反倾销守则》。这个新守则与原守则相比，在一些方面有了发展。

（1）在有关倾销的确定上，新守则进一步限制了使用国内销售价作为正常价格的场合，必要时可更多地使用向第三方出口的价格或结构价格来计算正常价格。新守则正式明确将低于成本的销售视为倾销。

如果进口方主管当局认为被指控倾销产品或与其相似的产品在出口方国内市场上在一个持续的期间内虽有大量销售，但是其价格却不能弥补合理期间内的所有成本，则这种低于单位生产成本的销售价格可不被视为正常贸易做法情况下的销售，该价格也不能用来作为正常价格。在这种情况下，进口方可用该相似产品出口到一个适当的第三方的、有代表性的价格作为正常价格或者用结构价格的方法来推算出正常价格。

（2）在工业损害问题上，新守则采用了累积进口的规定。累积进口是指进口国在确定工业损害时可以同时考虑来自多个国家或地区的倾销产品对其工业所造成的综合损害影响。这种规定对于那些初始进入市场的出口商的产品和产品出口量不大的出口国或地区来说具有严重的潜在影响，增加了它们的产品被裁定造成损害的可能性。

（3）在反倾销立案调查的程序上，新守则作了某些补充规定，如反倾销申诉中必须有实质性的证据，否则申诉不能成立；对于损害或损害的威胁，要求有实际的证据表明损害或威胁事实存在。

（4）在对发展中国家的特殊待遇方面，重申对发展中国家予以特别照顾，在反倾销措施将影响发展中国家的根本利益时，可考虑新守则规定的其他建设性的补救措施。

新守则明确了某些具体的规定。例如，在反倾销调查中，若倾销幅度为2%以下，以及来自一方的倾销产品的数量不足进口方同类产品的3%，则终止反倾销调查，不征收反倾销税。但若数个这种不足3%的单个国家的产品，共占进口方同类产品的7%，则反倾销调查要继续进行。

虽然新的《反倾销守则》和原《反倾销守则》都规定了对发展中国家应给予一定的特殊待遇，但反倾销法的执行仍主要依赖于各签字方国内立法的规定，因而各国在实施反倾销法上不仅有所不同，而且有很大的随意性。

从发达国家的反倾销案的实际情况看，被指控倾销的出口国家大多数是发展中国家。不仅如此，在实施反倾销措施的过程中，发达国家在某些方面往往对市场经济国家和所谓非市场经济国家实行差别待遇。例如，美国在确定进口商品价格是否低于“公平价格”标准时，将商品出口国家分成两种类型：

1）对市场经济国家的出口商品价格，采用该出口国国内市场价格作为确定公平价格标准的基础。

2）对于非市场经济国家[①]，则采用替代计算法，即由美国商务部选定一个与该非市场经济国家在经济发展水平上相似的市场经济国家作为替代国，以该替代国的国内市场价格作为确定公平价格标准的基础。结果，往往构成倾销，或扩大倾销差额幅度，严重损害了这些国家的利益。

① 美国判定一国是否为市场经济国家的标准包括：（1）货币可兑换程度；（2）企业与劳工通过自由谈判确定工资的程度；（3）允许外资企业在国内举办合营企业或进行其他投资的程度；（4）政府对企业价格、产量等的控制程度；（5）政府对生产资料等的控制程度。

（5）关于反倾销措施，主要包括临时反倾销措施和最终反倾销措施两种形式：

1）临时反倾销措施。临时反倾销措施指进口方主管机构经过调查，初步认定被指控产品存在倾销行为，并对国内相关产业造成损害，进口方机构可在全部调查结束前通过采用征收临时反倾销税或与临时反倾销税等额的保证金或保函的方式，防止在调查期间国内相关产业继续受到损害。[①]

2）最终反倾销措施。在全部反倾销调查结束后，如果有充分的证据证明被调查的产品存在倾销，国内相关产业受到损害，且倾销与损害之间存在因果关系，则进口方机构可以采取最终反倾销措施，即征收反倾销税。

新的《反倾销守则》规定，如出口商就修改出口价格或停止以倾销价格向所涉及国家或地区出口，向进口方机构做出令人满意的承诺，并使主管机构确信倾销的损害影响已经消除，主管机构可以中止或终止调查程序。实际上，价格承诺也属于反倾销措施的一种形式。

专栏 5－1

美国反倾销与反补贴的立法与管理

美国商务部（DOC）的国际贸易管理局（ITA）和联邦国际贸易委员会（USITC）负责反倾销（AD）和反补贴（CVD）调查及 5 年日落（Sunset）审议。[②] 对于反倾销和反补贴调查，ITA 负责确定倾销和补贴的存在和量度（Amount），USITC 负责确定进口倾销或接受补贴产品对国内相关产业造成实质性损害或威胁或阻滞的情况。美国海关边境保护局（Custom and Border Protection，CBP）具体执行反倾销和反补贴法律及指令，包括对涉案进口商品收取现金保证金、监管进入、评估和收取最终反倾销或反补贴税、对逃避反倾销和反补贴管理的进口货物施行管理等。

一般情况下，商务部在接到申请人提交的书面申请时才会展开反倾销和反补贴调查。[③] 商务部虽然拥有自动开展调查的权利，但很少使用。

申请人必须同时向 ITA 和 USITC 提出申请，20 天内，如果 ITA 判定申请材料充足且符合要求，就正式启动调查，USITC 随后会在 45 天（ITA 启动调查后 25 天）内做出初步产业损害裁决。如果 USITC 否定存在产业损害，则停止调查；如果 USITC 确定存在产业损害，ITA 会在 115 天（申诉后 160 天）内发布倾销初步裁决结果，在 40 天（或申诉 85 天）内发布补贴初步裁决结果。无论 ITA 的初步裁决是肯定还是否定[④]，调查都会继续下去。ITA 有 75 天的时间确定最终的倾销幅度。如果 ITA 初裁做出肯定结论，USTIC 也做出肯定结论，CBP 将对涉案进口产品采取不长于 4 个月，也可能延至 6 个月的临时反倾销或反补贴措施。反倾销或反补贴措施一般采取缴纳保证金的形式，数额将

① 新的《反倾销守则》规定，进口方主管机构自反倾销立案调查之日起 60 天后才能采取临时反倾销措施。临时反倾销措施的实施一般不能超过 4 个月，特殊情况下可延长至 6～9 个月。

② 依据《1930 年关税法案》。

③ 立案时商务部强调申请方的代表性，有两个标准：一是申请人（生产厂商或工人团体）生产占该产品总生产的至少 25%；二是申请人生产占支持该产品申诉生产厂商或工人团体生产总量的 50%以上。申请人必须提供国内该产品产值和产量的数据，并且说明是否就该产品已经申请了其他进口救济。

④ 没有发现倾销或补贴，或者倾销与补贴低于微量允许标准（De Minimus）。

依据估算的倾销幅度或接受补贴的额度计算。如果ITA最终裁定倾销或补贴幅度高于微量允许标准，USITC就会做出最终产业损害裁决。如果肯定损害存在，ITA会下达征收反倾销或反补贴税的指令；如果否定损害存在，则终止反倾销或反补贴调查，终止临时性措施的适用，返还保证金或押金。

美国主要的反倾销和反补贴立法包括《1930年关税法案》Ⅶ条款、《1979年贸易协议法案》（Trade Agreement Act of 1979）、《2015年贸易便利和实施法案》（Trade Facilitation and Enforcement Act of 2015）、《2015年贸易优惠扩展法》（Trade Preference Extension Act of 2015）等。

资料来源：根据WTO，Trade Policy Review：United States，2022整理。

中国反倾销措施实施的依据是《中华人民共和国对外贸易法》和《中华人民共和国反倾销条例》。商务部承担反倾销立案调查和损害的确定，具体机构为商务部贸易救济调查局[①]，国务院关税税则委员会裁决反倾销税的征收和税率水平。

截至2023年1月11日，中国正在实施的最终反倾销措施共110项，分别适用于来自15个国家或地区的进口（当措施适用于所有欧盟成员国时，将欧盟视为一个地区）。在贸易伙伴中，从美国进口的产品适用的反倾销措施最多（26项），接着依次是日本（21项）、欧盟（19项）、韩国（14项）。化学产品仍然是反倾销措施主要适用的产品。截至2023年1月11日，中国正在实施的最终反补贴措施有6项。

截至2023年8月1日，我国对全球发起的贸易救济案件中，反倾销有298起，占比94%，主要涉案国家和地区为美国（70起）、日本（56起）、韩国（45起）、欧盟（36起），排名前四的行业分别为化学原料和制品工业（221起）、钢铁（27起）、造纸工业（24起）、农产品（17起）；反补贴有17起，占比5.36%。[②]

（二）差价税

差价税（Variable Levy）又称差额税。当某种本国生产的产品国内价格高于同类的进口商品价格时，为了削弱进口商品的竞争能力，保护国内生产和国内市场，按国内价格与进口价格之间的差额征收的关税，就叫差价税。

由于差价税是随着国内外价格差额的变动而变动的，因此它是一种滑动关税（Sliding Duty）。对于征收差价税的商品，有的规定按价格差额征收，有的规定在征收一般关税以外另行征收，这种差价税实际上属于进口附加税。

历史上欧盟为了实行共同农业政策，建立农畜产品统一市场、统一价格，对进口的谷物、猪肉、食品、家禽、乳制品等农畜产品，征收差价税。欧盟征收的差价税有两种：一种是对非成员国征收的[③]；另一种是对成员国征收的。对欧盟以外的非成员国的农畜产

---

① 当反倾销涉及农产品时，损害调查将由商务部与农业农村部共同进行。

② 数据来自中华人民共和国商务部中国贸易救济信息网。

③ 如，1962年7月，欧洲经济共同体针对外国家禽征收差价税，税率在原先15%左右的水平上大约翻了一倍，在短短几周内，使得美国家禽出口减少了2/3，在谈判无果后，美国对西欧进口的马铃薯淀粉、糊精、白兰地和轻型卡车征收更高的关税，撤回了《关税与贸易总协定》谈判中所做出的关税减让。

品进口征收差价税，其目的在于排挤这些国家的农畜产品大量进入欧盟市场；至于成员国之间相互征收某种农畜产品的差价税，其目的在于实现统一价格。这种差价税只是在实行共同农业政策的过渡时期内对成员国征收，过渡时期终结时，即予废除。但对从非成员国进口的农畜产品，在过渡时期完成后仍继续征收。① 欧盟征收差价税的办法比较复杂。例如对谷物进口的差价税征收分为以下三个步骤：

（1）由欧盟委员会对有关谷物按季节分别制定统一的“指标价格”（Target Price）。“指标价格”是欧盟市场内部以生产效率最低而价格最高的内地中心市场的价格为基准而制定的价格。② 这种价格一般比世界市场的价格高。为了维持这种价格水平，还确定了干预价格，一旦中心市场的实际市场价格跌到干预价格水平，有关机构便从市场上购进谷物，以防止价格继续下跌。

（2）确定门槛价格（Threshold Price）。即从“指标价格”中扣除把有关谷物从进口港运到内地中心市场所付一切开支的余额。这种价格是差价税估价的基础。

（3）确定差价税税额。它是由有关产品的进口价格与“门槛价格”的差额所决定的，其差额的大小决定差价税的高低。③

在乌拉圭回合《农业协议》实施框架内，欧盟差价税转换为协定关税或关税配额形式。

（三）特惠税（Preferential Duty）

特惠税是指对从某个国家或地区进口的全部商品或部分商品，给予的特别优惠的低关税或免税待遇。但它不适用于从非优惠国家或地区进口的商品。特惠税有互惠、非互惠两种类型。

特惠税开始于宗主国与殖民地附属国之间的贸易。④ 第二次世界大战后，西欧共同市场与非洲、加勒比和太平洋地区一些发展中国家之间也在实行特惠税。

1. 宗主国与殖民地附属国之间的特惠税

这种关税是殖民主义的产物。英国、法国、葡萄牙、荷兰、比利时、美国等与其殖民地附属国之间都实行过这种关税，目的在于保证宗主国在殖民地附属国市场上占优势。最有名的特惠税是英联邦特惠税（1932 年英联邦国家在渥太华会议上建立），它是英国为了确保获取廉价原料、食品和销售其工业品，垄断其殖民地附属国市场的有力工具。

2.《洛美协定》(Lome Convention) 国家之间的特惠税

它是欧盟向参加协定的非洲、加勒比和太平洋地区的发展中国家单方面提供的特惠

---

① 2006 年，差价税占欧盟 9 843 项进口税目的 0.9%。参见 WTO，Trade Policy Review：European Union，2007。

② 例如生产者或粮食商将谷物运到共同体谷物最短缺的地区，如德国鲁尔区的杜伊斯堡，在公开市场上可望得到的价格。

③ 目的是使进口商品在征收差价税后，在中心市场的售价至少等于更多情况是高于“指标价格”。如在法国马赛上岸的非成员国的谷物，运到杜伊斯堡时，其售价应相当于或略高于“指标价格”。

④ 帝国特惠制建立于 1932 年，是英国与英联邦成员之间相互提供优惠关税的制度安排，1958 年改名为英联邦特惠制，成员之间适用优惠关税。1973 年英国加入欧洲共同体后，英国与英联邦成员之间的特惠税从 1974 年 1 月到 1977 年 7 月 1 日逐步取消，此后，英国开始实行欧洲共同体的共同对外关税。

税。《洛美协定》关于特惠税方面的规定主要有以下三点：

（1）西欧共同市场国家将在免税、不限量的条件下，接受这些发展中国家全部工业品和96%的农产品进入西欧共同市场，而不要求这些发展中国家给予“反向优惠”（Reverse Preference）。那些没有享有免税待遇的农产品，是西欧共同市场农业政策所包括的农畜产品以及一些西欧共同市场能够生产的温带园艺品。

（2）西欧共同市场对从这些国家进口的牛肉、甜酒和香蕉等作了特殊安排。对这些商品进口每年给予一定数量的免税进口配额，超过配额的进口要征收关税。

（3）在原产地规定中，确定了“充分累积”（Full Cumulation）制度，即来源于这些发展中国家或西欧共同市场国家的产品，如在这些发展中国家中的任何其他国家内进一步制作或加工，将被视为原产国的产品。这项规定使这些国家对用这种方式制作与加工的产品，仍享有特惠税的待遇。但是，协定规定，如果大量进口在西欧共同市场的某个经济区域或某个成员国内引起了严重的混乱，西欧共同市场保留采取保护措施的权利。

2000年6月，欧盟签署了第五个《洛美协定》，也称《科托努协定》（Cotonou Agreement）①，2003年生效，2008年《洛美协定》为《经济伙伴关系协定》（Economic Partnership Agreement，EPA）所取代，原《洛美协定》成员国产品进入欧盟享受免关税、免配额待遇。

从2012年开始，中国对来自与中国有外交关系的世界最不发达国家和地区97%的关税税目商品实行进口零关税。对原产于与中国签订含有特殊关税优惠条款的贸易协定的国家或者地区的进口货物，适用特惠税率。②

（四）普惠税

普惠税是普遍优惠制下适用的进口关税。普遍优惠制（Generalized System of Preferences，GSP）简称普惠制，是发展中国家在联合国贸易和发展会议上进行长期斗争，在1968年联合国贸易和发展会议通过了建立普惠制的决议③之后争取到的。该决议规定，发达国家承诺对从发展中国家或地区输入的商品，特别是制成品和半制成品，给予普遍的、非歧视的和非互惠的关税优惠待遇，这种优惠关税称为普惠税。

普惠制的基本原则是普遍的、非歧视的、非互惠的。普遍的，是指发达国家应对发展中国家或地区出口的制成品和半制成品给予普遍的关税优惠待遇。非歧视的，是指应使所有发展中国家或地区都不受歧视，无例外地享受普惠制的待遇。非互惠的，是指发达国家应单方面给予发展中国家或地区关税优惠，而不要求发展中国家或地区提供反向优惠。

普惠制的目的是：增加发展中国家或地区的外汇收入；促进发展中国家或地区的工

---

① 协定参加国为欧盟国家、48个亚撒哈拉地区（撒哈拉以南非洲地区）国家、15个位于加勒比地区的国家、15个太平洋岛国。

② 包括与中国建交的最不发达国家；《亚太贸易协定》中的孟加拉国、老挝，《中华人民共和国与东南亚国家联盟全面经济合作框架协议》中的柬埔寨、老挝、缅甸，分别适用95%和97%的关税税目零关税的待遇。见《中华人民共和国进出口税则（2023）》。

③ 《对发展中国家制成品及半制成品出口到发达国家予以优惠进口或免税进口》的第21（Ⅱ）号决议。

业化；提高发展中国家或地区的经济增长率。[①]

截至 2023 年 8 月，世界上有 15 个国家和地区在实施普惠制方案。它们是欧盟[②]、亚美尼亚、澳大利亚、白俄罗斯、加拿大、冰岛、日本、哈萨克斯坦、新西兰、挪威、俄罗斯、瑞士、土耳其、英国和美国。普惠制受惠国有 200 多个。[③]

中国也是普惠制的受惠国。[④] 2021 年，包括欧盟成员国在内的 32 个给惠国[⑤]取消了中国的普惠待遇，之前是日本、欧亚经济联盟成员国[⑥]，这标志着中国随着经济实力增强和出口竞争力提升，陆续从发达经济体的普惠制待遇中毕业。目前，仍然向中国提供普惠制待遇的有挪威、新西兰、澳大利亚三国。[⑦]

普惠制的给惠国，在提供普惠税待遇时，是通过普惠制方案（GSP Scheme）来执行的。这些方案是由各给惠国或国家集团单独制定和公布的，各有特点，不尽相同。但主要规定有以下几个方面：

1. 对受惠国家或地区的规定

各个普惠制方案中都列有受惠国家或地区的名单。普惠制在原则上应对所有发展中国家或地区都无歧视、无例外地提供优惠待遇，但有的给惠国从自身的经济和政治利益出发，把某些国家或地区排除在受惠国名单之外。

2. 对受惠产品范围的规定

各给惠方案都列有自己的给惠产品清单与排除产品清单。普惠制应对受惠国家或地区的制成品和半制成品普遍实行关税减免，而实际上许多给惠国往往随着自己国家的经济贸易政策的需要而有所增减。一般来说，在公布的受惠产品清单中，农产品的受惠产品较少；工业品的受惠产品较多。少数敏感性产品，如石油产品、皮革制品等被排除在外，被列入排除产品清单中。

---

① 2018 年，发展中国家价值 2 130 亿美元的出口适用 QUAD（加拿大、欧盟、日本、美国）普惠制待遇，其中 61%的出口商品（价值 1 310 亿美元）由于享受关税优惠待遇而有效地进入 QUAD 市场，关税减除额达到 88 亿美元，其中 51 亿美元来自欠发达国家的出口。QUAD 的 GSP 关税优惠几乎覆盖欠发达国家的所有商品，如欧盟的 EBA 方案，提供了目前世界上针对欠发达国家商品最大的关税减除。但对于欠发达国家之外的发展中国家，GSP 的作用在减弱，特别是随着互惠性质的区域贸易协定的推行，通常情况下，QUAD 与中等发展中国家贸易协定项下的关税低于 GSP 项下的关税，并且 QUAD 也在逐渐地让中等发展中国家毕业，不再给予其 GSP 关税优惠待遇。摘自 UNCTAD，The Generalized System of Preferences：How Much Does It Matter for Developing Countries?，2023。

② 27 国执行一个共同的方案。

③ 参见 unctad. org/topic/trade-agreements/generalized-system-of-preferences。

④ 给予过我国普惠制关税优惠的 40 个国家分别为：欧盟 27 国（法国、德国、意大利、荷兰、卢森堡、比利时、丹麦、爱尔兰、希腊、葡萄牙、西班牙、瑞典、芬兰、奥地利、波兰、捷克、斯洛伐克、匈牙利、马耳他、斯洛文尼亚、立陶宛、拉脱维亚、爱沙尼亚、塞浦路斯、保加利亚、罗马尼亚、克罗地亚）、英国、欧亚经济联盟 3 国（俄罗斯、白俄罗斯、哈萨克斯坦）、土耳其、乌克兰、加拿大、瑞士、列支敦士登、日本、挪威、新西兰、澳大利亚。

⑤ 除了欧盟成员国以外，还包括加拿大、土耳其、乌克兰、列支敦士登，以及已经脱离欧盟的英国。

⑥ 欧亚经济联盟（又称欧亚经济委员会）包括俄罗斯、白俄罗斯、哈萨克斯坦、吉尔吉斯斯坦、亚美尼亚，从 2009 年起给予我国普惠制待遇。该联盟中仅俄罗斯、白俄罗斯、哈萨克斯坦三国确认接受我国签发的普惠制原产地证书并给予关税优惠。根据 2021 年 3 月欧亚经济联盟的决议，由于我国不再属于世界银行标准中的“低收入”和“中等偏低收入”经济体（人均 GDP 低于 4 045 美元），联盟将自 2021 年 10 月 12 日起取消给予包括中国和中国香港在内的 76 个国家和地区的普惠制待遇，届时我国出口至联盟的货物将不再享受关税优惠。

⑦ 中国海关总署官网。

1988年前，除美国和加拿大按本国税则目录列出清单外，其他给惠国都按《海关合作理事会税则目录》(CCCN) 或以CCCN为基础的本国税则目录列出清单。自1988年起，除美国外的给惠国（包括加拿大）都采用《商品名称及编码协调制度》(简称《协调制度》) 列出清单。美国从1989年起也采用《协调制度》。

3. 对受惠产品减税幅度的规定

减税幅度又称普惠制优惠幅度。受惠产品的减税幅度的大小取决于最惠国税率和普惠制税率间的差额。最惠国税率越高，普惠制税率越低，差额就越大；反之，差额就越小。一般说来，农产品的减税幅度小，工业品的减税幅度较大，但也有例外，如美国按照一定的标准，对受惠的农产品和工业品给予免税。为了削弱某些受惠产品的竞争能力，有些给惠国按各类受惠国产品分别规定不同的减税幅度。如石油产品不给予关税减让，仍征收最惠国税。

2020年，在欧盟最惠国待遇项下，20%的关税税目为零关税，其余关税税目的3/4以上适用普惠制项下的关税优惠，这个范围达到关税总税目的68%。①

4. 对给惠国保护措施的规定

各给惠国一般都在给惠方案中规定保护措施，以保护本国某些产品的生产和销售。保护措施主要包括以下几个方面：

(1) 免责条款 (Escape Clause)，又称例外条款。指受惠国或地区产品的进口量增加到对给惠国同类产品或有直接竞争关系的产品的生产者造成或即将造成严重损害时，给惠国保留对该产品完全取消或部分取消关税优惠待遇的权利。

(2) 预定限额 (Prior Limitation)。指预先规定在一定时期内某项受惠产品的关税优惠进口限额，对超过限额的进口按规定恢复征收最惠国税率。预定限额包括以下几种：

第一，最高限额 (Ceiling Quota)。指给惠国对某项受惠产品的进口，在规定期限内给予关税优惠的进口最高金额或数量，超过这个限额就恢复最惠国税。最高限额又分为全球最高限额 (Global Ceiling) 和单一受惠国最高限额 (Individual Ceiling)。前者指对来自所有受惠国或地区的某项产品所规定的关税优惠的进口最高限额；后者指给惠国对来自每一个受惠国或地区的某项产品单独规定的关税优惠的进口最高限额。

第二，分配配额 (Allocated Quota)。指在给惠国内部或经济集团如欧盟内的成员国之间分配的最高限额，这种配额也分为全球性限额和单一受惠国限额。

第三，国家最大额度 (Maximum Country Amount)。指给惠国对某项产品规定的每个受惠国或地区享受关税优惠进口的限额，通常用每个受惠国或地区占全球最高限额的百分比来表示，一般为50%，也有40%或30%等。

欧盟、日本和澳大利亚实行预定限额，它们分别事先规定限额，采取日管理、旬管理、月管理、季管理以及灵活管理的方式，通过统计监督加以控制。

(3) 竞争需要标准 (Competitive Need Criterion)，又称竞争需要排除。美国采用这种标准。其规定在一个日历年内，对来自受惠国或地区的某项进口产品，如超过竞争需

① UNCTAD官网。

要限额或超过美国进口该项产品总额的一半，则取消下一年度该受惠国或地区这项产品的关税优惠待遇。如该项产品在以后年进口额降至上述限额内，则下一年度仍可恢复关税优惠待遇。

欧盟规定，来自受惠国或地区的某项产品，连续三年，其进口额超过欧盟来自普惠制受惠国或地区的该项产品进口总额的 15%时，就取消优惠。对于纺织品和服装，该限制比率为 12.5%。如果降到限制比率以下，关税优惠自动恢复。欧盟依据不断更新的统计数据，实施关税优惠的取消和恢复程序。①

（4）毕业条款（Graduation Clause）。美国从 1981 年 4 月 1 日起采用这项条款，欧盟从 1995 年 1 月 1 日起也采用这项条款。即当某个受惠国或地区的某项产品或其经济发展到较高的程度，使它在世界市场上显示出较强的竞争力时，取消该受惠国或地区该项产品或全部产品享受关税优惠待遇的资格，称之为“毕业”。

这项条款按适用范围的不同，可分为“产品毕业”和“国家毕业”。前者指取消从受惠国或地区进口的部分产品的关税优惠待遇；后者指取消从受惠国或地区进口的全部产品的关税优惠待遇，即取消其受惠国或地区的资格。

5. 对原产地的规定（Rules of Origin）

对原产地的规定又称原产地规则，是衡量受惠国或地区出口产品是否取得原产地资格、能否享受优惠的标准。其目的是确保发展中国家或地区的产品利用普惠制扩大出口，防止非受惠国或地区的产品利用普惠制的优惠扰乱普惠制下的贸易秩序。各给惠国的普惠制方案中的原产地规则，一般包括原产地标准、直接运输规则和原产地证书三部分。

（1）原产地标准。普惠制的原产地标准分为两大类：

1）完全原产的产品。它是指完全用受惠国或地区的原料、零部件并完全由其生产或制造的产品。完全原产的产品是一个非常严格的概念，稍微含有一点进口或来源不明的原料、零部件的产品，都不能被视为完全原产的产品。

2）非完全原产的产品，又称含有进口成分的产品。是指全部或部分地使用进口（包括来源不明的）原料或零部件制成的产品。这些原料或零部件经过受惠国或地区充分加工或制造后，其性质和特征达到了“实质性变化”的程度，变成了另外一种完全不同的产品，才可享受关税优惠待遇。所谓实质性变化有两个标准：

第一，加工标准（Process Criterion）。欧盟、日本等采用这个标准。一般规定进口原料或零部件的税则税号和利用这些原料或零部件加工后的制成品的税则税号不同，其税号发生了变化，就可以认为经过充分加工，发生了实质性变化，该种产品就符合原产地标准，具有原产地资格。

这里所说的税则税号指《海关合作理事会税则目录》或《协调制度》的四位数字级税号，其中任何一位数字的变化都算是税号的变化，但这种税号的变化并不是在所有情况下都准确地反映进口成分有了实质性变化。

因此，使用加工标准的给惠国又规定了附加的具体条件作为这一规定的例外，分别

① 根据欧盟普惠制条例第 15 条的规定，欧盟也会临时取消普惠制受惠国或地区的关税优惠待遇，一般包括以下情形：严重违反人权和劳工标准；在海关监管方面存在严重问题；存在不公平贸易做法。

列出附加清单，区别对待。一般都列有两张清单：清单A，又称否定清单，产品中进口成分的税则税号虽然改变了，但进口成分未达到实质性变化的程度，不符合加工标准的产品，除非它符合一些附加的加工条件，发生了实质性变化，才能取得原产地资格；清单B，又称肯定清单，产品中进口成分经加工后已发生实质性变化，但其税则税号仍未改变，该种进口成分只要符合加工标准，即可取得原产地资格。

第二，增值标准（Value-added Criterion），又称百分率标准。澳大利亚、新西兰、加拿大、美国等采用这个标准。它规定，使用进口成分（或本国成分）占制成品价值的百分比来确定其是否达到实质性变化的标准。但各国规定的百分比是不相同的。

例如，澳大利亚规定：产品的最后加工工序在某受惠国进行，该受惠国本国成分的百分比不得小于产品出厂成本的50%。本国成分的价值是指该受惠国或其他受惠国或澳大利亚提供的原料和劳务价值。其公式为：

$$\frac{\text{本国原料和劳务价值}}{\text{产品出厂成本}}\times 100\%\geqslant 50\%$$

加拿大规定：受惠国进口成分的价值不得超过包装完毕待运加拿大的产品出厂价的40%。进口成分的价值是指非原产于该受惠国、非原产于其他受惠国、非原产于加拿大的原料、零部件的海关价值和在该受惠国内可查明的最先用以支付来源不明的原料、零部件的价格。其公式为：

$$\frac{\text{进口(包括产地不明的)原料、零部件的海关价值}}{\text{产品出厂价格}}\times 100\%\leqslant 40\%$$

美国规定：受惠国本国成分的价值不得低于产品出厂价格的35%。本国成分的价值是指该受惠国生产的原料的成本或价值，加上该受惠国的直接加工成本。直接加工成本不包括利润和一般行政费用。其公式为：

$$\frac{\text{本国原料和劳务价值(不包括利润和一般行政费用)}}{\text{产品出厂价格}}\times 100\%\geqslant 35\%$$

原产地标准除了上述规定外，给惠国还程度不同地采用了原产地累积制。所谓原产地累积制（Cumulative Origin System），是指在确定产品原产地资格时，把若干个或所有受惠国或地区视为一个统一的经济区域，在这个区域内进行生产、加工产品时所得的增值，可以作为受惠国的本国成分而加以累积。目前原产地累积制主要有以下几种：第一，区域性原产地累积。即把同属于一个区域性经济集团的国家视为一个整体，给予普惠制原产地累积待遇。[①] 第二，全球性原产地累积。即把世界上所有的受惠国或地区视为一个整体，给予普惠制原产地累积待遇。第三，给惠国原产地累积，又称给惠国成分累积。即允许受惠国使用某个给惠国生产的原料、零部件，并全部计入该受惠国原产产品的价值中，也可被视为该受惠国原产产品成分的一部分，如再出口到该给惠国，可给予普惠制原产地累积待遇。

（2）直接运输规则（Rule of Direct Consignment）。指受惠产品必须从该受惠国直接

① 欧盟适用区域性原产地累积标准。

运到进口给惠国，由于地理原因或运输需要，受惠产品也可通过第三国或地区的领土运往进口给惠国，但必须处于海关的监督之下，并向进口给惠国海关提交过境提单、过境海关签发的过境证明书等，才能享受普惠制待遇。

(3) 原产地证书（Certificate of Origin）[①]。出口商品要获得给惠国的普惠制的关税优惠待遇，必须向进口给惠国提交出口受惠国政府授权的签证机构签发的《普遍优惠制原产地证明书（申报与证明联合）格式 A》（简称格式 A，Form A）和符合直接运输规则的证明文件，作为享受普惠税待遇的有效凭证。格式 A 是受惠产品享受普惠税待遇的官方凭证，是受惠产品获得受惠资格必不可少的重要证明文件。格式 A 的有效期一般为 10 个月，给惠国海关一旦对证书内容产生怀疑，可向受惠国签证机关或出口商退证查询，并要求在半年内答复核实结果。如核实结果表明不符合普惠制原产地的规定，证书完全失效，则取消该产品的受惠资格，征收正常关税。

6. 有效期

根据联合国贸易和发展会议的决议，普惠制的实施期限以十年为一个阶段。为适应需要，有些给惠国在方案有效期内定期或不定期地公布方案的修改内容。

普惠制自 1970 年实行以来，对促进和扩大发展中国家制成品和半制成品的出口起到了积极作用。

专栏 5-2

美国普惠制方案

美国普惠制方案的目标在于通过提供进口免税待遇促进发展中国家和最不发达国家的经济增长。受惠国资格标准由美国国会设立，包括尊重仲裁裁决、不雇用童工、尊重劳工权利、提供充分有效的知识产权保护、对美国产品提供平等合理的市场准入。

2020 年底，美国的普惠制方案对来自 119 个国家和地区基于 HS 8 位编码的 3 000 多种进口商品提供免税待遇，对最不发达国家和地区提供额外 1 500 多种进口商品免税待遇。

美国的普惠制方案每年对受惠国家和产品资格进行审议。

近年来，美国普惠制项下的进口额呈现下降趋势，2018 年为 238.65 亿美元，2020 年为 168.11 亿美元，2021 年略有回升，为 185.1 亿美元。这有两方面的原因：一是疫情下经济受到重创；二是受惠国产品毕业或国家毕业或违背竞争需要标准，不再享受普惠制待遇，如 2019 年印度被取消普惠制受惠国资格，2020 年泰国的某些产品不再适用普惠关税安排，2020 年阿根廷、巴西由于竞争需要标准的原因，6 种产品不再享受普惠制项下的关税优惠。[②]

欧盟普惠制方案

欧盟现行普惠制实施的目标是：第一，通过促进急需国家的出口消除贫困；第二，

---

① 普惠制原产地证书是根据普惠制给惠国的原产地规则和有关要求，由受惠国的授权机构签发的一种优惠原产地证书，是出口产品享受普惠制给惠国关税优惠的官方证明文件。证书格式遵循《普遍优惠制原产地证明书（申报与证明联合）格式 A》，由受惠国按照联合国贸易和发展会议优惠问题特别委员会所规定的统一样式自行印制，并按照给惠国的有关规定填写和签发。在我国，海关是普惠制原产地证书的唯一签证机构。

② WTO，Trade Policy Review：United States，2022.

促进可持续发展，提升相应国家的治理水平；第三，更好地维护欧盟的经济利益。欧盟目前实施的普惠制方案生效于2014年1月，有效期为10年。

截至2022年，共有66个国家享受欧盟普惠制待遇。其中11个国家享受标准普惠制（Standard GSP）待遇，8个国家享受普惠制＋（GSP＋）待遇（为经济较为脆弱，批准且能有效执行与人权保护、劳工保护、环境保护相关的国际公约和有较好政府治理的国家提供额外的关税优惠），47个国家享受除武器外一切都行（Everything but Arms，EBA）待遇（为最不发达国家提供的除武器以外的所有产品都可以免关税、免配额进入欧盟的待遇）。[①] 2018年欧盟普惠制方案中期审查决定，普惠制条例于2023年12月31日到期之前无须修订，但应采取措施提高实施普惠制的监督透明度和包容性，包括欧盟和受惠国的普惠制监督，并提高受惠国对普惠制的认识。

2021年，欧盟委员会向欧盟议会和理事会提交的2024—2034年新普惠制将于2024年开始生效。新方案除保留原方案的特点和三个主要部分外，做出了一些改变以更好地保护受惠国的利益和实现欧盟的环境目标，具体包括：（1）对于标准GSP受惠国，降低产品毕业标准，以保证优惠能落实到更需要的地方；（2）撤销GSP＋项下的经济脆弱性标准；（3）对GSP＋受惠国，要求增加批准生效的国际条约数量，从27个增加到32个；（4）对于所有的受惠国，国际条约的适用扩展到与环境和政府治理相关；（5）对于GSP＋受惠国，要求提交一个改进合规性的行动计划；（6）针对那些违反普惠制规则的情形，建立撤销优惠的紧急程序。

在标准GSP中，进口产品依照敏感性、非敏感性进行分类。多数农产品被划入敏感性产品范围。非敏感性产品主要是非农产品。非农敏感性产品包括纺织品、服装、鞋类和地毯。非敏感性产品享受免税待遇。敏感性产品适用在最惠国从价税率基础上削减3.5%，在最惠国从量税率基础上削减30%。对于一些敏感性产品，在规定有从价税率、从量税率的情形下，从量税率不做削减；在规定有最高和最低税率的情形下，最低税率不做削减。但是GSP XI（a）、XI（b）部分的产品，主要是纺织品和服装，适用关税削减20%。同时，优惠使得从价税率在1%或以下、从量税率在2欧元或以下的进口产品免税。标准GSP还规定受惠国资格取消的标准，即世界银行认定的高收入国家、工业化已经达到某种程度的国家不再享受欧盟的普惠制待遇。标准GSP适用原产地规定，接受地区增值累积。

标准GSP项下的关税优惠程度相对于最惠国税率多数情况下要低2%或更多一些。

现行方案赋予欧盟临时终止受惠国家进口产品享受关税优惠的权利。欧盟一旦发现受惠国有不公平贸易做法、违背国际公约、输出监狱制品等，即可终止其享受的关税优惠。

现行方案对给惠国也规定有保护措施。当进口产品对欧盟相似产品带来严重困难或产生直接竞争时，允许欧盟国家取消关税优惠。评价严重困难的标准包括欧盟生产商的市场份额、生产量、库存、能力、破产数量、盈利、就业、进口量、价格等。

2011年1月，欧盟启动了新的原产地规则。

---

① 2018年，欧盟三类GSP方案实现的关税减免金额达到62亿美元，其中EBA达到37亿美元，标准GSP达到14亿美元，GSP＋达到11亿美元。资料来源：UNCTAD官网。

第三节　关税征收

一、按照征收的一般方法或征税标准分类[①]

（一）从量税（Specific Duty）

从量税是以商品的重量、数量、容量、长度和面积等计量单位为标准计征的关税[②]，如2.00瑞士法郎/千克。

从量税额的计算公式如下：

从量税额＝商品数量×每单位从量税

各国征收从量税，大部分以商品的重量为单位来征收，但各国对应纳税商品重量的计算方法各有不同，一般有以下三种：

1. 毛重（Gross Weight）法

毛重法又称总重量法，即对包括商品内外包装在内的总重量计征税额。

2. 半毛重（Semi-gross Weight）法

半毛重法又称半总重量法，即对商品总重量扣除外包装后的重量计征税额。这种办法又可分为两种：（1）法定半毛重法。即从商品总毛重中扣除外包装的法定重量后，再计算其税额。（2）实际半毛重法。即从商品总毛重中扣除外包装的实际重量后，再计算其税额。

3. 净重（Net Weight）法

净重法又称纯重量法，即在商品总重量中扣除内外包装的重量后，再计算其税额。这种办法又有两种：（1）法定净重（Legal Net Weight）法。即从商品总重量中扣除内外包装的法定重量后，再计算其税额。（2）实际净重（Real Net Weight）法。即从商品总重量中扣除内外包装的实际重量后，再计算其税额。

在从量税确定的情况下，从量税额与商品数量的增减成正比，但与商品价格无直接关系。按从量税方法征收进口税时，在商品价格下降的情况下，加强了关税的保护作用；反之，在商品价格上涨的情况下，用从量税的方法征收进口税，则不能完全达到保护关税的目的。

第二次世界大战以前，发达国家普遍采用从量税方法计征关税。战后多数发达国家普遍采用从价税方法计征关税。[③] 2021年，中国海关税则8 580个关税税目适用最惠国税

---

① 2016年，在欧盟进口应征税目中，从量税占6.9%，从价税占89.4%，复合税占2.1%，选择税占0.68%。2019年，在欧盟8位编码9 533个最惠国进口税目中，从价税占89.18%，从量税占7.18%，复合税占2.11%，选择税占0.65%，基本没有变化。资料来源：WTO，Trade Policy Review：European Union，2020。

② 如果不考虑进口商品的价格，与从量税等值的百分率就无法确定，例如，对每件衬衣征收5美元的从量税，对于10美元一件的衬衣，等值从价税率为50%，对于50美元一件的衬衣，等值从价税率降到10%。

③ 欧盟对进口商品税目的10%执行非从价税，主要针对农产品，常常与关税配额一起使用。资料来源：WTO，Trade Policy Review：European Union，2007。

率，其中 34 个关税税目，即 0.4%的关税税目执行从量税。[①]

（二）从价税（Ad Valorem Duty）

从价税是以进口商品的价格为标准计征的一定比率的关税，其税率表现为货物价格的百分率。计算公式如下：

从价税额＝商品总值×从价税率

从价税额与商品价格有直接关系，它与商品价格的涨落成正比，其税额随着商品价格的变动而变动，所以它的保护作用与价格有着密切的关系。

一般说来，从价税有以下几个优点：（1）从价税的征收比较简单；（2）税率明确，便于比较各国税率；（3）税收负担较为公平，因从价税额随商品价格与品质的高低而增减，较符合税收的公平原则；（4）在税率不变时，税额随商品价格上涨而增加，既可增加财政收入，又可起到保护关税的作用。

较为复杂的问题是确定进口商品的完税价格。完税价格是经海关审定用来计征关税的商品价格，是决定税额多少的重要因素。因此，如何确定完税价格是十分重要的。发达国家所采用的完税价格标准很不一致，大体上可概括为以下三种：（1）以成本、保险费加运费价格（CIF）作为征税价格标准[②]；（2）以装运港船上交货价格（FOB）作为征税价格标准；（3）以法定价格作为征税价格标准。

《关税与贸易总协定》第七条对海关估价作了具体规定："海关对进口商品的估价，应以进口商品或相同商品的实际价格，而不是以国内商品的价格或者以武断的或虚构的价格，作为计征关税的依据。""实际价格"（Actual Value）是指"在进口国立法确定的某一时间和地点，在正常贸易过程中于充分竞争的条件下，某一商品或相同商品出售或兜售的价格"。当实际价格无法按上述规定确定时，"海关估价应以可确定的最接近于实际价格的相当价格为依据"。

为了进一步统一各国和地区的海关估价方法，1973 年启动的东京回合签署了《海关估价协议》（又称《海关估价准则》）。该协议于 1981 年 1 月 1 日生效，1986 年 9 月启动的乌拉圭回合对《海关估价协议》的内容进行了修订，依次列出了六种估价方法作为成员海关进口商品估价的依据。

中国海关征收从价税，以实际交易价格为完税价格标准，在不能使用实际交易价格的情况下，将依据 WTO《海关估价协议》关于估价方法次序的规定顺延使用其估价方法。

2021 年，中国海关税则适用最惠国税率的 8 580 个关税税目中，87.4%的税目执行从价税，其中 12.6%的税目免税。[③]

（三）复合税（Compound Duty）

复合税即在从价税的基础上增加或减少一个从量税，如 10%＋2.00 美元/千克，20%－2.00 美元/千克，计算公式如下：

---

①③　WTO，Trade Policy Review：China，2021.

②　欧盟对进口税目的 90%征收从价税，完税价格标准采用 CIF。

复合税额=从价税额+(或-)从量税额

（四）选择税（Mixed Duty）

选择税是对于一种进口商品同时订有从价税和从量税两种税率，在征税时基于特定的条件，在从价税和从量税之间进行选择。例如，日本对坯布的进口征收协定税率7.5%或每平方米2.6日元，选择其最高者征收。但有时为了鼓励某种商品的进口，也会选择其中税额低者征收。

（五）技术性关税（Technical Duty）

在有些情况下，关税的征收取决于复杂的技术因素，如酒精含量、含糖量或进口商品的价格水平，如8.2%+T，T表示一个特殊的计算公式，在这里它将根据产品含有的某种成分如酒精进行公式设计。中国历史上对新闻纸征收的滑准税就属于技术性关税。

专栏5-3

中国海关征税流程

1. 申报

申报是指进口货物的收货人、出口货物的发货人或者他们的代理人在进出口货物时，在海关规定的期限内（进口情形下是货物到港14天内），以书面或者电子数据交换（EDI）方式向海关申报其进出口货物的情况，并随附有进出口合同、发票、货运单据、进出口特许证明等，申请海关审查放行，并对所申报内容的真实准确性承担法律责任的行为。

2. 审核

审核是指海关在接受申报后，就进出口货物的纳税义务人申报的有关进出境货物的性质、原产地、货物状况、数量和价值是否与货物申报单上已填报的内容相符，依法对货物进行实际检查的行政执法行为。《中华人民共和国进出口关税条例》规定：纳税义务人应当依法如实向海关申报，并按照海关的规定提供有关确定完税价格、进行商品归类、确定原产地以及采取反倾销、反补贴或者保障措施等所需的资料；必要时，海关可以要求纳税义务人补充申报。纳税义务人应当按照《中华人民共和国进出口税则》的规定，对其申报的进出口货物进行商品归类，并归入相应的税则号列。必要时，海关可以组织化验、检验，并将海关认定的化验、检验结果作为商品归类的依据。

在海关对申报人申报的完税价格存在怀疑，申报人在规定期限内没有提供充分合理的说明材料的情况下，海关可以不接受纳税义务人申报的价格，并按照《中华人民共和国进出口关税条例》中的规定自行估定完税价格。

3. 估价

进口货物的成交价格不符合《中华人民共和国进出口关税条例》第十八条第三款规定条件的，或者成交价格不能确定的，海关经了解有关情况，并与纳税义务人进行价格磋商后，依次以下列价格估定该货物的完税价格：

(1) 与该货物同时或者大约同时向中华人民共和国境内销售的相同货物的成交价格；

(2) 与该货物同时或者大约同时向中华人民共和国境内销售的类似货物的成交价格；

（3）与该货物进口的同时或者大约同时，将该进口货物、相同或者类似进口货物在第一级销售环节销售给无特殊关系买方最大销售总量的单位价格，但应当扣除《中华人民共和国进出口关税条例》第二十二条规定的项目；

（4）按照下列各项总和计算的价格：生产该货物所使用的料件成本和加工费用，向中华人民共和国境内销售同等级或者同种类货物通常的利润和一般费用，该货物运抵境内输入地点起卸前的运输及其相关费用、保险费；

（5）以合理方法估定的价格。

纳税义务人向海关提供有关资料后，可以提出申请，颠倒前款第（3）项和第（4）项的适用次序。

4. 税款的确定与征收

海关应当按照有关法律、行政法规规定的适用税种、税目、税率和计算公式对进口货物计征进口环节海关代征税。

除另有规定外，关税和进口环节海关代征税按照下述计算公式计征：

从价计征关税的计算公式为：应纳税额＝完税价格×关税税率

从量计征关税的计算公式为：应纳税额＝货物数量×单位关税税额

计征进口环节增值税的计算公式为：应纳税额＝(完税价格＋实征关税税额＋实征消费税税额)×增值税税率

从价计征进口环节消费税的计算公式为：应纳税额＝[(完税价格＋实征关税税额)/(1－消费税税率)]×消费税税率

从量计征进口环节消费税的计算公式为：应纳税额＝货物数量×单位消费税税额

纳税义务人应当自海关填发税款缴款书之日起15日内向指定银行缴纳税款，逾期未付的，海关可以对其按日加征滞纳税款的万分之五作为滞纳金。

5. 放行

放行是指海关接受申报，并审核报关单据、查验货物、依法征收税款后，对进出口货物做出结束海关现场监管决定的工作程序。

6. 结关

结关是指对经口岸放行后仍需继续实施后续管理的货物，海关在规定的期限内进行核查，对需要补证、补税的货物做出处理直至完全结束海关监管的工作程序。

资料来源：根据《中华人民共和国海关进出口货物征税管理办法》（海关总署令第124号）整理。

二、海关税则与国际贸易商品分类

（一）海关税则

海关税则（Customs Tariff）又称关税税则，是一国对进出口商品计征关税的规章和对进出口的应税与免税商品加以系统分类的一览表。海关凭以征收关税，是关税政策的具体体现。

海关税则一般包括两个部分：一部分是海关课征关税的规章条例及说明；另一部分是

关税税率表。关税税率表主要包括三个部分：税则号列（Tariff No. 或 Heading No. 或 Tariff Item），简称税号；货物分类目录（Description of Goods）；税率（Rate of Duty）。

2023 年中国海关进口税则摘录如表 5-2 所示。

表 5-2　2023 年中国海关进口税则摘录

<table>
<tr><th>序号</th><th>税则号列</th><th>货品名称</th><th>最惠国税率（%）</th><th colspan="2">协定税率（%）</th><th colspan="2">特惠税率（%）</th><th>普通税率（%）</th></tr>
<tr><td></td><td>02.01</td><td>鲜、冷牛肉：</td><td></td><td colspan="2"></td><td colspan="2"></td><td></td></tr>
<tr><td rowspan="6">71</td><td rowspan="6">0201.1000</td><td rowspan="6">整头及半头</td><td rowspan="6">20</td><td>0</td><td>东盟 AS，智 CL，新西兰 NZ，瑞 CH，冰 IS，格 GE，毛 MU，柬 KH，港 HK，澳门 MO</td><td rowspan="6">0</td><td rowspan="6">受惠国 LD，柬 KH，老 LA</td><td rowspan="6">70</td></tr>
<tr><td>1.3</td><td>秘 PE</td></tr>
<tr><td>2</td><td>澳 AU</td></tr>
<tr><td>2.7</td><td>哥 CR</td></tr>
<tr><td>8</td><td>韩 KR</td></tr>
<tr><td>16</td><td>东盟^{R}AS^{R}，新西兰^{R}NZ^{R}，韩^{R}KR^{R}</td></tr>
<tr><td rowspan="6">72</td><td rowspan="6">0201.2000</td><td rowspan="6">带骨肉</td><td rowspan="6">12</td><td>0</td><td>东盟 AS，智 CL，巴 PK，新西兰 NZ，瑞 CH，冰 IS，格 GE，毛 MU，柬 KH，港 HK，澳门 MO</td><td rowspan="6">0</td><td rowspan="6">受惠国 LD，柬 KH，老 LA</td><td rowspan="6">70</td></tr>
<tr><td>1.2</td><td>澳 AU</td></tr>
<tr><td>1.6</td><td>哥 CR</td></tr>
<tr><td>2.1</td><td>秘 PE</td></tr>
<tr><td>4.8</td><td>韩 KR</td></tr>
<tr><td>10.8</td><td>东盟^{R}AS^{R}，新西兰^{R}NZ^{R}，韩^{R}KR^{R}</td></tr>
</table>

注：国家或地区后面的英文字母是此国家或地区的代码，上角标 R 表示此国家或地区签署了《区域全面经济伙伴关系协定》（RCEP）及相关协议。

（二）国际贸易商品分类体系

长期以来，发达国家税则中的货物分类极为繁细，这不仅是由于商品种类日益增多和技术上的需要，更主要的是要保护国内市场以及实行关税差别和歧视政策。对同类货物的不同类别规定不同的税则号列，对内可以更有针对性地限制某些商品的进口，对外可以成为贸易谈判的资本。目前，国际上存在两大商品分类体系。

1. 《海关合作理事会税则目录》(Customs Cooperation Council Nomenclature，CCCN)

CCCN 是海关合作理事会编制的商品分类目录。

为了减少各国在海关税则商品分类上的矛盾，欧洲关税同盟研究小组于 1952 年 12 月拟定了《关税税则商品分类公约》(Convention on Nomenclature for the Classification of Goods in Customs Tariff)，并设立了海关合作理事会，制定出《海关合作理事会税则目录》。因该税则目录是在布鲁塞尔制定的，故又称《布鲁塞尔税则目录》(Brussels Tariff Nomenclature，BTN)。除去美国、加拿大，该税则目录共有 100 多个国家和地区采用。

《海关合作理事会税则目录》的商品分类原则是以商品的自然属性为主，结合加工程度等来划分。它把全部商品共分为 21 类 (Section)、99 章 (Chapter)、1 015 项税目号 (Heading No.)。第 1～24 章 (前 4 类) 为农畜产品，第 25～29 章为工业制成品。税目号都用四位数表示，中间用圆点隔开，前两位数表示商品所属章次，后两位数表示该章项下的某种商品的税目号。例如，男用外衣属于第 61 章第 1 项，其税目号为 61.01。按《分类目录解释规则》(Rule for the Interpretation of the Nomenclature) 的规定，税则目录中的类、章、项这三级的税目号排列及编制，各会员不得随意变动；项下的细目以 A，B，C，…排列，各会员对这些细目的编制有一定的机动权。

《海关合作理事会税则目录》由英、法两种文字合并而成。按章目的数字排列，即从 01.01 直到 99.06。正文部分分三栏：第一栏为税目号；第二栏为相应的联合国《国际贸易标准分类》目录号；第三栏为商品名称。该税则目录中之所以要设有相应的《国际贸易标准分类》目录号，是为了保证这两种分类体系对应的互换关系和协调统一。

目前 CCCN 基本为 HS 所取代。

2. 《国际贸易标准分类》(Standard International Trade Classification，SITC)

SITC 是联合国秘书处根据联合国统计委员会的要求，以国际联盟的《海关税则目录草案》为基础编制的。1950 年 7 月 12 日，联合国经济和社会理事会通过决议，把 SITC 作为国际贸易统计、分析的商品分类基础。《国际贸易标准分类》将所有的国际贸易商品分为 10 大类、67 章、262 组。目前使用的是 2006 年的第四次修订版。

SITC 编码由 4～5 位数字构成，第三位与第四位数字间有一个圆点。第一位数字表示该商品所属的类号，前两位数字表示章号，前三位数字表示组号，前四位数字表示分组号，前五位数字则表示该商品的子目号。

以 SITC 为基础编制本国税则的国家不多。1988 年前美国和加拿大的税则与 SITC 比较相似。

根据不同商品分类体系的特点，联合国和海关合作理事会一致建议各国采用以下这两种体系的分类办法：《海关合作理事会税则目录》用于海关管理，《国际贸易标准分类》用于贸易统计。

3. 《商品名称及编码协调制度》

为了使以上两种国际贸易商品分类体系进一步协调和统一，以兼顾海关税则、贸易统计与运输等方面的共同需要，20 世纪 70 年代初期，海关合作理事会设立了一个协调制度委员会，研究并制定《商品名称及编码协调制度》，简称《协调制度》（Harmonized System，HS）。经过多年的努力，《协调制度公约》及其附件《协调制度》终于在 1983 年 6 月以国际公约的形式通过，于 1988 年 1 月 1 日在国际上正式开始实施。现在世界上有 200 多个国家采用《协调制度》。[①] 我国于 1992 年 1 月 1 日起正式实施以《协调制度》为基础的新的海关税则，之前采用海关合作理事会编制的商品分类目录。

《协调制度》是一个新型的、系统的、多用途的国际贸易商品分类体系。它除了用于海关税则和贸易统计外，对运输商品的计费与统计、计算机数据传递、国际贸易单证简化以及普遍优惠制的利用等方面，都提供了一套可使用的国际贸易商品分类体系。

1988 年版《协调制度》将商品分为 21 类（Section）、97 章（Chapter），第 77 章留空备用，章以下设有 1 241 个四位数的税目（Heading）、5 019 个六位数的子目（Subheading）。四位数的税目中，前两位数表示项目所在的章，后两位数表示项目在有关章的排列次序。例如税目为 01.04 是绵羊、山羊，前两位数表示该项目在第一章，后两位表示该商品为第一章的第四项。六位数的子目，即表示包括税目下的子目，例如 5 202 为废棉，5 202.10 为废棉纱线。

《协调制度》实现了先前 CCCN 四位编码向六位编码的扩展。

为了适应国际贸易变化及科技发展，世界海关组织每 4～6 年对《协调制度》进行一次全面修订。2022 年版《协调制度》自 2022 年 1 月 1 日起开始生效使用。2022 年版《协调制度》共有 351 组修订，修订后的《协调制度》共有 6 位数子目 5 609 个，比 2017 年版《协调制度》增加了 222 个。2022 年版《协调制度》通过对贸易中形成主要趋势的新产品以及与全球关注的环境和社会问题相关的产品进行列目，并调整原有列目结构，以使《协调制度》适应当前的贸易发展状况。

我国的关税税目以《协调制度》为基础，由税则号列和目录条文等组成。其中，税号在税则号列栏中列示，目录条文在货品名称栏中列示。税号采用 8 位数字编码结构，前 6 位数字及对应的目录条文与《协调制度》保持一致；第 7、8 位数字及对应的目录条文是依据《协调制度》的分类原则和方法，根据我国实际需要而制定的。《中华人民共和国进出口税则（2023）》中的关税税目数共计 8 948 个，编码全部是八位数。[②]

4. 海关税则的主要种类

海关税则主要可分为单式税则和复式税则两类。目前绝大多数国家采用复式税则。现分述如下：

（1）单式税则（Single Tariff）。单式税则又称一栏税则。这种税则一个税目只有一个税率，适用于来自任何国家的商品，没有差别待遇。现在只有少数发展中国家如委内瑞拉、巴拿马、冈比亚等仍实行单式税则。

---

① HS 于 1988 年由总部位于布鲁塞尔的海关合作理事会负责执行，1994 年该组织被命名为世界海关组织（World Custom Organization，WCO），它的职能是简化和合理化成员的海关程序，并对所有与产品分类相关的问题负责。

② 见《中华人民共和国进出口税则（2023）》。

(2) 复式税则 (Complex Tariff)。复式税则又称多栏税则。这种税则在一个税目中订下两个或两个以上的税率。对来自不同国家的进口商品，适用不同的税率。如日本的关税税率基本分为三类：法定税率（包括普通税率和临时税率）；WTO 约束税率；优惠税率（根据普惠制和区域贸易协定制定）。法定税率通常使用经过每年审查的“临时”税率，而不是较高的普通税率；在最惠国待遇的基础上，对 WTO 成员适用法定税率和 WTO 约束税率中较低的税率，但适用优惠税率的情况除外。如果临时税率、普通税率或优惠税率高于 WTO 约束税率，后者适用于 WTO 成员。普通税率是基于国内行业的条件，从长期角度出发制定的。为了修正普通税率以满足政策需要或出于其他原因，临时税率仅适用于特定时期。此外，在日本还有一些属于特殊情况下适用的关税，如差额关税、季节关税、反补贴税、反倾销税等，这些关税税种多数都无法在海关税则中找到明确规定的对应税率，而只是一些规则或说明，因为这些关税的征收主要依据的是进口国家其他相关的法律和政策规定。

美国关税表中的关税税率分为两大类：第一类包括一般税率和特殊税率。一般税率指享有美国最惠国待遇的税率，特殊税率指享有美国特别优惠的税率，其税率大大低于享受最惠国待遇的税率。享受美国特殊税率待遇的国家包括加拿大、以色列、墨西哥、大多数加勒比和安第斯国家，以及享有美国普惠制待遇的国家。第二类是法定税率，是税率中最高的一栏，适用于没有取得美国最惠国待遇或特殊待遇的国家。

中国进口关税税率设有最惠国税率（MFN Tariff Rate)、协定税率（Agreement Tariff Rate)、特惠税率（Special Preference Tariff Rate)[①]、普通税率（General Tariff Rate)、关税配额税率（Tariff-Quota Rate)，此外，还包括暂定税率，一般低于最惠国税率，适用时间通常是一年。[②] 中国的最惠国税率适用于原产于与中国共同适用最惠国待遇的世界贸易组织成员的进口商品，或原产于与中国签订有包含最惠国待遇条款的贸易条约、协定、关税互惠协定的国家的进口商品。协定税率（也称优惠关税）适用于原产于与中国签订有互惠关税协定或地区性贸易协定的成员的进口商品，如来自《曼谷协定》成员国韩国、斯里兰卡、孟加拉国等国的进口商品适用协定税率。[③] 特惠税率适用于来自 42 个与中国有外交关系的最不发达国家和地区的进口商品。中国对来自这些最不发达国家和地区的进口商品，关税税目的 95%或 97%不再征收关税。普通税率则适用于原产于上述国家和地区之外的国家或地区的进口商品。关税配额税率适用于实行关税配额管理

---

① 2022 年，中国继续对小麦等 8 类商品实施关税配额管理，其中，对尿素、复合肥、磷酸氢铵 3 种化肥的配额税率实施进口暂定税率，税率不变；对配额外进口的一定数量棉花实施滑准税率，税率不变。资料来源：中华人民共和国海关总署 2021 年公告第 119 号。

② 除普通税率外，其余关税税率均由国务院海关税则委员会制定，该委员会为跨部门机构，依照《中华人民共和国海关法》《中华人民共和国进出口关税条例》，由财政部、海关、商务部、国家发展和改革委员会、国务院办公厅共同组成。委员会认为必要的时候，可以制定适用的暂定税率，但在正式实施前必须经由国务院批准。

暂定税率即临时适用的税率。2022 年，中国对 954 项商品（不含关税配额商品）实施进口暂定税率，取消 7 项信息技术协定扩围产品的进口暂定税率。资料来源：中华人民共和国海关总署 2021 年公告第 119 号。

③ 2022 年，中国继续对 17 个协定项下，原产于 28 个国家和地区的部分进口货物实施协定税率。资料来源：中华人民共和国海关总署 2021 年公告第 119 号。

的进口商品，关税配额以内的进口适用关税配额税率，关税配额以外的进口依照关税配额管理办法的规定执行。[①]

在单式税则或复式税则中，依据进出口商品流向的不同，税则可分为进口货物税则和出口货物税则。有的将进出口货物的税率合在同一税则中，分列进口税率栏和出口税率栏。

在单式税则或复式税则中，依据制定税则的权限，税则又可分为自主税则和协定税则。

（1）自主税则（Autonomous Tariff）。自主税则又称国定税则，该税则下的税率（可称国定税率）是指一国立法机构不受对外签订的贸易条约或协定约束，而是根据关税自主原则单独制定的税率。

自主税则可分为自主单式税则和自主复式税则。前者为一国对一种商品自主地制定一个税率，这个税率适用于来自任何国家或地区的同一种商品；后者为一国对一种商品自主地制定两个或两个以上的税率，分别适用于来自不同国家或地区的同一种商品。自主复式税则又可分为最高和最低税则（Maximum and Minimum Tariff），前者适用于来自未与该国签订贸易条约或协定的国家或地区的商品，后者适用于来自与该国签订了贸易条约或协定的国家或地区的商品。

（2）协定税则（Conventional Tariff）。协定税则下的税率是指一国与其他国家或地区通过贸易与关税谈判，以贸易条约或协定的方式确定的关税税率。这种税则下的税率是在本国原有的国定税则以外，另行规定的税率。它是两国通过关税减让谈判得到的结果，因此要比国定税率低。协定税则不仅适用于该条约或协定的签字国，而且某些协定税则也适用于享有最惠国待遇的国家，对于没有减让关税的商品或不能享受最惠国待遇的国家的商品，仍采用自主税则，这样形成的复式税则，叫做自主-协定税则或国定-协定税则。

《2023 年关税调整方案》

《2024 年关税调整方案》

① 根据 2008 年进出口商品原产地管理规定，中国原产地规则分为优惠原产地规则与非优惠原产地规则。优惠原产地规则适用于与中国签订有优惠/自由贸易协定的国家，如中国对于来自欠发达国家的产品，只要其产品 FOB 价格中非原产地的成分在 60%以下，且直接运输至中国，即可以享受中国的关税优惠。在非优惠原产地规则下，进口产品包括完全原产地产品和非完全原产地产品，完全原产地产品指产品完全在一国或地区内完成生产或制造；对非完全原产地产品的认定条件是，出口国应对非原产的产品进行加工、制造使其发生重大变化，从而导致在海关税则上的税目发生变化，或增值不低于产品总值的 30%。优惠原产地规则、非优惠原产地规则都要求在原产国完成生产、制造的最后环节。

第四节　关税保护度

目前，各国一般以平均关税水平来比较各国之间关税水平的高低，以名义保护率和有效保护率来表示对某种或某类商品的保护程度。关税水平是指一国的平均进口税率。

中国大学MOOC（慕课）

关税措施：关税保护程度

一、名义保护率

对于关税的名义保护率，世界银行的定义为“对一商品的名义保护率是由于实行保护而引起的国内市场价格超过国际市场价格的部分与国际市场价格的百分比”。用公式表示为：

$$名义保护率=\frac{国内市场价格-国际市场价格}{国际市场价格}\times 100\%$$

从公式可以看出，实际上一国关税的名义保护率等于该国对该商品征收进口关税的从价税率，因而有时我们又把名义保护率称为名义关税。在其他条件相同或不变的条件下，名义关税税率越高，对本国同类产品的保护程度就越高。

对于全部生产过程均在一国完成的产品，名义保护率能够真实反映现行进口关税税率对国内产品提供的保护程度，但对于一部分生产过程在国外完成，并且这部分投入在进口时也被征收了进口关税的国内产品，名义保护率不能真实反映现行关税税率对该种产品提供的保护程度。鉴于此，经济学家提出了有效保护的概念。①

二、有效保护率

有效保护率用来测定关税或其他保护措施（主要是关税）对某类产品生产过程中每单位产出增加值的影响或提供的保护程度，又称有效关税。这一概念的提出主要是考虑一国对某一产业产品的保护由于对其生产过程中的投入物也计征关税而有所下降，因而要分析进口关税的征收对某一产品的实际保护程度就不仅要考虑对该产品进口征收的关税税率水平，而且还要考虑由于对其生产过程中的投入物征收关税而对这种保护带来的负面影响。有效关税用公式表示，对行业 j 的有效保护率 ERP_j 为：

$$ERP_j=\frac{V'_j-V_j}{V_j}$$

式中，

V'_j：存在关税或其他保护措施的条件下 j 行业单位产品的增加值；

V_j：自由贸易条件下 j 行业单位产品的增加值。

① 最早提出有效保护概念的学者是加拿大经济学家巴伯（C. L. Barber）。

我们举例来说明公式的使用。

假定在自由贸易条件下，某排气量轿车售价 10 000 美元，其中生产过程的购入价值（投入物）为 6 000 美元，国内汽车制造商实现的增加值是 4 000 美元。现在政府对整车进口征收 50%的进口关税，而对购入价值部分（如发动机、零部件等）不征收进口关税，此时，如果不考虑其他因素，国内该车的市场价格将升至 15 000 美元，国内制造商的增加值也从原来的 4 000 美元上升到 9 000 美元，根据有效关税的计算公式，我们可以计算出现行对整车进口适用的 50%的关税税率对国内汽车制造商每辆已定排气量汽车提供的有效保护程度为：

$$ERP_{汽}=\frac{(15\,000-6\,000)-(10\,000-6\,000)}{10\,000-6\,000}\times 100\%=125\%$$

现在情况发生了变化，进口国家对购入价值部分也开始征收进口关税，税率为 20%，根据有效关税计算公式，对进口整车征收的 50%的进口关税对国内汽车制造商每辆已定排气量汽车提供的有效保护程度为：

$$\begin{aligned}ERP_{汽}&=\frac{10\,000\times(1+50\%)-6\,000(1+20\%)-(10\,000-6\,000)}{10\,000-6\,000}\times 100\%\\&=95\%\end{aligned}$$

如果进口国家对购入价值部分的进口关税提高到 50%，对进口整车征收的 50%的进口关税对国内汽车制造商每辆已定排气量汽车提供的有效保护程度会发生什么变化呢？

$$ERP_{汽}=\frac{(15\,000-6\,000\times 150\%)-(10\,000-6\,000)}{10\,000-6\,000}\times 100\%=50\%$$

如果对购入价值部分的关税税率提高到 100%呢？又会是什么结果呢？

$$ERP_{汽}=\frac{(15\,000-6\,000\times 200\%)-(10\,000-6\,000)}{10\,000-6\,000}\times 100\%=-25\%$$

通过上面对不同情况下有效保护率的计算，我们发现当进口最终产品的名义关税税率高于购入价值部分的名义关税税率时，对最终产品的有效保护率高于名义保护率。当对进口最终产品的名义关税税率等于购入价值部分的名义关税税率时，对最终产品的有效保护率等于名义保护率。当对进口最终产品的名义关税税率小于购入价值部分的名义关税税率时，对最终产品的有效保护率小于名义保护率，甚至出现负的有效保护率，即关税实际上起到了保护最终产品进口或鼓励进口的作用。[①]

考虑到生产过程中投入物的多样性和关税税率的差异性，有效保护率还有另外一个

---

① 中国进口关税结构升级特征不明显。2011 年，根据国际标准产业分类（ISIC）二级分类，中国的化工(Chemicals)、非金属矿产品（Non-metallic Mineral Products）、组合金属产品和机器设备（Fabricated Metal Products and Machinery）行业产品的进口关税税率随着加工程度的提高而提高；纺织皮革行业的半加工产品进口关税低于初级加工产品；食品饮料和烟草行业对半加工产品进口征税最高，依照税率从高到低排序，分别为半加工产品、产成品、初级加工产品。总体上，中国对进口产品征收的最惠国税率，产成品高于半加工品和初级加工品。

计算公式：

$$ERP_j=\frac{t_j-\sum a_{ij}t_{ij}}{1-\sum a_{ij}}$$

式中，

t_j：j 行业最终产品的名义关税；

a_{ij}：自由贸易条件下，生产最终产品的各种投入物占产品价格的比例；

t_{ij}：对投入物 i 征收的名义关税。

我们将上述情况分别代入新公式，来检验一下结果是否与前面公式计算出的结果相同。

第一种情况，在对整车、生产过程购入价值部分进口不征收进口关税的条件下，不存在名义保护和有效保护问题。

第二种情况，在对整车进口征收50%的进口关税、对购入价值部分不征收进口关税的条件下，有效保护率为：

$$ERP_{汽}=\frac{50\%-0.6\times 0}{1-0.6}=\frac{0.5}{0.4}=1.25=125\%$$

第三种情况，对购入价值部分征收20%的进口关税，有效保护率为：

$$ERP_{汽}=\frac{50\%-0.6\times 20\%}{1-0.6}=0.95=95\%$$

第四种情况，对购入价值部分征收的进口关税提高到50%，有效保护率为：

$$ERP_{汽}=\frac{50\%-0.6\times 50\%}{1-0.6}=0.5=50\%$$

第五种情况，有效保护率为－25%。

由此看出，两个公式计算出的结果完全相同。

通过研究新公式我们发现，事实上，在对最终产品和购入价值部分（原材料等）征收的名义关税税率一定的条件下，有效关税或关税的有效保护程度的高低取决于购入价值部分在产品价格中的比重，随着购入价值部分比重的提高，关税对最终产品的有效保护程度将逐步降低。在前面的公式中，实际上也隐含着这样的事实，只是淹没在计算过程中了。

由此可见，有效保护率受进口国最终产品名义关税税率、进口原料（购入价值部分）名义关税税率以及所用原料在最终产品中所占比重的影响。因此，即使各国对某种进口商品征收的名义关税税率相同，对这一进口商品的有效保护率也可能不同，换一种情况，即使同一国家对不同商品征收的名义关税税率相同，也可能由于各类商品生产过程购入价值所占比重不同或购入价值适用的关税税率不同而有所不同。

名义保护率与有效保护率的区别主要在于，名义保护率只考虑关税对某种成品（最终产品）价格的影响，没有考虑到由于对生产过程投入物征收进口关税及投入物价值占最终产品价值比例不同而对成品提供保护程度的影响。有效关税成功地解决了这一问题，它能够更真实地反映现行名义关税税率对产品能够提供的实际保护程度。

本章小结

1. 关税依照不同的标准可以划分为许多种形式，但无论是何种形式，进口关税的征收由于其间接税的性质都会程度不同地导致进口商品价格上升，从而削弱进口商品的价格竞争力。但是，应该注意的是，关税对进口商品的限制是间接的，它是通过影响进口商品在国内的销售价格，而对进口产生影响的。

2. 进口关税的征收对进口国家相关产业保护程度的测度有两个指标：一是名义保护率，通过一国海关税则进口税目关税税率可以体现；二是有效保护率，它用来表明现有关税税率对相关产业产品自身增值部分提供的保护程度。有效保护指标综合考虑到由于对生产过程投入物征收进口关税及投入物价值占最终产品价值比例不同而对产品保护程度的影响，能够更真实地反映现行最终产品名义关税税率水平对产品的实际保护程度。

重要概念

关税	财政关税	保护关税	进口附加税
反补贴税	反倾销税	差价税	特惠税
普遍优惠制	从量税	从价税	复合税
选择税	海关税则	《协调制度》	名义关税
有效关税			

测试题

1. 进口国在遇到________时可征收进口附加税。

A. 商品倾销　　B. 出口补贴

C. 国际收支危机　　D. 进口激增

2. 普惠制赋予给惠国的保护措施主要包括________。

A. 免责条款　　B. 预订限额

C. 加工标准　　D. 竞争需要标准

E. 充分累积制度

3. 一般说来，一国海关对某种商品的进口征收最惠国税，其税率比同类商品的________。

A. 普通税率低　　B. 特惠税率低

C. 特惠税率高　　D. 普惠税率高

4. 普惠制的原产地规定包括________。

A. 充分累积制度　　B. 加工标准

C. 增值标准　　D. 直运规则

E. 原产地证书

5. 进口关税中的正常关税一般是指________。

A. 最惠国税　　B. 普惠税　　C. 特惠税　　D. 普通税

6. 属于滑动关税的是________。

A. 反倾销税　　B. 过境税　　C. 反补贴税　　D. 差价税

7. 有效保护率代表着对________部分的有效保护。

A. 产品增值　　B. 最终产品　　C. 原材料　　D. 中间产品

8. 目前，发达国家在普惠制方案中，把“敏感性商品”排除在受惠商品之外。所谓“敏感性商品”是指________。

A. 对国际市场价格非常敏感，容易控制进口的商品

B. 与国内同类商品竞争激烈的商品

C. 与本国的出口商品竞争激烈的商品

D. 有关国计民生的商品

思考题

1. 关税有效保护的含义是什么？如何测度关税的有效保护程度？

2. 反倾销税、反补贴税的征收条件是什么？

拓展阅读

加拿大对中国汽车挡风
玻璃反倾销调查案

第六章 非关税措施[①]

学习目标

通过本章的学习，要求学生了解与掌握对外贸易政策措施中非关税措施的具体内容、运用方法、作用与影响。

第一节 非关税措施概述

中国大学 MOOC（慕课）

非关税措施：
进口数量限制

一、非关税措施的含义

非关税措施指关税以外的限制进口的各种措施。[②] 关于非关税措施的分类有许多种，其中两种分类办法广为采用：一是联合国贸易和发展会议（UNCTAD）的分类法；二是迪尔多夫（Deardorff）、斯特恩（Stern）的分类法。[③]

---

① 在不做特殊说明的情况下，非关税措施指非关税进口限制措施。

② 埃米南特·珀森斯（Eminent Persons）指出，非关税措施是除关税之外影响贸易规模和价格的政策措施，它是一个中性的概念。当某一国家或地区针对某一具体商品的进口实施非关税措施，而另一个国家或地区不使用这一措施时，这并不意味着前者实施了更为严格的贸易政策措施，它将取决于措施使用的性质、内容和方式。本教材同意这一观点。多数措施对贸易确实构成了限制或歧视，然而，非关税措施只有在滥用的条件下才成为真正的贸易壁垒，比如，出于对动植物、人类健康的合理考虑设立的技术标准就不属于非关税壁垒，而是非关税措施，但为了限制进口，对进口产品和本国产品区别对待而使其差异化、复杂多变且难以遵循，就进入非关税壁垒范畴了。

③ A. V. Deardorff，Nontariff Barriers and Domestic Regulation，lecture at the World Bank，1999；A. V. Deardorff and R. M. Stern，Measurement of Non-tariff Barriers，paper for OECD，No. 179，OECD/GD 129，1997.

联合国贸易和发展会议列举出的非关税措施见表 6－1。

表 6－1 UNCTAD 列举的非关税措施

与进口有关的非关税税费	关税附加费；额外收费；对进口产品征收的国内税收
价格控制措施	管理定价；最低限价；海关估价制；反倾销；反补贴
财政金融措施	进口押金制；提前支付要求；多重汇率；支付延迟；外汇管制等
自动许可措施	自动许可证；提前监管
数量控制措施	非自动许可证，包括提前授权；配额；禁令；出口限制安排；企业特别具体限制
垄断措施	专营；指定进口；强迫性国内服务；歧视性政府采购
技术性措施	技术法规；装运前检验；技术标准；合格评定程序；特别海关程序；使用过的产品返回义务；循环利用的义务；包装标签要求；绿色壁垒；动植物检验检疫措施

迪尔多夫、斯特恩的分类法见表 6－2。

表 6－2 迪尔多夫、斯特恩非关税措施的分类法

数量限制及类似的限制措施：
①进口配额
②禁止进口
③进口许可证
④自动出口限制（VER）
⑤外汇管制
⑥自制率规定
⑦歧视性双边协定
⑧对等贸易
影响进口成本和价格的非关税性收费：
①预先存款要求（进口押金）
②滑动关税
③反倾销税
④反补贴税
⑤边境税收调整（出口退税）
政府参与贸易行为、限制性措施和一般政策：
①补贴
②政府采购
③政府垄断经营和特许经营
④政府的结构性、地区性发展政策
⑤政府资助的研究和发展项目及其他科技政策

续表

⑥国家税收制度和社会保险制度
⑦宏观经济政策
⑧竞争政策
⑨外国投资政策
⑩移民政策
海关程序和行政措施：
①海关估价程序
②海关分类程序
③海关清算程序
技术壁垒：
①健康、卫生及品质标准
②安全及工业标准
③有关包装与标签的规定
④广告及传媒推广规章

二、非关税措施的特点与现状

非关税措施与关税措施都有限制进口的作用。但是，与关税措施相比，非关税措施具有以下特点。

1. 非关税措施比关税措施具有更大的灵活性和针对性

一般说来，各国关税税率制定必须通过立法程序，并像其他立法一样，要求具有一定的延续性。如要调整或更改税率，需适应较为烦琐的法律程序和手段。这种立法程序与手续，往往迂回迟缓，在需要紧急限制进口时往往难以适应。同时，关税在同等条件下，还受到最惠国待遇条款的约束，从有协定的国家进口的同种商品适用同样的税率，因而难以在税率上进行灵活调整。但在制定和实施非关税措施上，通常采用行政程序，手续办理比较迅速，其制定的程序也较简便，能随时针对某国的某种商品采取或更换相应的限制进口措施，较快地达到限制进口的目的。

2. 非关税措施比关税措施更能直接达到限制进口的目的

关税措施是通过征收高额关税，提高进口商品的成本和价格，削弱其价格竞争力，间接达到限制进口的目的的。如果出口国采用出口补贴、商品倾销等办法降低出口商品的成本和价格，关税往往难以起到限制商品进口的作用。但一些非关税措施，如进口配额等，预先规定进口的数量和金额，超过限额便直接禁止进口，这样就能把超额的商品拒之门外，达到关税未能达到的目的。

3. 非关税措施比关税措施更具有隐蔽性和歧视性

一般说来，关税税率确定后，往往以法律形式公之于众，依法执行。出口商通常比较容易获得有关税率的各种信息，但是，一些非关税措施往往不公开，或者规定极为烦琐复杂的标准和手续，使出口商难以对付和适应。以技术标准而论，一些国家对某些商品的质量、规格、性能和安全等规定了极为严格的标准，检验手续烦琐复杂，而且经常变化，使外国商品难以适应，因而往往由于某一个规定不符而使商品不能进入本国的市场销售。同时，一些国家往往针对某个国家采取相应的限制性非关税措施，这样就大大加强了非关税措施的差别性和歧视性。

随着关税与贸易总协定发展成为世界贸易组织，成员数目已达到 164 个[①]，多轮的关税减让谈判使关税在各成员的进口限制中的作用日益弱化，从第一轮多边谈判到东京回合后，美国关税税率水平降低了 92%，1987 年，美国进口平均关税税率水平为 3.3%，加拿大为 4.6%，法国为 4.9%，日本为 6.2%。乌拉圭回合之后，发达国家工业品加权平均关税税率水平为 3.8%，转型国家为 6.0%。[②] 在这种情况下，非关税措施的重要性相对显现，特别是其中的反倾销措施、反补贴措施、技术性贸易措施、绿色贸易措施，它们以市场秩序、国家安全、国民健康、保护环境的名义，对进口商品实施有效的限制。此外，世界贸易组织也允许正当的非关税措施的实施，如《实施卫生与植物卫生措施协议》规定，成员有权采取措施以国际标准或自行设立标准保护人类与动植物的健康。

根据世界银行的研究，20 世纪 60—80 年代，发达国家受非关税措施影响的制成品从 1966 年的 5%上升到 1986 年的 51%。70 年代初，非关税措施有 850 种，到 80 年代增加到 1 000 多种。在 80 年代，发展中国家出口到发达国家的产品 1/3 以上受到一种或多种非关税措施的限制，发达国家产品受到来自发展中国家非关税措施限制的比例在 20%强的水平。

根据可获得的资料，发展中国家主要采用的非关税措施依照重要性排序，分别为非自动进口许可、关税配额、禁止进口。

中国目前主要使用的非关税措施包括进口许可证、关税配额。

第二节　传统非关税措施

一、进口配额制

进口配额制（Import Quotas System）又称进口限额制，是指一国政府在一定时期（如一季度、半年或一年）内，对某些商品的进口数量或金额加以直接的限制。在规定的期限内，配额以内的货物可以进口，超过配额的不准进口，或者征收更高的关税或罚款后才能进口。它是国家实行进口数量限制的重要手段之一。

---

① 截止到 2023 年 8 月。

② 资料来源：国际贸易中心（International Trade Center，ITC）；WTO，Business Guide to the Uruguay Round.

进口配额制有以下两种形式：

(一) 绝对配额（Absolute Quotas）

绝对配额是在一定时期内，对某些商品的进口数量或金额规定一个最高数额，达到这个数额后，便不准进口。这种进口配额在实施中，又采取以下两种方式：

1. 全球配额（Global Quotas；Unallocated Quotas）

全球配额属于世界范围的绝对配额，对于来自任何国家或地区的商品一律适用。主管当局通常按进口商的申请先后或过去某一时期的实际进口额批给一定的额度，直至总配额发放完为止，超过总配额不准进口。

由于全球配额不限定进口国别或地区，在配额公布后，进口商竞相争夺配额，并可从任何国家或地区进口。因此，在限额的分配和利用上，难以贯彻国别政策。为此，一些国家采用国别配额。

2. 国别配额（Country Quotas）

国别配额是在总配额内按国别或地区分配给固定的配额，超过规定的配额便不准进口。为了区分来自不同国家和地区的商品，在进口商品时进口商必须提交原产地证书。

实行国别配额可以使进口国根据它与有关国家或地区的政治经济关系分配不同的额度。一般来说，国别配额可划分为自主配额和协议配额。

(1) 自主配额（Autonomous Quotas），又称单方面配额，是由进口国完全自主地、单方面强制规定在一定时期内从某个国家或地区进口某种商品的配额。这种配额无须征求输出国的同意。

自主配额一般参照某国过去某年的输入实绩，按一定比例确定新的进口数量或金额，所以进口国可利用这种配额贯彻国别政策。

自主配额的分配，对国内进口商是否应预先限定，可依实际需要而定。如果实施的主要目的是为了换取或扩大出口市场，或为了限制外国商品对本国商品的竞争，一般可不必在进口商中进行分配；如果为了加强对进口商的严格管制或适应外汇管制的要求，则需分别限定本国进口商的进口数量或金额。

自主配额由进口国自行制定，往往由于分配额度的差异而容易引起某些国家或地区的不满或报复。因此，有些国家便采用协议配额，以缓和彼此之间的矛盾。

(2) 协议配额（Agreement Quotas），又称双边配额（Bilateral Quotas），是由进口国家和出口国家政府或民间团体之间协商确定的配额。

如协议配额是通过双方政府的协议订立的，一般需在进口商或出口商中进行分配；如果配额是双边的民间团体达成的，应事先获得政府许可，方可执行。协议配额是由双方协调确定的，通常不会引起出口方的反感与报复，并可使出口方对于配额的实施有所谅解与配合，较易执行。

一些国家为了加强绝对进口配额的作用，往往对进口配额规定得十分繁杂。

一般说来，绝对配额用完后，就不准进口。但有些国家由于某种特殊的需要和规定，往往另行规定额外的特殊配额或补充配额。如进口某种半制成品加工后再出口的特殊配额，展览会配额或博览会配额等。

(二) 关税配额 (Tariff Quotas)

关税配额是对商品进口的绝对数额不加限制，而对在一定时期内，在规定配额以内的进口商品，给予低税、减税或免税待遇；对超过配额的进口商品则征收较高的关税，或者征收附加税或罚款。

关税配额按商品进口的来源，可分为全球关税配额和国别关税配额。按征收关税的目的，关税配额可分为优惠性关税配额和非优惠性关税配额。前者是对关税配额内进口的商品给予较大幅度的关税减让，甚至免税，而对超过配额的进口商品则征收原来的最惠国税率。如欧盟在实行普遍优惠制过程中所采取的关税配额就属于这一类。后者是在关税配额内仍征收原来的进口税（一般为最惠国税），但对超过配额的进口商品，则征收极高的附加税或罚款。

根据中美达成的关于中国加入世界贸易组织的协议，中国将全面取消农产品进口的数量限制，对于比较敏感的农产品，如小麦、玉米等，适用关税配额制度。目前，中国继续对 8 类进口产品使用关税配额，涉及 47 个关税税目，它们是小麦（7 个税目）、玉米（5 个税目）、稻米（14 个税目）、糖（7 个税目）、羊毛和羊毛条（9 个税目）、棉花（2 个税目）、化肥（3 个税目）。[①] 关税配额税率适用于来自所有国家的相关产品，配额的分配与再分配程序由国家发展和改革委员会及商务部共同负责。

中国关税配额通过进口许可证实施管理。除未梳棉外，配额内外的关税税率均采用从价税率。中国对配额外进口的某一数量的未梳棉（HS 5201.0000）适用滑动关税，滑动关税税率上限为 40%（棉花约束税率）。以 2021 年为例，滑动关税税率取决于基准价格（14 元/千克），如果进口棉花的应税价格等于或高于基准价格，则征收 0.28 元/千克的从量税，如果应税价格低于基准价格，则适用基于滑动税率计算公式确定的从价税。[②]

中国产品同时也屡遭关税配额的限制。如日本对中国大葱、鲜香菇、灯芯草的进口做出的限制为，限量以内的征收 3%～6%的进口关税，超出限量的征收 106%～266%的进口关税。

根据乌拉圭回合达成的《纺织品与服装协议》，WTO 成员之间的纺织品及服装贸易不再适用配额，但欧盟仍对来自中国的一些产品保留关税配额的做法。目前，欧盟保留关税配额 107 项，其中 79 项（74%）涉及农产品，28 项（26%）涉及非农产品。农业关税配额涵盖多种产品，包括肉类、水果、谷物、蔬菜、奶酪、葡萄酒、巧克力等。而非农业关税配额主要用于鱼类、某些金属制品、某些木制品、亚麻纱和玻璃珠。[③]

20 世纪 80 年代以来，以配额形式出现的数量限制已经逐步被反倾销、反补贴措施

---

① WTO，Trade Policy Review：China，2021.

② 2024 年关税配额商品税目税率表见第五章第三节最后的二维码“《2024 年关税调整方案》”中的附件 2。

③ WTO，Trade Police Review：European Union，2020.

所取代，乌拉圭回合也要求成员实现配额关税化，因此，配额作为限制进口的非关税措施的作用大大降低。[①]

在进口配额制度下，关于进口配额的分配（无论是绝对配额还是关税配额）主要有四种方式：一是政府直接颁发进口许可证给进口商；二是政府根据进口商和消费者的申请颁发进口许可证；三是政府公开拍卖进口许可证；四是进口国政府在设置进口数量或金额后，将颁发许可证的权限交给出口国家。[②]

二、“自动”出口配额制

“自动”出口配额制（“Voluntary” Export Quotas），又称“自动”出口限制（“Voluntary” Restriction of Export），也是一种限制进口的手段。

所谓“自动”出口配额制，是出口国在进口国的要求或压力下，“自动”规定某一时期（一般为3～5年）内某些商品对该国的出口限制，在限定的配额内自行控制出口，超过配额即禁止出口。

“自动”出口配额制与绝对进口配额制在形式上略有不同。绝对进口配额制是由进口国家直接控制进口配额来限制商品的进口，而“自动”出口配额制是由出口国家直接控制这些商品对指定进口国家的出口。但是，就进口国来说，两种配额制都起到了限制商品进口的作用。

“自动”出口配额制带有明显的强制性。进口国往往以商品大量进口使其有关工业部门受到严重损害、造成所谓“市场混乱”为理由，要求有关国家的出口实行“有秩序的增长”（Orderly Growth），“自动”限制商品出口，否则就单方面强制限制进口。在这种情况下，一些出口国被迫实行“自动”出口限制。

“自动”出口配额制最早出现在20世纪80年代的日美汽车贸易大战中。1979年，石油危机导致美国消费者转向节油型汽车，日本汽车以节油和低价格胜出。美国政府在美国汽车制造企业和汽车工人联合工会的压力下，提出议案对来自日本的汽车实施进口数量限制，日本政府在得到这一消息后，主动宣布自行对输出到美国的汽车数量进行限制，先行将数量限制在一个水平，1981年双方达成第一份自限协议，将日本对美汽车出口限制在168万辆，1984年限额上升至185万辆。1987年以后，日本汽车公司开始在美国本土生产汽车，“自动”出口限额每年都用不完，到1994年，美国完全取消了对日本汽车的自动出口限制。[③]

---

① 欧盟对于来自WTO成员的进口已经取消基于保护国内市场而实施的数量限制。某些来自俄罗斯、哈萨克斯坦的钢产品以及来自白俄罗斯、韩国的某些纺织品仍受到数量限制。

② 中国实施进口关税配额的八类产品中，除谷物和棉花由国家发展和改革委员会负责外，其余均由商务部进行配额发放管理。

③ 作为对“自动”出口配额制的反应，日本汽车行业进一步提高产品质量，由于配额是限量不限值，日本汽车公司更多地向美国出售价值更高、功能更多的汽车。此外，日本汽车公司也开始在美国本土生产，绕过配额壁垒。据美国政府估计，1984年由于实施进口配额，导致日本汽车在美国售价上升，日本公司由此获取的“租金”收入是32亿美元。在美日欧钢铁自限协议中，日本和欧共体同意将钢铁出口量从过去的750万吨（日本）和730万吨（欧共体）全部降至580万吨，之后每年增长5%，协议有效期为3年（1969—1971年），之后又延至1974年。

(一)“自动”出口配额制的主要形式

1. 非协定的“自动”出口配额

非协定的“自动”出口配额即不受国际协定的约束，而是出口国迫于进口国的压力，自行单方面规定出口配额，限制商品出口。这种配额有的是由政府有关机构规定，并予以公布，出口商必须向有关机构申请配额，领取出口授权书或出口许可证才能输出；有的是由本国出口厂商协会“自动”控制出口。

2. 协定的“自动”出口配额

协定的“自动”出口配额即进出口双方通过谈判签订“自限协定”（Self-restraint Agreement）或“有秩序销售协定”（Orderly Marketing Agreement），在协定中规定有效期内某些商品的出口配额，出口国应据此配额实行出口许可证制或出口配额签证制，自行限制这些商品的出口，进口国则根据海关统计进行检查。“自动”出口配额大多数属于这一种。

日美汽车“自限协定”的配额由日本政府在日本汽车制造商之间进行分配，任何制造商想增加出口都必须同拥有剩余配额的制造商进行磋商。

中国也对一些产品出口适用出口配额，包括水稻、玉米、小麦、棉花、煤炭。与“自动”出口配额的含义不同，它是中国政府出于经济安全和保护国内消费的考虑，自主对出口进行的限制。

(二)“自限协定”或“有秩序销售协定”的主要内容

1. 配额水平（Quota Level）

配额水平是指协定有效期内各年度的“自动”出口限额。通常以协定缔结前一年的实际出口量或原协定最后一年的配额为基础进行协商，确定新协定第一年的数额，然后再确定其他年份的年增长率。

“自限协定”或“有秩序销售协定”所规定的出口配额主要有以下几种：

（1）总限额。即协定商品“自动”出口的总额数。

（2）组限额。即将不同类别的商品分为若干组，分别规定不同的额数。

（3）个别限额。即将组内一些所谓敏感性产品（Sensitive Product）作为特别项目（Special Items）另行规定额数，以达到严格限制出口的目的。

（4）磋商限额。即对个别限额外的某些产品在原则上规定一定的数额，如出口超过该数额，双方按一定程序进行磋商谋求解决，在双方达成一致意见之前，进口国可单方面实行进口限制。

2. 自限商品的分类

自限商品是指受协定限制的“自动”出口的商品，在20世纪50年代和60年代初，协定所包括的自限商品的品种较少，品种分类也比较笼统。但后来包括在协定中的自限商品品种日益增加，品种的分类日益繁杂。

3. 限额的融通

限额的融通是指协定各种自限商品限额相互融通使用的权限，分为水平融通和垂直融通两种。

（1）水平融通。是指在同一年度内组与组之间、项与项之间在一定百分率内互通使用的权限。在协定中，通常规定替换率（Shift Rate），即某组或某项的配额拨给另一组或另一项的使用率。协定所规定的替换率一般较低，而且各类不同，一般在 1%～15% 之间，有的品种甚至禁止调用，以达到严格限制出口的目的。

（2）垂直融通。是指上下年度内同组之间、同项之间的留用额（Carry-over）和预用额（Carry-in）。前者又称留用权，即当年未用完的配额拨入下年度使用的额度或权限；后者又称预用权，即当年配额不足而预先使用下年度的额度或权限。

4. 保护条款（Safeguard Clause）

保护条款是指进口国有权通过一定程序，限制或停止进口某些“扰乱市场”或使进口国生产者蒙受损害的商品。这实际上进一步扩大了进口国单方限制商品进口的权限。

5. 出口管理规定

在协定中规定出口一方应对自限商品执行严格的出口管理，以保证出口不超过限额水平和尽量按季度均匀出口。

6. 协定的有效期限

协定的有效期限有长有短，有效期限长短各有优势，长的好处是出口数量具有稳定性，出口厂商可以预先计划其生产和出口，坏处是数量长期被固定后，较难随市场需求进行调整。目前自限协定的有效期限为 3～5 年。缔约国一方如有必要可终止协定，但该缔约国一般应提前 60 天通知对方。

近年来，我国对向欧盟出口的鞋、自行车、医疗器械、玩具，对向美国出口的钢材，对向一些国家出口的纺织品都曾被迫执行“自动”出口限制。

三、进口许可证制

进口许可证制（Import Licence System）是指进口国规定某些商品必须事先领取许可证才可进口。

（一）进口许可证的种类

1. 依据进口许可证与进口配额的关系分类

依据进口许可证与进口配额的关系，进口许可证可分为有定额的进口许可证和无定额的进口许可证。

有定额的进口许可证是指国家有关机构预先规定有关商品的进口配额，然后在配额的限度内，根据进口商的申请对于每一笔进口发给进口商一定数量或金额的进口许可证。一般说来，进口许可证是由进口国有关当局向提出申请的进口商颁发的，但也有将这种权限交给出口国自行分配使用的。

无定额的进口许可证是指进口许可证不与进口配额相结合。在这种情况下，有关政府机构预先不公布进口配额，不颁发有关商品的进口许可证，只是在个别考虑的基础上进行。由于它是个别考虑的，没有公开的标准，因而就会给正常贸易的进行造成更大的困难，起到更大的限制进口作用。

2. 依据进口许可证的使用对进口商品有无限制分类

依据进口许可证的使用对进口商品有无限制，进口许可证分为公开一般许可证和特种进口许可证。

公开一般许可证（Open General Licence），又称公开进口许可证、一般许可证、自动进口许可证（Automatic Import Licence）。它对进口国别或地区没有限制，凡列明属于领取公开一般许可证的商品，进口商填写公开一般许可证后，即可获准进口，因此这类商品实际上是“自由进口”的商品。

中国全部或部分领取自动进口许可证的关税税目，2010 年 8 位海关税目有 592 个，占税目总数的 7.4%。2020 年，商务部签发了 24 类货物（包含 356 个 HS 10 位编码税目）自动进口许可证，另有 18 类货物（包含 206 个 HS 10 位编码税目）自动进口许可证，商务部委托省级地方商务主管部门或地方相关机构负责签发。中国每年发布需要领取自动进口许可证的商品名录。名录中列出的所有商品均可自由进口；自动进口许可证仅用于监测和统计目的。[①]

特种进口许可证（Specific Import Licence），又称非自动进口许可证（Non-automatic Import Licence），进口商必须向政府有关当局提出申请，经政府有关当局逐笔审查批准后才能进口。这种进口许可证多数都指定进口国别或地区。

中国非自动进口许可证的使用主要是为履行国际义务。2010 年，实施非自动进口许可的 8 位编码海关税目有 87 个，主要是臭氧损害物质、监控化学品。2017 年，中国申领非自动进口许可证的商品主要包括二手机械和电子设备以及臭氧损害物质。2020 年，中国进口货物许可证分类目录列出了 118 个需领取非自动进口许可证的 HS 10 位编码税目（2017 年为 139 个 HS 10 位编码税目），须获得非自动进口许可证的商品主要包括二手机械和电子设备以及消耗臭氧层物质。消耗臭氧层物质非自动进口许可证要求是出于中国履行《关于消耗臭氧层物质的蒙特利尔议定书》义务的需要，二手机械和电子设备非自动进口许可证要求是出于维护社会利益、保护环境以及消费者健康和安全的需要。

2010 年，欧盟进口许可证主要用于以下情形：对特定进口产品实施数量限制、保护措施或进口监控的需要。如欧盟对某些钢产品和农产品进口，出于统计的目的实施进口许可证管理。对于来自一些非 WTO 成员，如俄罗斯、乌克兰、哈萨克斯坦的某些钢制品，欧盟维持数量限制的做法。

欧盟委员会第 2019/386 号实施条例规定了包含某些农产品的关税配额分配规则，以及根据这些关税配额发放进口许可证和分配进口权利的规则。

---

① 中国进口产品分为三类：不限制、限制、禁止。限制进口的需要通过许可和进口配额的方式接受管理。中国进口许可制包括自动与非自动许可，此外，许可也用于分配关税配额。涉及国家安全、公共利益和国际协定义务的产品需要领取进口许可证。

2019年4月17日欧盟批准的一项新法规涉及文化产品的进口，该法规禁止从第三国非法出口的文化产品进入欧盟（“一般禁止”规则），并规定了文化产品进口到欧盟的条件和程序。文化产品的进口将适用成员国主管当局颁发的进口许可证约束。

(二)《进口许可证手续协议》

GATT东京回合多边贸易谈判签署了《进口许可证手续协议》(Agreement on Import Licensing Procedures)。这项协议除序言外共有五条。序言指出本协议之目的是希望简化国际贸易中所运用的管理手续和做法，使之具有透明性，并确保公平合理地应用和施行这些手续和做法。协议的主要内容有以下几方面：

1. 进口许可证的管理和发放手续

协议指出，进口许可证手续是指实施进口许可证制度需向有关管理机构递交申请书或其他单证，作为进口到该进口国海关管辖地区的先决条件的行政管理手续。

这种手续应以公平合理的方式进行管理，各签字方应尽可能简化申请表格、展期表格、申请手续和展期手续。同时，签字方应尽快公布有关提出申请手续的规则及其他一切资料，确保进口许可证发放程序的透明度，以便各方政府和商人对此有所了解。

2. 进口许可证的种类[①]

协议将进口许可证分为自动进口许可证和非自动进口许可证两种。前者是指有关管理机构应进口商的申请，毫无限制地签发给申请人的一种进口许可证。这种许可证本身只作为统计进口的依据。因此其办理手续不得使需领取这种许可证的进口货物受到限制性影响。后者是指有关管理机构为实行进口数量限制而签发的一种许可证。协议规定，这种许可证除了实施许可证限制所造成的影响之外，所采用的发放进口许可证的手续和做法不应对进口贸易起到限制作用。

3. 设立进口许可证委员会

委员会的职责是为该协议的实施或促进其目标的实现提供进行磋商和解决争端的机会，其磋商和争端解决程序可按协定的第二十二条、第二十三条进行。

4. 有关发展中国家优惠待遇的规定

协议规定，应确保合理地向所有进口者发放许可证，尤其要考虑到原产地是发展中国家的产品的进口者。发展中国家签字国在提供有关需领取进口许可证的产品的统计资料方面可以有一定的灵活性，即不应由此给它们带来额外的行政负担等。

(三)《进口许可证程序协议》

乌拉圭回合谈判达成《进口许可证程序协议》，协议由八条组成。该协议强调以下几个方面：

---

① 欧盟对某些钢产品实行进口监管方案，不考虑其来源国。根据最新的欧盟针对WTO进口许可程序问询的回答，进口监管方案的实施目的在于改善“进口趋势透明度”，而不是限制市场准入，在监管方案下，某些钢产品进口管理适用自动许可。这一方案的实施延迟至2021年底。

(1) 那些仍保留着进口许可证的缔约方，在申请自动和非自动许可证的程序方面所作的任何变化，都必须在实施这些程序变化之前至少21天公布。

(2) 对于发放非自动许可证的程序，必须加强旨在为实施这些程序而制定的措施，除非绝对必要，不得在行政上增加任何累赘。

(3) 进口许可证申请人应与无须申请进口许可证的企业一样可以得到支付所需的外汇。

(4) 进口许可证的申请，一般由一个行政机构归口管理，最多不得超过三个行政机构。

(5) 接受或加入该协议的各政府，应保证在本协议生效前，使其国（或地区）内有关立法和规则与本协议规定相一致。

欧盟进口许可证主要用于以下情形：对特定进口产品实施数量限制、保护措施或进口监控。如欧盟对某些钢产品和农产品进口，出于统计的目的实施进口许可证管理。对于来自一些非WTO成员如俄罗斯、乌克兰、塔吉克斯坦的某些钢制品，欧盟维持数量限制的做法。

截至2022年3月，美国有19类产品进口需要申请进口许可证，17类为非自动进口许可，2类为自动进口许可。实施许可证管理的原因主要包括：对奶制品和糖施行农产品关税配额管理；阻断由于动植物产品进口而引发害虫和疾病进入；防止酒类和烟草等产品的进口税收欺诈；出于保护和安全的考虑，对化工、火器、炸药、核能物料等产品进口实施管理。[①] 截至2022年，欧盟非自动进口许可证主要适用于纺织品、危险品等产品以及关税配额管理适用的产品。[②]

四、外汇管制

外汇管制（Foreign Exchange Control）是指一国政府通过法令对国际结算和外汇买卖实行限制来平衡国际收支和维持本国货币汇价的一种制度。

在外汇管制下，出口商必须把他们出口所得到的外汇收入依照官定汇率（Official Exchange Rate），卖给外汇管制机关；进口商也必须在外汇管制机关按官定汇价申请购买外汇，本国货币的携出入国境也受到严格的限制等。这样，国家的有关政府机构就可以通过确定官定汇价、集中外汇收入和控制外汇支出的办法，达到限制进口商品品种、数量和进口国别的目的。

外汇管制的方式较为复杂，一般可分为以下几种。

（一）数量性外汇管制

数量性外汇管制是指国家外汇管理机构对外汇买卖的数量直接进行限制和分配，旨在集中外汇收入，控制外汇支出，实行外汇分配，以达到限制进口商品品种、数量和国别的目的。一些国家实行数量性外汇管制时，往往规定进口商必须在获得进口许可证后，

① WTO，Trade Policy Review：United States，2022.
② WTO，Trade Policy Review：European Union，2023.

方可得到所需的外汇。

（二）成本性外汇管制

成本性外汇管制是指国家外汇管理机构对外汇买卖实行复汇率制（System of Multiple Exchange Rates），利用外汇买卖成本的差异，间接影响不同商品的进口。

复汇率制，是指一国货币的对外汇率不是只有一个，而是有两个以上。其目的是利用汇率的差别来限制和鼓励某些商品的进口或出口。各国实行的复汇率制不尽相同，但主要原则大致相似。

1. 进口方面

（1）对于国内需要而又供应不足或不生产的重要原料、机器设备和生活必需品，适用较为优惠的汇率。

（2）对于国内可大量供应及非重要的原料和机器设备适用一般的汇率。

（3）对于奢侈品和非必需品只适用最不利的汇率。

2. 出口方面

（1）对于缺乏国际竞争力但又要扩大出口的某些出口商品，给予较为优惠的汇率。

（2）对于其他一般商品的出口适用一般汇率。

（三）混合性外汇管制

混合性外汇管制是指同时采用数量性和成本性的外汇管制，对外汇实行更为严格的控制，以影响、控制商品进出口。

五、进口和出口国家垄断

进口和出口国家垄断，是指在对外贸易中，对某些或全部商品的进、出口规定由国家机构直接经营，或者是把某些商品的进口或出口的专营权给予某些垄断组织。

发达国家的进口和出口国家垄断主要集中在三类商品上：第一类是烟和酒。这些国家的政府机构从烟和酒的进出口垄断中，可以取得巨额的财政收入。第二类是农产品。这些国家把对农产品的对外垄断销售作为国内农业政策措施的一部分。美国的农产品信贷公司就是资本主义世界最大的农产品贸易垄断企业，它高价收购国内的“剩余”农产品，然后以低价向国外倾销，或按照所谓“外援”计划向缺粮国家主要是发展中国家大量出口。第三类是武器。发达国家的武器贸易多数是由国家垄断的。

依据中国粮食进口关税配额申请与分配细则，2022 年，中国小麦进口关税配额总量为 963.6 万吨，其中 90%为国营贸易配额。

六、歧视性政府采购政策

歧视性政府采购政策（Discriminatory Government Procurement Policy）是指国家制定法令，规定政府机构在采购时要优先购买本国产品的做法。

在美国，目前政府采购适用的法案主要是《购买美国货法案》[①]（Buy American Act）和《1979年贸易协议法案》。《购买美国货法案》规定，凡是美国联邦政府所要采购的货物，应该是美国制造的，或是用美国原料制造的。但《1979年贸易协议法案》授权总统可以免除这一规定的适用，但只针对WTO《政府采购协议》的签字方、贸易协定包含有政府采购条款的伙伴及做出特殊规定提供政府采购优惠待遇的国家。

2009年2月13日，美国国会通过了政府针对全球金融危机引发的经济衰退推出的7 870亿美元的“振兴”方案，“买美国货”条款包括在内，该条款要求获得“振兴款”的公共工程，只能使用美国制造的钢铁，欧盟、加拿大、日本以及其他与美国政府签有互惠采购协议的国家的企业可以参与投标。WTO对此做出反应，声明将加强对各成员“救市”措施的监督，并采取行动，抑制贸易保护主义抬头。

2021年1月，美国政府再次发起购买美国货倡议，以提振美国制造业，且采取一系列措施，包括审议采购机构行为是否违背相关政策、优化“产自美国”产品的相关免除认定程序、提升联邦政府采购的透明度等，并在4月设立“美国制造办公室”（Made in America Office），在6月宣布美国货的界定标准从国产化55%直接提高到60%，2029年可以达到75%。[②] 优先采购美国商品的价格高于国际市场价格的比例也从6%～12%提高到20%～30%。[③] 但美国国防部和财政部采购美国货的溢价可以达到50%以上。

政府实施歧视性采购确实对一些产品进口构成了实际阻碍。[④] 美国2021财年联邦政府支出达到10万亿美元，占GDP的50%弱。由于政府采购的商品与服务比较集中，如办公设备与用品、国防产品、各类战略物资等，并且在相关商品和服务市场上构成了很大的购买量，因此，政府的歧视性做法势必造成原产于国外的这些商品和服务难以进入政府采购市场，从而对进口商品和服务形成限制。

虽然东京回合就签署了《政府采购协议》[⑤]，乌拉圭回合对其内容进行了部分修订，但鉴于关税与贸易总协定和世界贸易组织关于政府采购的协议具有“诸边”协议的特点[⑥]，目前签字国家、地区与集团仅有13个[⑦]，无法消除各国政府在采购过程中对进口商品和服务形成的歧视。因此，歧视性政府采购仍然是一种广泛采用的限制商品和服务进口的做法。

中国目前是WTO《政府采购协议》的观察员，已于2007年12月提交加入该协议的申请。在中国的政府采购法案下，中国政府只在个别情况下会采购外国企业的产品，但法案不涉及中国国有企业的购买行为。2016年，中国政府采购3.11万亿元人民币，占GDP的4.2%，公开招标占政府采购总金额的64.1%，竞争性协议占4.2%，选择性招标占1%。

---

① 1933年开始执行。

② WTO，Trade Policy Review：United States，2022.

③ 与企业规模有关。

④ 欧盟政府采购受欧盟立法而不是成员国相应立法的规制。欧盟采购政策遵从开放、透明、非歧视程序，与内部市场目标一致。

⑤ 1981年开始生效。

⑥ 协议中的权利与义务只适用于签字国家、地区与集团。

⑦ 它们是美国、加拿大、欧盟、荷属阿鲁巴、列支敦士登、瑞士、冰岛、挪威、以色列、日本、韩国、新加坡、中国香港。

专栏 6-1

2018 年欧盟成员国政府采购需公开招标的限额标准

1. 公用事业外的政府采购合同	
中央 GPA* 采购实体	工程合同，有补贴的工程合同：5 548 000 欧元 关于社会和其他专业服务合同：750 000 欧元 补贴性质的服务合同：221 000 欧元 其他服务合同及设计服务合同：144 000 欧元 非军事物品供货合同：144 000 欧元 军事物品供货合同：144 000 欧元
其他政府 GPA 采购实体	工程合同，有补贴的工程合同：5 548 000 欧元 关于社会和其他专业服务合同：750 000 欧元 其他服务合同，设计服务合同，补贴性质的服务合同，所有的物品供货合同：221 000 欧元
2. 公用事业的政府采购合同	
	工程合同：5 548 000 欧元 关于社会和其他专业服务合同：1 000 000 欧元 所有其他服务合同，设计服务合同，所有的物品供货合同：443 000 欧元

* WTO 的《政府采购协议》(Government Procurement Agreement)。

资料来源：WTO，Trade Policy Review：European Union，2019.

根据中国的政府采购法案，中央政府集中采购限额标准由国务院制定，地方标准则由省或自治区政府制定。①

专栏 6-2

WTO《政府采购协议》的主要内容

（1）适用范围：签约方在各自的承诺清单中列出的政府采购实体。

（2）采购限额：当政府采购金额达到协议规定的最低限额或成员方谈判达成的最低限额时，政府采购活动受到协议的约束。

（3）采购活动遵从的原则：

1）非歧视原则：签约方采购实体在进行采购时，不应在外国产品、服务、供应商之间实施差别待遇；同时给予外国产品、服务和供应商以不低于本国产品、服务和供应商所享受的待遇。

2）透明度原则：签约方的政府采购实体应在向 WTO 通告的刊物上发布政府采购信息，包括通知、程序与要求；签约方每年须向 WTO 通告列入清单的采购实体的采购统计数字，以及未达到“最低限额”的采购统计数字。

3）公平竞争原则：政府采购实体的采购活动应为供应商提供公平的竞争机会，实行招标的做法，公开招标应成为首选。

① 中国政府没有把国有企业的采购纳入政府采购范围，理由是国有企业的日常交易不受政府控制。

七、国内税

国内税（Internal Taxes）是指在一国的国境内，对生产、销售、使用或消费的商品所应支付的捐税，一些国家往往采取国内税制度直接或间接地限制某些商品进口。这是一种比关税更灵活、更易于伪装的贸易政策手段。国内税通常是不受贸易条约或多边协定限制的。国内税的制定和执行属于本国政府机构的权限，有时甚至属于地方政府机构的权限。

欧盟国家采用增值税（Value Added Tax），即按销货值大于进货值的“增值”部分，对国内产品征收一定比例的税收。它适用于生产和销售的每一个环节。增值税对出口商品实行免税或退税，而对进口商品则如数征收。欧盟成员国的增值税税基相同，但税率存在差异，增值税同时适用于进口产品和本国生产产品。

中国政府也对进口产品征收增值税和消费税，税率与国内同类产品基本持平。1992年前，中国曾对进口商品征收“调节税”，而对于本国产品不适用。

八、进口最低限价制和禁止进口

（一）进口最低限价制（Import Minimum Price）

进口最低限价制就是一国政府规定某种进口商品的最低价格，凡进口货价低于规定的最低价格，则征收进口附加税或禁止进口以达到限制低价商品进口的目的。

（二）禁止进口（Prohibitive Import）

一些国家往往出于某种考虑而颁布法令，公布禁止进口商品货单，禁止这些商品的进口。

依照《中华人民共和国对外贸易法》，中国政府可以限制和禁止幼稚产业、农业、畜牧业、渔业、稀有金属业产品的进口。截至2017年，没有此类内容发布适用。2018年，商务部和海关总署调整了《禁止进口旧机电产品目录》，将飞机发动机、船舶发动机、非医用X射线设备等旧机电产品从目录中删除。自2021年1月1日起，禁止进口所有固体废物产品，并终止了以前允许在许可证条件下进口某些废物的制度。这些废物被列入限制性固体废物（可用作原材料）目录以及非限制性固体废物目录。黄铜、钢铁材料、铜和铸铝合金的某些回收材料如果符合要求的标准，可以进口。

截至2022年3月，出于保护人类、动植物安全与健康以及濒临衰竭的自然资源的目的，美国有32类产品属于禁止进口产品或受到进口限制。①

九、进口押金制

进口押金制（Advanced Deposit）又称进口存款制。在这种制度下，进口商在进口商品时，必须预先按进口金额的一定比率和规定的时间，在指定的银行无息存入一笔现金，

① WTO，Trade Policy Review：United States，2022.

才能进口。这样就增加了进口商的资金负担，影响了资金的流转，从而起到了限制进口的作用。

十、专断的海关估价制

海关为了征收关税而确定进口商品价格的制度为海关估价制（Customs Valuation）。有些国家根据某些特殊规定，提高某些进口商品的海关估价，来增加进口商品的关税负担，阻碍商品的进口，就成为专断的海关估价。

用专断的海关估价来限制商品的进口，以美国最为突出。长期以来，美国海关按照进口商品的外国价格（进口商品在出口国国内销售市场的批发价）或出口价格（进口商品在来源国市场供出口用的售价）两者之中较高的一种进行征税。这实际上提高了需交纳的关税税额。

东京回合达成了《海关估价协议》，乌拉圭回合对其进行了修订，其正式名称为《关于实施关税与贸易总协定第七条的协议》（Agreement on Implementation of Article Ⅶ of the General Agreement on Tariffs and Trade）。此协议包括四个部分，共 24 条。此协议还包括大量注释。它规定了主要以商品的成交价格为海关完税价格的新估价制度。其目的在于为签字方的海关提供一个公正、统一、中性的货物估价制度，不使海关估价成为国际贸易发展的障碍。这个协议规定了下列六种不同的依次采用的新估价办法。

（一）进口商品的成交价格

根据协议的第一条规定，成交价格（Transaction Value）是指“商品销售出口运往进口方的实际已付或应付的价格”，即进口商在正常情况下申报并在发票中所载明的价格。如果海关不能按上述规定的成交价格确定商品的海关估价，那就采用第二种办法。

（二）相同商品的成交价格（Transaction Value of Identical Goods）

相同商品的成交价格又称同类商品的成交价格，是指与应估商品同时或几乎同时出口到同一进口国销售的相同商品的成交价格。

所谓相同商品，根据协议第十五条第二款，其定义为：“它们在所有方面都相同，包括相同的性质、质量和信誉。表面上具有微小差别的其他商品，不妨碍被认为符合相同商品的定义。”当发现两个以上的相同商品的成交价格时，应采用其中最低者来确定应估商品的完税价格。

如按以上两种估价办法都不能确定，可采用以下的第三种估价办法。

（三）类似商品的成交价格（Transaction Value of Similar Goods）

类似商品的成交价格是指与应估商品同时或几乎同时出口到同一进口国销售的类似商品的成交价格。

所谓类似商品就是尽管与应估商品比较，各方面不完全相同，但它有相似的特征，使用同样的材料制造，具备同样的效用，在商业上可以互换。在确定某一商品是否为类似商品时，应考虑的因素包括该商品的品质、信誉和现有的商标等。

（四）倒扣法

倒扣法是以进口商品或者同类或类似进口商品在国内的销售价格为基础减去有关的税费后所得的价格。其倒扣的项目包括代销佣金、销售的利润和一般费用，进口到国内的运费、保险金、进口关税和国内税等。

倒扣法主要适用于寄售、代销性质的进口商品。

（五）计算价格法

计算价格（Computed Value）又称估算价格，是以制造该种进口商品的原材料、部件、生产费用、运输和保险费等成本费用以及销售进口商品所发生的利润和一般费用为基础进行估算的完税价格。这种办法必须以进口商能否提供有关资料和单据，并保存所有必要的账册等为条件，否则海关就不能采用这种办法确定其完税价格。这种估价办法一般适用于买卖双方有业务关系的进口商品。

根据协议规定，第四种和第五种办法可能根据进口商品的要求进行调换使用。

（六）合理法

如果上述各种办法都不能确定商品的海关估价，便使用第六种办法，这种办法未作具体规定。海关在确定应税商品的完税价格时，只要不违背该协议的估价原则和总协定第七条的规定，根据进口商品的现有资料，任何被视为合理的估价办法都可行，因此，这种办法称为合理法（Reasonable Means）。

对于进口货物的成交价格不符合《中华人民共和国进出口关税条例》第十八条第三款规定条件的，或者成交价格不能确定的，中国海关经了解有关情况，并与纳税义务人进行价格磋商后，依次以下列价格估定该货物的完税价格：

（1）与该货物同时或者大约同时向中华人民共和国境内销售的相同货物的成交价格；

（2）与该货物同时或者大约同时向中华人民共和国境内销售的类似货物的成交价格；

（3）与该货物进口的同时或者大约同时，将该进口货物、相同或者类似进口货物在第一级销售环节销售给无特殊关系买方最大销售总量的单位价格，但应当扣除《中华人民共和国进出口关税条例》第二十二条规定的项目。

（4）按照下列各项总和计算的价格：生产该货物所使用的料件成本和加工费用，向中华人民共和国境内销售同等级或者同种类货物通常的利润和一般费用，该货物运抵境内输入地点起卸前的运输及其相关费用、保险费。

（5）以合理方法估定的价格。

纳税义务人向海关提供有关资料后，可以提出申请，颠倒前款第（3）项和第（4）项的适用次序。

十一、进口商品征税的归类

进口商品的税额取决于进口商品的价格大小与税率高低。在海关税率已定的情况下，税额大小除取决于海关估价外，还取决于征税商品的归类。海关将进口商品归在哪一税号下征收关税，具有一定的灵活性。进口商品的具体税号必须在海关现场决定。在税率上一般就高不就低。这就增加了进口商品的税收负担和不确定性，从而起到限制进口的作用。例如，美国对一般打字机进口不征收关税，但若将其归为玩具打字机，则要征收35％的进口关税。

第三节　技术性贸易措施

广义的技术性贸易措施（Technical Barriers to Trade，TBT）是指各国为保护人类和动植物的生命与健康、保护环境等而制定的技术法规、标准、质量认证与合格评定程序、检验程序和检验手续以及商品包装和标签的规定等。狭义的技术性贸易措施仅包括技术法规、标准、质量认证与合格评定程序。

中国大学MOOC（慕课）

非关税措施：
技术性贸易壁垒

这类措施中的规定有些十分复杂，且经常变化，往往使外国商品难以适应，从而起到限制外国商品进口和销售的作用。

技术性贸易措施主要包括以下几种：

一、技术法规、标准

技术法规主要由国家立法机构制定的法律法规，行政部门颁布的命令、决定、条例、规范、指南等构成，涉及的内容包括劳动安全、环境保护、卫生健康、交通、节约能源与材料等。技术法规对商品和服务的生产（提供）、材料的使用、工艺流程、污染控制、质量控制、包装等均产生强制性约束。

WTO要求成员方各级政府采用和实施的技术法规应符合《技术性贸易措施协议》的规定，除非基于气候、地理、技术条件等因素，否则各成员方应尽可能地采纳国际标准。

技术标准主要包括生产标准、实验与检验方法标准、安全卫生标准等。

各国或地区由于历史、社会和技术原因，采用的技术标准差异很大，如英国、日本、中国香港、澳大利亚等国家和地区的交通规则规定，汽车在道路的左边行驶，而美国、中国等绝大多数国家和地区的规定与此相反。再如，日本对于滑雪板有严格的技术标准，它强调本国雪质特殊，一般国外的滑雪板都达不到日本技术标准的要求。如果使用不合格的滑雪板，日本保险公司不给予保险，出现事故自行负责。意大利有一个“通心粉纯度法”，它规定通心粉的制作原料必须是硬质小麦，其他国家采用混合小麦制作的通心粉无法进入意大利国内市场。

发达国家由于经济、技术水平高，对许多制成品规定了极为严格、烦琐的技术标准。进口商品必须符合这些标准才能进口，其中有些规定往往是针对具体国家的。

欧盟利用技术性贸易措施委员会对其他WTO成员提议或实施的措施提出了自己的担忧，尤其是在食品和酒精饮料、化妆品、医疗器械、塑料制品、信息与通信技术

（ICT）和电子产品以及轮胎等领域。

中国的技术标准分为五类，即国家标准、行业标准、地方标准、企业标准、协会标准，前三类标准可以是自愿的，也可以是强制性的。2006年，中国国家标准21 410项的46%已经被国际标准和国外先进的标准取代，2011年这一比例提高到80%以上。到2020年底，在与相关国际标准对应的国家标准中，92.4%的强制性标准（技术法规）和91.4%的自愿性标准是采用或依据国际标准制定的，而2017年底的这两个比例分别为74.3%和85.9%。2018年1月至2021年4月中旬，中国提交了344项技术性贸易措施通知。在此期间，技术性贸易措施委员会的成员们就中国维持或计划的技术性贸易措施提出了25项具体贸易关切（STC），包括9项新的具体贸易关切。

技术法规、标准作为限制进口的手段主要体现在四个方面：一是多样化；二是标准严格；三是有些标准经过精心设计和研究，针对性强；四是这些技术标准不仅在条文本身上限制了外国产品的销售，而且在实施过程中也为外国产品的销售设置了重重障碍。

二、质量认证与合格评定程序

质量认证与合格评定程序是指任何直接或间接用以确定产品或服务、生产与管理体系是否满足技术法规和标准所要求的程序。①

质量认证与合格评定程序之所以可以起到限制进口的作用，有以下几方面原因：

（1）各国依据的标准不同。由于工业发展水平不同，各国实行的标准多为国家标准，国家标准低的产品出口到高标准国家就会受到阻碍。②

（2）质量认证与合格评定的内容不同。如在产品认证过程中，有些国家只对提供的样品进行实验、检验，发达国家和地区，如欧盟则要求对生产商的生产环境、质量保证能力进行检查、评定，甚至要求日常监督。如向欧盟出口的牛肉，欧盟要求对牛的生长地的土壤条件、水质条件、生长区域的疫病历史、屠宰条件等进行评定，符合欧盟标准的产品才可以进口。

（3）认证机构资格的确认不同。一些国家的认证机构直接由政府设立，有些国家则授权私人机构履行相关职责。各国对于认证机构的资历与资格规定差异很大，发达国家往往只接受本国认证机构或承认的第三方认证机构的认证，这样，就增加了一些国家特别是发展中国家的出口成本。

目前，国际上著名的认证有ISO 9000系列认证、IEC电气设备安全标准认证、欧盟CE认证、美国UL认证等。

由于技术性贸易措施越来越多地被用作保护贸易的手段，它已经成为国际贸易发展中的重要壁垒。《关税与贸易总协定》签署时就已经考虑到这一问题，1947年《关税与

---

① 2008年8月—2011年1月，欧盟向WTO通告了146项技术规范与合格评定程序，通告涉及的产品面非常广，包括家用电器、电子设备、机械设备、汽车及部件、燃料、建筑材料测量仪器、纺织品与服装、化工产品、化肥、食品、水、酒、海产品、化妆品，等等。有些已经生效，有些还处于审议期。同期，欧盟成员国关于技术规范与合格评定程序的通告也超过了140项，其中法国占21%。

② 截止到2011年，欧盟成员国的技术规定与标准也没有达到完全统一，但要求本国产品要同时符合本国的国家标准和欧盟标准。

贸易总协定》第 20 条“一般例外”规定，缔约方为保障人类、动植物的生命和健康可采取必要的措施；第 21 条“安全例外”规定，缔约方为保护国家（或地区）基本安全利益可以采取必要的措施。1970 年，关税与贸易总协定专门成立小组研究制定技术标准与质量认证程序方面的问题，并起草关于技术性贸易措施的协议。乌拉圭回合达成了所有成员都必须规范使用技术性贸易措施的《技术性贸易措施协议》。

中国产品认证包括自愿认证和强制认证两类，强制认证适用于国内产品和进口产品，政府机构发布强制认证产品目录。需要接受强制认证的产品，若不认证或没有认证标识，就不能销售或进口。2020 年，强制认证目录含 103 种产品，具体包括车辆及安全附件、家用和类似用途设备、电动工具、电子产品及安全附件等。①

“欧盟协调标准”是指由欧洲标准化委员会、欧洲电工标准化委员会和欧洲电信标准化协会根据欧盟委员会与各成员国商议后发布的命令制定并批准实施的欧洲标准。根据欧洲标准化组织的规定，各成员国必须撤销有悖于欧盟协调标准的国家标准，欧盟协调标准的标题和代号必须在欧共体官方公报上发布。目前该标准适用于 11 个领域，包括了 31 组产品和一种服务，这些产品主要包括化学品、建筑、消费者和工人保护、能源有效利用、电子和电气工程、健康工程、测量技术、机械工程和运输等。

三、卫生检疫规定

随着国家之间贸易竞争的加剧，发达国家更加广泛地利用卫生检疫规定限制商品的进口。它们要求进行卫生检疫的商品越来越多，卫生检疫规定越来越严格。例如，花生：日本、加拿大、英国等要求花生的黄曲霉素含量不得超过百万分之二十，花生酱的黄曲霉素含量不得超过百万分之十，超过者不准进口。茶叶：日本规定茶叶的农药残留量不得超过百万分之零点二至百万分之零点五。陶瓷制品：美国、加拿大规定含铅量不得超过百万分之七，澳大利亚规定含铅量不得超过百万分之二十。

在欧盟，2017 年 3 月 15 日欧洲议会和欧盟理事会关于对供人类食用的动物源性产品进行官方控制的新法规［第（EU）2017/625 号法规］出台。它包括成员国主管当局执行官方控制和其他控制活动的规则，规定了第三国动物和货物进入欧盟所需满足的要求，并授权欧盟委员会就这些要求采取授权行为。

美国要求其他国家或地区输往美国的食品、饮料、药品及化妆品必须符合美国的《联邦食品、药品及化妆品法》(Federal Food，Drug，and Cosmetic Act)，否则不准进口。

中国出口产品在卫生检疫规定面前频繁受阻。如日本在对中国出口的冷冻蔬菜实施农药残留检查中使用新鲜蔬菜的标准，使得中国对日出口的一些冷冻蔬菜农药残留比例不符合日本的要求，限制了中国该类产品的对日出口。

---

① 根据《中华人民共和国认证认可条例》及《强制性产品认证管理规定》，被列入强制性产品认证目录的产品不得在华销售或进口，除非获得中国强制性认证（CCC），得到“CCC”标志。2023 年该目录列有 16 组共 96 种产品，包括电线电缆、电路开关、低压电器、小功率发动机、电动工具、电焊机、电子产品及安全附件、照明电器、车辆及安全附件、农机产品等。不过如果用于研究与开发，或作为产品的中间投入，或加工后再出口，可以不受该条例和该规定的约束，但必须出具国家认证认可监督管理委员会要求的各种文件，申请并获得国家市场监督管理总局的批准。

WTO《实施卫生与植物卫生措施协议》要求成员在非歧视的基础上，以科学为依据，参照国际标准制定和实施卫生与植物卫生措施，相关措施要公开、透明。由于发展中国家经济发展水平与技术水平比较低，因而在使用卫生检疫措施作为限制进口手段方面还不具备条件。

2020 年新冠疫情暴发，各国更加重视卫生检疫工作。比如中国明确了 2021 年承担动植物卫生检验检疫相关责任的中央政府机构包括农业农村部，负责农产品安全和质量监督工作、监督和管理畜禽屠宰设施、领导全国出入境动植物检疫工作；海关总署出入境检验检疫局，负责出入境卫生检疫，出入境动植物检疫，进口食品、化妆品检验检疫，以及根据多边和双边协议执行与出口食品相关的工作。2021 年 1 月，中国修订了《中华人民共和国动物防疫法》。

中国与卫生检疫政策、法律、执行相关的主要机构包括国家市场监督管理总局、农业农村部、商务部、海关总署等。

四、商品包装和标签的规定

许多国家要求在国内市场上销售的商品符合各种包装和标签条例。这些规定内容复杂，手续麻烦。进口商必须符合这些规定，否则不准进口或禁止在其市场上销售。如新加坡要求黄油、人造黄油、食用油、米、面粉、白糖等依照标准进行包装，否则不得进口。许多外国商品为了符合有关国家的这些规定，不得不重新包装和改换商品标签，耗时费工，增加了商品的出口成本，削弱了商品的价格竞争能力。

另外，一些国家对于包装物料、瓶型均有具体的规定和要求。这些规定都在不同程度上限制了外国商品的进口。

在中国，关于包装和标签的规定主要适用于食品、药品、化妆品、医疗器械、种子。未包装的食品或食品添加剂要求有中文标签和使用说明，必须标出产品原产地、名称、地址、国内进口代理的联系信息。

美国要求进口产品用英文标注原产国，对不同产品有不同的标注要求，如服装要注明成分、洗涤说明，烟草要加注危害警示，食品、药品、汽车等类别的进口产品都要有详细、规范的各种说明。

专栏 6-3

WTO《技术性贸易措施协议》的主要内容

1. 适用产品范围

协议适用于所有产品，包括工业品和农产品。该协议没有涉及动植物卫生检疫措施，有关问题由《实施卫生与植物卫生措施协议》进行规范。

2. 制定、实施技术性贸易措施应遵循的原则

（1）必要原则：成员方只能采取为实现合法目标所必需的技术性措施。

（2）贸易影响最小化原则：成员方应努力将采用技术性措施产生的贸易影响限定在最小范围，不应超过为实现合法目标所必需的程度。

（3）协调原则：成员方应积极、充分参与国际标准化组织制定国际标准和合格评定

程序的工作；积极考虑接受其他成员方的技术措施为等效措施；寻求成员方之间就合格评定程序通过谈判达成相互承认协议。

(4) 对发展中成员方特殊和差别待遇原则：成员方应采取措施确保国际标准化机构制定对发展中成员方有特殊利益的产品的国际标准；鼓励发达成员方通过技术援助帮助发展中成员方制定和实施技术性措施。

3. 技术法规、标准与合格评定程序的含义

(1) 技术法规：技术法规是强制执行的有关产品特性或相关工艺和生产方法的规定，主要由国家政府部门和授权的非政府机构制定。技术法规涉及国家安全、环境保护、劳动保护等方面的内容。如果国际标准已经存在，成员方应采用；如果存在的标准无法达到合法要求，成员方可以自行设立标准。

(2) 技术标准：技术标准指经公认机构批准供使用的、非强制性的关于产品特性或相关工艺和生产方法的规定或指南。

(3) 合格评定程序：合格评定程序指任何直接或间接用于确定产品是否满足技术法规和标准的程序。成员方应采用国际标准化机构已经发布或即将发布的指南或建议来作为合格评定程序的基础。

4. 及时通知规定

为确保成员方制定、实施的技术法规、标准和合格评定程序具有透明度，协议规定，如果成员方拟采用的技术性措施不存在国际标准，或与国际标准不一致，且可能对其他成员方的贸易有重大影响，成员方应履行通知义务。通知内容应包括采取的目的和理由、涉及的产品；通知时间应在措施被批准实施前；并通过技术性贸易措施委员会和规定的出版物发布消息通知有关利益方。

第四节　绿色贸易措施

20 世纪 90 年代以来，发达国家对进口产品制定的健康、环保标准不断提高，实质上形成了以健康、环保为核心的绿色贸易壁垒，主要措施如下：

一、绿色标准与检疫要求

进口国家对商品中有害物质含量制定了更为严格的标准，如食品中农药残留量的规定、陶瓷产品的含铅量规定、食品与服装的重金属含量规定等。

以韩国为例，2002 年，在事先没有通报的情况下，韩国对中国出口的枸杞子、干萝卜丝、当归、黄芪、干桔梗、生姜、藕等 11 种产品实施二氧化硫精密检验。韩国对中国活鳗鱼、活石桂鱼实行严格的鱼体激素含量检查，采取“先精密检验，后通关”的管理措施，延长通关时间（一般为 3～4 天），致使活鱼存活率下降，阻碍了中国对韩国的活鱼出口。

韩国一直把中国全境视为一个检疫区，一旦发现某一地区存在韩国禁止入境的动植物疫病或虫害，中国非疫区生产的产品也将被禁止进口。另外，中国对韩国出口畜产品的企业必须先经由韩国评估注册，获得资格后才能出口，并需要经历苛刻的检疫检验过程，才能进入韩国国内市场。

在纺织品服装贸易中，欧美越来越重视环境技术标准的制定与实施，严格禁止任何威胁人类健康的产品入境。欧盟在 1992 年就开始禁止含有 51 种化学物质的棉布织造的服装进口。欧美目前对纺织品进口依照环保要求需要检测七方面的内容，包括酸碱度、甲醛、重金属（砷、镉、钴等 10 种）、杀虫剂、五氯苯、偶氮染料、颜色牢固度。根据与皮肤接触程度、是否属于儿童服装来确定不同的限值。

2019 年 1 月 18 日，苏格兰海事局发布 G/TBT/N/GBR/33 号 TBT 通报，禁止在苏格兰生产和销售塑料棒棉签。

此类棉签的塑料棒是苏格兰海滩的十大垃圾之一，对苏格兰海洋环境中的生物造成了伤害。棉签可以通过污水到达海洋中，进而威胁野生动物的健康；在经过紫外线照射后，这些塑料棒还会产生碎片，扩大它们对生态系统的影响。这种塑料棒很难被回收，并且不会自然降解，而是积聚在海洋环境中。禁令有助于防止进一步的海洋环境破坏，并减少公众对此类产品所产生的海洋环境影响的关注。

该禁令实际上也禁止了塑料棉签的进口。

塑料制品污染是全球生态环境面临的严重问题之一，不少国家和地区已经开始行动起来禁止/限制生产和销售相关产品。2016 年 10 月，法国修订《环境法案》，计划自 2020 年 1 月 1 日起禁用塑料棉签。2018 年 10 月 22 日，英国就禁用塑料棉签、吸管和搅拌棒征求公众意见。从 2019 年 1 月 1 日起，意大利禁止生产或销售不可生物降解的塑料棉签，从 2020 年 1 月起，该禁令扩展到涵盖化妆品中使用的塑料微粒。2019 年，欧洲议会和欧盟理事会发布关于减少某些塑料制品的环境影响的指令，涉及塑料材质的饮料杯、食物容器、餐具、吸管、搅拌棒等。此外，美国加利福尼亚州、新泽西州等十几个州已开始准备立法禁止或者限制塑料制品或化妆品中塑料添加制品的使用。

二、绿色环境标志要求

产品是否拥有绿色环境标志成为能否进口的标准。绿色环境标志表明该产品不但质量符合标准，而且在生产、使用、消费、处理过程中符合环保要求，对生态环境和人类健康均无损害。

德国于 1978 年率先提出“蓝天天使”计划，推出“生态环境标准”标志。欧盟于 1993 年推出欧洲环境标志，凡有此标志的商品才可以在欧盟成员国自由通行。

为保护环境和世界经济的可持续性增长，国际标准化组织于 1996 年开始陆续颁布系列环境管理标准 ISO 14000，以期加强环境保护，控制污染，推动绿色革命，倡导绿色消费，统一全球环境保护评价标准。

三、绿色包装、标签要求

绿色包装指节约资源、减少废弃物的产生、可回收再使用或可再生、易于自然分解、不污染环境的包装。如英国在2000年实行包装废弃物50%～75%重新使用标准。日本强制推行《回收条例》《废弃物清除条例修正案》。丹麦以保护环境的名义，要求所有进口的啤酒、矿泉水、软性饮料一律使用可再生的容器，否则不许进口。

美国的食品标签法规规定，美国所有包装食品，包括全部的进口食品，都必须强制性使用新标签，食品中的添加剂如防腐剂、合成色素等必须在配料标示中依照标准的专用名称如实标注。

四、绿色补贴

一些国家的政府在企业无力投资新环保技术、环保设备和开发清洁技术产品时可能会提供补贴。发达国家要求将环境和资源成本内在化，也就是执行“污染者付费”原则，因此进口国家往往以环境补贴为由对接受补贴的进口商品提出反补贴起诉。

专栏6-4

WTO《实施卫生与植物卫生措施协议》的主要内容

1. 卫生与植物卫生措施的范围

措施包括：所有相关的法律、法规、要求和程序；产品标准；工序和生产方法；检测、检验、出证和审批程序；检疫处理；有关统计方法、抽样程序和风险评估方法的规定；与食品安全直接有关的包装与标签规定等。

2. 建立和实施卫生与植物卫生措施的前提

（1）允许成员建立和实施卫生与植物卫生措施。

（2）正当使用基于国际标准的卫生与植物卫生措施。

3. 成员应遵守的规则

（1）非歧视原则。成员在实施卫生与植物卫生措施时，应遵守非歧视原则，不能对不同成员构成歧视、实施差别待遇。

（2）以国际标准为基础。各成员应根据现行的国际标准制定本国的卫生与植物卫生措施，如果标准高于国际标准，必须有科学依据，不得以此构成贸易歧视或障碍。

（3）公平对待出口成员。如果成员对出口产品采取的卫生与植物卫生措施客观上达到了进口成员的水平，进口成员就应该接受，允许产品进口。

（4）根据有害生物的风险确定保护水平。进口成员专家在产品进口前对其可能带入的病虫害的传播和危害，或者对食品添加剂、污染物、毒素或致病有机体的潜在不利影响等的科学分析是建立和实施卫生与植物卫生措施的依据。

（5）保持政策法规的透明度。及时公布、提前公布以使出口成员的生产商有时间调整产品，适应进口成员的要求。

（6）发展中成员享有特殊待遇。成员在制定和实施卫生与植物卫生措施时，应考虑到发展中成员的特殊情况。成员同意通过双边或相应的国际组织向发展中成员提供技术援助。

作为限制进口的手段，非关税壁垒是通过影响进口数量和价格达到目的的，下面我们用表格的形式对被采用较多的措施①的主要内容和客观结果进行归纳和展示（见表 6-3）。

表 6-3　非关税壁垒的主要形式及其内容、效果

形式	内容描述	效果
进口配额	对进口商品的数量直接进行限制	进口数量限制
关税配额	限额内征收正常关税或免税，超出限额，征收高关税或正常关税	超出限额部分如果征收高关税，可以达到控制进口数量的目的
自动出口限额	出口商“自愿”限制向某国家或地区的出口	进口数量限制
非自动进口许可证	要求进口商对拟进口商品申报进口并获得许可	增加成本（申请程序的费用）；不确定性带来成本
政府采购	法规规定政府采购应优先购买国货	进口数量限制（等同于禁止进口）；增加进口成本（设立特殊的投标程序和进口程序）
技术法规与标准、合格评定程序	制定标准，区别对待进口产品和本国产品，对进口产品要求严格，带有歧视性	成本限制（要达到标准或合规需支付成本）
海关估价与程序	确定完税价格，海关程序烦冗	成本限制；带来不确定性

20 世纪 80 年代以来，在双边、多边努力之下，传统的、居于主导地位的非关税措施如进口配额、进口许可证的使用大量减少，致使非关税领域呈现出新的发展趋势，主要表现在以下几方面。

1. 反倾销、反补贴措施力度不断增强

反倾销、反补贴的最初目的在于抵制国际贸易中的不公平行为，消除价格歧视。然而一些国家却把它作为一种竞争手段，从而使反倾销、反补贴措施的使用带有浓重的贸易保护色彩②。21 世纪以来，反倾销、反补贴措施已经成为主要的非关税壁垒措施，而中国则成为主要的反倾销对象国。

欧盟强调了世贸组织贸易救济规则作为打击其他国家的贸易扭曲和不公平贸易做法的合法工具的重要性，并通过其立法严格和一致地实施这些措施。事实上，欧盟是贸易救济措施的重要使用者，因为从历史上看，自世贸组织成立以来，欧盟在实施反倾销措施方面在世贸组织成员中排名第三，在实施反补贴措施或欧盟立法所指的反补贴措施方

---

① 反倾销和反补贴措施没有被列在表 6-3 中，它们通常被认为是非关税措施，从而在前面关税措施一章中已经做过详细论述。

② 反倾销增加了竞争对手的成本，从而可以使国内厂商避免进口带来的激烈竞争。中国遭遇的反倾销诉讼比较多，且增速快，其原因就是一些国家给中国贴上“非市场经济”标签，进口国相关机构证明中国出口企业定价不公平较之其他国家相对容易，在这一标签下，进口国可以不管中国的数据，用被认为是市场经济国家的其他发展中国家的数据进行成本与价格判定。在电视机、家具等反倾销案例中，美国采用的是印度数据，尽管印度不是该产品的出口大国，但印度生产成本高，据此认定中国出口厂商的倾销行为。

面排名第二。同时，欧盟通常是世贸组织其他成员反倾销或反补贴措施的低接受国，分别排名第十二和第四。根据欧盟委员会的数据，2018 年，欧盟约 0.29%的总进口受到反倾销或反补贴措施的影响。

1995—2020 年，美国启动反倾销调查 817 起，2018—2021 年有 178 起，截至 2021 年底，实施中的反倾销措施有 489 项，包括 483 个反倾销措施指令和 6 起签署暂停适用协议，针对 58 个贸易伙伴国家和地区，其中中国 148 项、韩国 34 项、印度 32 项、中国台湾地区 30 项。489 项适用措施中，233 项针对钢铁产品，占 48%，68 项针对化工产品与药品，占 14%。值得注意的是，执行中的 489 项反倾销措施中，有 245 项措施属于日落条款审议后重新启用。截至 2021 年底，美国反倾销措施使用期限平均为 10.4 年，其中 96 项反倾销措施已经执行至少 20 年，193 项反倾销措施已经存续 10 年，最高的临时和最终反倾销税税率达到 541.75%。①

2010—2021 年，全球发起的贸易救济案中，反倾销立案 2 734 起，占 81.22%。②

2022 年，最终反倾销措施实施总数达 2 082 项，其中 80%以上集中在有色金属（985 项）、化工产品（445 项）、纺织（132 项）、木材纸张（109 项）等产品上，反补贴措施实施的产品集中状况与反倾销措施相似。③

表 6-4 和表 6-5 从进口方和出口方的角度，分别反映几个贸易大国或国家集团实施和遭遇的反倾销、反补贴措施状况。④

表 6-4 主要贸易大国或国家集团实施和遭遇的反倾销措施状况

<table>
<tr><th rowspan="4"></th><th colspan="5">进口方</th><th colspan="5">出口方</th></tr>
<tr><th colspan="3">2022 年 1—12 月</th><th colspan="2">截至 2022 年 12 月 31 日</th><th colspan="3">2022 年 1—12 月</th><th colspan="2">截至 2022 年 12 月 31 日</th></tr>
<tr><th rowspan="2">发起调查（起）</th><th colspan="2">最终措施</th><th colspan="2">执行最终措施</th><th rowspan="2">被发起调查（起）</th><th colspan="2">最终措施</th><th colspan="2">执行最终措施</th></tr>
<tr><th>执行（项）</th><th>撤销（项）</th><th>措施数量（项）</th><th>覆盖 HS 6 位编码产品数（种）</th><th>执行（项）</th><th>撤销（项）</th><th>措施数量（项）</th><th>覆盖 HS 6 位编码产品数（种）</th></tr>
<tr><td>中国</td><td>2</td><td>2</td><td>5</td><td>118</td><td>80</td><td>38</td><td>33</td><td>42</td><td>672</td><td>1 098</td></tr>
<tr><td>印度</td><td>29</td><td>7</td><td>59</td><td>142</td><td>420</td><td>8</td><td>4</td><td>3</td><td>96</td><td>217</td></tr>
<tr><td>日本</td><td>—</td><td>2</td><td>—</td><td>10</td><td>8</td><td>—</td><td>1</td><td>3</td><td>62</td><td>168</td></tr>
<tr><td>韩国</td><td>5</td><td>3</td><td>4</td><td>36</td><td>45</td><td>4</td><td>11</td><td>12</td><td>139</td><td>239</td></tr>
<tr><td>欧盟</td><td>3</td><td>8</td><td>1</td><td>116</td><td>227</td><td>11</td><td>2</td><td>6</td><td>31</td><td>179</td></tr>
<tr><td>美国</td><td>19</td><td>15</td><td>8</td><td>493</td><td>502</td><td>1</td><td>3</td><td>6</td><td>68</td><td>89</td></tr>
</table>

① WTO，Trade Policy Review：United States，2022.

② 中国贸易救济信息网。

③④ WTO，World Tariff Profiles，2023.

表 6-5 主要贸易大国或国家集团实施和遭遇的反补贴措施状况

	进口方					出口方				
	2022 年 1—12 月			截至 2022 年 12 月 31 日		2022 年 1—12 月			截至 2022 年 12 月 31 日	
	发起调查（起）	最终措施		执行最终措施		被发起调查（起）	最终措施		执行最终措施	
		执行（项）	撤销（项）	措施数量（项）	覆盖 HS 6 位编码产品数（种）		执行（项）	撤销（项）	措施数量（项）	覆盖 HS 6 位编码产品数（种）
中国	—	—	1	6	7	4	6	2	145	815
欧盟	1	3	—	22	67	—	—	—	2	4
印度	3	3	1	14	25	4	3	2	45	173
美国	11	8	4	174	348	—	—	—	7	9
韩国	—	—	—	—	—	—	1	—	10	92

2. 技术性贸易措施迅速发展

WTO 有关技术性贸易措施的协议并不否认 TBT 存在的合理性和必要性，它允许各成员根据自身的特点制定与其他成员不同的技术标准。一些发达国家在技术法规、标准、质量认证等方面的规定致使其他国家特别是发展中国家无法逾越，事实上已经成为他国产品进入这些国家的障碍。随着科学技术的进步，一些 WTO 发达成员运用 TBT 的水平也在逐渐提高，对进口产品的标准规定越来越细，要求也越来越高。例如，日本对中国大米的农药残留量，从原来的 65 项检测指标增加到现在的 104 项；欧盟对中国茶叶的检测指标从原来的 72 项增加到现在的 134 项。此外，过去 TBT 主要适用于有形产品的生产环节，现在已扩展到贸易环节，涉及金融、信息等服务以及投资、知识产权等多个领域。

3. 绿色贸易措施名目繁多

越来越多的国家以保护自然资源、环境和人类健康的名义，制定和实施一系列复杂苛刻的环保制度和标准，构成别国或地区产品及服务进入的壁垒，并且限制的内容日益广泛，包括从绿色标准、绿色标志、绿色包装到绿色补贴多个方面，如欧盟的“EU 制度”，日本的“生态标志制度”等。

4. 劳工标准的兴起

发达国家为削弱发展中国家的劳动力和原材料成本优势，一直力图将劳工标准问题纳入多边贸易体系，达到限制进口的目的。发达国家劳工的工资和福利待遇普遍高于发展中国家，并且出台了禁止使用童工、禁止强制劳动、法定休息日、最低工资等法律规定。而许多发展中国家经济发展水平相对较低，劳工工资标准相对较低，福利相对较差，工作环境有待改善，发达国家强调的国际贸易中的劳工标准将构成发展中国家对发达国家市场进入的新壁垒，将极大地影响发展中国家的贸易和增长。据美国相关商会组织调查，目前有50%以上的国际性大公司表示，如果SA 8000标准[①]实施，将重新与中国企业签订新的采购合同。

本章小结

1. 本章主要讲述了各国的非关税措施的特点和种类。学生主要应掌握进口配额、自动出口配额、进口许可证、外汇管制、海关估价制等非关税措施。

2. 非关税措施对进口的限制在更多情形下是直接的，与关税措施比较起来，作用更直接、更明显，使用起来更隐蔽，有些时候更具有欺骗性。随着双边、多边体制层面贸易自由化的推进，在不同的范围内，如欧盟、世界贸易组织，越来越多的非关税措施的使用受到约束，在这种条件下，各种以国民健康、保护环境为名义的技术性贸易措施、绿色贸易措施得到迅速发展，并日益成为非关税措施的主体形式。

重要概念

非关税措施	进口配额制	“自动”出口配额制	进口许可证制
外汇管制	歧视性政府采购政策	进口押金制	进口最低限价制
专断的海关估价制	技术性贸易措施		

测试题

1. 根据乌拉圭回合修订后的《海关估价协议》，海关在进行进口商品估价时，应依次采用如下估价方法________。

A. 进口商品的成交价格、相同商品的成交价格、类似商品的成交价格、计算价格法、倒扣法、合理法

B. 进口商品的成交价格、相同商品的成交价格、类似商品的成交价格、倒扣法、计算价格法、合理法

C. 进口商品的成交价格、相同商品的国内销售价格、类似商品的国内销售价格、倒扣法、计算价格法、合理法

D. 进口商品的成交价格、相同商品的国内销售价格、类似商品的国内销售价格、计算价格法、倒扣法、合理法

2. 政府机构在采购货物时优先购买本国产品的政策，属于________。

A. 歧视性政府采购政策　　B. 进口押金制

C. 进口和出口国家垄断　　D. 国内税

---

① 指社会责任（Social Accountability）标准。SA 8000是ISO 9000、ISO 14000之后出现的又一个重要的国际性标准，内容涉及童工（Child Labor）、强迫性劳工（Forced Labor）、健康与安全（Health & Safety）、组织工会的自由与集体谈判的权利（Freedom of Association and Right to Collective Bargaining）、歧视（Discrimination）、惩戒性措施（Disciplinary Practices）、工作时间（Working Hours）、工资（Compensation）、管理体系（Management System）。

3. 在规定期限内，对配额以内的商品征收最惠国税，对超过配额的商品征收普通税甚至罚款，这种非关税措施叫做________。

A. 全球关税配额　　B. 国别关税配额
C. 优惠关税配额　　D. 非优惠关税配额

4. 绝对配额和关税配额的区别主要体现在________。

A. 对进口数量的控制上　　B. 对关税的征收上
C. 对进口商品价格的控制上　　D. 对附加税和罚款的处理上

5. 发达国家对公开一般许可证通常________。

A. 逐步审核签发　　B. 均予签发
C. 不予签发　　D. 拖延签发

6. 进口许可证制就其职能而言________。

A. 只能限制进口商品的数量
B. 只能限制进口商品的质量
C. 可以限制进口商品的数量和质量
D. 可以限制进口商品的数量和金额

7. 在规定的期限内，提交原产地证书，配额以内的货物可以进口，超过配额的不准进口，这种非关税措施称为________。

A. 全球绝对配额　　B. 国别绝对配额
C. 全球关税配额　　D. 国别关税配额

8. 通过出口国实施的限制进口的非关税措施是________。

A. 进口配额制　　B. “自动”出口配额制
C. 进口许可证制　　D. 出口配额

9. 在“有秩序销售协定”中，同一年度组与组、项与项之间可以相互使用额度的属于________。

A. 个别限额　　B. 磋商限额　　C. 水平融通　　D. 垂直融通

10. 在实行国别配额的国家里，进口商必须提供________。

A. 原产地证书　　B. 商品检验证明
C. 出口许可证　　D. 进口许可证

11. 在实行优惠性关税配额的情况下，进口国对超过配额的商品________。

A. 绝对不准许进口　　B. 征收原来的普通关税
C. 征收最惠国税　　D. 征收特惠税

12. 发达国家实行进口数量限制的主要手段是________。

A. 征收关税　　B. 实施进口配额制
C. 实施进口押金制　　D. 实施进口最低限价制

13. 进口最低限价要求，凡进口商品价格低于规定的最低价格的，进口国可以征收________。

A. 反倾销税　　B. 反补贴税　　C. 差价税　　D. 进口附加税

思考题

1. 关税措施与非关税措施的主要区别是什么？
2. 技术性贸易措施指的什么？它与绿色贸易措施有什么关系？
3. 外汇管制如何达到限制进口的目的？

拓展阅读

非关税措施国际分类

第七章
贸易促进措施

学习目标

通过本章的学习，要求学生了解与掌握贸易促进措施的具体内容、运用方法、作用与影响。

第一节　出口促进措施

一、国家出口战略

多数国家都非常重视出口对经济增长的拉动作用，从经济增长全局考虑出口促进，实施“国家出口战略”。本部分以中国和美国为例进行相关内容介绍。①

（一）中国“国家出口战略”

中国对外贸易发展规划没有被冠名为“国家出口战略”，但从内容上，规划是针对一定时期对外贸易发展目标和政策措施进行整体规划和布局。中国对外贸易发展规划对应于“五年规划”的相关内容，是“五年规划”在对外贸易领域的具体行动纲领、实施步

---

① 2023年3月，约旦工业、贸易与供给部正式推出“2023—2025年国家出口战略”，旨在利用签署的7个自贸协定，切实提高国家的出口水平。约旦2022年出口增长34%，但贸易逆差也在扩大，主要原因是能源和粮食等大宗商品价格上涨。约旦的国家出口战略还将支持信息和通信技术、金融咨询等服务贸易领域发挥其传统优势，提升服务业的国际竞争力。资料来源：中华人民共和国商务部官网。

骤和举措。

目前中国已进入第十四个五年规划时期。

《中华人民共和国国民经济和社会发展第十四个五年规划和 2035 年远景目标纲要》开启了中国全面建设社会主义现代化国家的新征程，对 2021—2025 年中国对外开放从三个维度指明了发展方向，即建设更高水平开放型经济新体制、推动共建“一带一路”高质量发展、积极参与全球治理体系改革和建设。商务部在此基础上编制发布了《“十四五”对外贸易高质量发展规划》①，明确“十四五”期间对外贸易发展的指导思想、主要目标、工作重点及举措，积极引导市场主体的行为，扩大进口、优化出口，推动对外贸易高质量发展。

“十三五”期间，面对贸易保护主义和单边主义蔓延、新冠疫情严重冲击等重大风险挑战，中国对外贸易取得了不错的成绩，对外贸易发展迈上新台阶，具体表现为：贸易规模持续扩大，贸易结构持续优化②，创新能力显著提升③、政策体系日益完善，贸易对中国及世界经济发展的贡献日益突出④。

面对外贸发展环境持续深刻的变化，诸如新冠疫情影响深远、经济全球化遭遇逆流、产业链的稳定性受到冲击、贸易安全的发展遭遇挑战等，《“十四五”外贸高质量发展规划》坚持以习近平新时代中国特色社会主义思想为指导，坚持创新驱动，加快发展方式转型；坚持绿色引领，加快绿色低碳转型；坚持数字赋能，加快数字化转型；坚持互利共赢，提升开放合作水平；坚持安全发展，提升风险防控能力，努力实现贸易综合实力进一步增强⑤、协调创新水平进一步提高⑥、畅通循环能力进一步提升⑦、贸易开放合作进一步深化⑧、贸易安全体系进一步完善⑨五大目标，通过建立和完善政策措施，重点完

---

① 规划全文请见中华人民共和国商务部官网。

② 2020 年，新兴市场占货物进出口的比重为 58.6%，较 2015 年提高了 2.7 个百分点；中西部地区进出口占比达 18.4%，提高了 3.6 个百分点；机电产品出口占比达 59.5%，提高了 1.9 个百分点；一般贸易进出口占比达 59.8%，提高了 5.8 个百分点；消费品进口占比达 10.8%，提高了 3 个百分点；知识密集型服务贸易占服务进出口的比重达 44.5%，提高了 17.1 个百分点。资料来源：中华人民共和国商务部官网。

③ 贸易新业态新模式快速发展。2020 年，跨境电商综合试验区增至 105 个，区内企业建设海外仓超过 1 800 个，跨境电商零售进口试点扩大至 86 个城市及海南全岛，跨境电商进出口规模较 2015 年增长 9 倍，服务贸易创新发展试点地区增至 28 个，31 个服务外包示范城市加快转型升级，42 个特色服务出口基地加紧建设，“一试点、一示范、多基地”服务贸易平台体系基本建立，与贸易相关的知识产权保护全面加强。资料来源：中华人民共和国商务部官网。

④ “十三五”期间，外贸带动中国直接与间接就业人数 1.8 亿，中国进口对全球进口增长率的贡献达到 34.9%，新签和升级了 8 个自贸协定，包括 RCEP，在一系列国际组织中提出中国方案，为全球经济治理做出了积极贡献。

⑤ 货物贸易规模优势稳固，国际市场份额稳定，进口规模持续扩大，外贸主体数量稳中有增。服务贸易规模稳步增长，出口增速高于全球平均增速。

⑥ 进口与出口、货物贸易与服务贸易、贸易与双向投资、贸易与产业发展更加协调。贸易业态模式创新活力充分释放，数字化水平快速提升。绿色贸易在绿色转型中走在前列。

⑦ 内外贸一体化程度明显提升。外贸产业链供应链畅通运转能力逐步增强。贸易通道更加畅通。国内国际贸易规则衔接更加紧密。法律、物流、支付、结算等支撑体系更加完善。

⑧ 贸易自由化便利化达到更高水平，高标准自由贸易区网络稳步构建，多双边和区域经贸合作更加紧密，与全球贸易伙伴的关系更加牢固。

⑨ 粮食、能源资源、关键技术和零部件进口来源更加多元。贸易摩擦应对、出口管制、贸易救济等风险防控体系更加健全。

成以下任务：

第一，优化货物贸易结构。

通过中国国际进口博览会、中国进出口商品交易会、国家进口贸易促进创新示范区、贸易双循环企业培育工程、边贸富民强边工程等举措优化国际市场布局、优化国内区域布局、优化进出口商品结构、优化经营主体、优化贸易方式、优化贸易促进平台。

第二，创新发展服务贸易。

通过服务贸易创新发展试点、中国国际服务贸易交易会、全球服务贸易联盟、特色服务出口基地、服务外包转型升级行动等措施优化服务进出口结构、加快服务外包转型升级、大力发展数字贸易、完善服务贸易发展机制。

第三，加快发展贸易新业态。

通过跨境电商综试区、海外仓等重点举措促进跨境电商持续健康发展、推进市场采购贸易方式发展、发挥外贸综合服务企业带动作用、加快海外仓发展、推动保税维修发展、支持离岸贸易发展。

第四，提升贸易数字化水平。

通过数字强贸工程等举措加快贸易全链条数字化赋能、推进服务贸易数字化进程、推动贸易主体数字化转型、营造贸易数字化良好政策环境。

第五，构建绿色贸易体系。

通过绿色贸易推进行动、绿色贸易促进平台建设等举措建立绿色低碳贸易标准和认证体系、打造绿色贸易发展平台、营造绿色贸易发展良好政策环境、扎实开展绿色低碳贸易合作。

第六，推进内外贸一体化。

通过内外贸一体化促进行动、“三同”公共信息服务平台、国家电子商务示范基地等举措完善内外贸一体化调控体系、培育内外贸一体化平台、增强内外贸一体化发展动能。

第七，保障外贸产业链供应链畅通运转。

通过国家外贸转型升级基地、国家级经济技术开发区、供应链创新与应用示范、国际营销体系建设行动、加工贸易梯度转移行动、贸易投资融合工程等举措保障粮食、能源和资源安全，支持加工贸易梯度转移，加快外贸转型升级基地建设，推动贸易和双向投资协调发展，加强国际营销体系建设，强化国际物流保障。

第八，深化“一带一路”贸易畅通合作。

通过对外贸易畅通行动等举措加快贸易通道建设、积极发展丝路电商、升级贸易畅通平台、加强合作机制建设。

第九，强化风险防控体系。

通过健全贸易摩擦应对体制机制、提升贸易救济政策工具效能、完善现代化出口管制体系、加强技术进出口管理来强化风险防控体系。

第十，营造良好发展环境。

通过扩大贸易领域开放合作、深化双边和区域合作、实施自由贸易区提升战略、积极参与国际经贸规则制定来营造良好的发展环境。

2023 年，《“十四五”对外贸易高质量发展规划》实施进入第三年。

2020年全球货物与服务贸易触底，服务和货物出口分别减少20%和8%[①]，中国是世界少数几个经济和贸易实现正增长的经济体之一。中国在世界货物出口中的比重从2019年的13.1%，提升到2020年的14.7%，再提升到2021年的15%，2022年略有下降，为14.4%。正如前文所述，中国出口贸易结构也在优化，2022年，中国知识产权出口收入达到135亿美元，2020—2022年增速分别为34%、35%、13%，已经步入世界十大知识产权出口经济体行列，位居第六[②]。同期，对东盟、RCEP其他成员国、"一带一路"沿线国家的出口增长迅速，中国出口国家和地区结构不断优化，多元化程度显著提升。

2023年，受俄乌冲突、多国高通胀水平导致不断加息的货币政策以及金融市场不确定性的影响，贸易限制措施大幅度增加，特别是许多国家实施了支持国内产业政策的贸易保护，全球贸易增长面临巨大压力。联合国贸易和发展会议2023年12月发布的全球贸易快报预估，2023年世界贸易额将同比下降5%。

2023年前三季度，根据中国海关总署发布的数字，中国进出口总额微降0.2%，其中出口增长0.6%，进口减少1.2%，但呈现出逐季抬升的态势。归结起来，目前中国这一外贸发展现状主要归因于中国经济转型升级带来的内部产业结构调整、全球产业链的重构、强势回归的贸易保护主义、新冠疫情的深远影响等。

（二）美国国家出口战略

1. 背景

克林顿执政期间，面对美国贸易逆差加剧、国内失业率居高不下的局面，着手制定新贸易政策，强调对外贸易政策和政府干预对美国经济安全的重要性，坚持以所谓"公平贸易"[③]原则取代自由贸易原则，以提升美国产品的出口及国际市场竞争力。

1990年美国每千美元出口占用出口促进资金0.59美元，法国达到1.99美元，意大利达到1.71美元，英国达到1.62美元；在出口促进海外机构设立方面，法国达到180个，英国达到185个；每10亿美元出口所对应的工作人员，法国为5.87人，英国为8.05人，美国为1.56人。[④] 以上数字表明，在向企业提供出口促进服务方面，美国显然落后于其他一些国家。

1993年，美国开始实施出口战略计划[⑤]，具体措施包括以下几个方面：

(1) 建立贸易促进协调委员会（TPCC）[⑥]。

贸易促进协调委员会由商务部、财政部、农业部、贸易代表办公室等20个机构组

---

① WTO，World Trade Statistics Review，2021.

② WTO，World Trade Statistics Review，2023.

③ 所谓"公平贸易"是指美国在处理与他国的经贸关系中，无视国际规则和多边框架，而是遵循优先考虑美国利益与需要的原则，通过贸易保护和对外谈判，确保美国的产业和就业利益。

④ US General Accounting Office，Export Promotion：A Comparison of Programs in Five Industrial Nations，Washington DC：U.S. Government Publishing Office，1992.

⑤ 美国国家出口战略制定的依据是1992年颁布的《出口促进法》。

⑥ 该机构始于老布什时代，但当时没有充分发挥作用。它根据1992年《出口促进法》设立，旨在提供一个统一的框架来协调美国政府促进出口和出口融资的活动，并制定政府范围内实施此类项目的战略计划。其秘书处设在美国商务部，委员会主席由商务部长担任。

成，主要宗旨是密切联邦政府各有关部门出口促进的合作，有效执行国家出口战略。

贸易促进协调委员会每年须向国会递交“国家出口战略”报告。

（2）减少出口管制。

据估计，仅出口管制一项，每年就使美国出口商损失 100 亿～200 亿美元。冷战结束后，美国政府逐渐意识到过时且无效的出口管制对于消除威胁国家安全（包括经济安全）的因素是无助的。鉴于此，TPCC 开始适度放松对电脑、电信设备等先进技术产品的出口管制。

（3）出口促进。

建立以商务部为中心的出口促进服务体系。

①建立贸易信息中心（Trade Information Center）[①]。

贸易信息中心的职能主要包括以下几方面：

- 针对所有政府出口促进方案向美国企业提供咨询。
- 针对出口程序向美国企业提供辅导。
- 针对标准、贸易管制、分销渠道、贸易机会、关税及边境税收、海关程序、常见的商务问题等向美国企业提供国别和地区咨询。
- 承接市场调研和交易导引工作。
- 帮助企业获取《北美自由贸易协定》及其他自由贸易协定的原产地证书或相关文件。
- 提供海外和国内与国际贸易有关的推广活动信息。
- 向企业介绍其他贸易促进机构信息提供服务的情况。

为帮助美国企业获得海外合同，特别是外国政府大宗采购项目信息，贸易信息中心通过政府各部门和海外机构汇集 100 多个主要政府采购项目与特定国家的市场资料供出口企业查询。

②设立“出口援助中心”(Export Assistant Center，EAC)[②]。

设立“出口援助中心”的宗旨是密切联邦政府、地方政府和私人企业之间的合作，为出口企业提供快捷有效的服务。

截至 2008 年底，美国已在国内 100 多个城市设立出口援助中心 108 个、海外办公室 150 多个，覆盖美国海外市场的 96%[③]，为美国企业特别是中小企业提供贸易信息与融资支持。

出口援助中心的专家可以针对美国企业的全球商务活动提供解决方案，具体内容包括以下几个方面：

---

① 该中心隶属于商务部国际贸易管理局（International Trade Administration）下设的美国商务服务机构(U. S. Commercial Service)。

② 该中心隶属于商务部国际贸易管理局下设的美国商务服务机构。参与机构包括商务部、小企业管理局、进出口银行、贸易发展署、农业部。

③ 在没有设立海外办公室的国家，美国使馆的经济部扮演类似的角色，为美国企业提供信息和咨询服务，截至 2008 年底，在 70 多个没有设立海外办公室的国家，美国使馆已经参与到国家出口援助行动中。2007 年，美国国际贸易管理局下设的美国商务服务机构向国会提议要求增加在新兴国家的海外办公室数量，缩减在发达国家和市场潜力有限国家的海外办公室数量。

- 为客户的产品寻找最好的市场机会。
- 依据官方商务机构的信息，帮助客户制定可行的市场进入战略。
- 通过为客户提供分销渠道、定价、贸易产品展示等方面的咨询，促进企业出口战略的实施。
- 为企业获取联邦政府、地方政府及私人机构的贸易融资提供帮助。在更多情况下出口援助中心是与地方政府、相关私人机构共建的，以便于企业获得各方能够提供的更好的帮助。

（4）出口融资。

在出口融资方面，政府的作用是向出口企业提供私人机构因风险原因而不愿提供的金融服务，主要措施包括以下几个方面。

①增加出口融资预算。1993 年，进出口银行设立援助基金致力于大型出口项目的资金援助。同时政府还帮助美国企业获得世界银行、国际货币基金组织等机构提供的出口融资。

②扩大进出口银行的业务范围。在“国家出口战略”的指导下，进出口银行除继续承担出口信贷和信用担保等传统业务外，还通过提供资金支持企业进入独联体等高风险国家及亚洲、拉丁美洲的新兴国家的市场。为扶持飞机制造业，银行专门成立了飞机制造金融委员会，为飞机出口提供优先和有力的金融支持。

③加强对中小企业的金融服务。中小企业出口几乎占美国历年出口的 60%。TPCC 下属的小企业管理局（SBA）一方面为中小企业提供金融服务，如通过贷款担保增强中小企业的资金可获得性，通过“国际贸易贷款”和“常规商业贷款”项目直接向中小企业提供中长期资金支持；另一方面，协同商务部、进出口银行、贸易发展署以及 TPCC 的其他机构为出口企业融资提供信息咨询和顾问服务。

④资助出口企业的可行性研究。美国贸易发展署对企业进行的出口可行性研究、市场调研、相关的人员培训提供资助。

美国针对农业有专门的金融扶持计划，除通常的出口信贷担保项目外，美国农业部还对出口商为便利农产品出口而进行海外相关设施建设（如运输、储藏、分销、加工等）所需要的贷款提供担保，并且对品牌产品的促销、农产品的市场研究与开发、获取技术帮助、获取贸易服务提供资金支持。

（5）促进对重要市场的出口及关键产业的出口。

1994 年，政府选择 10 个国家作为新兴市场，即中国（包括中国香港和台湾地区在内）、印度、印度尼西亚、韩国、墨西哥、巴西、阿根廷、南非、波兰、土耳其。1995 年又把印度尼西亚以外的 6 个东盟国家列入。

在关键产业方面，美国重点通过金融支持促进环保、信息、运输及金融等产业产品的出口。

2. 持续的“国家出口战略”计划

自克林顿政府首度开启国家出口战略计划至今，美国政府一直在根据需要不断地对国家出口战略目标和政策措施进行调整。

2010 年，为增加国内就业、增强美国企业在全球的竞争力，奥巴马政府提出五年

（到 2014 年底）出口翻番目标，启动美国“国家出口振兴计划”（National Export Initiative）[1] 以促进“美国制造”产品与服务的出口。

国家出口振兴计划的实施包括五个部分：

第一，加强和改进联邦政府相关部门服务与积极促进出口的行政职能，包括推行“商业外交”，如商务部和驻外使馆商务机构积极参与美国企业产品和服务的出口咨询与促销宣传；协调国内相关部门和机构，如进出口银行、小企业管理局、商务部、贸易发展署等为出口商提供“一站式”服务；加大对出口的鼓励力度；等等。

第二，提高与出口相关的信贷资金的可获得性，特别是针对中小企业，要求美国进出口银行和其他相关融资机构加大融资规模，扩大服务范围。

第三，通过全球、区域、双边三个层面推进贸易谈判，清除和降低美国产品和服务出口贸易障碍，包括 WTO 多哈回合谈判，与韩国、巴拿马、哥伦比亚等的双边贸易谈判；加强开拓新兴市场国家，包括中国、印度、巴西及其他国家；同时在不损害美国利益的前提下，放松对高科技产品的出口管制。

第四，有效执行贸易协定和规则，遵循所谓“公平贸易”原则，逼迫贸易伙伴开放市场，同时加强对其知识产权的保护。

第五，为美国持续扩大出口创造有利的外部条件。

美国国家出口振兴计划的执行最终效果并不显著。出口倍增计划的目标是 2014 年出口达到 3.14 万亿美元，复合年增长率达到 15%。但根据 WTO 2015 年国际贸易统计数据，2010—2014 年，美国货物和服务出口年均增长 6%，进口年均增长 5%[2]，没有实现出口倍增目标。

特朗普执政时期为扩大美国出口，政府的政策重心转向单边行动，美国与主要贸易伙伴的贸易冲突和纷争不断，其中影响最为深远、破坏力最大的要属美国引发的中美贸易摩擦。

美国《2023 年国家出口战略》[3] 明确促进贸易的优先事项和协调一致的整体政策框架，以更好地帮助美国企业在全球市场竞争，扩大和多元化美国出口市场。

《2023 年国家出口战略》通过规划和调动资源，重点帮助美国企业，特别是中小企业、历史上出口不足的企业、刚启动出口的企业，通过疏通和完善资源可获得的渠道及可行的政策工具帮助它们寻找市场机会[4]，增强竞争力，克服贸易壁垒，在全球不断地扩大销售其产品和服务。

政府将采取行动实质性地促进一些行业的出口，包括气候与清洁技术解决方案、制造业、旅游业、全球基础设施开发、农林渔及海产品等领域。

（1）在气候与清洁技术解决方案领域，具体的行动包括：加强气候和清洁技术的国

① TPCC. 2011 National Export Strategy：Powering the National Export Initiative，2011.

② 同期，货物出口量年均增长 4.5%，货物进口量年均增长 3.0%。

③ 参见 www.trade.gov/tpcc。美国上一次发布“国家出口战略”报告还是 2016 年。美国贸易政策具有相对连续特征，其根源在于美国经济地理特征（即不同地区特有的经济利益）的稳定，及与之相关的政治地理特征（这些利益集团在国会的代言人）的稳定。资料来源：道格拉斯·欧文. 贸易的冲突：美国贸易政策 200 年. 北京：中信出版集团，2019。

④ 比如展览会、博览会、贸易代表团、数据工具、针对外国市场的跨文化和语言服务等。

内竞争力，《通胀削减法案》为这一产业的国内扩张提供充足资源，其中包括提供 600 亿美元的行业投资支持，以帮助建立和发展国内强大的产业出口根基；吸引外资对该行业的投资，加强国内供应链建设，并发展出口能力；政府为高研发企业提供奖励和财政支持；出台一揽子金融支持计划；政府机构有针对性地着力进行宣传活动，甚至做出外交努力；等等。总之，尽全力将政府资源匹配到建立和发展行业及产品竞争优势以及获取全球市场机会上。

（2）在制造业领域，除了向美国出口企业提供传统的贷款、贷款担保和保险外，授权美国进出口银行建立“中国与转型出口项目”，在人工智能、生物技术、生物医学科学、无线通信设备、量子计算、半导体、可再生能源、能源效率和能源储存、新兴金融技术、水处理和卫生及高性能计算等 10 个出口领域帮助美国企业与中国企业进行竞争。要求进出口银行应保留不少于其融资权限的 20%用于该项目，即把 270 亿美元用于相关借贷，贷款利率及其他条件与中国以及其他国家提供的相比须有竞争力。①

为帮助美国制造业企业在全球市场有效地竞争，政府将工作聚焦在供应链弹性、持续性和数字化转型以及贸易融资和技术标准开发方面。

（3）美国每年的旅游收入居世界之首，对经济增长的贡献很大，美国每 20 个人的工作中，就有 1 个人的工作直接或间接与旅游有关。为此，联邦政府发布国家旅游战略目标，到 2027 年，将吸引 9 000 万人到美国旅游，每年创造 2 790 亿美元收入。

（4）关于全球基础设施开发问题，通过国际协定和协调②，提高政府采购的公平性和透明度；加强政府跨部门协作，支持基础设施项目的早期介入和最终项目达成；倡导项目的商业化运作；有效关注和提供国外市场项目机会信息。

（5）在农林渔领域，通过举办展览会或商展、组织贸易代表团、举办网上推介会加强与新市场的联系；扩大中小企业出口机会；增强生产者的发展可持续性；加强与生产者和出口企业的沟通；通过谈判和协商清除与降低进入市场的贸易壁垒；加大对出口的金融支持力度。

（6）在海产品领域，通过跨部门协调、寻找市场机会、举办推广和促进活动、完善信息提供渠道和市场分析促进海产品出口。

《2023 年国家出口战略》提出的出于“国家安全”的考虑，事实上更多是出于市场竞争的需要，美国继续对中国实施出口管制，防止中国获得高端技术，截至 2023 年，美国已经对约 1 000 个中国实体和个人实施了经济制裁。③

美国所倡导的所谓“公平贸易”是基于美国国家利益优先原则的，是不对等的。对于美国竞争力正处于或即将步入下降通道的一些行业，美国的“公平贸易”做法实际上就是过度保护，具有明显的侵略性特征。

---

① 剑指中国，给美国企业提供充足的资金和足够低的贷款利率，使美国出口企业在无须过虑资金成本的情况下与中国企业展开竞争。

② 如“全球基础设施和投资伙伴关系”（Partnership for Global Infrastructure and Investment，PGII）倡议。

③ 美国滥用出口管制措施的做法是对自由贸易和现行国际经济贸易规则的严重背离，破坏了全球价值链的稳定性。

专栏 7-1

2021—2030 年欧盟《开放、可持续和坚定自信的贸易政策》* 的主要内容

目标	为恢复经济和实现经济转型提供支持以达成欧盟绿色和数字化目标
	为可持续和公平的全球化设立全球规则
	增强维护欧盟利益的能力，必要时，行使欧盟权力
行动领域	改革 WTO，恢复争端解决机制
	支持向更绿色的经济转变，提升价值链的可持续性，并使其更符合欧盟标准
	支持经济与服务贸易向数字化转变
	增强欧盟设立世界规则的能力，增强与伙伴特别是美国的合作
	深化与非洲和邻国的联系
	增强欧盟在多边、地区、双边贸易协定方面的执行力

* 该文件的英文名称为 An Open，Sustainable and Assertive Trade Policy。

资料来源：WTO，Trade Policy Review：European Union，2023.

二、出口信贷与出口信贷担保[①]

(一) 出口信贷

1. 出口信贷的概念

出口信贷（Export Credit）是指一个国家为增强商品的竞争能力、扩大本国商品的出口，通过给予利息补贴并提供信贷担保的方法，鼓励本国银行对本国出口商或国外进口商（或进口方银行）提供低息贷款。它是一国出口商利用本国银行的贷款扩大商品出口，特别是金额较大、期限较长的商品如成套设备、船舶等出口的一种重要手段。

2. 出口信贷的种类

出口信贷一般按照贷款对象进行划分，分为卖方信贷和买方信贷。[②]

（1）卖方信贷（Supplier Credit）。它是出口方银行向本国出口商（即卖方）提供的低利率优惠贷款。这种贷款协议由出口商与出口方银行签订。实际上，卖方信贷是出口商通过将其货物买卖合同中远期收汇的权益抵押给贷款银行，从银行获取资金融通的

① 官方支持出口信贷，广义上通常包括直接出口贷款、出口信用保险或担保等形式，是世界各国支持出口和投资的政策性金融体系的重要组成部分，也是国际经济治理体系中具有独特功能的特定细分领域。该领域的规则为国际规则的有机组成部分，是 WTO 规则所允许的、各国普遍采用的促进出口的政策工具，即按照《关于官方支持出口信贷的安排》（也称出口信贷“君子协定”）规则要求提供的官方支持的出口信贷不构成 WTO 项下的禁止性补贴。大部分出口信贷是商业性的。中国和印度等国家未加入出口信贷君子协定，但在提供官方支持出口信贷实务安排中，通常会遵循“商业化运作”原则，坚持合理运用官方信贷，不对私营市场造成挤出，甚至出口信贷、出口信用保险的某些要求要严格于出口信贷君子协定。

② 目前，出口信贷在原有卖方信贷和买方信贷的基础上，又出现了一些新形式，如混合信用贷款、福费廷、信用安排限额等。

过程。

卖方信贷通常用于大型机械及成套设备、船舶等资本品的出口。由于这些商品的出口涉及的资金量较大、时间较长，进口商一般都要求采用延期付款的办法。出口商为了加速资金周转，往往需要取得银行的贷款。出口商付给银行的利息、费用有的包括在货价内，有的在货价外另加，但最后都转嫁给进口商，由进口商负担。因此，卖方信贷是银行直接资助本国出口商向外国进口商提供延期付款，以促进商品出口的一种方式。

在采用卖方信贷的条件下，通常在签订买卖合同后，进口商先支付等于货款10%～15%的定金，作为履约的一种保证金，在分批交货、验收和保证期满时，再支付10%～15%的现汇货款，其余的货款在全部交货后若干年内分期摊还，并支付延期付款期间的利息。出口商把所得的款项与利息按贷款协议的规定偿还给本国的贷款银行。所以，卖方信贷实际上是出口商从贷款银行取得贷款后，再向进口商提供延期付款。银行与出口商之间属于银行信用，出口商与进口商之间属于商业信用。

卖方信贷的具体步骤有以下几方面：

第一，在正式签署货物买卖合同前，出口商必须与贷款银行取得联系，获得银行发放出口信贷的确认。一般情况下，银行在受理和审核项目后，对出口商下达具体要求，如买卖合同必须规定，进口商现金支付比例要达到合同金额的10%～20%；分期付款是每半年等额贷款本金和利息偿还一次，以与贷款偿还一致；出口商向保险机构投保出口收汇险，将保险费打入货价，并将保险单收益权转让给出口方银行；进口商延期付款担保机构的资格由贷款银行确认。

第二，出口商与进口商签署货物买卖合同，同意以延期付款方式向进口商出售商品。一般情况下，合同要求进口商在合同生效后以即期付款方式支付等于货款10%～20%的定金，作为履约的一种保证金，在分批交货、验收和保证期满时，再支付10%～15%的现汇货款，其余的货款在全部交货后若干年内分期摊还，一般为每半年偿付一次，并支付延期付款期间的利息。

第三，出口商在与进口商签署货物买卖合同的同时，向保险公司投保出口收汇险，并将保险项下的权益转让给贷款银行，出口商与贷款银行正式签署贷款协议，在协议中，出口商同意将货物买卖合同下的远期收汇权益抵押给贷款银行。

第四，在出口商按期收到进口方银行开具的信用证或保函，并收到定金后，出口商开始组织生产，并向贷款银行提款。提款基本有两种形式：一是在出口商发货交单时，出口商按货款比例向贷款银行提款，这是比较规范的做法。因为只有出口商按期交货，才能得到进口方银行开出的本票或汇票，贷款银行根据上述债权凭证才发放贷款。二是出口商在取得定金后，根据生产中的资金缺口向贷款银行提款。这种形式对贷款银行风险较大，如果出口商不能按期交货，出口商转让给银行的远期收汇险保单和抵押的远期收汇凭证就会失去意义。因此，在这种情况下，贷款银行要求出口商提供出口商品按期交货履约保证。

第五，进口商在规定的期限内分期偿还剩余货款，并支付延期付款的利息。出口商将收到的货款依照贷款协议偿还给银行。

(2) 买方信贷（Buyer Credit）。它是出口方银行直接向外国的进口商（即买方）或进口方的银行提供的贷款。其附带条件就是提供的贷款必须用于购买债权国的商品，因而起到促进商品出口的作用，买方信贷也被称为约束性贷款（Tied Loan）。

在采用买方信贷的条件下，当出口方贷款银行直接贷款给外国进口商时，进口商先用自己的资金，以即期付款方式向出口商交纳等于买卖合同金额15%～20%的定金，对于其余货款则以即期付款方式将银行提供的贷款付给出口商，然后按贷款协议所规定的条件，向贷款银行还本付息；当出口方贷款银行贷款给进口方银行时，进口方银行也以即期付款方式代理进口商支付应付的货款，并按贷款协议规定的条件向贷款银行归还贷款和利息等。至于进口商与本国银行的债权债务关系，则按双方商定的办法在国内结算清偿。买方信贷不仅使出口商可以较快地得到货款和减少风险，而且使进口商对货价以外的费用比较清楚，便于进口商与出口商进行讨价还价。因此，这种方式较为流行。

在买方信贷中，如果贷款对象是进口方银行，涉及的合同关系就比较复杂，主要包括进出口商之间的货物买卖合同、出口方银行与进口方银行之间的贷款协议、出口方银行与出口信贷担保机构之间的担保协议、进口方银行与进口商之间的转贷协议、出口方银行与出口商之间的出口信贷担保保费支付协议等。保费支付协议是出口买方信贷担保的前提，出口信贷担保协议是出口信贷的前提。出口信贷的买方信贷基本流程如下：

第一，出口商提出买方信贷意向申请，在银行审核项目材料，出具贷款意向书，并对商务合同具体付款条件提出要求后，进出口方才进入货物合同签署阶段。

第二，进出口商签署现汇货物买卖合同，并明确进口商将使用出口方银行提供的买方信贷支付货款。合同签署后，进口商先支付等于货款15%～20%的定金。

第三，由进口商或进口方银行与出口方银行签署贷款协议。

第四，进口商根据出口商交货情况分批利用出口方银行贷款或进口方银行转贷的资金支付80%～85%的货款。

第五，进口商根据与进口方银行、出口方银行的贷款协议支付本金和利息。

第六，在买方信贷的贷款对象为进口方银行的情形下，进口方银行根据贷款协议向出口方银行支付本金和利息。进口方银行与进口商之间的债权债务关系根据协议在国内进行结算。

3. 出口信贷的主要特点

（1）信贷发放以货物出口为基础。出口信贷支持的一般都是金额较大、所需资金融通期限较长的商品出口，如成套设备、船舶等。出口方银行向进口商提供的贷款必须全部或大部分用于购买提供贷款国家的商品。

（2）贷款利率较低。出口信贷利率一般低于资本市场相同条件的市场利率，利差由政府提供补贴来给予补偿，无论贷款机构是政府设立的专门机构，还是普通的商业银行。

（3）出口信贷的贷款金额通常只占买卖合同金额的85%左右，其余10%～15%由进口商先行支付。

（4）出口信贷发放与出口信贷保险相结合。由于出口信贷期限较长、金额大、涉及不同国家的当事人，因此，出口信贷的风险对贷款银行而言远远大于单纯对国内机构发放的贷款。而对于出口信贷，私人保险公司一般不愿意提供保险。在这种情况下，政府为促进出口，设立专门的出口信贷担保机构来承担出口信贷风险。例如美国进出口银行[①]、日本输出入银行、法国对外贸易银行、中国进出口银行等，除对成套设备、大型交通工具等商品的出口提供国家出口信贷外，还向本国私人商业银行提供低利率贷款或给予贷款补贴，以资助它们的出口信贷业务。

（5）出口信贷是政府促进出口的手段。一般而言，获取出口信贷支持的出口商品都是资本品，其所在产业对国内经济增长、就业都有着较大的影响力，对其他产业也具有较强的连锁效应。因此所有的发达国家和越来越多的发展中国家都设立专门的机构，办理出口信贷和出口保险业务，并对商业金融机构发放出口信贷实施鼓励政策。如英国曾规定，商业银行发放出口信贷超过其存款的18%时，超过部分由出口信贷保险机构提供支持。

专栏 7-2

中国进出口银行

中国进出口银行是由中央政府全资拥有，提供出口信用的政策性银行。它通过出售债券在中国内地和香港资本市场筹集资金，其信用评级与中国主权评级相一致。该银行的主要任务是为中国的机械、电子产品、成套设备以及高新科技产品的进出口提供便利，协助在离岸合同项目和对外投资中具有比较优势的中国企业，并促进其对外关系发展和国际经贸合作。

在出口方面，中国进出口银行主要提供直接融资，包括出口买方信贷和出口卖方信贷。在提供出口信贷时，中国进出口银行会为一些贷款业务规定自有资金或预付款的比例，以避免风险。

中国虽然不是经济合作与发展组织《关于官方支持出口信贷的安排》的参与国，但中国进出口银行在签发出口信贷时，很大程度上参照了该协议，并与该协议的基本框架大体保持一致；在开展业务时参考《关于官方支持出口信贷的安排》和其他国家官方出口信用机构的相关做法。

从20世纪60年代起，主要发达国家通过经济合作与发展组织平台来协调各自的出口信贷和出口信用保险政策以缓和它们之间的矛盾，并于1978年制定了第一版《关于官方支持出口信贷的安排》，即出口信贷“君子协定”，以保障各参加国在公平的条件下支持出口。该君子协定遵循官方支持出口信贷的使用应规范有序、避免恶性竞争，同时避免对私营市场产生挤出效应的原则。[②]

该君子协定协调成员国的出口信贷条件，并对成员国出口信贷的最低利率（Mini-

---

① 美国进出口银行隶属于美国政府，主要针对无法从私人渠道获得直接贷款、贷款担保、出口信贷保险、流动资金贷款担保的出口商提供出口融资。截至2021年12月底，美国进出口银行的贷款敞口为413亿美元，涉及163个国家，飞机占38%、天然气占26%、制造业占19%。除美国进出口银行外，美国出口促进金融机构还包括小企业管理局（Small Business Administration，SBA）、美国国际开发金融公司（US International Development Finance Corporation，DFC）、私人出口资助公司（Private Export Funding Corporation，PEFCO）。

② 截至2020年，君子协定参加国包括澳大利亚、加拿大、欧盟27国、英国、日本、新西兰、韩国、挪威、瑞士、土耳其、美国，代表37个国家的利益。

mum Interest Rate)、信贷期限等做出统一的调整和规定。1981年以来，经济合作与发展组织成员国对出口信贷利率进行了多次调整。从1988年1月15日起，对不发达国家（人均国民生产总值在681美元以下）提供的中长期贷款利率为8.00%；对中等国家（人均国民生产总值为681～4 000美元）提供的2～5年的贷款利率为8.85%，5年以上的贷款利率为9.35%；对富国（人均国民生产总值在4 000美元以上）提供的2～5年的贷款利率为10.15%，5年以上的贷款利率为10.40%。

上述的出口信贷最低利率，根据国家所属的类别和信贷期限的长短而有所不同，期限越长，接受出口信贷的国家人均国民生产总值越高，利率就越高；反之，期限越短，接受出口信贷的国家人均国民生产总值越低，利率就越低。

1983年君子协定规定最低利率与市场利率挂钩，使最低利率水平接近于市场利率，这样就在一定程度上减少了发达国家对出口信贷的补贴。君子协定规定的最低利率有两种：一种是模式最低利率（Matrix Minimum Interest Rate），它是由美元、英镑、法国法郎、联邦德国马克和日元五种一揽子货币的政府债券利率加权平均而成的综合最低利率，其利率随着市场利率的变化而调整，每年1月15日和7月15日进行调整。上述的1988年1月15日的最低利率就属于这种利率。另一种是商业参考利率（Commercial Interest Reference Rate），它是经济合作与发展组织各成员国的政府债券利率，每月15日调整一次。它是单一货币利率，一旦某一货币利率下调到低于上述的模式最低利率，即可选择该国货币的商业参考利率。

随着全球贸易版图的重大变化，君子协定的局限性日益明显，主要表现为对发展中国家建立和实施的官方支持出口信贷机制的差异性缺乏包容，另外，君子协定融资条件的约束缺乏灵活性，难以适应参加国产业链发展和融入全球价值链的需求。

为此，2012年中美两国牵头建立了出口信贷国际工作组（IWG）[①]，旨在制定一套能够照顾不同国家利益和国情，与国际最佳实践相契合的出口信贷国际指导原则，最终取代君子协定。IWG成员除中国和美国外，还包括以欧盟国家、日本为代表的OECD成员国和金砖国家等18个谈判方，代表着45个国家的利益。目前适用的君子协定是2020年修订版。

（二）出口信贷国家担保制

出口信贷国家担保制（Export Credit Guarantee System）是指国家为了扩大出口，对于本国出口商或银行向外国进口商或银行提供的信贷，由国家设立的专门机构出面担保，当外国债务人拒绝付款时，这个国家机构即按照承保的数额给予补偿，专门机构承担的政策性保险不以营利为目的。

出口信贷国家担保制的主要内容如下：

1. 担保项目与金额

通常商业保险公司不承保的有出口风险的项目，都可向担保机构进行投保。风险一

① IWG目前是该领域发达国家与发展中国家共同参与的唯一对话机制，在该框架下，近年来各参加方就如何构建一套照顾不同国家利益和国情的出口信贷新规则进行深入探讨，在一些技术议题上取得了进展。然而，由于各参加方发展阶段和需要不同，在设计新规则等一些核心问题上仍存在较大分歧，很难达成一致。

般分为以下两类：

（1）政治风险。对由于进口国发生政变、革命、暴乱、战争以及政府实行禁运、冻结资金或限制对外支付等政治原因而致使货物无法入境、货款（或贷款本金和利息）无法收回或正常收回、货币无法兑换等所造成的损失，可给予补偿。这种风险的承保金额一般为合同金额的85%～95%。

（2）经济风险。对进口商或进口方银行因破产或倒闭无力偿付、货币贬值或通货膨胀等经济原因而致使合同无法履行、货款（或贷款本金和利息）无法回收或正常回收、出口收入减少等所造成的损失，可给予补偿。担保金额一般为合同金额的70%～80%。

为了扩大出口，有时对某些出口项目的承保金额达到100%。

2. 担保对象

（1）对出口商的担保。出口商输出商品时提供的短期商业信用或中、长期商业信用可向国家担保机构申请担保。有些国家的担保机构本身不向出口商提供出口信贷，但它可以为出口商从其他商业金融机构取得出口信贷提供有利条件。例如有的国家采用保险金额抵押的方式，允许出口商将所获得的承保权利，以“授权书”方式转移给贷款银行而取得出口信贷。这种方式使银行提供的贷款得到安全保障，一旦债务人不能按期还本付息，银行即可从担保机构得到补偿。

（2）对银行的直接担保。通常银行所提供的出口信贷均可申请担保，这种担保是担保机构直接对贷款银行承担的一种责任。有些国家为了鼓励出口信贷业务的开展和提供贷款安全保障，往往给银行更为优厚的待遇。例如在英国对商业银行向出口商提供的某些信贷，一旦出现过期未能清偿，出口信贷担保署（Export Credit Guarantee Department）可给予100%的偿付，而不问未清偿的原因，但保留对出口商要求偿付的追索权。如果出口商不付款的原因超出了该署所承保的风险范围，该署可要求出口商偿还。这种办法有利于银行扩大出口信贷业务，客观上促进了一国商品的输出。

3. 担保期限与费用

根据出口信贷期限，担保期限通常可分为短期与中、长期。短期信贷担保期限为6个月左右，承保范围往往包括出口商、贷款银行所有的与商品出口直接相关的短期信贷交易。为了简化手段，有的国家对短期信贷采用综合担保（Comprehensive Guarantee）的方式。出口商或贷款银行只要一年办理一次投保，担保机构就可承保在这期间的一切短期信贷交易。一旦债务人拒付，出口商或贷款银行即可得到补偿。至于中、长期信贷担保，由于金额大、时间长，因而采用逐笔审批的特殊担保（Specific Guarantee）方式。中、长期信贷担保期限通常为2～15年。担保期限可以从出口合同成立之日起到最后一笔款项付清为止，也可以从货物装运出口起到最后一次付款为止。

这些担保机构的主要目的在于担保出口商与贷款银行在海外的风险，以扩大商品出口，因此所收的费用一般不高，以减轻出口商和银行的负担。通常保险费率根据出口担保的项目、金额大小、期限长短和输往的国别或地区而有所不同。此外，各国保险费率也不一样，英国一般为0.25%～0.75%，德国一般为1%～1.5%。

出口信贷国家担保制旨在消除和减轻出口商、贷款银行在商业信用、银行信用提供过程中可能面临的各种风险，增强出口商品在国际市场上的竞争能力。第二次世界大战后，发达国家基本形成了完善的出口信贷保险制度。目前，世界上有 50 多家出口信贷保险机构，其中包括一些发展中国家的机构，如中国出口信用保险公司①。OECD 成员国在 OECD 框架或指导原则内向本国出口商、国外进口商和银行以及本国银行等提供出口信贷和出口信贷担保服务，如法国和德国均设立专门机构提供出口信贷保险或保证②，英国出口融资署（UK Export Finance）为政府机构，提供出口保险、直接融资、信用证、投资保险等多种服务。

三、出口补贴

出口补贴（Export Subsidies）又称出口津贴，是一国政府为了降低出口商品的价格，加强其在国外市场上的竞争能力，在出口某种商品时给予出口商的现金补贴或财政上的优惠待遇。

（一）出口补贴的方式

1. 直接补贴（Direct Subsidies）

直接补贴包括价格补贴和收入补贴两种形式。

价格补贴是政府或专门设立的机构根据出口商出口商品的数量或价值直接给予的现金补贴，如每出口一数量单位或单位价值的商品，政府补贴多少现金的做法，历史上韩国曾经使用过这一办法促进出口。价格补贴也可以采取补贴差价的方式。在一些国家出口产品的国内价格高于国际市场价格的情况下，按国际市场价格出口就会出现亏损或少盈利，它们的政府就会根据国际市场价格与本国出口产品价格的差价给予补贴，通过补贴使得本国产品获得与其他国家相同产品同样的价格竞争能力，并且能够保证正常的盈利。欧盟农产品出口补贴就是采取补贴差价的方式。差价补贴的幅度和时间的长短，往往随着国内市场与国际市场之间的差价的变化而变化。有时为了鼓励某种商品的出口，补贴金额甚至大大超过实际差价。根据掌握的资料，差价补贴主要针对农产品出口，特别是欧美。

收入补贴主要指政府或专门设立的机构对出口亏损企业进行的补贴或补偿。实施收入补贴的做法非常少见，中国实行经济改革前，外贸企业发生的亏损全部由政府承担。

欧盟对农产品出口实施直接补贴，欧盟主要接受直接补贴的产品包括小麦和面粉、粗谷物、大米、糖、黄油、脱脂奶粉、奶酪、其他奶制品、牛肉、猪肉、家禽肉、鸡蛋、红酒、新鲜水果和蔬菜、加工水果和蔬菜、烈性酒及酒精制品。从补贴额度看，欧盟向

---

① 中国出口信用保险公司是我国唯一的专门从事出口信用保险的政策性保险公司。作为全资国有公司，中国出口信用保险公司的成立一方面是为了通过提供出口信用保险来应对非支付风险，从而促进中国的出口和投资，尤其是高科技或高增值的资本货物的出口；另一方面是为了提供融资、信息、应收账款管理等服务。中国出口信用保险公司根据一个已设计好的溢价模型来计算保费，该溢价模型考虑到国家和商业风险评级、信用条款、投保风险、保险政策条件及操作成本和财务成本。

② 法国的专门机构为法国国家投资银行出口保险部（Bpifrance Assurance Export）；德国的专门机构为裕利安怡银行（Euler Hermes Aktiengesellschaft）。

WTO 通报的补贴占 WTO 成员通报总补贴额度的 90%以上[①]，其次是瑞士、美国、挪威，这四个经济体总计占 97%。

2. 间接补贴（Indirect Subsidies）

间接补贴是指政府对某些出口商品给予的财政上的优惠，以降低出口商品的成本，提高出口商品的价格竞争力。如政府对出口商直接提供优惠利率贷款，或对其获得的其他商业机构贷款给予利率补贴；政府退还或减免出口商品生产过程中进口原料、设备等已经缴纳的进口关税，退还在国内销售同类产品所缴纳的各种国内税；政府直接向出口商提供低价的公共设施服务，如低价的水、电等供应；政府免费为出口商品的企业作推销宣传（如通过海外商务处）、免费提供海外市场信息、免费提供咨询服务等。

（二）禁止使用出口补贴的情况

长期以来，各经济体对出口补贴问题争论不休，为此，乌拉圭回合谈判中达成的新的《补贴与反补贴守则》将补贴分为禁止使用的补贴、可申诉的补贴和不可申诉的补贴三类，并规定除农产品外任何出口产品的下列补贴，均属于禁止使用的补贴。

（1）政府根据出口实绩对某一公司或生产企业提供直接补贴。

（2）外汇留成制度或任何包含有奖励出口措施的类似做法。

（3）政府对出口货物的国内运输和运费提供了比国内货物更为优惠的条件。

（4）政府对出口产品生产所需的产品和劳务提供优惠条件。

（5）政府对出口企业的产品，全部或部分免除、退还或延迟征收直接税或社会福利税。

（6）政府对出口产品或出口经营，在征收直接税的基础上，对出口企业给予的特别减让超过对国内消费的产品给予的减让。

（7）对出口产品生产和销售的间接税的免除和退还，超过用于国内消费的同类产品生产和销售的间接税。

（8）对被结合到出口产品上的产品的先期积累间接税予以免除、退还或延迟征收，仍属于出口补贴之列。

（9）超额退还已结合到出口产品上的进口产品的进口税。

（10）政府或由政府控制的机构所提供的出口信贷担保或保险的费率水平极低，导致该机构不能弥补其长期经营费用或造成亏本。

（11）各国政府或政府控制的机构以低于国际资本市场利率提供出口信贷，或政府代为支付信贷费用。

（12）为公共利益目的而开支的项目，构成了《关税与贸易总协定》第十六条意义上的出口补贴。

在世界贸易组织框架下，出口补贴是被严格限制的，但农产品是例外，欧盟是世界上最大的实施出口补贴的国家集团，1993—1995 年，欧盟的农业补贴占总的农业产出的

---

① WTO，Trade Policy Review：European Union，2007.

比例高达49%。日本1993—1995年分别为72%、74%、77%。[①] 1995—1998年，欧盟年均出口补贴达到60亿美元，占全球总出口补贴的90%，瑞士约占5%，美国约占2%。从数量上看，出口补贴最多的产品是粮食，从价值上看，是牛肉和奶产品[②]，虽然乌拉圭回合签署的《农业协议》（Agreement on Agriculture）也将减少农产品补贴作为奋斗目标（在实施期结束时出口补贴的预算支出比1986—1990年基期减少36%，享有出口补贴的出口数量减少21%），但执行过程中，成员的补贴价值往往超过承诺水平，从而使得取消补贴成为一个更加漫长的过程。

在出口补贴问题上，美国与凯恩斯集团[③]主张全面终止一切形式的出口补贴，欧盟则主张渐进式地削减出口补贴，以印度、东盟为代表的发展中国家希望按照《农业协议》规定的方式和步骤逐步削减出口补贴，到2009年全面终止出口补贴，但给予发展中国家一定的灵活性。取消农产品出口补贴将是一项非常艰巨的任务，因为它直接关系到世界贸易大国的经济、政治利益。

四、商品倾销

商品倾销（Dumping）是指一些国家的出口企业以低于国内市场价格的价格，甚至低于商品生产成本的价格，在国外市场抛售商品，打击竞争者以占领市场。商品倾销通常由私人企业进行，但是随着国家对经济生活介入的程度不断加深，一些国家也设立专门机构直接对外进行商品倾销。例如美国政府设立的农产品信贷公司（Commodity Credit Corporation），实施价格支持政策，以高价在国内收购过剩的农产品，而按照比国内价格低一半的价格在国外倾销农产品。[④]

商品倾销按照倾销的具体目的和时间长短的不同，可分为以下几种形式：

（一）偶然性倾销（Sporadic Dumping）

这种倾销通常是因为销售旺季已过，或因公司改营其他业务，在国内市场上不能售出“剩余货物”，而以倾销方式在国外市场抛售。这种倾销对进口国的同类生产当然会造成不利影响，但由于时间短暂，进口国家通常较少采用反倾销措施。

（二）间歇性或掠夺性倾销（Intermittent or Predatory Dumping）

这种倾销是以低于国内价格甚至低于成本的价格，在某一国外市场上销售商品，在打垮或摧毁所有或大部分竞争对手而垄断市场之后，再提高价格。这种倾销的目的是占领、垄断和掠夺国外市场，获取高额利润。具体来说，有的是为了击垮竞争对手，以扩

---

① 出口补贴基本都针对农产品出口，因而出口补贴构成各国农业补贴的一部分。

② 海闻，P. 林德特，王新奎. 国际贸易. 上海：上海人民出版社，2003：308-309.

③ 凯恩斯集团（Cairns Group）1986年在澳大利亚的凯恩斯成立。该集团致力于建立一个公正的农产品贸易体系，在WTO内部要求发达成员削减和取消农产品补贴，支持发展中成员的粮食安全和寻求农业持续发展的努力。该集团主要由农业生产国组成，包括加拿大、澳大利亚、新西兰、阿根廷、巴西、泰国、印度尼西亚等18个国家，主要是发展中国家。目前集团成员国占有世界农产品出口市场35%的份额。

④ 有时采取提供农产品商品信贷的方式倾销产品。

大和垄断产品的销路；有的是为了阻碍当地同类产品或类似产品的生产和发展，以继续在当地市场维持其垄断地位；有的是为了在国外建立和垄断新产品的销售市场等。这种倾销严重地损害了进口国的利益，因而许多国家都采取征收反倾销税等措施进行抵制。

（三）长期性倾销（Long-run Dumping）

这种倾销是企业长期以低于国内市场价格的价格，在国外市场出售商品。这种倾销具有长期性，其出口价格至少应高于边际成本，否则商品出口将长期亏损。因此，倾销者往往利用"规模经济"优势，扩大生产以降低成本。有的出口商还可通过获取本国政府的出口补贴来进行这种倾销。

倾销商品可能会使企业利润暂时减少甚至亏本。倾销者一般采用以下办法取得补偿：

（1）在贸易壁垒的保护下，用维护国内市场上的垄断高价或压低工人的工资等办法，获取高额利润，以补偿出口亏损。

（2）用国家提供的出口补贴补偿倾销时的亏损。

（3）出口企业在国外市场上进行倾销，打垮国外竞争者、占领国外市场后，再抬高价格，攫取高额利润，弥补已发生的损失。

五、外汇倾销

（一）外汇倾销的含义

外汇倾销（Exchange Dumping）是出口企业利用本国货币对外贬值的机会，争夺国外市场的特殊手段。在一国货币贬值后，出口商品以外国货币表示的价格降低，提高了该商品的价格竞争能力，从而实现扩大出口。

（二）外汇倾销的条件

外汇倾销不能无限制和无条件地进行，只有具备以下两个条件才能起到扩大出口的作用。

1. 货币对外贬值的程度大于国内物价上涨的程度

货币对外贬值必然引起一国国内物价上涨的趋势。当国内物价上涨的程度赶上或超过货币对外贬值的程度时，对外贬值与对内贬值的差距也随之消失，外汇倾销的条件就不存在了。但是，国内价格与出口价格的上涨总要有一个过程，并不是本国货币一贬值，国内物价就立即相应上涨。在一定时期内国内物价上涨的程度总是落后于货币对外贬值的程度，因此出口企业就可以获得外汇倾销的利益。

2. 贸易对手国家不实行同等程度的货币贬值和不采取其他报复性措施

如果贸易对手国家也实行相同幅度的贬值，那么两国货币贬值幅度就相互抵消，汇价仍处于贬值前的水平，出口国就得不到货币对外贬值的利益。如果贸易对手国家采取提高关税等其他限制进口的报复性措施，也会起到抵消出口国货币贬值的作用。

专栏 7-3

对外汇倾销的两个前提条件的解释

1. 货币对外贬值的程度大于国内物价上涨的程度

假定：

- A、B两国进行贸易，A国向B国出口。
- A、B两国汇率为5：1，A国宣布其货币对外贬值100%，汇率变为10：1。
- A国货币贬值前，国内价格为1 000的商品国外标价200，贬值后国外标价100。
- A国货币对外贬值后，国内出现通货膨胀，物价上涨100%，原来价格为1 000的商品，现价达到2 000（成本+利润）。

在这种情况下，出口商品的国外标价不能低于200，只有以200的价格出售商品，才能兑换2 000本币，才能正常地进行再生产，并取得利润。如果标价低于200外币，换回的本币少于2 000，再度生产的投入和正常利润将无法保证。

因此，货币对外贬值的程度必须大于货币对内贬值的程度，外汇倾销才能实现。

2. 贸易对手国家不实行同等程度的货币贬值和不采取其他报复性措施两种情况

（1）如果B国货币同等程度地贬值，A、B两国的货币兑换率维持不变，则无法进行外汇倾销。

假定：

- A、B两国进行贸易，A国向B国出口。
- A、B两国汇率为5：1，A国宣布其货币对外贬值100%，汇率变为10：1。
- A国货币贬值前，国内价格为1 000的商品国外标价200，贬值后国外标价100。
- 如果A国出口商品在国外的销售价格介于100～200之间，则由于价格下降，A国就可以扩大该商品的出口。
- 但进口国针对A国商品征收100%的进口附加税，A国国内价格为1 000的商品国外标价100，再加上100的进口附加税，其国外标价不能低于200，因而借助货币贬值的倾销不能实现。

（2）如果贸易对手国家采取报复性措施，则出口国也无法进行外汇倾销。

专栏 7-4

货币对外贬值条件下出口商的价格策略：以数例说明

假定1：涉及美国与中国两个贸易伙伴。

假定2：人民币对美元贬值前，汇率为6.5元人民币兑换1美元，人民币对美元贬值后，汇率为7元人民币兑换1美元。

假定3：中国某企业的A产品国内标价为人民币650元。

贬值前A产品在美国的标价为100美元，贬值后650元人民币折算为美元约合93美元。在这些假定条件下，中国出口商的A产品在美国的销售价格可以有三种选择：

（1）保持100美元售价不变。这一策略的结果是，货币贬值不会带来A产品销量的增加，但出口企业可以增加单位A产品的盈利，因为现在100美元折合人民币为700元，较贬值前，每销售一单位A产品能增加50元人民币收益。

(2) 以93美元出售产品。考虑到产品需求价格弹性的作用，多数情况下出口商可以增加产品销量，因为完全相同的产品，其价格由过去的100美元下降到93美元，虽然每销售一单位A产品所获得的收入折合人民币650元，单位产品利润并没有增加，但由于销售数量的增加会导致出口增加，所以出口商可以提高企业的总利润水平。

(3) 在美国的销售价格介于93美元与100美元之间。这样做既可以扩大产品销售数量，又可以增加单位A产品的利润，导致总利润水平大幅度提高，这一价格策略通常为多数出口商所采用。

六、促进出口的行政组织措施

为了扩大出口，许多国家在行政组织方面采取了各种措施。

（一）设立专门机构或组织

设立这些专门机构或组织是为了向政府提供政策咨询，向出口企业提供信息、情报方面的服务。

美国1960年成立扩大出口全国委员会，该机构的任务是向美国总统和商务部长提供关于改进出口促进措施的各类建议和相关数据信息。1978年，美国成立出口委员会、出口扩张委员会，隶属于美国总统国际政策委员会。为加强对贸易的管理，特别是加强出口促进，1979年，美国成立总统贸易委员会，具体负责美国的对外贸易事务。①

英国相应的机构为海外贸易委员会，它通过与英国驻外机构特别是海外商务机构保持密切联系，为本国商品出口企业提供商业信息，如特定国家或地区市场某些商品的供求状况、价格状况、潜在需求，甚至为出口企业达成交易做免费中介。该委员会还为与出口有关的活动如商品展出、谈判等提供经费帮助。

（二）组织贸易中心和贸易展览会

政府出资建设贸易中心，设立常年商品展示场所，或通过政府提供补贴来组织、帮助出口企业到国外举办贸易展览或展销会，美国国家出口战略的实施就包括该项行政举措。

（三）组织贸易代表团出访和接待来访

一些国家的政府领导人出访会伴有庞大的工商代表团，或以政府的名义组织专门的贸易代表团出访，出访费用的大部分由政府提供补贴。同时，政府还指定部门或机构，或者建立新的机构负责贸易代表团的出访，及国外贸易代表团的接待工作事宜，提供贸易商之间的接触机会，帮助疏通信息，以最终达成交易。

① 参见“一、国家出口战略”部分的相关内容。

2004年，中法文化年，法国总统带队的贸易代表团在访华期间签署了价值40亿欧元的合同。

美国与贸易相关的机构，特别是商务部及下属机构全力配合国家出口战略的实施，调动政府资源来组织贸易代表团出访，寻求出口市场机会，仅2010年一年，美国贸易促进协调委员会就组织了35个贸易代表团、400多家企业到中国、印度等主要新兴市场调研、走访参观和交易接洽。

（四）组织出口商的评奖活动

这种做法属于精神鼓励。美国、日本、法国等对出口业绩卓著的企业授予各种奖章、证书，奖励它们对本国经济特别是国际收支平衡做出的贡献。

在中国，商务部为出口企业提供网上信息，如产品和市场信息（具体而言，如进口商和出口商名单）；为中小企业参与海外展览并获得国际认证提供支持；建立对外劳务服务平台，协助在国外工作的中国人；由商务部下属的中国对外贸易中心主办出口展览会，并由中国国际贸易促进委员会（CCPIT）提供出口咨询服务，旨在促进中小企业参加海外展览会；商务部还联合财政部共同建立和管理国际市场开拓基金；等等。

第二节　经济特区措施

许多国家或地区为促进经济和对外贸易的发展，采取建立经济特区的措施。经济特区是一个国家或地区在其关境以外划出的一定地域范围内，建筑或扩建码头、仓库、厂房等基础设施，实行免除关税、放松海关与外汇管制等优惠待遇，吸引外国企业从事贸易与出口加工工业等业务活动的区域。设置经济特区的目的是促进对外贸易的发展，鼓励转口贸易和出口加工贸易，繁荣本地区和邻近地区的经济，增加财政收入和外汇收入。

各国或地区设置的经济特区名目繁多、内容有异、规模不一，主要有以下几种形式：

一、自由港或自由贸易区

自由港（Free Port），也称自由口岸。自由贸易区（Free Trade Zone），也称对外贸易区、自由区、工商业自由贸易区等。无论是自由港还是自由贸易区，都是划在关境以外，对进出口商品全部或大部分免征关税，并且准许在港内或区内开展商品自由储存、展览、拆散、改装、重新包装、整理、加工和制造等业务活动，以促进本地区经济和对外贸易的发展，增加财政收入和外汇收入。

一般说来，自由港或自由贸易区可以分为两种类型：一种是把港口或设区的所在城市都划为自由港或自由贸易区，如中国香港整个地区都属于自由港。在香港，除了个别商品外，绝大多数商品都可以自由进出，免征关税，甚至任何外国商人都可以在那里兴办工厂或企业。另一种是把港口或设区的所在城市的一部分划为自由港或自由贸易区。例如，德国汉堡自由贸易区由汉堡市位于港区的两部分组成，汉堡自由贸易区位于港区的中心，占地 5.6 平方英里。外国商品只有运入这个区内才能享有免税等优惠待遇，不受海关监督。

国际上，自由港或自由贸易区没有关税和其他贸易限制，奉行贸易、投资自由化原则，要素流动自由，资金融通便利，政府办事具有高效率、高透明度，基础设施完备，有发达的通信、运输设施和条件，海、陆、空运输发达，并与世界主要航线相通，物流体系完善。

许多国家对自由港或自由贸易区的规定，归纳起来，主要有以下几个方面：

（一）关税方面的规定

对于获准自由进出自由港或自由贸易区的外国商品，不必办理报关手续，免征关税。少数已征收进口税的商品如烟、酒等再出口，可退还进口税。但是，如果港内或区内的外国商品转运入所在国的国内市场上销售，则必须办理报关手续，缴纳进口税。这些报关的商品，既可以是原来进口商品的全部，也可以是其一部分；既可以是原样，也可以是改样；既可以是未加工的产品，也可以是加工产品。有些国家对在港内或区内进行加工的外国商品往往有特殊的征税规定。例如，美国规定，用美国的零配件和外国的原材料组装加工的产品，进入美国市场时，只对该产品所包含的外国原材料的数量或金额征收进口关税；同时，对于该产品在港内或区内的增值部分也可免征进口关税。又如奥地利规定，外国商品在其自由贸易区内进行装配或加工后，商品增值 1/3 以上者，即可取得奥地利原产地证明书，可免税进入奥地利市场；增值 1/2 以上者，即可取得欧洲自由贸易联盟原产地证明书，可免税进入奥地利市场和其他欧洲自由贸易联盟成员国市场。

（二）业务活动的规定

对于获准进入自由港或自由贸易区的外国商品，可以储存、展览、拆散、分类、分级、修理、改装、重新包装、重新贴标签、清洗、整理、加工和制造、销毁、与外国的原材料或所在国的原材料混合，再出口或向所在国国内市场出售。

由于各国情况不同，有些规定也有所不同。例如在加工和制造方面，瑞士规定储存在区内的外国商品不得进行加工和制造，如要从事这项业务，必须取得设立在伯尔尼的瑞士联邦海关和边境安全局的特别许可方可进行。但是，第二次世界大战后，许多国家为了促进经济与对外贸易的发展，都在放宽或废除这类规定。

（三）禁止和特别限制的规定

许多国家通常对武器、弹药、爆炸品、毒品和其他危险器以及国家专卖品如烟草、酒、盐等禁止输入或规定凭特种进口许可证才能输入；有些国家对少数消费品的进口要征收高关税；有些国家对某些生产资料在港内或区内使用也征收关税，例如意大利规定在的里雅斯特自由贸易区内使用的外国建筑器材、生产资料等也包括在应征关税的商品之内。此外，有些国家如西班牙等，还禁止在区内零售。

世界上自由港、自由贸易区有很多，中国拥有世界上最大的自由港——香港。1841 年，香港开始成为自由港，这与其资源条件和地理位置有着紧密的关联，其生活、生产资料甚至水资源，几乎全部依靠进口。香港自由开放的政策吸引了大量外国资本的进入，促进了香港作为贸易转口、物流、金融中心的地位的建立。2022 年，香港货物贸易进出口总额达到 12 780 亿美元，服务贸易进出口总额达到 1 460 亿美元，货物贸易进出口分居世界第 8 位和第 6 位，服务贸易进出口分居世界第 25 位和第 24 位。[①]

专栏 7-5

美国对外贸易区（Foreign Trade Zone）

美国对外贸易区是由对外贸易区管理委员会特许设立的指定区域。

对外贸易区管理委员会是美国政府管理对外贸易区事务的最高机构，其主要职责是：制定对外贸易区的管理规则，审查批准各州对外贸易区的设立，监督检查对外贸易区的运作以及注销。该委员会由商务部与财政部共同管理，商务部长担任委员会主席，海关和边境保护局为重要成员。

主办对外贸易区的申请人可以是州政府机构、私人公司或非营利机构。美国法律规定，设立对外贸易区必须符合公共利益，与区域经济发展目标相协调。申请人（受让人）可以自己直接经营对外贸易区，也可以委托其他公司运作管理。

美国对外贸易区不设立专门的海关，由于所有对外贸易区都设在某一口岸地区或附近地区，因此，其日常监管也由该海关口岸实施。美国海关对区内货物的监管已从原来的逐票逐单的实际监管方式转为通过审计核查方式实施监管。目前在对外贸易区没有常驻海关人员。在审计核查制度下，海关不再保存库存记录，海关人员也无须定期到区内仓库检查，而是赋予对外贸易区的营运商必要的监管责任。海关则通过审计和核查方式实施监管。审计检查和现场查验为两种独立却又相互支持的海关监管方法，大大减少了海关的日常监管工作量，提高了对外贸易区货物出入区域的便捷度。

美国对外贸易区对货物管理采取分类监管做法。海关对进入对外贸易区的货物设定四类“状态”，按“状态”类别分别采用不同的管理程序。

状态一：国外货物进入区内后，在进行任何加工处理之前，货主可以向海关申请其为“优惠的国外状态”。一旦申请为该状态，货物的海关进口税号和税率就按申请日的税号和税率被评估确定下来。

状态二：美国国内（关境内）进入对外贸易区的只以出口、销毁或储存为目的的货物，可以申请为“对外贸易区受制状态”。货物一旦设定为该状态，非经特殊批准程序不可以改变此状态，不可返回美国国内，也不得进行加工、制造或组装等处理。

状态三：国外货物没有申请为优惠的国外状态的，货主可以选其为“非优惠的国外状态”。进入美国关境时，处于该状态的货物按进入关境时的税号和税率向海关纳税。

状态四：美国国内生产制造的已缴纳所有税项的商品，或从国外进口的已完税的商品，被视为处于国内状态。处于国内状态的货物包括用于维修和包装的材料，无须申请和批准就可以自由进出对外贸易区。

美国对外贸易区可分为两种类型：一般用途区和分区（Subzones）。一般用途区通常设立在港口或工业园，开放给多个区域使用者。虽然一般用途区允许设立制造业，但区

① WTO，World Trade Statistics Review，2023.

内最常见的经营活动还是仓储和分销活动。分区是具有特别目的的专用区，通常针对制造业企业而设立。分区仅适用于单一企业的某一项生产经营活动。申请建立分区一定要显示出对公众的重大利益，方能获得批准。获得特许的地区只有在美国当地海关和边境保护局的批准和管辖范围内同时在州或联邦或政府机构的监督下才可以用于上述活动。

美国对外贸易区用户的利益主要表现在：第一，对于再出口商品来说没有关税和配额的费用；第二，对进口商品推迟征收海关税和联邦税；第三，出于公共利益的考虑，当零部件关税比成品关税高时，对外贸易区提供“倒置关税减免”（Relief from Inverted Tariffs）机会，即零部件在区内加工成产品后进入美国关境时，海关按照较低的产成品税率进行征税；第四，对外贸易区企业可以对以自己名义进口的货物向所在地口岸海关关长申请使用直通程序，获准使用直通程序的货物不论在哪个口岸抵达，都可以直接以保税方式运入对外贸易区，无须事先向抵达口岸的地方海关申报。

区内允许进行的活动包括产品组装、展示、清理、操作、生产、混合、加工、重新换商标、重新包装、修复、回收、取样、储存、测试、展示和销毁；任何导致税目分类变化的生产和加工或者其他活动都必须征得对外贸易区管理委员会的特别同意；区内禁止零售。

资料来源：根据美国商务部网站资料整理。

二、保税区

有些国家如日本、荷兰等，没有设立自由港或自由贸易区，而是实行保税区制度。保税区（Bonded Area）又称保税仓库区，是海关所设置的或经海关批准注册的，受海关监督的特定地区和仓库。外国商品存入保税区内，可以暂时不缴纳进口税；如再出口，不缴纳出口税；如要运进所在国的国内市场，则需办理报关手续，缴纳进口税。运入区内的外国商品可进行储存、改装、分类、混合、展览、加工和制造等。此外，有的保税区还允许在区内经营金融、保险、房地产、展销和旅游业务。因此，许多国家对保税区的规定与自由港、自由贸易区的规定基本相同，保税区起到了类似自由港或自由贸易区的作用。

一般来说，在保税区的仓库，有的是公营的，有的是私营的；有的货物储存期限为1个月到半年，有的期限可达3年；有的允许进行加工和制造，有的不允许进行加工和制造。现利用日本保税区的情况加以说明。

日本规定外国货物运入或运出各种保税区，可暂时免缴关税，但应预先向日本海关呈交申报单，接受海关人员的监督，以后运入日本国内市场时再行纳税。保税区的外国货物如作为样品暂时运出，须经海关批准；保税区的外国货物被废弃时，应预先向海关申报；保税区的外国货物丢失时，除经海关特别批准者外，均应缴纳关税。按照保税区职能的不同，日本保税区可分为以下五种形式。

（一）指定保税区（Designated Bonded Area）

指定保税区是为了在港口或国际机场简便、迅速地办理报关手续，为外国货物提供装卸、搬运或暂时储存服务的场所。指定保税区是经财务大臣的指定而设置的。在这个区内的土地、仓库与其他设施都属于国家所有，并由国家所设立的机构进行管理。因此，指定保税区是公营的。指定保税区的主要目的在于使外国货物简便和迅速地办理报关手续。因此，在该区内储存的商品的期限较短、限制较严，运入的货物不得超过 1 个月。

（二）保税货棚（Bonded Shed）

保税货棚是指经海关批准，由私营企业设置的用于装卸、搬运或暂时储存进口货物的场所。可见，保税货棚的职能与上述的指定保税区相同，它是补充指定保税区的不足、便利外国货物办理报关的场所。两者的区别在于，指定保税区是公营的，而保税货棚是私营的。由于保税货棚是经海关批准的，因此必须缴纳规定的批准手续费，储存的外国货物如有丢失，须缴纳进口关税。

（三）保税仓库（Bonded Warehouse）

保税仓库是经海关批准，外国货物可以不办理进口手续和连续长时期储存的场所。

指定保税区和保税货棚都是为了货物报关的方便和短期储存货物而设置的，而保税仓库却是为了使货物能在较长时间内储存和暂时不缴纳关税而建立的。在保税仓库内的进口货物如再出口则不必缴纳关税，这就便于货主把握交易时机出售货物，有利于业务的顺利进行和转口贸易的发展。

在保税仓库内储存货物的期限为 2 年，如有特殊需要还可以延长。

（四）保税工厂（Bonded Factory）

保税工厂是经海关批准，可以对外国货物进行加工、制造、分类以及检修等保税业务活动的场所。保税工厂和保税仓库都可储存货物，但储存在保税工厂中的货物可作为原材料进行加工和制造。因此，许多厂商广泛地利用保税工厂，对外国材料进行加工和制造，以适应市场的需要，同时减少关税负担。

外国货物储存在保税工厂的期限为 2 年，如有特殊需要可以延长。如有一部分外国货物需要在保税工厂以外进行加工和制造，必须事先取得海关的批准和在不妨碍海关监督的情况下进行，提交保税工厂以外进行加工和制造的货物，由保税工厂负责。

（五）保税陈列场（Bonded Exhibition）

保税陈列场是经海关批准在一定期限内用于陈列、展示外国货物的保税场所。这种保税场所通常设在本国政府或外国政府、本国企业组织或外国企业组织等直接举办或资助举办的博览会、展览会和样品陈列所中。

我国提出保税区的设想是 1984 年，进入 90 年代，我国沿海地区逐步建立起保税区。1990 年我国决定开发上海浦东时，确定在上海外高桥设立保税区。1991 年批准设立深圳福田保税区。1992 年又批准在大连、海口、青岛、张家港、宁波、福州、广州等地设立保税区。2015 年，一些出口加工区被优化为综合保税区。到目前为止，综合保税区是我国主要的经济特区形式。①

三、出口加工区

出口加工区（Export Processing Zone）是一个国家或地区在其港口或邻近港口、国际机场的地方，划出一定的范围，新建和扩建码头、车站、道路、仓库和厂房等基础设施以及提供免税等优惠待遇，鼓励外国企业在区内投资设厂，生产以出口为主的制成品的加工区域。

出口加工区是20世纪60年代后期和70年代初，在一些发展中国家或地区建立和发展起来的。其目的在于吸引外国投资，引进先进技术与设备，促进本地区的生产技术和经济的发展，扩大加工工业和加工出口的发展，增加外汇收入。

出口加工区脱胎于自由港或自由贸易区，采用了自由港或自由贸易区的一些做法，但它又与自由港或自由贸易区有所不同。一般说来，自由港或自由贸易区以发展转口贸易、取得商业方面的收益为主，是面向商业的；而出口加工区以发展出口加工工业、取得工业方面的收益为主，是面向工业的。

虽然出口加工区与自由港或自由贸易区有所不同，但是由于出口加工区是在自由港或自由贸易区的基础上发展起来的，因此，目前有些区域以从事出口加工生产为主，但仍然袭用自由港或自由贸易区的名称。例如马来西亚开辟的一些以发展出口加工工业为主的区域仍称为自由贸易区。

（一）出口加工区的类型

1. 综合性出口加工区

综合性出口加工区即在区内可以经营多种出口加工工业。如菲律宾的巴丹出口加工区所经营的项目包括服装、鞋类、电子或电器产品、食品生产、光学仪器和塑料产品等。目前世界各地的出口加工区大部分是综合性出口加工区。

2. 专业性出口加工区

专业性出口加工区是指在区内只准经营某种特定的出口加工产品。例如印度在孟买

---

① 综合保税区包括北京天竺、天津泰达、天津东疆、天津港、天津滨海新区、石家庄、曹妃甸、秦皇岛、廊坊、太原武宿、呼和浩特、满洲里、鄂尔多斯、沈阳、大连湾里、大连大窑湾、营口、长春兴隆、珲春、哈尔滨、绥芬河、漕河泾、嘉定、洋山特殊、奉贤、松江、青浦、金桥、上海浦东机场、上海外高桥港、南京、无锡高新区、徐州、常州、苏州工业园、苏州高新技术产业开发区、吴中、南通、连云港、淮安、盐城、扬州、镇江、泰州、常熟、江阴、昆山、吴江、太仓港、武进、杭州、宁波北仑港、宁波梅山、温州、嘉兴、绍兴、金义、舟山港、义乌、宁波前湾、合肥经济技术开发区、合肥、芜湖、马鞍山、福州、福州江阴港、厦门海沧港、厦门象屿、泉州、南昌、九江、赣州、井冈山、济南章锦、济南、青岛胶州湾、青岛西海岸、青岛前湾、东营、烟台、潍坊、威海、日照、临沂、青岛即墨、郑州经开、郑州新郑、南阳卧龙、武汉经开、武汉东湖、宜昌、武汉新港空港、长沙黄花、湘潭、衡阳、岳阳城陵矶、郴州、广州白云机场、广州黄埔、深圳坪山、深圳前海、珠海高栏港、汕头、梅州、东莞虎门港、广州南沙、深圳盐田、南宁、北海、钦州、广西凭祥、海口、重庆涪陵、重庆两路果园港、重庆西永、重庆江津、成都国际铁路港、成都高新西园、成都高新、泸州、绵阳、宜宾、贵阳、遵义、贵安、昆明、红河、拉萨、西安关中、西安、西安高新、西安航空基地、宝鸡、陕西西咸空港、兰州新区、西宁、银川、乌鲁木齐、阿拉山口、喀什、霍尔果斯等。资料来源：海关总署官网。

的迪拜国际机场附近建立的电子工业出口加工区，专门发展电子工业的生产和增加这类产品的出口。在区内经营电子工业生产的企业可享有免缴关税和国内税等优惠待遇，但全部产品必须出口。

目前许多国家和地区都选择一个运输条件较好的地区作为设区地点，这是因为在出口加工区进行投资的外国企业所需的生产设备和原材料大部分依靠进口，所生产的产品全部或大部分输出到外国市场销售。因此，出口加工区应该设在进出口运输方便、运输费用最节省的地方，通常选择在国际港口或国际港口附近、国际机场附近设区最为理想。

（二）出口加工区的主要规定

为了发挥和提高出口加工区的经济效果，吸引外国企业投资设厂，许多国家或地区制定了具体的措施，主要包括以下几个方面：

1. 对外国企业在区内投资设厂的优惠规定

（1）关税的优惠规定。对在区内投资设厂的企业，从国外进口生产设备、原料、燃料、零件、元件及半成品一律免征进口税。生产的产品出口时一律免征出口税。

（2）国内税的优惠规定。出口加工区为外国投资的企业提供减免所得税、营业税、贷款利息税等优惠待遇。

（3）放宽外国企业投资比率的规定。出口加工区放宽对外国企业的投资比率限制。例如菲律宾规定，外资企业在区外的投资比率不得超过企业总资本的40%，但在区内的投资比率不受此项法律的限制，投资比率可达100%。

（4）放宽外汇管制的规定。在出口加工区，外国企业的资本、利润、股息可以全部自由汇回本国。

（5）投资保证规定。许多国家或地区不仅保证各项有关出口加工区的政策、规定长期稳定不变，而且保证对外国投资不予没收或征用。如因国家利益或国防需要而征用，政府将给予合理的赔偿。此外，对于报关手续、土地、仓库和厂房等的租金、贷款利息、外籍职工及其家属的居留权等都给予优惠待遇。

2. 对外国投资者在区内设厂的限制规定

许多国家或地区虽然向外国投资者提供种种优惠待遇，但并不是任其自由投资、随意作为，而是既有鼓励又有限制，引导外国企业按照本国或地区的经济和对外贸易发展的需要投资设厂。限制主要体现在以下几方面：

（1）对投资项目的规定。许多国家或地区往往限制投资项目。例如菲律宾对巴丹出口加工区可设立哪些产业做出规定，划出范围。它规定第一期轻工业部门包括陶瓷或玻璃皿、化妆品、食品生产、电子或电器产品、光学仪器、成衣、鞋类、塑料和橡胶产品等轻型的、需要大批劳工的、供出口的产业部门。第二期重工业部门包括综合性纺织厂、汽车厂、机器厂以及其他确有外国市场、需用大批劳工、进口原料加工再出口的产业部门。

（2）对投资审批的规定。为了保证投资与加工出口的收益，要求外国投资者必须具备一定的条件。例如菲律宾在审批投资设厂的出口企业时掌握两个基本标准：一是在经营管理、出口推销和技术、财务管理方面具有一定的基础和经验；二是具有输出商品赚取外汇、吸收劳动力的能力，并能采用国内的原料。

(3) 对产品销售市场的规定。许多国家或地区规定区内的产品必须全部或大部分出口，甚至对次品或废品也禁止或限制在当地国内市场上出售。即使准许在本国市场上销售，其数量一般不超过总产量的10%。为了防止区内产品与区外的同类的本国产品在国外市场上竞争，往往采用禁止该产品在区内投资或者对出口市场加以限制的办法。例如斯里兰卡规定，不准区内生产的服装向西欧共同市场出口，以排除该产品在西欧共同市场上同本国同类产品的竞争。

(4) 对招工和工资的规定。有些国家或地区对此作了统一规定，以解决就业、工资和劳资纠纷等问题。例如菲律宾规定区内工人的最低年龄为15岁，对不同的工种按其技术熟练程度规定工资标准，并随着生产和生活指数调整工资水平。

3. 对出口加工区的领导和管理办法的规定

有些国家或地区专门设立出口加工区管理委员会。在这个委员会的领导下，设立专门的办事机构，负责办理区内的具体事务。

中国已有的出口加工区功能都比较单一，主要服务于出口加工贸易，区内实施封闭管理，提供快捷的通关便利，基本实现“一次申报、一次审单、一次查验”的通关要求。2015年8月，国务院办公厅印发了《加快海关特殊监管区域整合优化方案》（简称《方案》），《方案》提出要将符合条件的海关特殊监管区域逐步整合为综合保税区，将新设海关特殊监管区域统一命名为综合保税区。《方案》提到的“海关特殊监管区域”包括六大类：保税区、出口加工区、保税物流园区、保税港区、综合保税区和跨境工业区。根据《方案》的要求，63个出口加工区中的一部分已经转型为“综合保税区”。

专栏7-6

中国出口加工区的有关规定

一、对区内企业设置、管理和业务经营范围的要求

(一) 对区内企业设置的要求

出口加工区内可设置出口加工型企业、专为区内加工企业生产提供服务的仓储企业和经海关核准专门从事区内货物进、出的运输企业。

(二) 对区内企业管理的要求

区内不得建立营业性的生活消费设施。除安全保卫人员和企业值班人员外，其他人员不得在区内居住。

(三) 对区内企业业务经营范围的要求

出口加工区内企业可以开展与产品出口有关的生产、仓储和运输业务，不得经营商业零售、一般贸易、转口贸易及其他与出口加工无关的业务。

国家禁止进出口的货物、物品，不得进入出口加工区。

二、出口加工区实行的税收政策

(1) 从境外进入出口加工区的货物，其进口关税和进口环节税，除法律、行政法规另有规定外，按照下列规定办理：

①区内企业生产所需入境的机器、设备、模具及其维修用零配件，区内生产性的基

础设施建设项目所需进境的机器、设备和建设生产厂房、仓储设施所需的基建物资，区内企业、行政管理机构进境自用的办公用品，均予以免税。

②区内企业为加工出口产品所需入境的原材料、零部件、元器件、包装物料及消耗性材料，予以全额保税。

③区内企业加工的制成品及其在加工生产过程中产生的边角料、余料、残次品、废品等销往境外时，除法律、行政法规另有规定外，免征出口关税。

④区内企业和行政管理机构从境外购买的自用交通运输工具、生活消费用品，予以照章征税。

（2）货物从境内进入出口加工区视同出口，除法律、行政法规另有规定外，出口退税政策按照以下规定办理：

①从境内进入出口加工区，供区内企业使用的国产机器、设备、原材料、零部件、元器件、包装物料，以及加工企业和行政管理部门所需合理数量的办公用品和建筑材料等，按有关规定和程序办理出口退税手续。

②区内企业和行政管理机构从区外购买的职工所需生活消费品、交通运输工具，不予办理退税。

③从境内进入出口加工区的已办理进口征税手续的机器、设备、原材料、零部件、元器件、包装物料、基建物资等，使用单位应当向海关提供上述货物或物品的清单，并办理出口报关手续，经海关查验后放行。上述货物或物品，已经缴纳的进口关税和进口环节增值税、消费税，不予退还。

④因国内技术无法达到产品要求，必须将国家禁止出口或统一经营的商品运至出口加工区内进行某道工序加工的，应报经外经贸主管部门批准，海关比照出料加工的管理办法进行监管。其运入出口加工区的货物，海关不签发出口货物报关单退税联，税务部门不予办理退税。

（3）出口加工区生产的产品销往境内区外，按以下规定办理。

出口加工区销往境内区外的货物，应由区外企业按进口货物的有关规定报经外经贸主管部门批准后，办理进口报关手续，海关一律按制成品征税。涉及许可证（件）管理的商品，应向海关出具有效的进口许可证（件）。

（4）出口加工区的国内税收政策。

国家对区内加工出口的产品和应税劳务免征增值税、消费税。其他国内税收（如所得税、地方税等），按国家现行有关税收政策规定办理。

三、海关对出口加工区的管理

根据设立出口加工区的指导原则，海关在区内实行新的加工贸易监管模式，简化有关手续，方便企业通关，实现出口加工区货物在主管海关“一次申报、一次审单、一次查验”的通关要求，为企业创造良好的经营环境，为出口加工区的健康发展提供优质服务。

海关对出口加工区管理的具体措施包括：

（1）对出口加工区采取全封闭、卡口式管理，海关实行24小时工作制度。卡口分别设立货物和人员进/出通道。

（2）对出口加工区采用计算机管理的模式：海关与区内企业实行计算机联网，进行电子数据的传输和通关手续的办理；出口加工区主管海关与口岸海关实行计算机联网。

（3）对区内企业开展的加工贸易业务，不实行加工贸易银行保证金台账制度，取消登记手册，改用电子账簿进行管理，海关对企业实行每半年一次的总量扣减核销制度。

（4）对区内与境外之间进、出的货物，实行“备案制”管理；对区内与区外之间进、出的货物，实行正常“报关制”管理。

（5）出口加工区与口岸之间、出口加工区与出口加工区之间进/出的货物、物品，采取直通式或转关运输的监管模式，一律在出口加工区主管海关报关并在卡口查验、放行，实现报关、审单、查验“三个一次”的全新通关模式。

四、多种经营的经济特区

多种经营的经济特区也称综合性经营特区，是指一国在其港口或港口附近等地划出一定的范围，新建或扩建基础设施和提供减免税收等优惠待遇，吸引外国或境外企业在区内从事外贸、加工工业、农畜业、金融保险和旅游业等多种经营活动的区域。我国所设立的经济特区就属于这一类。从 1979 年以来，我国先后在深圳、珠海、汕头、厦门和海南省设立这种经济特区。这是我国贯彻与实行对外开放政策所采取的一系列重要措施的组成部分。

综合性经营特区的特点，以中国为例，主要表现在以下几个方面：

（1）它是综合性的、实行多种经营的经济特区，包括工业、农业、商业、房地产、旅游、金融、保险和运输等行业。

（2）经济特区的经济发展资金主要依靠利用外资，产品主要供出口。

（3）对前来投资的外商，在税收和利润汇出等方面给予特殊的优惠和方便，改善投资环境，以便吸引较多外资，促进特区的经济与对外贸易的发展。

（4）实行“外引内联”，加强特区与非特区之间的协调与合作，共同促进市场经济的发展。

五、自由边境区

自由边境区（Free Perimeter）过去也称自由贸易区，这种设置多见于拉丁美洲少数国家。一般设在一国的一个省或几个省的边境地区。在区内使用的生产设备、原材料和消费品可以免税或减税进口。如从区内转运到本国其他地区出售，则须照章纳税。外国货物可在区内进行储存、展览、混合、包装、加工和制造等业务活动，其目的在于利用外国投资开发边区经济。

自由边境区与出口加工区的主要区别在于，自由边境区的进口商品加工后大多是在区内使用，只有少数用于再出口。故建立自由边境区的目的是开发边区经济，因此有些国家对优惠待遇规定了期限。在这些边区生产能力得到发展后，就逐渐取消某些商品的优惠待遇，直至废除自由边境区。例如墨西哥在美墨边境设立的一些自由边境区期限已满时，就取消了原有的优惠待遇。中国在中俄边境、中越边境也设立有自由边境区。

六、过境区

沿海国家为了便利内陆邻国的进出口货运，开辟某些海港、河港或国境城市作为货物过境区（Transit Zone）。过境区规定，对于过境货物，简化海关手续，免征关税或只征小额的过境费用。过境货物一般可在过境区内作短期储存，重新包装，但不得加工。

本章小结

1. 由于各种限制进口的措施包括关税和非关税措施都程度不同地在使用范围、作用力度上受到局限，并且容易招致贸易对手的反感和报复，因而，出口鼓励和各种意在促进贸易发展的经济特区措施显得更为重要。出口促进措施多采用出口信贷、出口信贷担保、出口补贴、商品倾销、外汇倾销的形式。但出口补贴的一些做法和商品倾销正遭遇越来越多的国家以反补贴、反倾销方式进行的抵制。

2. 本章需重点掌握出口信贷的种类、特点；商品倾销、外汇倾销的概念；经济特区中的自由贸易区、保税区和出口加工区的特点及有关规定。

重要概念

出口信贷	买方信贷	卖方信贷	出口信贷国家担保制
出口补贴	商品倾销	外汇倾销	经济特区
自由贸易区	保税区	出口加工区	

测试题

1. 以发展转口贸易为主的经济特区称为________。

A. 自由贸易区　　B. 自由边境区

C. 出口加工区　　D. 过境区

2. 经济特区的主要形式包括________。

A. 自由贸易区　　B. 保税区

C. 出口加工区　　D. 自由边境区

E. 过境区

3. 各国鼓励出口的措施主要包括________。

A. 出口信贷　　B. 出口信贷国家担保制

C. 出口补贴　　D. 外汇倾销

4. 接受买方信贷的进口商在使用信贷资金进行采购时，不可以购买________。

A. 本国商品

B. 贷款提供国的商品

C. 第三国商品

D. 出口信贷“君子协定”其他成员国的商品

5. 企业在控制国内市场的条件下，以低于国内市场价格甚至低于成本的价格向国外销售商品的行为属于________。

A. 商品倾销　　B. 价格垄断　　C. 外汇倾销　　D. 价格战

6. 出口信贷一般用于________。

A. 初级产品出口　　B. 日用消费品出口

C. 资本品出口　　D. 能源产品出口

7. 出口信贷国家担保制担保的对象包括________。

A. 进口商　　B. 出口商

C. 出口方银行　　D. 进口方银行

思考题

1. 出口补贴作为促进出口的重要手段在使用上受到哪些约束？

2. 进行外汇倾销需要具备什么条件？

拓展阅读

美国现行出口促进体系及机构

第八章
国际贸易条约与协定

学习目标

通过本章的学习，要求学生掌握国际贸易条约与协定的基本类别和适用的主要法律待遇条款，了解国际商品协定的主要经济条款和主要国际商品协定。

第一节　贸易条约与协定概述

一、贸易条约与协定

贸易条约与协定（Commercial Treaties and Agreements）是指两个或两个以上的主权国家为确定彼此的经济关系，特别是贸易关系方面的权利和义务而缔结的书面协议。

贸易条约与协定按照缔约国的多少，可分为双边贸易条约与协定、多边贸易条约与协定。前者是两个主权国家之间所缔结的贸易条约与协定，后者是两个以上主权国家共同缔结的贸易条约与协定。这些贸易条约与协定一般反映缔约国的对外政策特别是对外经济贸易政策的要求，并为缔约国实现其政策服务。在国际经济关系中，由于各国的社会经济制度和政治经济实力对比关系的差异，它们之间所缔结的贸易条约与协定的内容和作用也有所不同。

目前，我国已经同世界上绝大部分国家和地区建立了贸易关系，并同许多国家签订了贸易条约与协定。作为对外贸易政策措施之一的贸易条约与协定，和关税措施、非关税措施等对外贸易政策措施相比，有其不同之处。许多关税和非关税措施是由主权国家的政府以立法或行政措施的方式实施的，因而属于国内法范畴，而贸易条约与协定必须由两个或两个以上的主权国家进行协商达成协议，所以它受到国际法规范的约束。但是，贸易条约与协定同其他对外贸易政策措施之间又密切关联、相互配合。这些国内立法和行政措施往往是一个国家同其他国家政府进行贸易条约与协定谈判的基础。当一个国家的立法和行政措施同其他国家的立法和行政措施发生利益上的冲突时，就必须通过双边或多边谈判，采取协议的方式进行解决。当一个国家立法和行政措施的某些规定转变为贸易条约与协定的条款或规定时，缔约国一方的政府就应承担贸易条约与协定的义务。

贸易条约与协定是国际条约与协定的一种。它主要用于确定缔约国之间的经济和贸易关系。它既可以在建立正式外交关系的国家之间签订，也可以在没有建立正式外交关系的国家之间签订①；它既可以在不同国家的政府间签订，也可在不同国家的政府与民间团体之间或双方的民间团体之间签订。

除了国家之外，某些地区，例如在贸易与关税政策方面拥有独立决策权的单独关税领土，在一定条件下也可以成为经贸条约与协定的签约主体，如历史上，中国香港与美国签署的双边纺织品协议。而一些国家或地区也可能组成区域性经济合作组织或其他形式的贸易集团，作为一个整体与其他国家、地区或贸易集团签订经贸条约与协定，如欧洲共同体与其前殖民地、附属国签署的《洛美协定》，欧盟与其他国家或地区签署的优惠贸易协定等。

一般来讲，国家的最高权力机关对条约的缔结有决定权。《中华人民共和国宪法》规定，全国人民代表大会常务委员会决定批准和废除同外国缔结的条约。国家权力机构可以将其决定缔约的权力授予行政机关来行使。各国具体负责谈判的机构一般是行政机关中负责对外经贸关系的部门。我国商务部是负责对外经贸谈判的主要部门，在对外谈判中，谈判代表团中根据不同情况往往还包括国家发展和改革委员会、外交部、中国人民银行、农业农村部、国家新闻出版广播电影电视总局、国家知识产权局、海关总署等以及其他部门、国务院有关部委的代表。

欧盟的对外谈判权力由欧盟统一行使，一般由欧盟委员会在欧洲理事会的批准授权下负责谈判。

美国的对外经贸谈判权目前主要集中在美国贸易代表办公室（USTR）。这个机构的设立旨在纠正各个部门在对待对外经贸关系的处理时所存在的部门偏见，它是一个具有较高地位的协调机构。美国贸易代表办公室隶属于美国总统行政办公室，主要负责美国贸易政策的制定与协调，同时，进行对外谈判也是它的主要职能之一。美国贸易代表是美国贸易代表办公室的领导，由总统和参议院任命，对国会负责，同时具有特命全权大使的级别。

贸易谈判是一个艰苦而漫长的过程。谈判各方都在竭尽全力，希望获取最大贸易利益，谈判结果往往取决于各国在相关领域内的经济实力和政治实力。谈判基本达成一致

---

① 1955年中国与埃及签订双边贸易协定，中国与埃及建立外交关系是1956年。

后，谈判各方要向各自的政府请示，政府同意之后正式签字。有些重要条约须经过各国立法机关讨论通过，报请国家最高权力机关批准后才能正式生效。

二、贸易条约与协定的内容结构

贸易条约与协定一般由序言、正文和结尾三个部分组成。

序言一般为固定格式，通常说明缔约各方发展贸易关系的愿望及缔结条约或协定所遵守的基本原则。

正文是贸易条约与协定的主要组成部分，是关于各缔约方权利、义务的具体规定。不同种类的贸易条约与协定，其正文包括的条款和内容有所不同。

结尾包括条约与协定的生效条件、有效期、延长或废止的程序、份数、文字等内容，还有签订条约与协定的地点及各方代表的签名。

贸易条约与协定一般使用缔约方的文字写成，并规定各种文字的版本具有同等法律效力。

缔结条约与协定的地点对于需要经过批准的条约与协定有特别的意义，如果双边条约与协定是在一方首都签订的，按照惯例，批准书就应在对方国家首都交换。

三、贸易条约与协定所适用的主要法律待遇条款

在贸易条约与协定中，通常适用的法律待遇条款是最惠国待遇条款、国民待遇条款、互惠待遇条款。

（一）最惠国待遇（Most Favored Nation Treatment）条款

1. 最惠国待遇条款的定义

最惠国待遇条款是贸易条约与协定一项重要的法律待遇条款。它的基本含义是：缔约一方现在和将来给予任何第三方的一切特权、优惠和豁免，也同样给予缔约对方。它的基本要求是使缔约一方在缔约另一方享有不低于任何第三方享有或可能享有的待遇。

2. 最惠国待遇条款的分类

最惠国待遇分为无条件的最惠国待遇和有条件的最惠国待遇。

无条件的最惠国待遇最早起源于英国，亦称欧式最惠国待遇，它是指缔约一方现在和将来给予任何第三方的一切优惠待遇，立即无条件地、无补偿地、自动给予缔约对方。现在的国际贸易条约与协定大多采用无条件的最惠国待遇条款。

有条件的最惠国待遇最早起源于美国，亦称美式最惠国待遇。[①] 它是指缔约方相互给予对方的最惠国待遇，是以对方给予相应的补偿为前提条件的。当缔约方甲给缔约方乙提供了更为优惠的待遇时，其他任何第三方若想享受这种优惠，则必须向缔约方甲提供

① 1922 年的《福特尼-麦坎伯关税法》使美国从有条件的最惠国待遇转向无条件的最惠国待遇。根据有条件最惠国待遇的规定，对某个国家提供的关税减让，只有在交换关税减让的互惠国条件下才能提供给其他国家。见彼得·马赛厄斯，悉尼·波拉德. 剑桥欧洲经济史：第 8 卷. 北京：经济科学出版社，2004：164。

相应的优惠待遇作为补偿。

在 GATT 和 WTO 下，最惠国待遇是无条件的，双边谈判成果会自动适用于 WTO 其他成员方。① 因此，WTO 框架下的最惠国待遇允许一些小的国家获取大国间谈判成果产生的贸易利益。但对于非 WTO 成员方来讲，最惠国待遇只能通过分别与各成员方进行谈判，在互惠互利、互做减让的基础上得到。一旦双方关系出现问题，双边实施的最惠国待遇就可能被取消。

3. 最惠国待遇的适用范围

最惠国待遇可以适用于缔约方经济贸易关系的各个方面，也可以只在贸易关系中的几个具体方面适用。缔约方在签订贸易条约与协定时，往往会对最惠国待遇适用范围加以列举。在列举范围以内的事项适用最惠国待遇，在列举范围之外的不适用最惠国待遇。

一般来讲，最惠国待遇的适用范围主要包括以下几个方面：

（1）进口、出口、过境商品的关税及其他捐税。

（2）商品进出口、过境、存储、转运方面的海关规则、手续和费用。

（3）进口和出口许可证的发放的行政程序及其他限制措施的适用及程序。

（4）船舶驶入、驶出和停泊时的各种税收、费用和手续。

（5）自然人和法人的法律地位、移民、投资、商标、专利、知识产权及铁路运输方面的待遇。

（6）外汇管制方面。

在具体签订贸易条约与协定时，双边条约与协定的缔约双方可以根据两国关系和发展贸易的需要，在最惠国待遇条款中确定具体的适用范围或方面。

4. 最惠国待遇适用的例外

最惠国待遇适用的例外，是指某些具体的经贸事项不适用于最惠国待遇。

在现代贸易条约与协定中最常见的最惠国待遇例外有以下几种情形：

（1）边境贸易，如一些国家对国家边境 15 公里以内的小额贸易在关税、海关通关手续上给予的优惠待遇。

（2）关税同盟或区域贸易协定，如在关税同盟或区域贸易协定中，成员国之间在关税和非关税措施上给予的优惠待遇。

（3）在沿海贸易和内河航行权上给予他国的优惠待遇。

（4）国家按照多边国际条约或协定承担的义务。

（5）其他例外，如沿海捕鱼、武器进口、金银外币的输出入、文物及贵重艺术品的出口限制和禁止等。

（二）国民待遇（National Treatment）条款

1. 国民待遇条款的定义

国民待遇条款的基本含义是一国给予其他缔约方的公民、船舶、企业的权利和优惠，

---

① 除非是互不适用情形。

不应低于本国公民、船舶和企业享有的权利和优惠。这里仅指公民、企业、船舶在民商事方面的待遇，并不包括政治权利。

2. 国民待遇条款的适用范围

国民待遇条款一般适用于外国公民、企业的经济权利，如缔约方国内捐税、铁路运输和转口过境的条件、船舶在港口的待遇、商标注册、版权及发明专利权的保护等。

国民待遇条款只在一定范围内适用，并不是将本国公民、企业所享有的一切权利都包括在内。例如，沿海航行权、领海捕鱼权、购买土地权等，通常都不包括在国民待遇范围之内。

对于国民待遇问题，需要注意三点：

首先，国民待遇条款只适用于已经进入缔约国市场的产品、服务和知识产权，因此，尽管缔约国对其本国生产的产品、服务在境内消费并不征收关税，但对即将进入国境或关境的外国产品征收关税并不违反国民待遇条款。

其次，国民待遇强调的是，给予国外公民和企业的待遇不得低于给予国内公民、企业的待遇，但并不禁止给予国外公民、企业一些更加优惠的待遇。如一些国家为更大力度地吸引外资，规定在税收方面给予国外企业更优惠的待遇，具体来说，更低的税率，这也就是我们常说的“超国民待遇”。

最后，国民待遇适用于每一种产品，不得以某种产品获得了其他方面更优惠的待遇为理由而对该产品实行歧视。

（三）互惠待遇（Reciprocal Treatment）条款

互惠待遇条款是指缔约双方根据协议相互给予对方的法人或自然人以对等的权利和待遇。这项基本原则一般不单独使用，需要与其他特定权利或制度内容结合在一起才具有法律意义。例如，1979 年签订的《中华人民共和国和美利坚合众国贸易关系协定》第六条规定，双方同意在互惠的基础上，相互给予法人、自然人申请商标注册和使用商标的权利。

互惠的法律意义在于，基本上可以防止一国及其法人、自然人在另一国单方面享有特权，也可以保证这些组织和个人在外国享有的对等权利不受限制或歧视。

在经贸关系实践中，特别是在投资领域，国民待遇的给予往往与一国的国内经济发展现状和方向有着密切的关系，因而存在着事实上的非互惠国民待遇，即一国给予其他国家的公民与企业以国民待遇，但并没有获得其他国家给予的互惠，这种现象往往是由各国的开放程度不同造成的。在国际经贸谈判中，各国往往根据互惠原则来决定国民待遇适用的范围。

第二节　双边贸易条约与协定

双边贸易条约与协定的种类很多，现仅就常见的几种介绍如下。

一、通商航海条约（Treaty of Commerce and Navigation）

通商航海条约（也称通商条约、友好通商条约等）是全面规定两国间经济贸易关系的条约，其内容比较广泛，常涉及缔约国之间经济贸易关系的各个方面。

通商航海条约一般由国家元首或其委派的全权代表来签订，并经由国内法律程序完成批准手续，交换批准文件后才可生效。

通商航海条约期限较长，一般为3～5年，到期后可续延。

一般情况下，通商航海条约的正文主要包括以下内容：

1. 关于缔约国双方进出口商品关税和通关待遇

这是条约中的主要内容。通常规定，在进出口商品关税、附加捐税、海关手续、海关估价等方面遵循最惠国待遇原则。

2. 关于缔约国双方公民和企业在对方国家享有的经济权利

这些经济权利通常包括移民权、财产购置权、工商企业经营权、税负以及相关的法律保护等，一般适用最惠国待遇或国民待遇原则。

3. 关于船舶航行、港口设施使用问题

通常规定缔约国一方船舶进入另一方港口卸货、装货、缴纳税费时，应享受最惠国待遇或国民待遇。

4. 关于铁路运输和过境问题

规定缔约国双方在运送旅客、货物及办理铁路运输手续方面应相互给予的待遇。由于铁路运输方面已签订有若干国际多边条约，因此通商航海条约通常对其进行直接引用。

5. 关于知识产权保护问题

对缔约国双方公民或企业在对方境内享有和利用专利权、商标权、版权等问题做出规定，通常直接引用相关的国际公约来确定双方的权利和义务。

6. 关于进口商品的国内税费问题

通常规定适用国民待遇原则，以保证进口商品与国内商品的公平竞争。

7. 关于仲裁裁决的执行问题

通常规定相互承认对方仲裁机构的仲裁效力，并由各自国内执行机构予以强制执行，从而保证双方仲裁的有效性。

上述内容只是通商航海条约的常见内容，随着缔约国具体情况的变化，条约内容也会有相应的变动和增减。

专栏 8-1

中华人民共和国和蒙古人民共和国通商条约①

中华人民共和国主席和蒙古人民共和国大人民呼拉尔主席团，根据1960年5月31

① 目前该条约已经失效。

日在乌兰巴托签订的中华人民共和国和蒙古人民共和国友好互助条约第四条的规定，为了促进两国间经济与贸易关系的进一步发展和巩固，决定缔结本通商条约。为此，各派全权代表如下：

中华人民共和国主席特派中华人民共和国对外贸易部部长叶季壮；

蒙古人民共和国大人民呼拉尔主席团特派蒙古人民共和国部长会议第一副主席德·莫洛姆扎木茨。

两全权代表互相校阅全权证书，认为妥善后，议定下列各条：

第一条　缔约双方将本着友好合作、互相帮助的精神，在平等互利的基础上，采取一切必要的措施，发展和巩固两国间的通商关系。

为此目的，缔约双方政府将根据两国国民经济需要缔结包括长期协定在内的各项协定，以保证相互间商品流转的发展。

第二条　缔约双方在有关两国通商和其他一切经济联系方面，相互给予最惠国待遇。

第三条　缔约双方根据本条约第二条的规定，在有关海关问题上相互给予最惠国待遇，特别是：关于关税和其他税收；关于货物在海关监管下存入仓库；关于货物由海关监管时所适用的规章和手续。

第四条　缔约一方的天然物产和制造品输入到缔约另一方领土时，缔约另一方不得征收异于或高于从任何第三国输入的同样天然物产和制造品所征收的关税和其他税收，也不得采用不同的规章和更繁琐的手续。

同样，缔约一方的天然物产和制造品向缔约另一方领土输出时，缔约一方不得征收异于或高于向任何第三国输出的同样天然物产和制造品所征收的关税和其他税收，也不得采用不同的规章和更繁琐的手续。

第五条　在海关当局规定的期限内，对持有证明的下列复输出或复输入物品，在输入和输出时，免征关税和其他税收：

甲、用于博览会、展览会或比赛的物品；

乙、用于实验或试验的物品；

丙、为修理而输入并以修复状态运回的物品；

丁、安装技师携入或携出或寄给他们的安装用具和工具；

戊、为加工或改制而输入并以加工或改制后的状态运回的天然物产或制造品；

己、为包装输入印有标记的空包皮和输入时装有货物而应予运回的包皮。

仅用作货样并在贸易习惯上通用数量内发送的货物样品，无条件地免征关税和其他税收。

第六条　缔约一方在自己领土内，对缔约另一方的天然物产和制造品，因生产、加工、流通或消费而征收的各种国内税，在任何情况下都不得高于对任何第三国同样产品所征收的数额。

第七条　缔约任何一方对从缔约另一方领土的输入或向缔约另一方领土的输出，都不应当采用对任何其他国家所不适用的任何限制或禁止。

但是，为了国家安全、维护公共秩序、保健、保护动植物、保存艺术品和历史文物，缔约双方有权规定在相同情况下对任何第三国都适用的限制或禁止。

第八条　缔约一方经由缔约另一方国内铁路、公路和水路运输货物、旅客和行李时，在同一方向和同一距离内，关于货载承运、运输方法、运费和运输有关的其他费用方面，缔约另一方应给予最惠国待遇。

第九条　缔约一方的天然物产和制造品，经过缔约另一方的领土运往第三国领土时，免征关税和其他税收。

上述产品在过境时，在适用规章和手续方面，应享受不低于给予任何第三国过境货物的优惠待遇。

第十条　中华人民共和国禁止通过国境的货物和来自或运往中华人民共和国停止贸易国家的货物，中华人民共和国有权不准通过国境；

蒙古人民共和国禁止通过国境的货物和来自或运往蒙古人民共和国停止贸易国家的货物，蒙古人民共和国有权不准通过国境。

第十一条　缔约任何一方都可以在缔约另一方的首都设立本国的商务代表处，它的法律地位在附件中规定，这个附件是本条约不可分割的部分。

第十二条　缔约任何一方的法人和自然人在另一方境内在各方面享受不低于给予任何第三国法人和自然人的优惠待遇。

第十三条　缔约双方的法人或机关，所订立的贸易契约或其他契约发生争执时，如果当事人双方已通过适当方式，同意由为此目的而专门设立的或常设的仲裁机构审理该项争执，则该项争执的仲裁裁决，缔约双方应当保证执行。

关于执行仲裁裁决的决定以及仲裁裁决的执行，应依照执行裁决的缔约一方的法令进行。

第十四条　本条约应于最短期间内批准，并自互换批准书之日起生效，批准书在北京交换。

本条约在缔约任何一方通知愿予终止它的效力之日起六个月后失效。

本条约于1961年4月26日在乌兰巴托签订，共两份，每份都用中文和蒙文写成，两种文本具有同等效力。

中华人民共和国主席	蒙古人民共和国大人民呼拉尔主席团
全权代表	全权代表
叶季壮	德·莫洛姆扎木茨
（签字）	（签字）

注：这个条约已由中华人民共和国主席于1961年7月25日批准，蒙古人民共和国大人民呼拉尔主席团于1962年1月12日批准。条约自1962年3月2日生效。

附件：关于中华人民共和国驻蒙古人民共和国和蒙古人民共和国驻中华人民共和国的商务代表处的法律地位

第一条　中华人民共和国驻蒙古人民共和国和蒙古人民共和国驻中华人民共和国的商务代表处的职务如下：

甲、促进两国贸易关系的发展；

乙、在驻在国代表本国有关对外贸易的一切利益；

丙、代表本国调整同驻在国的贸易业务；

丁、进行中蒙两国的贸易。

第二条　商务代表处是本国大使馆的组成部分。

商务代表和副代表享有外交人员的一切权利和特权。

商务代表处的办公处所享有不可侵犯权。商务代表处有权使用密码。

商务代表处不受商业登记的约束。

商务代表处的工作人员，如系商务代表所属国的公民，驻在国免征他为本国政府服务收入的所得税。

第三条　商务代表处代表本国政府行事。政府仅对以商务代表处名义同驻在国所订立或担保的，并经被授权作法律行为的人员所签署的贸易契约担负责任。

有权代表商务代表处作法律行为人员的姓名和他们签署贸易契约的职权，应当在驻在国官方报刊上公布。

第四条　商务代表处享有主权国家所享有的包括对外贸易在内的一切豁免，但双方同意下列情况例外：

甲、关于商务代表处根据本附件第三条的规定，和驻在国所签署的对外贸易契约的争执，如果没有仲裁处理或其他管辖权的保留规定时，由该国法院审理。但是不得作出关于诉讼保全的裁判。

乙、关于上述争执对商务代表处所作的已生效的法院终审判决，可以强制执行，但执行对象仅限于商务代表处的货物和债权。

二、贸易协定与贸易议定书

(一) 贸易协定

贸易协定（Trade Agreement）是缔约国间调整相互贸易关系的一种书面协议。与通商航海条约相比，它针对缔约国之间比较具体的贸易问题，签订程序比较简单，只要双方的政府首脑或其代表签署就可以生效，不需要国家立法机构的批准。

贸易协定通常包括以下几方面内容：

1. 最惠国待遇条款的规定

协定中通常规定最惠国待遇条款及适用范围和例外，以减少和避免缔约国双方在执行过程中的分歧。

2. 进出口商品货单和进出口贸易额的规定

在这方面，有的协定只对双方进出口商品和贸易额的增长表示一种愿望。有的协定具体规定在协定有效期内双方进出口商品的货物清单和贸易额，具体做法有以下三种：

(1) 明确规定双方相互供应的货物品种和贸易数量或金额，双方政府必须保证实现。

(2) 在进出口商品货单中列出几种主要商品的进出口数量或金额，由缔约双方政府保证实现，其余商品只列品名，由双方企业自行确定成交数量和金额。

(3) 货单中仅列出商品种类及品名，不列出数量或金额，双方政府仅需保证发放进出口许可证。

3. 作价原则和交易货币的规定

协定中通常规定，合同价格以该种商品的国际市场价格为基础，由双方贸易公司协商确定。交易货币可以在协定中明确规定，也可以由贸易方自行确定。

4. 支付和清偿办法的规定

根据缔约国双方的经济实力、具体情况确定支付和清偿办法，可以是现汇支付，也可以是记账结算。

5. 优惠关税的规定

双方在协定中规定适用优惠的商品范围，以及适用的优惠关税税率或优惠幅度安排。

6. 其他事项

贸易协定通常会对贸易过程所涉及的一些事项如商品检验程序及效力、仲裁效力、商务机构的设立、展览的举办、广告宣传和保障条款等做出规定。

（二）贸易议定书

贸易议定书（Trade Protocol）是缔约国就贸易关系中某项具体问题达成的书面协议。它经常作为贸易协定的补充、解释或修改而签订，可以是贸易协定的附件。一般情况下，在签订长期贸易协定时，关于年度贸易的具体事宜往往通过贸易议定书的方式加以规定。贸易议定书的签订程序和内容更加简单，由缔约国有关行政部门代表签署即可生效。

专栏 8-2

中华人民共和国政府和土耳其共和国政府贸易议定书（节选）

中华人民共和国政府和土耳其共和国政府为了进一步加强两国之间的友好和贸易关系，愿意在一九七四年七月十六日签订的贸易协定范围内在平等互利的基础上进行商品交换，达成协议如下：

第一条　两国政府应按本议定书的规定，根据两国各自现行的规章和条例采取适当的措施便利和发展两国之间的贸易。

第二条　两国之间的商品交换将在本议定书所附甲、乙两个参考货单的范围内进行。经双方同意，上述货单可以扩大和修改。

本议定书对上述货单以外的商品交换并无限制之意。

第三条　双方应鼓励本国有关的公司和机构签订合同或协议以便利本议定书附属货单所列商品的交换。

第四条　本议定书范围内的商品购买将根据国际市场通行的商业条件和价格进行。

第五条　在本议定书范围内交换的商品的付款将按一九七四年七月十六日签订的贸易协定的规定办理。

第六条　一九七四年七月十六日签订的贸易协定的各项规定适用于本议定书未涉及的事项。

第七条　本议定书自签字之日起临时生效，并在双方按照各自的手续予以核准之后正式生效，有效期两年。

本议定书于一九八一年五月十八日在北京签订，用中文、土耳其文和英文写成，三种文本具有同等效力。如有不同解释时，以英文本为准。

附表“甲”

中国向土耳其出口的主要商品年度参考货单　　　　单位：万美元

品名	金额
1. 化工产品（包括农药）	500
2. 颜料和染料	500
3. 石油化工产品	1 000
4. 医药原料和医疗器械	1 500
5. 机械设备和机床	1 500
6. 其它工业产品	500～1 500

附表“乙”

土耳其向中国出口的主要商品年度参考货单　　　　单位：万美元

品名	金额
1. 棉花	2 000
2. 榛子	1 000～2 000
3. 阿月浑子	100
4. 橄榄油	100
5. 铬矿砂	300
6. 铬铁	100
7. 硼砂	100
8. 安哥拉山羊毛	200
9. 烟叶	1 000
10. 其它工业产品	600

中华人民共和国政府代表　　　　土耳其共和国政府代表

李　强　　　　凯马尔·詹蒂尔克

（签字）　　　　（签字）

三、支付协定（Payment Agreement）

支付协定是两国间关于贸易和其他方面的债权、债务结算办法的书面协议。支付协定是外汇管制的产物，在实行外汇管制的条件下，一种货币不能自由兑换成另一种货币，对一国拥有的债权不能用来抵偿对第三国的债务，结算只在双边基础上进行。因此，就需要通过缔结支付协定的办法来解决两国间的债权债务问题。

支付协定主要有以下几方面内容：

（一）清算机构的规定

支付协定的目的在于避免支付外汇和黄金，而采用直接抵销债权债务的办法进行两国之间的结算。因此，必须设立清算机构。通常双方都指定它们的中央银行作为清算的负责机构，处理双边的清算工作。

（二）清算账户的规定

清算机构办理清算业务是通过清算账户进行的。清算账户主要有如下两种：

（1）单边账户（Single Account），即只在缔约一方的中央银行开立清算账户。

（2）双边账户（Bilateral Account），即缔约双方的中央银行互为对方国家开立清算账户，目前绝大多数清算账户都是双边账户。

（三）清算项目与范围的规定

清算项目与范围是指两国间的贸易和非贸易往来应通过清算账户进行结算的项目与范围。该项目与范围，除进出口贸易外，还包括进出口贸易的从属费用，如运费、保险费、佣金等；此外，也可包括一些其他项目，如侨汇等。凡未列入清算范围的项目结算，仍用现汇支付的方法办理。

（四）清算货币的规定

在单边账户下，用开立清算账户国家的货币记账并进行支付；在双边账户下，使用的货币分为记账货币和支付货币两种。记账货币可以用一方的货币，也可以用第三国的货币，用何种货币记账由双方谈判后在协定中确定。而双方的债权人和债务人在具体办理收付时，应分别使用本国的货币。支付货币一般为缔约国双方接受的第三国的硬通货币。

（五）清算方法的规定

缔约国双方的债务人——主要是进口商——要用本国货币把应付款项通过指定银行交入负责清算的本国中央银行，贷记对方国家的清算账户，结清所欠债务；而缔约国双方的债权人——主要是出口商——也应通过指定银行，从本国中央银行的清算账户领取本国货币，收回货款。缔约国双方的中央银行要就收付款项互相通知，以便了解双方债权债务清算的情况，尽量保持双方清算账户的平衡。

清算账户不平衡对负债国有利，而对债权国不利。针对这种情况，第二次世界大战后，支付协定中通常规定信用“摆动额”（Swinging Limit），即双方国家根据协定互相提供信用的限额。信用“摆动额”一般为年度出口额的5%～10%。在信用“摆动额”的范围内，虽然清算账户上没有存款，但中央银行仍然办理付款，实际上是给对方国家以信用。对超过信用“摆动额”的部分，中央银行可停止付款，并可要求负债方用现汇、黄金或货物偿还。

（六）清算账户差额处理

支付协定都规定有效期，协定到期时，协定所规定的清算项目仍可进行一段时间，一般为3～4个月，届时清算账户的差额才进行总结算。

清算账户差额的处理方法主要有以下四种：

（1）在一定期限内由债务国向债权国输出商品。

（2）用双方同意的可兑换的货币或黄金支付。

（3）用双方同意的其他不可兑换的货币支付。

（4）将金额转入下年度清算账户内。

专栏 8－3

中俄支付协定（非实例，其中情形均为假设）

清算机构：
中方清算机构：中国中央银行
俄方清算机构：俄罗斯中央银行

清算账户：双边账户
中国中央银行：俄罗斯账户
俄罗斯中央银行：中国账户

清算项目与范围：货物贸易进出口货款及从属费用

清算货币：
记账货币：美元
支付货币：美元
货币兑换率：
700人民币＝100美元
600卢布＝100美元

清算方法：
国内收付，中央银行借记/贷记对方账户
本国出口，借记对方账户
本国进口，贷记对方账户

差额处理办法：用美元支付

例

1. 中国向俄罗斯出口价值 1 400 万元人民币的商品，折合 200 万美元。

2. 中国从俄罗斯进口价值 2 000 万元人民币的商品，折合 285.7 万美元。

结算过程：

1. 俄罗斯进口商将价值 200 万美元的货款 1 200 万卢布交入俄罗斯中央银行，俄罗斯中央银行贷记中国账户 200 万美元并通知中国中央银行，中国中央银行将价值 200 万美元的货款 1 400 万元人民币支付给中国出口商并借记俄罗斯清算账户 200 万美元。

2. 中国进口商将价值 285.7 万美元的货款 2 000 万元人民币交入中国中央银行，中国中央银行贷记俄罗斯账户 285.7 万美元并通知俄罗斯中央银行，俄罗斯中央银行将价值 285.7 万美元的货款 1 714.2 万卢布支付给俄罗斯出口商，并借记中国清算账户 285.7 万美元。

差额清算：

假定在支付协定期限内，如一年内，只发生了这两笔贸易，在规定的时间如一年快要结束前的一周或结束后的一周内对差额进行清算，上例中的差额为 85.7 万美元，依据协定的规定，中国中央银行向俄罗斯中央银行支付 85.7 万美元。

第三节 国际商品协定

一、国际商品协定产生的背景

第二次世界大战后，特别是 20 世纪 60 年代以后，多数发展中国家的出口商品结构发生了巨大变化，工业制成品成为主要的出口产品，但初级产品的出口仍然对一些发展中国家经济增长起着非常重要的作用。拉丁美洲、加勒比地区、亚洲和非洲的一些发展中国家的初级产品出口仍然是外汇收入的主要来源，约 50％的非洲国家初级产品出口收入占外汇收入的 80％，约 46％的发展中国家仅依靠 3～4 种初级产品的出口来获取其 50％的外汇收入。[①]

初级产品价格总的趋势是下降的，波动性远大于工业制成品，且持续时间较长。研究表明，初级产品价格下降趋势会持续很长时间。[②] 对 1957—1998 年 60 种初级产品的价格变动的研究表明，价格冲击的影响是持久的，17 种产品的价格波动持续 5 年以上，现有的初级产品价格稳定机制和收入补偿机制的运行非常困难。

① UNCTAD 网站。

② P. Cashing，H. Liang，and C. J. Mcdermott，“How Persistent Are Shocks to World Commodity Prices?”，IMF Staff Paper，2000，47（2）：177－217.

专栏 8-4

世界初级产品价格的变化（相对前一年的百分比变化，%）

商品类别	1997 年	1998 年	1999 年	2000 年	2001 年	2002 年
所有初级产品*	−0.5	−13.1	−13.9	2.0	−2.9	−2.0
食品和热带饮料	2.3	−14.9	−18.5	1.0	0.0	−2.0
热带饮料	33.3	−17.3	−20.9	−13.2	−22.0	8.7
咖啡	54.7	−28.5	−23.2	−16.2	−28.5	0.0
可可	11.2	3.7	−32.1	−22.2	22.7	63.3
茶	35.1	4.3	−7.0	6.8	−20.2	−9.5
食品	−4.2	−14.1	−18.3	5.3	5.0	−4.0
糖	−4.9	−21.2	−30.0	30.5	5.6	−20.3
牛肉	4.0	−7.0	6.1	5.7	10.0	−0.2
玉米	−25.3	−13.4	−5.5	−1.0	4.2	0.3
小麦	−22.6	−19.9	−10.9	3.5	9.2	16.2
大米	−10.7	1.3	−18.6	−18.1	−15.2	11.0
香蕉	4.3	−3.1	−9.9	−2.3	38.8	−9.6
菜籽油与油脂	−0.9	7.1	−23.3	−22.8	−8.5	26.2
农业原料	−10.3	−10.8	−10.3	1.9	−1.9	−6.7
生皮和皮革	−19.8	−22.7	−27.6	73.8	41.1	−9.2
棉花	−8.9	−8.3	−22.9	−3.5	−20.9	−3.3
烟草	15.5	−5.5	−7.0	−3.3	−0.3	−8.5
橡胶	−28.3	−29.8	−12.6	7.9	−14.1	33.1
热带木材	−5.5	−1.2	−7.2	3.8	6.3	−10.5
矿物质、矿石与金属	0.0	−16.0	−1.8	12.0	−9.9	−1.8
铝	6.2	−15.1	0.3	13.8	−6.8	−6.5
磷矿石	7.9	2.4	4.6	−0.4	−4.5	−3.3
铁矿石	1.1	2.8	−9.2	2.6	4.5	−1.0
锡	−8.4	−1.9	−2.5	0.6	−17.5	−9.4
铜	−0.8	−27.3	−4.9	15.3	−13.0	−1.2
镍	−7.6	−33.2	29.8	43.7	−31.2	13.9
钨	−9.3	−6.4	−9.3	12.1	45.5	−41.8
铅	−19.4	−15.3	−5.0	−9.7	4.9	−4.9
锌	28.4	−22.2	5.1	4.8	−21.5	−12.1
原油	−6.0	−31.8	38.7	55.6	−13.3	2.0

*不包括原油。

资料来源：UNCTAD，Trade and Development Report，2003.

初级产品价格全面下降始于1996—1997年，持续到2001—2002年。基于不同的供应条件，不同产品市场间的价格变动趋势差异很大。需求减缓、长期性的供过于求是致使许多初级产品包括咖啡、香蕉、一些金属和矿产品等价格下行的主要因素。对于可可、谷物、菜籽油与油脂等产品，不利的供应条件部分抵消了需求不足的状况，因而价格比较稳定，且具有上升趋势。对于一些农产品，如棉花和糖，由于发达国家政府的市场支持性做法，如美国 2002 年 5 月开始实施《农场法案》(Farm Bill)，初级产品世界价格疲软。

在连续四年的价格下降之后，2002 年，热带饮料价格指数开始回升，主要由可可价格的快速上涨所致。咖啡价格维持在 2001 年的水平，达到 30 年最低点。咖啡价格持续走低主要是由于生产能力的扩张，一些新的产品提供国加盟，原有生产国生产效率提高，最终导致产品供应过剩，价格下降。2002 年，国际咖啡组织启动了咖啡质量改进方案，目的在于将劣质咖啡逐出市场，这一方案长期实施将有助于咖啡市场供求关系的平衡。

可可市场发展状况主要取决于居世界可可生产与出口首位的科特迪瓦的政治局势，其可可生产与出口占世界总产量与总出口量的 45%。2002 年，可可连续第二年世界性减产，导致价格上涨了 63.3%。由于高储备和世界需求减少，茶的价格下跌。

2002 年，食品价格指数走弱，平均价格降幅达到 4%。但在食品大类内，不同产品间价格变动趋势差异很大。价格降幅最大的是糖，香蕉价格降幅较小，牛肉价格微降。在过去的十年间，巴西糖的生产能力翻了一倍。欧盟、中国等产糖国的产量和输出量也在增加，导致价格降低约 20%，达到 1999 年的最低水平。糖市场呈现出典型的扭曲特征，主要源于欧盟和美国的补贴，从而使其内部生产免受国际市场压力。

香蕉价格 2001 年剧增，2002 年暴跌，主要是由于需求萎缩。

牛肉价格略有下降，虽然供应增加很快，但需求也在增加，对价格的影响部分相互抵消。

由于北美和澳大利亚主产区的干旱和其他不利因素的影响，谷物供应减少，其他地区供应的增加和动用库存也未能缓解不利影响，价格有所上升。

玉米价格比较平稳。

受不利气候条件的影响，主产区产量与出口量减少，导致菜籽油与油脂的价格大幅度提高。

农业原料、矿石、金属价格容易受到经济周期性下行的影响。由于大量存货和需求疲软，该类产品价格整体走弱。中国、美国对棉花生产的补贴加剧了供应过剩，价格下跌。在这一轮棉花价格下跌过程中受打击的主要是西非和亚洲生产、出口国，它们中多数是最贫穷的发展中国家。

天然橡胶价格上涨的主要原因是强劲的需求、生产国货币升值导致的库存减少。气候条件也影响着天然橡胶的供应。橡胶主产国印度尼西亚、马来西亚、泰国旨在通过协调使天然橡胶生产合理化而建立的国际橡胶三方组织也对价格产生了影响。

金属与矿石价格与世界经济增长状况密切相关。经济低迷直接影响对金属和矿石的需求，从而影响其价格。中国经济的高速增长引发对金属和矿石需求的快速增加，对价格走势发挥日益重要的作用。

石油输出国组织严格执行协议的结果是石油价格自 2001 年下跌后于 2002 年初开始

企稳。2002年石油价格上涨是因为中东和委内瑞拉政治形势不稳定。最终由于生产量的调整，价格并没有出现人们所担心的暴涨。

伴随着2003年3月伊拉克战争的开始，石油市场出现了剧烈变动，主要是伊拉克作为石油供应国的作用不明确，后来一些因素抑制了部分需求，缓解了供求关系失衡。但是，应该注意到，石油价格变动与否很大程度上取决于石油输出国成员在新的地缘政治条件下执行共同约束的能力。

初级产品价格的不断下降和大幅波动是发展中国家外汇收入和国际收支不稳定的主要原因，也加剧了发展中国家经济的脆弱性。20世纪八九十年代，初级产品价格平均下降50%成为世界性债务危机发生的原因之一。1980—2002年，初级产品的国际市场价格急剧下降，世界银行初级产品价格指数下降了47%，2002年咖啡的真实价格只是1980年价格的14.2%。世界咖啡价格的下跌，使得咖啡主要出口国埃塞俄比亚的贸易收入下降40%，国家真实收入下降6%。

初级产品价格牵动着世界各国的生产和贸易。事实上，稳定初级产品价格不仅对于发展中国家，而且对于发达国家同样具有重要意义。发达国家已经不仅仅是历史意义上的世界主要初级产品进口国，它们也是世界重要的初级产品出口国。因此，在世界初级产品出口国家，特别是发展中国家的积极倡导下，世界主要的初级产品出口国和进口国达成一致，通过一定方式稳定初级产品的市场价格，稳定发展中国家的经济增长，稳定世界经济增长。国际商品协定和国际商品综合方案是为实现此目标而采取的重要方式。

二、国际商品协定及演进

国际商品协定（International Commodity Agreement，ICA）是某项初级产品的主要生产国与消费国为了稳定该项商品的价格和保证供销等目的而签订的政府间多边贸易协定。

第二次世界大战后国际商品协定的签订是在《哈瓦那宪章》（Havana Charter）关于政府间商品协定订立原则的基础上进行的，其主要宗旨是：防止价格过分波动；建立起长期的初级产品生产与消费的均衡；建立适当的干预市场机制以保证实现上述目的。

第二次世界大战后，在联合国贸易和发展会议的倡导和组织下，自1963年起，一些国家开始陆续就一些主要的初级产品签署国际商品协定。1972—1989年，有五个初级产品的国际商品协定在运行，但困难重重。1985年《国际锡协定》停止运行，其原因在于协定中确定的支持价格太高，协定没有足够的资金去支持体制的正常运行。《国际糖协定》也因为缺乏足够的资金支持而在1983年中止运行。《国际可可协定》由于恶劣的市场环境而在1988年暂时中止，1993年重新开始运行。《国际咖啡协定》则因为生产国无法就高价收益的分配方案达成一致而于1989年暂时中止。只有《国际天然橡胶协定》一直在运行，但对价格的干预也只是保持在较低水平。

协定面对的共同问题是，如何采取措施保证供应商在价格不断下降的条件下，能够遵守分配给它的配额，以限制总体产量。

20 世纪 90 年代以来，一些国际商品协定重新续签。由于大部分商品供应变得十分充分，消费国并不太关心供应的保障问题，而对于生产国来说，维持价格已不是主要目的，为争夺市场，它们往往降价竞争，在这一背景下，一些新的国际商品协定已经不再含有稳定价格机制的内容。

在这种情形下，多数国际商品协定都在不断地修订其宗旨和目标，把初级产品的可持续发展作为协定的根本任务，为该项产品的可持续发展建立一个基本框架；注重初级产品的生产与环境保护间的协调；促进该领域内私营经济的发展。同时，更多的协定参加国意识到，价格稳定固然重要，但更重要的是与价格相关的一系列因素，如供给、需求、市场营销、产品质量、初级产品的加工和产业链的发展，以及技术对生产的影响等。因此，协定对产品的质量、技术进步和转让、市场营销和产业链的发展给予了更多的关注和资金融通。

目前运转的国际商品协定共有 8 个，包括《国际可可协定》《国际天然橡胶协定》《国际咖啡协定》《国际糖协定》《国际谷物协定》《国际黄麻和黄麻制品协定》《国际橄榄油协定》《国际热带木材协定》。

三、国际商品协定的结构与内容

绝大部分国际商品协定都包括序言、宗旨、经济条款、行政条款、最后条款等部分。

（一）序言与宗旨

各个协定都有不同的目标阐述。随着时代变迁和初级产品生产与消费的变化，国际商品协定也在不断修订其宗旨和目标。

传统意义上，国际商品协定的宗旨是：防止或减少由于初级产品的产销不能及时调整而造成的严重困难，防止初级产品价格的过分波动。目前最新修订的国际商品协定都把实现初级产品的可持续发展作为根本任务之一，要求成员国加强在初级产品领域的国际合作，保持世界市场的稳定以维护成员国的利益；提高私营企业的地位，扩大产品贸易，为促销活动提供资金融通；促进相关领域的研究与发明。

（二）经济条款

经济条款是确定各成员国权利和义务的依据，它关系到各成员国的具体权益，曾经是国际商品协定中最重要的内容。商品不同，相关的经济条款内容也不尽相同。值得注意的是，目前执行的协定已经不包含经济条款的内容。

1. 缓冲存货

缓冲存货（Buffer Stock）的运行机制是：各成员国首先提供一定数量的实物和资金，建立缓冲存货，然后确定该商品价格的波动范围，确定最高限价和最低限价，授权协定执行机构运用存货（实物和资金）干预市场，稳定价格。当市场价格涨到最高限价以上时，抛售缓冲存货的实物，将价格降至最高限价之下；当市场价格跌到最低限价以下时，利用缓冲存货的资金进行收购，把价格提升到最低限价之上。缓冲存货的成功运行主要取决于执行机构对市场前景的预测和把握，以及存货的规模。

能够运用缓冲存货机制稳定价格的产品必须是可储存的产品，而且存储费用不能太高。但是，缓冲存货只能平缓价格的波动，不可能应付价格下跌的长期趋势，机制对价格的干预能力取决于存货的规模。

历史上曾经采用缓冲存货干预机制的国际商品协定包括《国际锡协定》《国际可可协定》《国际天然橡胶协定》。但目前还在运转的这些协定都取消了该条款。

2. 出口限额

出口限额是指主要的产品出口国通过协商确定各自产品的出口数量，通过较少的产量维持或增加整体收益。

成员国根据市场需求和价格变动，确定当年出口限额。年度出口限额按固定部分和可变部分分配给有基本限额的各出口成员国。一般来讲，固定部分占全部年度限额的70%，可变部分占30%。可变部分按出口成员国库存量占全体出口成员国总库存量的比例进行分配。《国际咖啡协定》曾采用这种方式。

出口限额安排存在明显的缺陷。通常情况下，协定初级产品的需求在长期内是缺乏弹性的，如果通过控制供给来提高价格，那么可能会减少出口收益，最终导致替代品的出现和产品销售量的不断下降。

3. 多边合同

多边合同（Multilateral Contracts）要求初级产品的生产国和消费国逐一分别签订合同。按照规定，消费国必须在合同规定的价格幅度内，向各出口国购买一定数量的商品；出口国则必须在合同规定的价格幅度内，向各消费国出售一定数量的商品。合同双方完成合同义务后，可以在市场上对该种商品进行自由贸易，即可以以任何价格购买或销售任何数量的该种商品。《国际小麦协定》曾采用这种方式维持价格和数量的稳定。

4. 出口限额与缓冲存货相结合

有的协定要求同时采用出口限额和缓冲存货两种办法控制市场和稳定价格。《国际可可协定》曾经采用过这种做法。其具体运行是：首先，规定可可豆的最高限价和最低限价；其次，确定指示价格，指示价格是纽约可可交易所和伦敦可可集散市场15个连续营业日的每日价格的平均数；最后，当指示价格超过最高限价或低于最低限价时，可可理事会就采取出口限额和缓冲存货所规定的办法调节价格，使价格恢复到最高限价与最低限价的幅度内。

（三）行政条款与最后条款

行政条款主要涉及权力机构的设置和表决票的分配。商品协定的权力机构有理事会、执行委员会和监督机构。虽然名称不一，但都是协定的最高权力机构的常设机构。由于权力机构关系到协定的履行和管理，涉及各方的切身利益，因而职位的分配往往是各出口国和各进口国所关心的重要问题。各权力机构为达成协议，除采用协商一致的办法外，一般要通过表决来决定。最后条款主要规定协定的签字、批准、生效、有效期、加入、退出等具体程序和手续。

尽管国际商品协定在不断续签，成员国在不断增加，协定的目标也在不断更新，但总的来讲，国际商品协定的运行并不理想。首先，通过产出控制或其他手段来影响价格的做法并不奏效。尤其是当有新的生产国出现时，它的生产和销售并不受协定限制，产品供给就会增加。其次，由于生产者的生产效率存在差异，确定一个对所有生产者都比较公平的价格波动幅度或是比较精确地预测长期价格趋势比较困难。再次，缺乏强有力的执行机制协调各成员国的利益、出现“搭便车”等问题，使协定的执行困难重重。最后，一些发达国家对商品协定的漠然和协定缺乏充足资金也使其运行困难。

（四）主要的国际商品协定及内容

现存国际商品协定可以划分为三类：第一类是带有经济条款的国际商品协定，1993年的《国际可可协定》、1995年的《国际天然橡胶协定》属于此类协定。第二类是管理性协定（Administrative Agreement）。这些协定的主要目标是：确保国际合作；提供国际咨询论坛；促进国际贸易的增加；作为信息收集、交换和发布的中心；促进研究；鼓励和增加商品的消费。尽管管理性协定不包含价格稳定的具体方法，但大多数协定也都考虑到价格的稳定问题，这类协定包括《国际咖啡协定》《国际糖协定》《国际谷物协定》。第三类协定是开发性协定。这类协定包括《国际热带木材协定》《国际橄榄油协定》《国际黄麻和黄麻制品协定》。这类协定的主要目标是在生产者和消费者之间提供一个合作和咨询的机构；在诸如研究与开发、贸易扩展、市场促销、降低成本和提高市场信息等领域实施一些项目。下面对这八个协定的主要内容进行介绍：

1. 《国际可可协定》(International Cocoa Agreement)[①]

（1）生效时间与成员。第一个《国际可可协定》于1973年签订，到目前，共签署了七个协定。2012年9月19日，6个生产国的政府（占据43.17%的投票权）、欧盟成员国和瑞士等消费国的政府（占据54.90%的投票权）都通过了对新协定的批准程序，一致同意新的2010年《国际可可协定》于2012年10月1日正式生效。截至2023年8月，国际可可组织（ICCO）包括52个成员国，其中出口成员国23个，均为发展中国家，进口成员国29个，主要是欧盟成员国及其他发达国家，成员国合计占世界可可出口的86%，占世界可可进口的72%。2019—2024年，协定成员国就关注的领域实施5年战略行动计划（Five-Year Strategic Action Plan）。

新协定的重要贡献包括设立非常清晰、明确的“建设可持续可可经济”目标，成立了世界可可经济的咨询委员会（Consultative Board on the World Cocoa Economy）。

（2）协定目标。第七个协定的目标主要为：

1）加强在可可领域中的国际合作，促进可可经济的发展。

2）为政府间、政府与私人部门间就可可事务进行沟通交流设计一套合理的机制或框架。

3）积极帮助有利于成员国和世界可可经济的项目从相关机构获取资金支持。

4）通过公平定价使可可增值链上的生产者和消费者获取公平的经济利益，从而有利

① 参见 www.icco.org。

于协定所有成员国。

5）在经济、社会与环境方面建设一个可持续的可可经济。

6）鼓励相关研究，并采取措施加强合适技术在成员国间的转让。

7）增强可可经济的透明度，特别是在贸易方面减少壁垒，加强对相关统计资料的收集分析。

8）为增加对可可的需求，鼓励巧克力和以可可为原料的产品的消费。

9）鼓励成员国提高产品质量，开发适宜的安全生产程序。

10）鼓励成员国采取措施加强地方和小生产商的生产能力，通过从可可生产中获益以减少贫困。

11）促进生产者更便利地获得资金融通和其他相关服务。

新增目标包括以下几个方面：

第一，建立完善的市场机构，增加透明度。

第二，建设可持续发展可可经济。

第三，提高私营企业的地位。

第四，采取措施鼓励可可消费。

第五，为促进可可销售提供资金融通。

（3）协定执行机构。协定执行机构为国际可可组织，设在英国伦敦。

（4）经济条款内容。《国际可可协定》原有的经济条款内容为出口限额与缓冲存货相结合，现已取消。

2.《国际天然橡胶协定》①

（1）建立时间与成员。最早的国际天然橡胶研究集团（International Rubber Study Group）于 1944 年在英格兰建立，现在总部位于新加坡，它由与橡胶生产和消费有关的利益相关者组成，是关注全球天然和人工橡胶的供给与需求的一个重要平台。截至 2023 年 8 月，它拥有 35 个成员国，主要是欧盟 27 个成员国和一些橡胶生产国。

（2）协定目标。

协定目标为：提供对影响人造和天然橡胶供需的因素进行探讨的论坛，稳定天然橡胶价格，实现天然橡胶供需的均衡增长，发布关于橡胶工业和橡胶产品的生产、消费和贸易方面的权威数据及分析，对全球橡胶市场发展趋势进行预测分析，并对特定问题进行深入研究，不断提高橡胶及其产品的增值率。

（3）协定执行机构。协定的执行机构为国际天然橡胶组织，总部设在马来西亚的吉隆坡。

（4）协定的经济条款。历史上，协定就成员国权利与义务的规定适用缓冲存货条款，建立由天然橡胶和资金组成的干预基金，确定价格范围，建立由参考价格、上限价格、下限价格和干预价格组成的干预价格参照体系。干预价格的确定是以参考价格为中心，增减一个百分比例，当世界天然橡胶价格达到干预价格水平时，干预基金就必须启动，开始通过抛售或购买的方式，使价格回归到干预价格范围之内。目前运行的《国际天然

---

① 参见 www.rubberstudy.org。

橡胶协定》已不包含经济条款的内容。

3. 《国际咖啡协定》(International Coffee Agreement)[①]

（1）建立时间和成员。

第一个《国际咖啡协定》正式建立于1962年。到目前为止，经历了七个《国际咖啡协定》。目前执行的2007年《国际咖啡协定》于2011年2月生效，第八个协定即2022年《国际咖啡协定》已经得到成员的批准，待生效。

截至2022年2月，《国际咖啡协定》有49个成员，其中出口成员42个，进口成员7个。进口成员中，欧盟以一个成员身份参加。出口成员均为发展中国家，它们的产量占世界咖啡总生产量的98%；进口成员的消费量占全球咖啡消费量的67%。

（2）协定目标。

协定的总体目标是通过努力使咖啡部门获得持续增长，并使其参与者在实行市场机制的环境中都能获得更多的利益。具体目标包括：

①确保与世界咖啡经济有关的国际合作得到加强；

②为协定成员政府之间的磋商和谈判提供论坛，寻求使世界咖啡供给与需求达到合理平衡的方法；

③搜集、分析和发布有关咖啡生产、销售等的统计数字；

④公布指标价格和其他市场价格以利于国际咖啡贸易的扩大，同时提高世界咖啡经济的透明度；

⑤使协定成为搜集、交换和公布与咖啡有关的经济信息和技术信息的中心；

⑥促进咖啡领域的研究和调查，鼓励、增加对咖啡的消费；

⑦鼓励成员发展可持续咖啡经济；

⑧建立环境标准；

⑨为私营企业提供论坛；

⑩加大市场营销，促进咖啡消费，提高咖啡质量，促进生产人员培训和技术转让。

新增目标包括：

①鼓励成员在咖啡生产领域制定适宜的食品安全程序；

②鼓励成员制定战略，以帮助当地社区和小规模农场主从咖啡生产中获益；

③促进与金融工具和服务相关的信息可获得性。

（3）协定执行机构。

国际咖啡组织（ICO）是国际咖啡协定的执行和监督机构，总部设在英国伦敦。

专栏8-5

《国际咖啡协定》内容的变迁

咖啡是一种重要的初级产品，但价格深受供给、气候和各国经济情况的影响，波动剧烈。咖啡价格波动的基本趋势是：较长时期的过度供给和低价，然后是较短时期的供给不足和高价。咖啡的生产国和消费国为保障自己的利益，开始签订咖啡协定以保证咖

① 参见www.ico.org；www.icocoffee.org。

啡价格和供需的稳定。

最早的《国际咖啡协定》于1962年签署，协定主要通过配额机制[①]来稳定价格，保证供需。

1968年协定和它的两次延期继续使用配额机制。

在1973年的协定中，配额条款被废除。

在1976年、1983年的协定中，重新引入经过修改的配额条款：市场价格高时中止配额条款，市场价格低时引入配额条款。

1994年、2001年的协定已不再提及配额条款。

国际商品协定条款内容的变化，反映出初级产品市场的变化。

最初的《国际咖啡协定》单方面强调通过经济条款中的配额机制来控制供给，保证产品价格的稳定性。但咖啡的供给和需求模式的变化导致1973年咖啡价格大幅上升，从而使协定的配额管理制度崩溃。

1975年巴西自然灾害致使全球咖啡供给短缺，1976年、1983年的咖啡协定重新引入配额机制，并对它的运行进行调整，以保障咖啡的供给和需求平衡。1991—1992年，咖啡价格跌到历史最低水平，配额机制无法实现价格稳定，而且各成员无法在价格管理机制上达成一致，协定成员只能决定在其他方面进行国际合作，促成了1994年的《国际咖啡协定》。

经济条款的失效反映出通过控制产出稳定价格的局限性，说明协定缺乏强有力的管理机制来协调各成员的利益。

2007年的《国际咖啡协定》主要关注：提高咖啡的产量和质量；采取措施促进咖啡的消费；成立世界咖啡协会；提供最新的研究报告和数据资料；提供最新的生产技术，供各国使用；希望咖啡的主要生产商和消费商参与到协定中，以保证咖啡产业的可持续发展和消费量的持续扩大；开始关注咖啡生产领域内工人的生产和生活状况。

2018年，代表全球咖啡产量98%和消费量三分之二的国际咖啡组织成员共同通过了一项决议，赋予本组织强有力的行动权力，调动其研究、论坛和项目开发功能。

目前运行的是2011年生效的第七个《国际咖啡协定》。

资料来源：根据UNCTAD网站内容整理。

4.《国际糖协定》[②]

（1）第一个《国际糖协定》于第二次世界大战前签署，最新的《国际糖协定》于1992年签署，1993年1月20日生效。截至2022年10月，该协定包括88个成员国。2021年，该协定成员国覆盖了世界糖产量的86%、世界糖消费量的67%、世界糖出口量的92%和世界糖进口量的40%。

（2）协定目标。

第一，确保与世界糖制品相关的国际合作的加强。

第二，提供政府间讨论糖和发展世界糖业经济的方法的论坛。

---

① 国际商品协定经济条款的一种形式。

② 参见 www.isosugar.org。

第三，收集和提供世界糖市场及其他甜料的信息，为糖的国际贸易提供便利。

第四，开辟新途径，利用各种方法刺激对糖的需求。

（3）协定执行机构。国际糖组织是管理和监督协定执行的机构。国际糖组织的职能包括收集和发布有关世界原糖、精炼糖和其他甜料的生产、价格、进出口、消费和储存以及税收的统计信息。为此，专门建立了一个对于糖的市场评估、消费和统计委员会。国际糖组织的总部设在英国伦敦。

作为一个政府间国际组织，国际糖组织已经成为世界糖生产、消费和贸易交流的平台。委员会在每年的5月和10月各举办一次论坛，对相关政策问题进行辩论；国际糖组织还通过对长期、权威的统计数据进行分析以提高市场的透明度。作为联合国共同基金认证的糖业国际商品协定，国际糖组织可以帮助发展中国家和转型国家从共同基金获得融资。

5.《国际谷物协定》[①]

（1）建立时间和成员。最新的《国际谷物协定》于1995年7月1日生效。《国际谷物协定》包括《谷物贸易公约》（Grains Trade Convention）和《粮食援助公约》（Food Aid Convention），取代1986年的《小麦贸易和粮食援助公约》。《谷物贸易公约》拥有成员30个，其中，欧盟以单一成员身份参加。《粮食援助公约》拥有成员16个。截至2021年，《国际谷物协定》的成员遍及美洲、欧洲、大洋洲和亚洲，主要发达经济体，包括美国、欧盟、加拿大、澳大利亚和日本等均为其成员。

（2）协定内容。《谷物贸易公约》的内容包括：

第一，谷物范围为包括小麦在内的所有谷物。

第二，《谷物贸易公约》的宗旨为进一步稳定和扩大谷物市场，提高世界谷物供应的安全性。

第三，提供和改进对成员的统计和市场信息服务，为成员之间的磋商创造和提供机会。

第四，《谷物贸易公约》的监督和执行机构是市场条件委员会。

《粮食援助公约》的目标是通过国际社会的共同努力，保证每年向发展中国家提供1 000万吨适合食用的谷物。其方式是，以提供最大可能数量的谷物或现金的方式进行捐赠。得到粮食援助的条件是要首先得到经济合作与发展组织发展援助委员会的认可。在给予援助时，应优先考虑最不发达国家、其他低收入国家或中低收入国家。

2013年1月1日，新的《粮食援助公约》（Food Assistance Convention）生效。在新的《粮食援助公约》中，成员每年要向发展中国家以谷物或其他产品的形式提供最低限度的粮食援助，以保障国际粮食安全，提高国际社会应对发展中国家饥荒紧急事件的能力，进一步提高国际粮食援助的有效性。

（3）协定执行机构。协定执行机构为国际谷物理事会，由所有成员组成，每年通常在6月和12月共举办两次会议，主要功能是监督协定的实施，讨论目前和将来的国际谷物市场发展现状和趋势，观测各国谷物政策的变化及其导致的市场变化。

---

① 参见 www. igc. int/en/Default. aspx。

6. 《国际黄麻和黄麻制品协定》(International Agreement of Jute and Jute Products)

国际黄麻研究集团(The International Jute Study Group)是由UNCTAD协助成立的政府间国际组织,作为全球黄麻、洋麻纤维和其他同类纤维的国际商品协定的运行者,总部设在孟加拉国的达卡。它在2001年3月13日成立,是国际黄麻组织①的合法继任者,它的主要功能是管理运行2001年生效的《国际黄麻和黄麻制品协定》。

所有对黄麻和黄麻制品生产、消费、贸易感兴趣的国家,都可以成为此集团的成员。目前该集团有孟加拉国、印度、瑞士和欧盟27国共30个成员国,覆盖全球黄麻贸易量的60%。

(1) 协定目标。

新协定的主要目标是:为成员国提供一个关于世界黄麻经济的国际合作、协商和政策发展的有效框架;通过维持现有市场以及开发新市场、新产品、新用户的方式,扩大黄麻和黄麻制品的国际贸易;为黄麻领域的私营企业发展提供发展论坛;关注黄麻领域内的贫困和就业问题,提高生产者的生活水平;通过提高生产率和产品质量,促进新技术的应用,改进黄麻制品的产品结构和产业结构;提高消费者关于黄麻制品的环保意识。

(2) 协定执行机构。

国际黄麻研究集团是该协定的监督和执行机构。它通过国际黄麻理事会来运作,其主要活动是确定和挑选在研究与开发、市场促销以及降低成本领域内的项目,并为之开展准备工作、实施这些项目和监督其执行。

7. 《国际橄榄油协定》

(1) 建立时间与成员。

1959年第一版《国际橄榄油协定》生效,此后经历了数次修订。自1986年协定签订以来,橄榄油与食用橄榄市场出现了两大变化,第一,技术发展成为橄榄生长和加工的重要决定因素;第二,消费者意识到橄榄油对健康的作用,需求急剧上升。因此,1993年,联合国橄榄油与食用橄榄大会对1986年《国际橄榄油协定》进行了修订和补充,形成1994年的新协定,新协定又被称为《1986年国际橄榄油协定及1993年议定本》。

关于国际橄榄油与食用橄榄的最新协定于2015年在日内瓦签订,2017年1月1日生效。它对前协定的内容进行了相应更新,以适应市场的最新发展。

成员国包括全球橄榄油的主要生产国和出口国,覆盖了位于全球地中海地区的橄榄油产量的98%。截至2023年8月,协定成员国由欧盟成员国和18个其他国家组成。

(2) 协定目标。

协定目标为:开展国际合作和共同行动,促进橄榄培育、橄榄油提炼和食用橄榄油加工的现代化;增加橄榄产品的国际贸易;制定橄榄产品的标准;在橄榄及橄榄油加工方面考虑到环境因素。最新的协定强调国际合作和环境保护,以及成员国间的技术转让。

---

① 国际黄麻组织根据1982年《国际黄麻和黄麻制品协定》成立,后于1989年签订了新的《国际黄麻和黄麻制品协定》。

（3）协定执行机构。

国际橄榄理事会（IOC）是《国际橄榄油协定》的执行与管理机构，总部设在西班牙的马德里。它是世界上唯一的与橄榄和橄榄油相关的国际政府组织，它于1959年成立，原名为国际橄榄油理事会（IOOC），于2006年更名为国际橄榄理事会。它将全球与橄榄和橄榄油相关的生产及消费的利益相关者集聚在一起，就橄榄业发展进行权威性的讨论，为橄榄工业的可持续发展贡献力量。它的任务是跟踪市场发展，制定规则以确保国际橄榄油的正常贸易并制定产品标准；实施技术合作计划，开展消费者教育运动，鼓励在橄榄油的生物效应方面的研究；促进任何可以使世界橄榄产品经济协调发展的行动。

8.《国际热带木材协定》[①]

（1）建立时间与成员。

目前执行的是2006年《国际热带木材协定》，它强调世界热带木材经济的可持续发展和对资源的管理，关注木材贸易和产业发展。

国际热带木材组织发起的2022—2026年战略行动计划正在实施中，它基于前期战略行动计划的成果，为未来木材经济和贸易发展设计出一个更为清晰的战略和指导。截至2023年8月，协定成员包括生产国37个、消费国38个，中国是该协定的消费国成员，该协定的成员代表了全球热带森林量的80%和全球热带木材交易量的90%。

（2）协定目标。

2006年《国际热带木材协定》的主要目标为：

为成员提供一个和世界木材经济相关的国际合作、政策发展框架；提供一个促进非歧视性木材贸易的磋商论坛；致力于可持续发展进程，为可持续发展和减轻贫困而努力；提高成员从可持续有管理的资源中出口木材的能力；提供充分的市场信息，促进正常木材贸易活动；促进国际热带木材贸易的扩展和多元化发展；提供相关融资活动；支持木材方面的研究与开发；提高国际木材市场的透明度，包括与贸易相关的数据的收集、编辑和使用；加快木材生产国成员的工业化进程，创造就业机会，获得更多出口收益；鼓励成员开展热带木材森林再造和恢复退化森林土地等活动。

（3）协定执行机构。

国际热带木材组织（International Tropical Timber Organization，ITTO）是《国际热带木材协定》的实施与管理机构。总部设在日本神户。其职能包括：提供有利于成员和国际社会的有关热带木材的经济信息，提供市场情报以确保热带木材市场更高的透明度；同国际非热带木材商品组织保持紧密联系；进行贸易和环境方面的政策研究，如研究热带木材贸易与可持续发展的联系以及木材制品的认证；在由联合国可持续发展委员会建立的政府间森林问题工作组内有关贸易与环境问题上起领导作用。

从国际商品协定的执行情况来看，这些协定对于稳定商品价格和生产国的出口收益、适当满足消费国的需要起到了一定的作用。但由于少数发达国家的干扰，多数协定不能发挥应有的作用。在这种情况下，发展中国家提出建立商品综合方案的主张，要求用一种综合的办法来解决初级产品贸易问题。

---

① 参见 www.itto.int。

本章小结

1. 贸易条约与协定是两个或两个以上的主权国家为确定彼此的经济关系，特别是贸易关系方面的权利和义务而缔结的书面协议。

2. 贸易条约与协定中通常适用的法律待遇条款包括最惠国待遇条款、国民待遇条款、互惠待遇条款。最惠国待遇条款是指缔约一方现在和将来给予任何第三方的一切特权、优惠及豁免，也同样给予缔约对方。最惠国待遇的基本要求是使缔约一方在缔约另一方那里享有不低于任何第三方享有或可能享有的待遇。国民待遇条款的基本含义是缔约国一方保证缔约国另一方的公民、企业和船舶在本国境内享受与本国公民、企业和船舶享有的同等待遇。互惠待遇条款是法律待遇条款的一种。它的基本要求是：缔约双方根据协议相互给予对方的法人或自然人以对等的权利和待遇。

3. 双边贸易条约与协定的主要形式包括通商航海条约、贸易协定、贸易议定书、支付协定。

4. 国际商品协定是某项初级产品的主要生产国和消费国为了稳定该项商品的价格和保证供销等目的而签订的政府间多边贸易协定。

重要概念

贸易条约与协定　　最惠国待遇　　国民待遇　　国际商品协定

缓冲存货　　出口限额　　多边合同

测试题

1. 全面规定两国间经济贸易关系的条约或协定称为________。

A. 通商航海条约　　B. 贸易议定书

C. 国际商品协定　　D. 关税减让与互惠协定

2. 国民待遇条款的适用范围包括________。

A. 沿海航行权　　B. 领海捕鱼权

C. 船舶在港口的待遇　　D. 购买土地权

3. 贸易条约与协定中最常用的法律待遇条款是________。

A. 最惠国待遇条款　　B. 普惠制条款

C. 授权条款　　D. 选择性保障条款

4. 最惠国待遇条款的基本要求是________。

A. 外国企业享有最优惠的特权待遇

B. 所有外国人或企业地位均等

C. 缔约一方仅给缔约另一方优惠待遇，其他缔约方无权享受

D. 外国公民与本国公民享有同等待遇

5. 国际商品协定的主要对象是________。

A. 钢铁产品　　B. 汽车　　C. 初级产品　　D. 纺织产品

6. 下列哪一项属于最惠国待遇条款适用的例外？________

A. 进出口货物的关税和其他捐税

B. 有关商品的海关规则适用、手续和费用

C. 进出口许可证发放和行政手续

D. 关税同盟

7. 常见的贸易条约与协定有________。

A. 支付协定　　B. 支付货款协定

C. 国际商品协定　　D. 通商航海条约

E. 贸易议定书

8. 曾被国际商品协定采用的经济条款包括________。

A. 缓冲存货　　B. 出口限额

C. 多边合同　　D. 出口限额与缓冲存货相结合

E. 出口配额

思考题

1. 支付协定的主要内容是什么？

2. 贸易条约与协定中适用的法律待遇条款主要包括哪些？其主要内容是什么？

3. 什么是国际商品协定？国际商品协定中的缓冲存货机制是如何运行的？

4. 试说明最惠国待遇条款的适用与例外。

拓展阅读

中美贸易摩擦

第九章
区域经济一体化

学习目标

区域经济一体化的发展已经成为第二次世界大战后世界经济发展的一个亮点，它的发展不仅对成员国，而且对其他国家，以及整个世界经济和贸易都产生了重大影响。通过本章的学习，要求学生理解区域经济一体化的含义、类型，了解区域经济一体化发展的历程、特点及影响因素，认识和掌握区域经济一体化的主要理论和观点。

第一节　区域经济一体化概述

一、区域经济一体化的名称与内涵

现实中存在的关于区域经济一体化的名称有很多，如欧洲联盟、北美自由贸易协定、中美洲共同市场、加勒比共同体、海湾阿拉伯国家合作委员会（简称海湾合作委员会）等，有些名称可以程度不同地反映该一体化组织在某些方面取得的进展或未来发展目标，更多的称谓与实质内容不存在多大的关联，如东部和南部非洲共同市场（Common Market for Eastern and Southern Africa，COMESA）。

中国大学MOOC（慕课）

区域经济一体化
含义与形式（一）

关于区域经济一体化内涵的界定，争论也颇多。

保罗·斯特里坦（Paul Streeten）认为，一体化不应该按照手段如自由贸易、统一的大市场、货币的可兑换性等来定义，而应该依循目的、平等、繁荣进行定义。[①]

丁伯根（Tinbergen）将一体化划分为消极与积极两种形式，消极一体化指消除各国对货物、资金、人员流动的障碍，积极一体化指通过新制度建立对市场进行纠偏、加强自由市场的一体化力量。[②]

巴拉萨（Balassa）则认为，“经济一体化既被定义为一个过程，又被定义为事物的一种状态。作为一个过程，它旨在消除不同国家经济单位之间的歧视；作为事物的一种状态，它表示各国民经济之间不存在各种形式的歧视。”[③] 根据这一定义，经济一体化有两个重要特征：（1）一体化的最终目标是要在成员国之间建立单一的经济空间，实现经济的完全联合；（2）经济一体化通过一定的方式，有步骤、分阶段地实现其最终目标，是一个由低级向高级发展的过程，在不同阶段将采取不同的形式，具有不同的特点，发挥不同的作用。

本书更倾向于巴拉萨的观点，认为区域经济一体化是指两个或两个以上的国家或地区通过签订协议或条约，相互取消阻碍经济贸易发展、经济融合的障碍，进行程度不同的政策和制度合作以促进彼此之间经济与贸易的发展。

二、区域经济一体化的形式

中国大学MOOC（慕课）

区域经济一体化
含义与形式（二）

（一）按照经济一体化的程度分类

按照经济一体化程度的不同，可以把区域经济一体化形式分为六种类型：优惠贸易安排、自由贸易区、关税同盟、共同市场、经济与货币联盟、政治联盟。[④] 下面我们对不同类型的区域经济一体化形式进行分述。

1. 优惠贸易安排（Preferential Trade Arrangement，PTA）[⑤]

优惠贸易安排又称特惠关税区，是指在优惠贸易安排成员国间，通过协定或其他形式，对全部商品或一部分商品相互给予削减关税的优惠待遇，而对区外各国仍然维持原有的关税水平，实行独立的关税政策。如二战前的“帝国特惠制”（Imperial Preference），二战后的东南亚国家联盟[⑥]等。

---

① P. Streeten，*Economic Integration：Aspects and Problems*，Leyden：A. W. Sythoff，1961.

② J. Tinbergen，*International Economic Integration*，Amsterdam：Elsevier，1954.

③ B. Balassa，*The Theory of Economic Integration*，London：Allen and Unwin，1961.

④ 巴拉萨在其1961年的著述《经济一体化理论》（*The Theory of Economic Integration*）中将经济一体化依照程度划分为五种形式：自由贸易区（FTA）、关税同盟（Custom Union）、共同市场（Common Market）、经济联盟（Economic Union）、完全经济一体化（Total Economic Integration）。

⑤ PTA包括普遍优惠制（GSP）及其他互惠的优惠方案，中国单方面提供给最不发达国家的优惠方案也隶属这一范畴。

⑥ 东南亚国家联盟（Association of Southeast Asian Nations），简称东盟（ASEAN），建立于1967年，包括文莱（1984年）、印度尼西亚（1967年）、老挝（1997年）、马来西亚（1967年）、缅甸（1997年）、菲律宾（1967年）、新加坡（1967年）、泰国（1967年）、越南（1995年）、柬埔寨（1999年）。东盟的基本目标是促进成员国之间的自由贸易，以及在产业政策方面相互合作。2007年11月，东盟10国领导人签署了具有划时代意义的《东盟宪章》，宪章确立了东盟的法人地位，在地区经济一体化方面提出新的目标：致力于成员国的经济一体化建设，构建稳定、繁荣和统一的东盟市场和生产基地，实现商品、服务和投资的自由流动，促进商界人士、技术人员和劳动力的自由流动；增强合作互助，在地区内消除贫困，缩小贫富差距；加强开发人力资源，鼓励社会各部门参与，增强东盟大家庭意识。

优惠贸易安排是层次最低、最松散的区域经济一体化形式，成员国经济还看不出整合为一体的迹象，但成员国已经开始以降低关税为手段整合区域性商品市场。

《亚太贸易协定》是中国、孟加拉国、印度、老挝、韩国、斯里兰卡和蒙古国之间签订的一项优惠贸易安排，它的前身为《曼谷协定》。《曼谷协定》签订于1975年，是在联合国亚太经济社会委员会（简称亚太经社会）主持下，在发展中国家之间达成的一项优惠贸易安排。2005年11月，《曼谷协定》正式更名为《亚太贸易协定》。根据该协定，自2006年9月1日起，我国向其他成员国的1 717项8位税目产品提供优惠关税，平均减让幅度为27%；另外，我国还向最不发达成员国孟加拉国和老挝的162项8位税目产品提供特别优惠，平均减让幅度为77%。同时，根据2005年税则计算，我国可享受印度570项6位税目、韩国1 367项10位税目、斯里兰卡427项6位税目和孟加拉国209项8位税目产品的优惠关税。①

2. 自由贸易区（Free Trade Area，FTA）

自由贸易区由签订自由贸易协定的国家组成，对成员国间的商品流动免除关税和数量限制，使区域内各国之间的商品可以完全自由移动，但同时保留各自对非成员国的贸易政策。如欧洲自由贸易联盟②、拉丁美洲自由贸易协会等。

作为区域经济一体化的一种形式，自由贸易区的一体化程度仍然较低，经济联合主要涉及商品交换领域。自由贸易区内关税与数量限制的消除，使各国原本分离的商品市场合并为一个新的大市场，成员国之间通过商品市场的扩展、商品流通量的扩大，推动各自经济的发展。

中国和柬埔寨于2020年10月12日正式签署《中华人民共和国政府和柬埔寨王国政府自由贸易协定》。根据该协定的安排，双方货物贸易零关税产品税目比例均达到90%以上。比如猪肉产品，双方互相免除关税，而对非成员国则实行各自的关税政策，中国对来自其他国家的猪肉实行25%的关税税率，柬埔寨对来自其他国家的猪肉则实行35%的关税税率。服务贸易市场开放承诺也体现了各自给予自贸伙伴的最高水平。同时，双方还同意加强投资合作，并深入开展“一带一路”倡议、电子商务、经济技术等领域的合作。③

3. 关税同盟（Customs Union，CU）

关税同盟指两个或两个以上的国家通过缔结协定或条约结成同盟，成员国之间完全取消关税和数量限制，对区外非成员国实行统一的关税税率，并通过实施某些共同的对外贸易政策，使同盟国的商品在统一关境以内的市场上处于有利的竞争地位。

欧洲经济共同体（1967年7月1日与欧洲煤钢共同体、欧洲原子能共同体合并为欧

---

①③　参见fta.mofcom.gov.cn。

②　欧洲自由贸易联盟（European Free Trade Association，EFTA）成立于1960年。创始成员国包括挪威、奥地利、丹麦、瑞典、瑞士、葡萄牙、英国。EFTA的重点是工业品的自由贸易，力争到1970年实现工业品的自由流动，对农产品没有做出安排。1960—1966年期间，成员国之间消除了工业品关税和数量限制。1973年，英国、丹麦退出EFTA，加入欧洲共同体。1973—1977年，欧洲共同体与仍留在欧洲自由贸易联盟中的成员国之间取消了工业品关税与数量限制，建成欧洲工业品自由贸易区，实现了工业产品的完全自由流动。EFTA现有成员国为挪威、冰岛、列支敦士登、瑞士。

洲共同体）于1968年实现关税同盟，比计划提前了一年半。欧洲经济共同体对非成员国实施的统一关税税率做如下安排：对于来自非洲、加勒比和太平洋地区以及欧洲经济共同体联系国的产品适用特惠税率；对于来自欧洲自由贸易联盟、地中海沿岸国家的产品适用协定税率；对于来自普惠制下发展中国家的产品适用普惠税率；对于来自世界贸易组织成员的产品适用最惠国税率；对于来自除上述国家之外的国家或地区的产品适用普通税率。税率水平由低到高的排列顺序为特惠税率、协定税率、普惠税率、最惠国税率、普通税率。

关税同盟在一体化程度上比自由贸易区更进了一步，商品交换领域整合的内容和范围扩大了，对外统一的关税政策和部分统一的对外贸易政策的实施要求有一个强有力的管理机构来监督与协调组织内外的贸易关系，从而使得超国家机构变得必要，在关税同盟阶段要求建立超国家机构，如欧洲经济共同体的执行委员会。

世界上其他的关税同盟还包括安第斯共同体（前称安第斯条约组织），其成员国包括玻利维亚、哥伦比亚、厄瓜多尔、秘鲁。安第斯共同体成员国之间已经实现了自由贸易，但对来自非成员国的商品征收5%～20%不等的进口关税。

另外就是南部非洲关税同盟，其成员国包括博茨瓦纳、斯威士兰、莱索托、纳米比亚和南非。南部非洲关税同盟成员国之间的货物贸易取消了关税和数量限制，对区外非成员国实行统一的关税政策。

4. 共同市场（Common Market）

共同市场是指在成员国之间完全废除关税与数量限制，建立统一的对外关税，允许生产要素跨国界自由流动，即除商品自由流动之外，资本、服务、人员均可以不受阻碍地在成员国之间自由流动。欧洲共同体1992年底实现的“大市场”基本达到了这一层次的经济一体化。

共同市场一体化整合的内容已经超出商品自由流动的范围，具有非同一般的意义。除商品市场一体化、资本市场一体化、服务市场一体化、劳动力市场一体化之外，生产过程一体化的动力和潜能大大提高，势必刺激经济的增长，创造更多的就业机会，增强企业的竞争能力，提高效率和效益，降低成本等。

建立共同市场要求成员国在财政、货币、就业政策方面高度协调和合作，这充分表明成员国之间的一体化已经上升到经济政策的协调，甚至一些共同的经济政策制定与执行的高度。

由阿根廷、巴西、巴拉圭、乌拉圭组成的南方共同市场的终极目标是建立共同市场。

5. 经济与货币联盟

经济与货币联盟是指在实施商品、服务、生产要素、人员自由流动的同时，统一各成员国的货币或实现成员国间不可逆转的固定汇率，并且对包括货币金融、财政在内的各种经济政策通过共同的权力机构进行协调和统一。经济与货币联盟使成员国经济一体化的范围从商品交换，扩展到生产、分配乃至整个国民经济，形成一个庞大的经济实体。

货币统一和经济政策一体化要求共同的决策机构必须具备一定程度的超国家权力，以与经济一体化的运行相适应，这必然涉及国家主权的让渡，使其成为真正的超国家机构，并以各成员国共同操纵的方式存在。欧盟初步实现了经济与货币联盟，但还需要进一步完善，具体内容在本章第二节有比较详细的论述。

6. 政治联盟

在政治联盟一体化形式中，成员国在经济、金融、财政等政策方面实行统一化，完全废除在商品、服务、资本、劳动力等自由流动上的人为障碍，建立起拥有更多权力的超国家机构，在各经济领域推行完全一致的经济政策，使各成员国变为一体化区域内的各个地区，从而在经济上达到一体化的最高程度。同时，经济一体化高度发展也要求成员国在政治上的联合，以确保经济联合的持久性，并且，历史发展也证明，共同的经济利益必将演化为共同的政治利益，因此要求超国家机构进一步全面协调成员国的社会及对外政策。《马斯特里赫特条约》的实施使欧盟朝着这一目标努力。自 20 世纪 70 年代起，欧洲议会开始由欧盟各国公民直接选举产生，欧盟的决策机构之一欧盟理事会由各成员国部长组成，欧盟已经开始向国外（如中国）派驻大使。欧盟正在试图以一个声音、一体的形象出现在世界政治、经济舞台上。

在理论及内容上，区域经济一体化的六种形式有较强的前后逻辑联系。但在实践中，各种形式并无必然的前后继起关系。区域经济一体化的起点并不一定从最初级的优惠贸易安排开始，而是可以从自由贸易区或关税同盟开始，如欧洲自由贸易联盟；建立自由贸易区或关税同盟后也并不一定要向更高级的经济一体化形式发展，也可能实现商品的自由流动就是一些一体化组织的最高目标。

区域经济一体化的六种形式之间存在的这种承继或层递关系，依照一体化程度由低向高排列的顺序为优惠贸易安排、自由贸易区、关税同盟、共同市场、经济与货币同盟、政治联盟。

截止到 2023 年 8 月，中国向 WTO 通告的区域贸易协定有 19 个，运行中的有 19 个。

（二）按照经济一体化的范围分类

按照经济一体化的范围分类，经济一体化可分为部门一体化、全盘一体化。

1. 部门一体化（Sector Integration）

部门一体化是指区域内各成员国就一种或几种产业（或商品）形成内部市场，如欧洲煤钢共同体（European Coal and Steel Community，ECSC）、欧洲原子能共同体（European Atomic Energy Community，EAEC）。

2. 全盘一体化（Overall Integration）

全盘一体化是指将区域内各成员国的所有经济部门加以一体化的做法，欧洲共同体和已经解体的经济互助委员会（简称经互会）属于此类。

（三）按照参加国的经济发展水平分类

按照参加国的经济发展水平分类，区域经济一体化可分为水平一体化、垂直一体化。

1. 水平一体化（Horizontal Integration）

水平一体化又称横向一体化。它是由经济发展水平相同或接近的国家所形成的经济一体化组织。目前世界上存在的经济一体化，多数属于此种形式的一体化。

2. 垂直一体化（Vertical Integration）

垂直一体化又称纵向一体化，是由经济发展水平不同的国家形成的一体化组织。

表 9-1 提供了欧盟 2012—2022 年货物内外部贸易状况，无论是进口还是出口，内部贸易比例均超过了 50%，说明成员国对外货物贸易的一半以上发生在成员国之间，反映出其经济一体化程度达到了很高的水平。

表 9-1　欧盟货物进出口贸易状况

欧盟（27 国）	2012 年	2015 年	2019 年	2022 年
总出口（亿美元）	53 424.67	49 290.53	58 253.91	71 477.89
内部出口（亿美元）	30 668.12	28 488.64	34 390.09	44 440.44
内部出口占比	57.4%	57.80%	59.03%	62.17%
总进口（亿美元）	51 782.65	46 092.73	55 444.11	74 625.82
内部进口（亿美元）	29 897.12	27 812.55	33 714.47	43 078.82
内部进口占比	57.74%	60.34%	60.81%	57.73%

资料来源：根据 WTO，World Trade Statistics Review，2023 提供的数字整理。

专栏 9-1

运行中的主要区域贸易组织或协定

名称缩写	全称	主要成员	范围	类型
AFTA	东盟自由贸易区（ASEAN Free Trade Area）	文莱，柬埔寨，印度尼西亚，老挝，马来西亚，缅甸，菲律宾，新加坡，泰国，越南	货物与服务	FTA&EIA
APTA	亚太贸易协定（Asia-Pacific Trade Agreement）	孟加拉国，中国，印度，韩国，老挝，斯里兰卡，蒙古国	货物与服务	PSA&EIA
CAN	安第斯共同体（Andean Community）	玻利维亚，哥伦比亚，厄瓜多尔，秘鲁	货物	CU
CARICOM	加勒比共同体和共同市场（Caribbean Community and Common Market）	安提瓜和巴布达，巴哈马，巴巴多斯，伯利兹，多米尼加，格林纳达，圭亚那，海地，牙买加，蒙特塞拉特，特立尼达和多巴哥，圣基茨和尼维斯，圣卢西亚，圣文森特和格林纳丁斯，苏里南	货物与服务	CU&EIA
CACM	中美洲共同市场（Central American Common Market）	哥斯达黎加，萨尔瓦多，危地马拉，洪都拉斯，尼加拉瓜，巴拿马	货物	CU
CEFTA	中欧自由贸易协定（Central European Free Trade Agreement）	波兰，匈牙利，捷克，斯洛伐克，斯洛文尼亚，罗马尼亚，保加利亚	货物	FTA

续表

名称缩写	全称	主要成员	范围	类型
CEMAC	中部非洲经济与货币共同体（Economic and Monetary Community of Central Africa）	喀麦隆，中非共和国，乍得，刚果（布），赤道几内亚，加蓬	货物	CU
EAC	东非共同体（East African Community）	肯尼亚，坦桑尼亚，乌干达，布隆迪，卢旺达，南苏丹，刚果（金），索马里	货物与服务	CU&EIA
EU	欧盟（European Union）	奥地利，比利时，保加利亚，塞浦路斯，克罗地亚，捷克，丹麦，爱沙尼亚，芬兰，法国，德国，希腊，匈牙利，爱尔兰，意大利，拉脱维亚，立陶宛，卢森堡，马耳他，波兰，葡萄牙，罗马尼亚，斯洛伐克，斯洛文尼亚，西班牙，瑞典，荷兰	货物与服务	CU&EIA
ECO	经济合作组织（Economic Cooperation Organization）	伊朗，巴基斯坦，土耳其，阿富汗，阿塞拜疆，哈萨克斯坦，吉尔吉斯斯坦，塔吉克斯坦，土库曼斯坦，乌兹别克斯坦	货物	PSA
EEA	欧洲经济区（European Economic Area）	欧盟 27 国，冰岛，列支敦士登，挪威	服务	EIA
EFTA	欧洲自由贸易联盟（European Free Trade Association）	冰岛，列支敦士登，挪威，瑞士	货物与服务	FTA&EIA
GCC	海湾合作委员会（Gulf Cooperation Council）	巴林，科威特，阿曼，卡塔尔，沙特阿拉伯，阿拉伯联合酋长国	货物	CU
LAIA	拉丁美洲一体化协会（Latin American Integration Association）	阿根廷，玻利维亚，巴西，智利，哥伦比亚，古巴，厄瓜多尔，墨西哥，巴拉圭，秘鲁，乌拉圭，委内瑞拉，巴拿马	货物	PSA
MERCOSUR	南方共同市场（Southern Common Market）	阿根廷，巴西，巴拉圭，乌拉圭	货物与服务	CU &EIA
USMCA	美国-墨西哥-加拿大协定（United States-Mexico-Canada Agreement）	加拿大，墨西哥，美国	货物与服务	FTA&EIA
SACU	南部非洲关税同盟（Southern African Custom Union）	博茨瓦纳，莱索托，纳米比亚，南非，斯威士兰	货物	CU

续表

名称缩写	全称	主要成员	范围	类型
APEC	亚太经济合作组织 (Asia-Pacific Economic Cooperation)	日本，中国，韩国，新加坡，印度尼西亚，马来西亚，泰国，菲律宾，文莱，越南，墨西哥，加拿大，美国，澳大利亚，智利，中国香港、中国台北，新西兰，秘鲁，巴布亚新几内亚，俄罗斯	货物、服务、资本流动等	EIA
CPTPP	全面与进步跨太平洋伙伴关系协定（Comprehensive and Progressive Agreement for Trans-Pacific Partnership)	澳大利亚，文莱，加拿大，智利，日本，马来西亚，墨西哥，新西兰，秘鲁，新加坡，越南	货物与服务	FTA&EIA

注：表中类型一栏中，FTA代表自由贸易协定（Free Trade Agreement），CU代表关税同盟（Custom Union），EIA代表经济一体化协定（Economic Integration Agreement），PSA代表局部范围协定（Partial Scope Agreement）。

资料来源：www.wto.org，2023年8月.

三、第二次世界大战后区域经济一体化的发展历程与特点

（一）区域经济一体化的发展历程

1.20世纪五六十年代区域经济一体化处于初步发展时期

第二次世界大战之后，世界经济领域发生了一系列重大变化，世界政治经济发展不平衡，大批发展中国家赢得国家独立，区域性经济一体化组织开始形成。

1948年建立的包括比利时、荷兰、卢森堡在内的比荷卢关税同盟向欧洲经济一体化迈出了第一步。1951年4月18日，比利时、法国、意大利、卢森堡、荷兰和联邦德国六国签署了《欧洲煤钢联营条约》，1952年，六国议会批准条约，设立超国家机构——欧洲煤钢联营高级机构，建立欧洲煤钢共同体①，最终目标是实现煤钢共同市场。1957年，法、意、联邦德国、荷、比、卢六国签署《欧洲经济共同体条约》《欧洲原子能共同体条约》，总称《罗马条约》，1958年《罗马条约》生效，由此建立欧洲经济共同体和欧洲原子能共同体。1960年，英国、奥地利、丹麦、葡萄牙、瑞典、瑞士、挪威七国签署条约，欧洲自由贸易联盟建立②，初级目标是1970年建成工业自由贸易区，终极目标是经济一体化。此外，以苏联为首的社会主义国家于1949年初建立了经互会；发展中国家也在进行经济一体化的尝试，如拉丁美洲自由贸易协会（1960年）、西非关税同盟（1959年）、中美洲共同市场（1962年）、亚洲的东南亚国家联盟（1967年）；等等。

① 时任法国国家计划委员会负责人的让·莫内提出“法、德煤钢生产联营计划”，目的是：一方面控制联邦德国的工业和军事力量；另一方面尝试西欧在经济上的联合。这一计划得到时任法国外长的舒曼的支持，并予以执行。历史上称为“舒曼计划”。

② 芬兰参加了讨论，但受《苏芬友好合作互助条约》的限制，没有成为成员国。七国签署的这个条约与《罗马条约》不同，具有契约性质，任何成员国只要提前一年通知，就可退出欧洲自由贸易联盟。

2. 20 世纪 70 年代至 80 年代中期区域经济一体化的发展处于停滞时期

20 世纪 70 年代初西方国家开始出现的经济衰退使区域经济一体化的发展步伐缓慢下来，经济一体化进程转入低潮时期。以欧洲共同体为例，两次石油危机、布雷顿森林体系崩溃、全球经济衰退、日美欧贸易摩擦上升等因素使其成员国经济遭受沉重打击，各成员国广泛实施非关税壁垒措施进行贸易保护，导致第一阶段关税同盟的效应几乎丧失殆尽，欧洲共同体国家的经济增长速度急速下降。联邦德国、意、荷、比、法五国 1950—1973 年 GDP 增长速度分别达到 5.68%、5.64%、4.74%、4.08%、5.05%，而 1980—1986 年各国的数字分别下降到 1.5%、1.3%、1.0%、0.9%、1.3%。①

区域经济一体化的减速对地区经济的发展未能起到预期的促进作用，欧洲共同体原定的一体化计划并未完全实现，而发展中国家的一体化尝试没有一个是完全成功的。因此，在这一时期，区域经济一体化未能成为一种全球性的重要趋势。

3. 20 世纪 80 年代中期以来，地区经济一体化迅速发展

20 世纪 80 年代中期以来，特别是进入 90 年代，世界经济政治形势发生了深刻变化，西方发达国家在抑制通货膨胀、控制失业率方面取得成功，1973—1983 年间，西欧国家通货膨胀率年均达到 11.2%，1983—1993 年降到 4.6%，1993—1998 年进一步降到 2.2%。② 经济增长率明显提速，1986—1989 年，欧洲共同体 GDP 年均增长率达到 3.2%，高于 1981—1985 年的 1.5%③，经济的发展推动区域经济联合，区域经济一体化趋势明显增强。④

值得强调的是，这一时期，美国态度的转变也对地区主义的快速发展产生了重大的推动作用。⑤ 美国的态度和行动使得越来越多的国家担心自己被屏蔽在区域性市场之外，作为防御性措施，纷纷参与、组建各种区域性一体化组织。这就对没有加入的国家构成了更大的压力，促成新成员不断加入，新的区域性经济组织不断出现。⑥

1994 年 1 月 1 日，美、加、墨三国签署的《北美自由贸易协定》开始生效，北美自由贸易区正式启动。北美自由贸易区是一例典型的南北结合的区域性经济贸易集团。

---

① 安格斯·麦迪森. 世界经济千年史. 北京：北京大学出版社，2003：181.

② 同①123-124.

③ 根据安格斯·麦迪森. 世界经济千年史. 北京：北京大学出版社，2003 提供的数据计算。

④ 根据 WTO 公布的数据，GATT/WTO 收到的涉及货物贸易的区域贸易协定通知按照生效时间计算，50 年代仅有欧盟的 2 起，60 年代有 3 起，70 年代有 18 起，80 年代有 9 起，1991 年有 3 起，1992 年有 8 起，1993 年升至 13 起，1994 年有 9 起，1995 年增加到 15 起，1996 年有 1 起，1997 年有 18 起，1998 年达到创纪录的 19 起，1999 年有 12 起，2000 年有 7 起。

⑤ 也有观点认为，90 年代区域贸易协定迅速增加还源于现代贸易壁垒的高度复杂性，这导致这些贸易壁垒在多边体制中无法协商和消除，人们发现在双边和区域多边基础上这些贸易壁垒问题更易于解决。参见 P. Krugman，"Regionalism versus Multilateralism：Analytical Notes"，in J. D. Melo and A. Panagariya（eds.），*New Dimensions in Regional Integration*，Cambridge：Cambridge University Press，1993；J. Bhagwati，"Regionalism and Multilateralism：An Overview"，in J. D. Melo and A. Panagariya（eds.），*New Dimensions in Regional Integration*，Cambridge：Cambridge University Press，1993。

⑥ R. E. Baldwin，"A Domino Theory of Regionalism"，in R. E. Baldwin，P. Haaparanta and J. Kiander（eds.），*Expanding Membership of the European Union*，Cambridge：Cambridge University Press，1995；R. E. Baldwin and A. J. Venables，"Regional Economic Integration"，in G. M. Grossman and K. Rogoff（eds.），*Handbook of International Economics*，vol. 3，Amsterdam：North Holland，1995.

北美自由贸易区的建立以 1989 年《美加自由贸易协定》为基本框架，涉及商品贸易、劳务、运输、通信、金融、投资、知识产权保护、环境保护等各个领域。其宗旨是取消贸易壁垒、创造公平竞争的条件、增加投资机会、对知识产权提供适当的保护、建立执行协定和解决争端的有效程序，以及促进三边的、地区的以及多边的合作。最终目标是到 2008 年建成一个取消三国间所有贸易障碍的自由贸易区，实现所有生产要素在区域内的完全自由流通。

在此基础上，美国于 1994 年迈阿密美洲国家首脑会议上又提出了创建美洲自由贸易区的建议。

2020 年 7 月 1 日《美国-墨西哥-加拿大协定》取代了《北美自由贸易协定》，这是美国第一次全面修订和升级现有自由贸易协定。《美国-墨西哥-加拿大协定》沿袭《北美自由贸易协定》零关税的做法，强化原产地规则，加入关于数字贸易、竞争、中小企业、有效监管等内容的条款，将劳工、环境纳入协定成员的核心义务中，协定的修订和升级使条款具有充分可行性，并改进了争端解决机制。

欧洲统一大市场于 1993 年 1 月 1 日宣布建成，成员国之间基本实现了商品、服务、资本、人员的自由流通。1995 年，欧盟成员国扩大到 15 个。目前，欧盟有 27 个成员国。

1989 年 11 月，亚太地区 12 个国家和地区参加了在澳大利亚堪培拉举行的第一届部长级会议，在这次会议上宣布亚太经济合作组织（APEC）正式成立。1994 年 11 月在印度尼西亚茂物举行的 APEC 领导人非正式会议达成协议，发表《茂物宣言》，确定了亚太地区经济合作的道路和方向，确定发达成员在 2010 年前、发展中成员在 2020 年前实现区域内贸易与投资自由化；同时要求部长会议及有关机构对于与贸易、投资自由化相关的关税、认证标准、投资原则、妨碍进入市场的行政障碍等问题提出改善原则。各成员一致同意在人力资源开发、基础设施建设、科学与技术、环境保护、中小企业发展等方面加强合作。

APEC 是在 20 世纪 60 年代以来有关亚洲、太平洋地区经济合作的诸多构想和实践的基础上形成的。80 年代以来，亚太地区成为世界上最具经济增长活力的地区，先是“亚洲四小龙”，后是“亚洲四小虎”，再后是中国经济的起飞。亚太地区经济的快速发展促使欧洲迈向统一市场，也推进了北美地区的一体化进程，同时其他地区的经济联合又反过来推动了亚太地区国家和地区的一体化进程，亚太地区的国家和地区意识到必须联合起来，促进经济的共同发展以增强其在世界上与其他国家和地区抗衡的能力。

鉴于 APEC 成员间经济发展水平、制度、文化、宗教等经济社会方方面面的差异性较大，APEC 一体化进程中严格遵循开放、灵活、渐进的原则。

开放原则是指坚持非歧视原则，APEC 内部的贸易和投资自由化成果原则上适用于外部非成员。因此，APEC 在推进内部自由化的同时，也将推进与非 APEC 成员间的贸易与投资的自由化。

灵活原则指 APEC 成员可以根据各自的经济发展水平、市场开放程度和经济承受能力对具体部门的贸易和投资自由化进程做出灵活、有序的安排。

渐进原则意指 APEC 贸易与投资自由化目标的实现是一个渐进的过程，在这一过程中，各成员应有时间和机会逐步调整自己的政策以适应不断开放的需要。这一点明显区别于欧盟、北美自由贸易区、东盟等封闭性区域性经济贸易集团的做法，它们往往是通过签署协定对成员的行为进行约束，并要求成员以完全相同的方式和速度推进内部的自由化进程。

APEC 的运作方式也不同于其他的封闭性区域合作组织，它是通过自上而下的方式来推进内部的自由化。APEC 重大的贸易与投资自由化举措的出台都是由 APEC 领导人非正式会议通过各成员最高领导人协商一致采取承诺的方式完成的，而无须签署任何协议，并且速度和成效都极为显著。

APEC 的启动标志着区域经济一体化进程进入了又一高潮时期。一些新的区域性经济一体化组织纷纷建立，而原有的地区组织也加快了发展步伐。北美洲、欧洲和亚太三大经济圈正在形成；区域性经济一体化组织的形式越来越灵活多样，覆盖面也越来越广，不同层次的地区性组织成员纵横交错；成员之间经济的相互依赖日益加深，开放性地区主义的倾向越来越明显。区域经济一体化成为一种具有重要战略意义的全球性发展趋势。

2016 年 2 月，12 国签署 TPP①，在美国的主导下，协议文本最后落定在货物贸易零关税、零补贴、零壁垒上，此外，强调加强知识产权保护、服务贸易便利化自由化、商业法规兼容、政府竞争中立等原则，但给予成员国的过渡期比较短，对于发展中国家尤为不适。2017 年，特朗普上台后宣布退出 TPP，认为双边协定更符合美国利益，更有助于解决美国紧迫的贸易逆差问题。之后在日本的主导下，TPP 演进为 CPTPP，2018 年生效。CPTPP 的主要特点是其全面性和进步性。②

2020 年 11 月 15 日，东盟 10 国、中国、日本、韩国、澳大利亚、新西兰共 15 国签署《区域全面经济伙伴关系协定》（Regional Comprehensive Economic Partnership，RCEP）。RCEP 不仅是一个全面、现代、高质量、互惠的自贸协定，而且是世界上最大的自由贸易区，它覆盖了全球 22 亿人口，拥有世界经济总量的 30%。协定 2022 年正式生效。

截至 2022 年 12 月，美国与 20 个国家签署并生效了 14 个自贸协定。③

截至 2022 年 12 月，欧盟与 76 个国家和地区签署并生效了 44 个自贸协定。④

截至 2023 年 8 月，中国与 27 个国家和地区签署并生效了 19 个自贸协定⑤，正在谈判中的自贸协定有 10 个，签署并生效的优惠贸易安排有 1 个。

---

① 美国、加拿大、智利、秘鲁、日本、越南、文莱、新加坡、马来西亚、澳大利亚、新西兰、墨西哥 12 个环太平洋国家 2016 年 2 月签署《跨太平洋伙伴关系协定》（TPP）。TPP 是在新西兰、新加坡、智利和文莱 2005 年签署的《跨太平洋战略经济伙伴关系协定》（TPSEP，或 P4）基础上达成的一个新协定，随后，美国、澳大利亚、秘鲁、越南、马来西亚、墨西哥、加拿大、日本陆续加入谈判，谈判议题范围扩大。

② 全面性体现在议题的广泛性、协定内容的全面性和规范的严谨明确上，避免了协定规范真空和误读；进步性是指高标准和引领性，协定通过具体规则的方式将先进性的理念体现出来，比如包含的新议题、协定规范设立的标准等，对后面的新协定起到了引领作用。

③ 这 20 个国家为澳大利亚、巴林、加拿大、智利、哥伦比亚、哥斯达黎加、多米尼加、萨尔瓦多、危地马拉、洪都拉斯、以色列、约旦、韩国、墨西哥、摩洛哥、尼加拉瓜、阿曼、巴拿马、秘鲁、新加坡。

④ 美洲 6 个自贸协定，涉及 26 个经济体；欧洲和独联体地区 19 个自贸协定，涉及 19 个经济体；非洲与中东 14 个自贸协定，涉及 23 个经济体；亚太地区 5 个自贸协定，涉及 8 个经济体。资料来源：WTO，Trade Policy Review：European Union，2023。

⑤ 中国-厄瓜多尔、中国-尼加拉瓜、《区域全面经济伙伴关系协定》（RCEP）、中国-柬埔寨、中国-毛里求斯、中国-马尔代夫、中国-格鲁吉亚、中国-澳大利亚、中国-韩国、中国-瑞士、中国-冰岛、中国-哥斯达黎加、中国-秘鲁、中国-新西兰（含升级）、中国-新加坡（含升级）、中国-智利（含升级）、中国-巴基斯坦（含第二阶段）、中国-东盟（含“10+1”升级）、内地与港澳更紧密经贸关系安排。资料来源：中华人民共和国商务部下属的中国自由贸易区服务网。

截至2023年8月，向GATT/WTO通告的区域贸易协定（RTA）[①] 有593个，运行中的有360个。[②]

专栏9-2

WTO生效与通告的区域贸易协定情况

RTA生效情况：

RTA涉及的内容范围	RTA数量（个）
货物	165
服务	2
货物与服务	193
总计	360

RTA通告情况：

类型	依照以下条款建立的RTA数量（个）			总计（个）
	授权条款	GATS第V条款	GATT第XXIV条款	
CU	7		11	18
CU-加入*	3		10	13
EIA		195		195
EIA-加入*		7		7
FTA	23		299	322
FTA-加入*	1		8	9
PSA	27			27
PSA-加入*	2			2
总计	63	202	328	593

*有新成员加入的协定。

资料来源：WTO官网，2023年8月.

（二）区域经济一体化发展的特点

处于迅速发展时期的区域性经济一体化组织，其发展呈现出以下几个重要特征：

1. 发展中国家经济一体化趋势加强，但一体化进程缓慢

为增强自身的竞争力，加强谈判地位，加快本国的经济发展，保护本国的利益，发展中国家间的经济一体化趋势也在加强。如拉丁美洲的阿根廷、巴西、巴拉圭和乌拉圭

① 区域贸易协定包括自由贸易协定（FTA）与关税同盟（CU）两种形式。

② 参见www.wto.org。

四国于1991年3月签署条约，成立南方共同市场；1990年，安第斯条约组织现存成员国委内瑞拉、哥伦比亚、厄瓜多尔、秘鲁和玻利维亚发表《加拉帕戈斯宣言》，宣布要经历5年过渡，到1995年建成共同市场；1992年西亚的阿富汗、阿塞拜疆和中亚5国[①]加入由西亚的伊朗、巴基斯坦、土耳其于1985年建立的经济合作组织；等等。

但是，因为发展中国家组成的区域性经济一体化组织大多其成员国国内面临众多的、各不相同的经济和政治问题，成员国之间的政策难以协调，因此多数一体化停留在自由贸易区，甚至更低层次，终极目标无法按计划实现。如安第斯条约组织原计划到1995年实现共同市场，实际上关税同盟的实现都推迟了半年，鉴于成员国之间巨大的差异，如委内瑞拉的人均GNP是玻利维亚的4倍，而厄瓜多尔弱小的制造业根本无法与哥伦比亚、委内瑞拉先进的工业相竞争，一个真正的共同市场所要求的政策协调根本无法实现，从而导致一体化进程搁浅。南方共同市场的发展在1998年遇到困难，经济的衰退致使一些成员国恢复已经削减或消除的关税，中止对外统一关税，2003年，南方共同市场走向完全关税同盟的步伐重新开始启动。成立于1973年的加勒比共同体一直未能在一体化方面取得进展，它曾于1991年宣布创建关税同盟，但最终没能实现。

2. 发达国家与发展中国家间的区域性经济一体化组织开始出现

20世纪80年代以来，面对世界经济的全球化，越来越多的发展中国家开放国内市场，积极引进外资，努力扩大出口，发展外向型经济，南北经济关系有了新的发展，相互之间的依赖程度在逐步提高，南北经济一体化成为一种必然的趋势。面对发达国家日益加强的贸易保护主义和激烈的国际竞争，争取加入区域性经济贸易集团、加强区域性的南北经济合作、实现区域贸易的自由化成为发展中国家的一种现实的战略选择。发达国家则出于全球战略的考虑，也希望通过有选择地将一些发展中国家纳入其体系，增强其对发展中国家经济的渗透力，获取在发展中国家的竞争优势地位。

北美自由贸易协定就是南北经济一体化的一次成功尝试。协议中的美洲自由贸易区、亚太自由贸易区以及构想中的未来大欧洲经济区（包括中东、北非、海湾地区）都属于南北经济一体化的形式。

3. 区域经济一体化突破了国土相邻的限制

区域经济一体化发展到出现了跨洲、跨洋的区域性经济联合体，多数采取自由贸易区的形式。

除陆地相邻国家之间建立各种形式的区域性经济一体化组织外，一些跨洲、跨洋、陆地本不相邻的国家之间通过签署协议，组建了一体化程度不同的经济共同体。

如以色列与美国建立的自由贸易区，中国与智利签署的自由贸易协定。1999年，南方共同市场开始与欧盟进行谈判，准备建立一个跨大西洋自由贸易区。日本与墨西哥就建立自由贸易区达成了协议。美国与澳大利亚、美国与新加坡分别签署并实施了自由贸易协定。

目前存在、仍在运行的区域性经济一体化组织多采取自由贸易协定的形式。依照

---

① 中亚5国即哈萨克斯坦、吉尔吉斯斯坦、塔吉克斯坦、土库曼斯坦、乌兹别克斯坦。

WTO 的数据，截止到 2023 年 8 月，正在实施的 360 个区域性贸易安排中，自由贸易协定占 90%以上。[①]

4. 世界上多数国家都成为不同形式的区域性经济一体化组织的成员，区域性经济一体化组织成员交叉、身份重叠

WTO 成员均至少参加 1 个区域贸易协定，而多者则达 40 个以上。

现实中，一些大的区域性经济一体化组织往往包含着次一级区域性经济联合组织，比较典型的如亚太经济合作组织内存在着美国-墨西哥-加拿大协定、澳新自由贸易区、美国与智利的自由贸易协定等多个区域性经济一体化组织或协定。这样就使得一些国家同时为多个区域性经济联合体的成员，在不同的区域性组织中享受着不同的权利，承担着不同的义务。

5. 区域性经济一体化组织迅猛发展与多边贸易体制职能强化并存

20 世纪 80 年代中期后，世界范围内掀起了第二次区域经济一体化浪潮，以欧共体建成统一大市场为先导，美加自由贸易协定、亚太经合组织等相继启动。进入 90 年代，区域经济一体化浪潮不仅势头未减，反而出现了强劲的发展态势，美国政府也一反冷漠的做法，积极投入区域经济一体化事务，与其他国家、经济贸易集团频繁展开双边自由贸易协定谈判，这在很大程度上增强了一体化的发展势头，扩大了区域性经济一体化组织对世界经济和多边贸易体制的影响。

与此同时，多边贸易体制的发展也进入了新的历史阶段。世界贸易组织建立，协调领域从货物贸易扩展到服务贸易、知识产权保护和与贸易有关的投资措施等新领域，新的多边贸易体制的威信与职能空前强化。

蓬勃发展的区域性经济一体化组织与多边贸易体制呈现并行发展、相互促进的局面。

同时也不可否认，WTO 多哈回合从 2001 年启动谈判至今，主要源于欧美农产品领域的分歧而没有取得进展，以双边替代陷入僵局的多边，也成为区域经济一体化迅速发展的重要原因。

截至 2023 年 12 月，中国已经与多个国家和地区签署了 22 个 FTA。根据中国海关总署的数据，2022 年中国与 FTA 伙伴的贸易规模已经超过总贸易规模的 50%。

专栏 9-3

中国与毛里求斯自由贸易协定（FTA）概述

签字与生效日：2019-10-17/2021-01-01

过渡期：

A5——5 年过渡，占关税税目的 94.2%（毛里求斯）。

A7——7 年过渡，占关税税目的 96.3%（中国）。

E——在自由化范围之外，占关税税目的 3.7%（中国）、5.8%（毛里求斯）。主要产品包括中国的鲨鱼翅、花茶、硬质小麦种子、玉米种子、黄豆制品、烟草等；毛里求斯的人造黄油、白砂糖、汽水、麦芽酿造的啤酒、纸张、织物制品等。

① 参见 www.wto.org。

涵盖的其他内容：服务、知识产权、竞争、电子商务、投资、行政与机制条款等。

2020 年双边货物贸易中，中国从毛里求斯进口 0.26 亿美元、出口 7.0 亿美元。

注：A5 为 5 年逐步过渡到零关税，A7 为 7 年逐步过渡到零关税；E 为关税保持基准税率。

资料来源：中国海关总署官网.

专栏 9－4

中国与柬埔寨自由贸易协定（FTA）概述

签字与生效日：2020－10－12/2022－01－01

过渡期：

A0&P——生效即执行，占关税税目的 97.67%（中国）、87.8%（柬埔寨）。

A5&A10&A20——5 年过渡，占关税税目的 0.13%（中国）、2.5%（柬埔寨）。

E——在自由化范围之外，占关税税目的 2.2%（中国）、9.7%（柬埔寨）。主要产品包括中国的硬质小麦种子、玉米种子、油类、烟草、橡胶、纸张、机动车辆等；柬埔寨的鸡、蔬菜、砂糖、面食、烟草、油类、化妆品、肥皂、塑料制品、织物制品、机动车辆等。

涵盖的其他内容：服务、投资、电子商务、经济技术合作、管理和机制条款、争端解决等。

2020 年双边货物贸易中，中国从柬埔寨进口 14.97 亿美元、出口 80.54 亿美元。

注：生效即执行包括部分降税立即执行和零关税立即执行，A0 为零关税立即执行，P 为部分降税立即执行；A5 为 5 年逐步过渡到零关税，A10 为 10 年逐步过渡到零关税，A20 为 20 年逐步过渡到零关税；E 为关税保持基准税率。

资料来源：中国海关总署官网.

---

6. 区域经济一体化协定所涵盖的内容日益广泛

早期的区域性经济一体化组织起源于货物贸易的关税削减和取消、数量限制的取消，后延展进入服务贸易领域，发展到今天，区域经济一体化合作已经进入投资、知识产权保护、法律及制度协调等领域。2019 年，欧盟与日本签署的《欧日经济伙伴关系协定》(EU-Japan Economic Partnership Agreement）生效，这是一个新一代自由贸易协定，它在货物和服务贸易自由化的基础上，涵盖知识产权、投资、政府采购、海关与贸易便利化、管理规则合作、贸易与可持续发展等领域，与协定生效前 3 年相比，欧盟企业年节省 16 亿欧元的关税、年增加出口 130 亿欧元。① CPTPP 和 RCEP 也都以其全面性为主要特征。

四、进入 21 世纪后区域贸易协定的发展

1. 欧洲

欧洲的欧盟和欧洲自由贸易联盟是两个重要的区域贸易协定。随着欧盟成员的不断

① WTO，Trade Policy Review：European Union，2019.

增加，欧洲区域内现存的RTA数量在不断减少。在地中海地区，欧盟与地中海国家建立自由贸易区的谈判取得了诸多进展，在2006年3月欧盟-地中海国家第五届贸易部长会议上，双方正式宣布启动服务贸易自由化谈判，同意在农产品贸易自由化方面继续努力，加强双方法律体系的建设，但由于中东和平进程受阻影响经济发展、部分国家市场经济法律法规不健全、贸易政策和活动透明度问题等，欧盟-地中海自贸区的建立还有很长的路要走。

欧盟分别与南锥体、海湾合作委员会、印度[①]、韩国、部分东南亚国家、安第斯共同体、中美洲共同市场以及非洲、加勒比与太平洋地区国家集团启动了自由贸易协定的谈判，取得了丰硕成果，已经分别与冰岛、挪威、安道尔、土耳其、法罗群岛、巴勒斯坦、突尼斯、南非、摩洛哥、以色列、墨西哥、北马其顿、圣马力诺、阿尔及利亚、阿尔巴尼亚、波斯尼亚和黑塞哥维那、塞尔维亚、黑山、黎巴嫩、韩国、约旦、叙利亚、埃及、智利、加勒比共同体成员国、哥伦比亚、秘鲁、乌克兰、喀麦隆、摩尔多瓦、科特迪瓦、加纳等签署并实施了自由贸易协定。[②]

专栏9-5

欧盟自由贸易协定分类

欧盟将其现有的自由贸易协定分为四类。第一类是2006年之前缔结的协定、2009—2016年与西巴尔干国家签署的《稳定与联系协定》(Stabilisation and Association Agreement)。这类协定包括地中海的阿尔及利亚、埃及、以色列、约旦、黎巴嫩、摩洛哥、巴勒斯坦和突尼斯；西巴尔干的阿尔巴尼亚、波斯尼亚和黑塞哥维那、北马其顿、科索沃、黑山和塞尔维亚；以及智利、墨西哥、安道尔、法罗群岛、冰岛、挪威、圣马力诺、瑞士和土耳其。第二类是“新一代自由贸易协定”(New-generation FTA)，指2006年以后达成的比较全面的自由贸易协定，除涉及货物贸易自由化外，协定还涉及服务、公共采购、投资、监管合作等。自2010年起，所有新一代自由贸易协定都包含可持续发展内容。目前运行的新一代自由贸易协定包括分别与日本、加拿大、韩国、哥伦比亚、厄瓜多尔、秘鲁和中美洲国家达成的协定。欧盟与加拿大的自由贸易协定（CETA）被认为是最先进的新一代自由贸易协定，在市场准入和贸易规则方面确立了新的规则；并且，在关税减除方面也比较彻底，自生效之日，欧盟对来自加拿大的进口免除97.7%税目的关税，加拿大的这一比例为97%，到2024年，双方的这一比例将达到99%；针对某些农产品进口，采取关税配额管理。欧盟与日本的自由贸易协定于2018年签署、2019年生效。该协定实现了全面货物、服务、投资自由化，协定还包含知识产权、政府采购的内容，并确立了可持续发展准则。该协定不涉及投资保护与争端解决方面，这方面的相关协定在谈判中。第三类是深入全面的自由贸易协定（Deep and Comprehensive FTA）。这类协定的目标在于与贸易伙伴国家逐步深化政治联系、推进全面经济一体化，自由贸易区仅是这个一体化进程的一部分。目前运行的包括分别与乌克兰、格鲁吉亚、摩尔多瓦达成的协定。第四类是经济合作协定（Economic Partnership Agreement，EPA），运

① 与印度的谈判于2007年6月启动。

② 截至2019年，欧盟在双边框架下，已经与72个国家实施了41个自贸协定。

行中的包括分别与南部非洲发展共同体、科特迪瓦、加纳、喀麦隆、加勒比国家论坛、太平洋国家以及东部和南部非洲国家达成的协定。

资料来源的：WTO，Trade Policy Review：European Union，2020.

欧洲自由贸易联盟（EFTA）也在积极进行各种区域贸易协定的谈判。2000 年分别与马其顿、墨西哥签署自贸协定，与突尼斯、韩国、黎巴嫩、加拿大、哥伦比亚、秘鲁的自贸协定在 2005—2011 年间相继生效，与乌克兰、格鲁吉亚、菲律宾、厄瓜多尔、土耳其的自由贸易协定也在 2005—2021 年间陆续生效。2012 年 10 月 1 日起，EFTA 与中国香港的贸易适用自由贸易协定。EFTA 分别与泰国、海湾合作委员会、秘鲁、印度、印度尼西亚等的自由贸易协定谈判正在进行中。

2017 年，欧盟与加拿大的自贸协定生效。

2018 年，欧盟分别与澳大利亚、新西兰开始全面自贸区谈判，与亚美尼亚的自贸协定生效。

2019 年，欧盟与新加坡、欧盟与日本的自贸协定生效。

2020 年，欧盟与越南的自贸协定生效。

2021 年，欧盟与英国的自贸协定生效。

2018—2021 年间，EFTA 与菲律宾、厄瓜多尔、印度尼西亚、土耳其的自贸协定陆续生效。

2. 美洲

北美自由贸易区的建立产生了强烈的多米诺骨牌效应，许多国家开始进行区域贸易协定的谈判。美国成为活跃的贸易协定的组织者和参与者。它与哥伦比亚、秘鲁、五个中美洲国家、多米尼加分别签署了自由贸易协定，与巴拿马 2007 年 6 月签署的自由贸易协定于 2012 年 10 月 31 日开始生效。它与一些北非、中东国家签订协定，为建立中东自由贸易区打下坚实的基础；与智利、摩洛哥、巴林、阿曼签署的自由贸易协定分别于 2004 年、2005 年、2006 年、2009 年生效。在亚太地区，美国已经分别同韩国、澳大利亚和新加坡建立自由贸易区，2010 年马来西亚加入《跨太平洋伙伴关系协定》。2007—2008 年加拿大分别启动了与韩国、加勒比共同体、哥伦比亚、秘鲁、多米尼亚、约旦的自由贸易协定谈判。加拿大分别与萨尔瓦多、洪都拉斯、危地马拉、尼加拉瓜及新加坡的始于 2001 年的自贸协定谈判仍在进行中。加拿大于 2008 年 1 月与欧洲自由贸易联盟签署了自由贸易协定，与巴拿马、洪都拉斯、乌克兰、欧盟和英国签署的自由贸易协定分别于 2013 年、2014 年、2017 年、2017 年和 2021 年生效。2009 年加拿大与秘鲁的协定生效，2011 年与智利的协定生效，2012 年与约旦的协定生效，2015 年与韩国的协定生效。墨西哥正在不断地扩展其自由贸易区的网络，它分别与日本、英国等国家签订的自由贸易协定已经生效，与韩国的自由贸易协定谈判正在进行中。

在南美，巴拿马分别与新加坡、智利、秘鲁、美国、加拿大和墨西哥签署并运行自由贸易协定，加勒比共同体和共同市场已经批准分别与古巴和哥斯达黎加的协定。除了与美国的自由贸易协定外，秘鲁还分别与智利、中国、韩国、墨西哥、新加坡、哥斯达黎加、日本、巴拿马、澳大利亚、洪都拉斯运行了自由贸易协定。哥伦比亚和厄瓜多尔分别与美国达成了自由贸易协定。作为南美最大的经贸集团，南锥体已经分别与海湾合作委员会、印度、以色列、埃及、南非发展委员会达成建立自由贸易区的框架协议。智利在不断扩展其自由贸易协定的网络，与新西兰、文莱、新加坡签订的《跨太平洋战略经济伙伴关系协定》于2006年11月生效，与中国签订的自由贸易协定分别于2006年（货物）和2010年（服务）生效，与印度、日本签订的建立自由贸易区的协定都于2007年开始实施，与土耳其、马来西亚、越南、中国香港、泰国、印度尼西亚和英国签订的协定分别于2011年、2012年、2014年、2014年、2015年、2019年和2021年生效，并与泰国通过全球发展中国家间的优惠贸易安排来推进货物贸易的自由化。

2011年，智利、哥伦比亚、墨西哥、秘鲁建立了太平洋联盟（Pacific Alliance）。

3. 亚太地区

亚太地区国家签订的区域贸易协定正在迅速增加。日本全力投入亚洲地区和跨洲的自由贸易协定的谈判和签署，与墨西哥于2004年3月签署自由贸易协定后，日本分别与印度尼西亚、马来西亚、秘鲁、菲律宾、新加坡、瑞士、泰国、越南、智利、东南亚国家联盟、印度、文莱、欧盟、澳大利亚、蒙古国、英国签署并实施了自由贸易协定，并分别与海湾合作委员会、韩国进行自由贸易协定的谈判，2019年与欧盟签署的经济合作协定生效。韩国除了与智利、东南亚国家联盟、印度、新加坡、美国、欧洲自由贸易联盟、欧盟、加拿大、中国、澳大利亚、哥伦比亚、新西兰、土耳其、越南、秘鲁、英国签署区域贸易协定外，已经分别与日本、墨西哥开始区域贸易协定的谈判。中国已经与智利、巴基斯坦、新西兰、新加坡、东盟、RCEP、澳大利亚、哥斯达黎加、格鲁吉亚、毛里求斯、韩国、冰岛、秘鲁、瑞士等签署并实施自由贸易协定，目前正在与挪威[①]、摩尔多瓦等进行自由贸易协定的谈判。《内地与香港关于建立更紧密经贸关系的安排》和《内地与澳门关于建立更紧密经贸关系的安排》已于2004年1月1日实施，《海峡两岸经济合作框架协议》已于2010年9月12日实施。

东南亚国家联盟与日本的自由贸易协定于2008年生效；与澳大利亚、新西兰签署的自由贸易协定，以及与印度签署的自由贸易协定都于2010年1月开始运行；与韩国的自由贸易协定分两步走，先是2009年5月签署服务贸易协定，之后是2010年1月签署货物贸易协定；与中国香港签署的自由贸易协定于2019年生效；同时正在考虑与欧盟签署区域贸易协定的可能性。一些东南亚国家，如新加坡、泰国、马来西亚等国，正在签署独立的国家间的自由贸易协定，以新加坡为例，它分别与约旦、印度、韩国、巴拿马、中国、秘鲁、哥斯达黎加、欧洲自由贸易联盟、欧盟、海湾合作委员会、日本、新西兰、澳大利亚、中国台湾、土耳其、英国、美国签署的自由贸易协定已经生效，正在分别与加拿大、乌克兰进行建立自由贸易区的谈判。

2018年，《全面与进步跨太平洋伙伴关系协定》（CPTPP）生效。

2020年，15国签署《区域全面经济伙伴关系协定》，2022年正式生效。

4. 非洲

泛阿拉伯自由贸易协定目前已正式生效。海湾合作委员会已将其自身建设成为一个

---

① 与挪威的谈判开始于2008年9月。

共同市场，并以集团的身份和许多国家签署自由贸易协定。[①]

2019 年，非洲大陆自由贸易区（African Continental Free Trade Area）协定正式生效。东部和南部非洲共同市场（COMESA）、东非共同体（EAC）、南部非洲发展共同体（SADC）三方自由贸易区协定正在谈判中。[②]

五、区域经济一体化形成与发展的主要原因

（一）外部原因

1. 科技与社会生产力的迅速发展推动了区域经济一体化的形成与发展

科技与社会生产力的迅速发展使各国间经济相互依赖、相互依存加深，贸易、投资自由化成为经济发展的内在要求。科技的迅猛发展和社会生产力的极大提高，使生产的专业化和协作化进一步发展，国际分工不断深化。现代信息技术的广泛应用和运输条件的极大改善为商品、服务及生产要素在全球范围的快速流动创造了条件。世界经济的全球化趋势使各国经济之间的相互依存、相互制约和相互渗透日益加深，贸易与投资的自由化成为一种客观上不可逆转的趋势。然而由于各国经济发展水平不同，社会、历史文化背景不同，民族利益的存在使得全球范围的自由化成为一个漫长的过程，因此，在条件成熟的国家之间先行实现自由化成为一种可行的现实选择，区域经济一体化成为最终实现全球经济一体化的前期阶段。

2. 欧洲经济重建、恢复与发展的需要，以及美国与苏联的军事对峙使西欧走向联合

第二次世界大战使世界经济遭受了严重的破坏。作为战争的主战场，欧洲各国经济凋敝，政治动荡不定，国际影响力大大降低，1944 年，战争结束时，法国工业生产只相当于 1938 年的 20%，农业为 50%，法郎价值仅为 1/6。意大利在战争结束时损失了国民财富的 1/3，并丧失了全部海外殖民地。德国在战争结束时，30%～40%的工厂不能生产。在这样的历史背景下，对和平与繁荣的渴望使西欧的联合思潮达到高潮，消除战争隐患，实现经济、政治、防务上的独立，恢复强大欧洲，不沦为超级大国的附庸成为欧洲社会各阶层追求的目标。但这一目标的实现要求清除欧洲国家之间在经济、政治等方面存在的障碍和阻隔，调动共同的资源和力量重建欧洲、发展欧洲，也就是说，一个强大欧洲实现的前提是一个联合欧洲的出现。

同时，随着战后冷战局面的出现，苏联对中、东欧的控制，加上其历史上的扩张倾向，苏联对西欧构成了实质上的威胁，只有联合起来的欧洲才能在苏联强大的军事威慑下生存。美国也认为，一个强大、繁荣的欧洲才可能在美苏冲突中帮助美国抗衡苏联。为使欧洲实现复兴，美国推出“马歇尔欧洲复兴计划”（简称马歇尔计划），给欧洲经济恢复提供经济援助，但先决条件是欧洲的经济合作，由欧洲国家联合起来设计马歇尔计划经济援助的分配和实施方案，因而，美国的马歇尔计划对欧洲经济一体化启动产生了

---

① 根据 WTO 官方网站资料整理。

② 参见 WTO 官网。

重大影响。

3. 各国经济、政治势力非均衡发展加速了区域性经济一体化组织的发展

冷战结束后，经济发展成为主旋律。历史发展到 20 世纪 80 年代，西欧和日本成为美国经济最强有力的竞争对手，美、日、欧对世界经济中心地位的争夺激化。欧洲国家政治和经济一体化的加强无疑将增强欧洲的整体实力。而美国为巩固和加强其在全球经济中的地位，不得不积极组建自己的区域性经济贸易集团，以此与欧洲和日本相抗衡。

4. 维持与发展民族经济利益及政治利益促使发展中国家走向联合

为了发展民族经济，实现工业化战略，防御外来力量的干涉，以维护政治经济的独立性，发展中国家努力加强彼此之间的经济合作，走经济一体化的道路，兴起了一股区域经济合作的浪潮。在短短几年内，整个拉美地区出现了大小不等的 20 多个区域性经济合作组织，如安第斯条约组织、中美洲共同市场、拉丁美洲自由贸易协会等。

一体化的经济联合可以成为政治联合的基础；有的一体化联盟不仅可以成为一个经济集团，而且可以成为一个政治集团。因此，一些在国际经济、政治斗争中所处地位相近的国家就会在共同利益的基础上结成一体化集团，来维护它们自身的经济和政治利益。

5. 以 GATT 为基础的多边贸易体制的局限性及提供的条件使区域性经济合作获得发展

由于多边贸易体制在某些涉及成员内部重大政治和经济利益的领域并不能全面满足其他成员的需要，因而拥有地缘政治、经济发展模式与发展水平类似、成员数目少、想法容易协调一致等优势的区域性经济贸易合作安排就成为许多国家的选择。区域性经济贸易合作作为地区的“多边贸易体系”，对多边贸易体制形成了有力的补充。

此外，多边贸易体制也对区域性经济贸易组织的发展提供了有利条件。一方面，它承认区域贸易协定与其全球贸易自由化目标是并行不悖的，因而同意缔约方或成员之间组建自由贸易区或关税同盟；另一方面，它又做出约束性规定，为限制区域性贸易安排的排他性，规定建立起来的关税同盟和自由贸易区或相关的临时协定，对非成员的贸易实施的关税和其他贸易规章大体上不得高于或严于为建立同盟或临时协定各组成领土所实施的关税和贸易规章的一般限制水平，并规定了通报和磋商、接受监督的措施。WTO 接受了 GATT 的这一原则和规定。[①]

（二）内部原因

1. 市场扩大及获取规模经济利益

区域经济一体化可以使成员国狭小的市场实现程度不同的融合，由此产生三方面利益。

第一，刺激竞争，防止垄断力量的形成。在区域贸易协定下，成员国企业所面对的不是单一的民族国家的国内市场，而是通过协定联合起来的大市场，在这个市场中各国的企业都在为市场份额进行角逐。为了能够在激烈的竞争中取胜，企业必须增加研究与开发投入、向市场不断地推出新产品、改进技术、改进管理、提高生产效率等，其客观

---

① 薛荣久. 国际贸易. 北京：对外经济贸易大学出版社，2003：479－480.

效果将有助于区域内各成员国的经济发展、技术进步和消费者福利增加。

第二，规模经济利益。在市场狭小和规模经济存在的条件下，一国政府需要在规模经济和竞争之间做出选择。鼓励企业扩大生产规模、获取规模经济利益就有可能损失竞争，导致一些企业对市场形成垄断。如果市场范围扩大，那么竞争者数目就会增加，竞争就会加剧，企业为加强竞争力，就要降低成本，实现途径之一就是扩大生产规模，实现规模效益，但相对于单一民族市场情形，它不易构成垄断；同时，规模效益的实现也有助于其他相关产业的发展和竞争能力的提高。

第三，市场的扩大有助于资源或生产要素的充分流动，使生产要素实现从边际生产率比较低的国家向边际生产率比较高的国家转移，从边际生产率比较低的产业向边际生产率比较高的产业转移，也即使资源和生产要素的使用更加合理，从而提高资源的配置效率，同时通过生产要素的跨界自由流动，缩小成员国之间经济发展水平的差异。

2. 促进投资增加，加速区域内成员国经济的发展

投资的增加来源于两个方面：一是成员国企业投资的增加。随着成员国之间贸易壁垒的削减和消除，市场机会增加了，竞争加剧了，在新形势下，企业会增加投资，扩大生产规模，改进技术，进行创新。二是区域外资本的流入。由于区域性经济贸易组织对成员国与非成员国实施不同的经济贸易政策，事实上对非成员国企业的产品和服务构成了进入壁垒，在这种情况下，为绕过贸易保护壁垒，非成员国就必须通过在成员国内投资，实现当地生产、当地销售。

投资的增加直接促进了成员国经济的增长和发展，这种增长和发展的推动力源于两方面：一方面经济发展所需资本的投入增加；另一方面区域内外企业投资增加将促进技术创新和新技术的使用。

3. 成员国间的联合有助于提高对外谈判力量

在欧洲经济共同体成立之前，共同体各成员国在处理与美国的双边经济贸易关系中，由于经济实力悬殊，均处于不利的谈判地位。随着欧洲经济共同体的建立和发展，各成员国的经济实力都在提高，并且由于成员国经济的联系日益密切，共同的经济与政治利益使它们成为一个实体，改变了与美国或其他贸易伙伴在双边贸易谈判中的不利地位。欧洲经济一体化使欧盟具备了能够与美国抗衡的经济与政治实力，在世界政治和经济舞台中与美国构成鼎立局面。

又如，东盟的一体化和内部整合程度的提高使其在与日本、韩国等国进行的双边谈判中能较好地维护自身的经济贸易利益。

GATT/WTO多边贸易体制的演变历程也表明，有着共同利益的谈判集团或区域贸易集团更有利于维护其成员的利益。例如，在东京回合谈判期间，石油输出国组织作为以产品为基础组织起来的联合体出现；在乌拉圭回合谈判期间，正是来自凯恩斯集团的配合，才使得美国能抵挡欧盟的压力，推动农产品贸易的自由化，最终达成《农业协议》。

当然，区域性经济贸易组织要想有效地发挥其影响力，前提是成员之间有着共同的政治或经济利益，能够形成统一的谈判立场。最典型的例子是加勒比共同体和共同市场，这些由加勒比海岛组成的小国，本身的利益不在于实现区域内的经济一体化，而是通过联合，采取共同行动。正是基于这种正确的认识和判断，它们最终联合非洲、加勒比和太平洋地区的前欧洲殖民地国家，与欧洲共同体（前殖民国家）进行谈判，签订了《洛美协定》，使其工业品和96%的农产品在不限量的条件下免税进入欧洲共同体市场。

4. 区域经济贸易一体化也是相关利益集团游说的产物

建立一种自由贸易制度需要做出痛苦的政策调整，由于区域经济贸易一体化带来的利益或竞争压力在不同利益集团之间存在较大的差异，一些利益集团尤其是获益者将会尽最大努力通过不同方式游说政府决策者，以便通过有利于自己的区域贸易协定或相关的政策措施。但是，有些利益集团的利益会受到损害，因此一国政府的最终决策也是不同利益集团竞争的结果。如1994年北美自由贸易协定生效后，美国和加拿大的一些雇用低成本、低技术劳动力的产业，如纺织业，工人大量失业，因为美国和加拿大纺织企业纷纷搬迁到墨西哥。1993—2001年，美国纺织业就业人数减少了近60万，占就业总数的60%，同期，墨西哥出口到美国的服装从16亿美元增加到89.5亿美元。[①] 建立自由贸易区，美国和加拿大经济从整体上是获益的，但利益受到损害的工人是无法得到完全补偿的，无论政府如何努力，除非中止协定的执行。

总的来说，对于多数生产企业而言，在区域性贸易安排下，在区域内企业之间的竞争加剧的同时，区域内市场相对于非成员国是被保护起来的，一定程度上屏蔽了来自非成员国产品的竞争，有利于生产企业利益的增加。

对于消费者，利益的取舍需要具体分析，如果产品与服务是竞争激化的产物，消费者的获利是明显的，如果是保护壁垒下的结果，消费者可能会承担经济利益的损失。

第二节　区域一体化实践：欧洲一体化进程

一、欧洲一体化的渊源

（一）欧洲联合统一：消除战争、争取和平的手段

欧洲人认为，欧洲原本是一个统一的整体，他们有共同的文明、共同的宗教信仰。第二次世界大战前，欧洲只有短暂的和平，从查理曼帝国到哈布斯堡王朝，从拿破仑到希特勒，历史上屡次用战争统一欧洲的做法，都曾经使欧洲人民饱受摧残，各种关于欧洲联合、统一思想的萌芽与发展都反映出欧洲人民消除战争、实现和平的愿望。

中国大学MOOC（慕课）

区域经济一体化
实践：欧盟

最早，古罗马帝国的思想家们提出以基督教统一欧洲，14世纪和16—17世纪法国的思想家提出建立法国领导下的欧洲联盟，以抵御外部异族的入侵。随着启蒙和自由民主思想的传播，欧洲联合思想最终离开基督教和王权下实现统一

① 查尔斯·W.L. 希尔. 国际商务（第五版）. 北京：中国人民大学出版社，2005：272-273.

的方向，英国的威廉·佩恩（William Penn，1644—1718 年）提议建立欧洲议会以结束欧洲国家分离的局面，这一观点后来得到法国启蒙主义者卢梭的支持。1814 年，法国的亨利·圣西门（Henri Saint-Simon，1760—1825 年）提出组建欧洲合众国以实现欧洲统一的方案，实现一个君主、一个政府和一个议会，三权分立。19 世纪，随着资本主义的发展，国家之间竞争加剧，各种矛盾激化的结果是第一次世界大战的爆发，战争结束后，欧洲更加分裂与动荡，各国经济发展走向保护主义。在这种形势下，欧洲一体化思潮重起，建立“泛欧洲同盟”“欧洲合众国”的呼声高涨，代表性人物有奥地利的理查德·康登霍维-凯勒奇（Richard Coundenhove-Kalergi，1894—1972 年）、德国的赫尔穆特·冯·毛奇（Helmuth von Moltke，1848—1916 年）等。值得注意的是，第二次世界大战前的欧洲联合以保持独立的国家作为欧洲联合的政治基础，第二次世界大战后一种新的欧洲联合思想出现，即欧洲要成为一个联合国家或政治共同体。关于欧洲一体化的思想也吸引着欧洲的一些政治家，他们也希望通过欧洲的联合避免战争的重创并遏制联邦德国，实现欧洲特别是西欧的经济复兴，并通过政治、军事上的合作保证西欧在冷战中的安全。

第二次世界大战前，欧洲联合运动主要停留在民间层次。欧洲政府领导人关于欧洲联合的想法与思想家们不同，他们主张首先进行经济上的联合，通过建立关税同盟或自由贸易区实现经济一体化，而后推进政治一体化，最终实现欧洲的全面联合。第二次世界大战后，欧洲政府领导人关于一体化的主张占据上风，并身体力行，20 世纪 50 年代，欧洲一体化进程启动。

（二）第二次世界大战后的欧洲一体化浪潮与美国的推动①

第二次世界大战后，促使欧洲联合运动启动的直接原因有三点：第一，战争结束后西欧各国经济衰弱，社会问题严重，各国面临社会稳定与经济恢复的双重任务。同时，殖民地、半殖民地的独立使得西欧丧失了世界中心的地位。西欧各国只有联合起来才能恢复其在世界事务中的话语权。第二，德国问题的存在。为防止联邦德国军国主义东山再起，法国等西欧国家希望把联邦德国置于欧洲国家的联合控制和监督之下，消除联邦德国的威胁。第三，由于冷战的原因，美国迫切需要欧洲在政治、军事、经济上的联合，保障西欧的安全，对付苏联可能的扩张。②

总之，西欧对经济恢复与发展、永久和平、恢复西欧在世界经济政治舞台中原有地位的渴望促使西欧走向一体化。

二、欧洲一体化进程

欧洲一体化实际上是西欧部分国家在美国的支持下，从建立欧洲经济合作组织③开

---

① 20 世纪 50 年代，美国大力敦促西欧国家扩大彼此之间的贸易，促进经济恢复与发展，摆脱对外国援助的依赖。1949 年，为了彻底结束金融援助，马歇尔计划的美方负责人坚持要求西欧经济实现一体化。为此，西欧国家决定恢复多边支付体系，并进一步推动欧洲自由贸易计划。

② 在欧洲长期流传一个笑话：欧盟委员会应该为约瑟夫·斯大林塑一座雕像，要不是他的野心勃勃的对外政策，西欧各国还缺乏进行合作和建立欧洲经济共同体的动力。参见查尔斯·W. L. 希尔. 国际商务（第五版）. 北京：中国人民大学出版社，2005：272。

③ OECD 的前身。

始，历经欧洲经济共同体、欧洲共同体、欧盟的过程。这一过程通过部分地让渡国家主权，实现超国家机构对西欧经济的协调，使西欧经济不断融合，经济一体化的高度发展又推动着欧洲在政治、社会方面逐步、有条件地走向联合，直至全面融合，成为真正意义上的邦联。下面我们对欧洲一体化进程依照重大事件划分的阶段进行阐述。

(一) 欧洲煤钢共同体

欧洲煤钢共同体的建立要追溯到法国人莫内制订的“法、德[①]煤钢生产联营计划”。莫内是欧洲一体化的倡导者，他认为，建立欧洲经济联合就必须寻求参加国家利益的交合点，通过建立超国家机构，实现部分主权的转移。至于联合的突破口，莫内认为应该是法国、联邦德国的煤与钢产业。法国、联邦德国煤钢联营既有利于法国积极地控制联邦德国的工业和军事力量，保证法国煤炭资源的获取，又可以促进法国、联邦德国和解与欧洲的合作。于是，莫内提出了“法、德煤钢生产联营计划”，得到时任法国外长的舒曼的支持。他代表政府提议将法国、联邦德国两国的煤钢生产置于共同的高级机构的管理之下，这一机构同时向欧洲其他国家开放。莫内认为煤钢联营能够为经济发展建立共同的基础，并认为它是走向联合的第一步。这就是著名的“舒曼计划”。舒曼计划的重要性在于它通过把法国、联邦德国两国重要的战略资源置于一个超国家机构之下，为欧洲经济一体化开辟了新途径。

1950 年 6 月，法国、联邦德国、意大利、荷兰、比利时、卢森堡发表公报，表达建立煤钢共同体的愿望。1951 年 4 月 18 日，上述六国在法国签署《欧洲煤钢联营条约》。条约的基本目标有两个：一是在六国间建立取消关税、取消数量限制和其他技术性歧视措施的煤钢共同市场；二是建立超国家权力机构——高级机构、共同议会、部长特别理事会、法院，并逐步向政治一体化方向发展。1952 年 8 月 10 日高级机构设立，表明欧洲煤钢共同体正式成立。

欧洲煤钢共同体成立初期取消了关税与数量限制，消除了对煤钢价格起决定作用的运费方面的歧视待遇，建立了煤钢的国际价格。但是共同体的运转也遇到了诸多困难，如高级机构虽然拥有行动权，但受到部长理事会的约束，成员国经常以损害本国利益为由，执行独立的政策，这说明超国家机构缺乏明确的权威，无法真正承担起欧洲经济联合的重任。

欧洲煤钢共同体加强了成员国之间的相互了解，为欧洲经济共同体的建立创造了条件。

(二)《罗马条约》与欧洲经济共同体

1.《罗马条约》的签署与欧洲经济共同体的建立

1958 年，西欧六国即法国、联邦德国、意大利、比利时、卢森堡、荷兰根据《罗马条约》建立了欧洲经济共同体（EEC）。

《罗马条约》规定，EEC 的初级目标是通过共同市场的建立以及成员国经济的协调、

---

① 指联邦德国。

稳步平衡发展，提高人民的生活标准，密切各国的联系。EEC的政治目标是实现政治联合。

《罗马条约》的主要内容包括以下几个方面：

（1）在12年内，分三个阶段，逐步取消现有的关税与贸易限额，建立工业品关税同盟。

（2）筹建农产品共同市场，并实行共同农业政策。只有时间表，没有具体规定。

（3）在过渡期结束前，在共同体范围内实现人员、服务、资本的自由流动。

（4）为确保共同体内部“自由和平等的竞争”，共同体成员国实施某些共同的原则和经济政策。

（5）协调社会政策，建立欧洲社会基金，促进共同体内工人的就业与流动。

（6）设立欧洲投资基金，开发落后地区的经济。

（7）同共同体海外领地实行联系国制度。

《罗马条约》没有期限，没有规定退出条约的程序，但是欢迎欧洲其他国家加入，说明《罗马条约》为建立一个更广泛的欧洲共同体奠定了基础。

在机构问题上，欧洲煤钢共同体的共同议会扩大成对三个共同体①发挥作用的欧洲议会。新的执行机构包括欧洲原子能共同体委员会，部长理事会仍行使决策权，欧洲法院继续保留，但面对三个共同体。

2. EEC的发展进程

EEC建立后致力于关税同盟的建立和共同农业政策的实施。

（1）20世纪70年代初实现了关税同盟和实施了共同农业政策。

1）实现关税同盟。EEC关税同盟的主要内容是取消工业品关税，对外统一关税。到1961年，EEC工业品关税已基本取消，配额限制大部分取消，成员国内部贸易已经扩大到对非成员国贸易的2倍。EEC的关税同盟于1968年正式建立。对外关税收入成为EEC共同预算的来源。1958—1970年，EEC内部贸易额增长5倍，与非成员国的贸易增长2倍。1958年，共同体成员国间贸易占共同体对外贸易总额的比例为30%，1972年上升到50%以上。1960—1970年，成员国的GNP年均增长率分别是：法国为8.9%，联邦德国为9.9%，意大利为10.4%，卢森堡为7.5%，比利时为8.5%，荷兰为16%。对于这些成就的取得，关税同盟的建立是重要影响因素之一。

2）实施共同农业政策。共同农业政策与关税同盟并列为EEC经济一体化的两大支柱。由于农业在各成员国经济中的地位不同，因而对于共同农业政策的内容，各方一直分歧很大。1962年初，经过长时间的讨价还价，部长理事会布鲁塞尔会议确定了共同农业政策的基本原则：

第一，单一市场原则。实现农产品自由流通，取消关税和其他贸易限制，取消干扰竞争的各种补贴，实施共同农产品价格，对外来产品的竞争，实行统一的保护政策。

第二，共同体优惠原则。在各成员国市场上，共同体的农产品销售有价格优势。进口产品只能以高于目标价格的水平出售。

① 三个共同体是欧洲煤钢共同体、欧洲原子能共同体、欧洲经济共同体。

第三，建立共同农业基金。共同价格管理和价格保证需要共同的资金，所建立的农业基金初始来源是成员国的资金，1971 年开始纳入“共同预算”。农业基金分保证与指导两部分，保证部分用于干预收购和提供出口补贴，是基金的主体，指导部分用于促进成员国的农业结构改革。

根据《罗马条约》和共同农业政策的三个基本原则，共同农业政策实施过程中主要包括以下三部分的内容：

第一，建立各种农产品的共同市场，实行统一的农产品价格管理。成员国充分贯彻执行单一市场原则和共同体优惠原则，统一的价格管理是通过设立目标价格、门槛价格、干预价格实现的。为鼓励农产品出口，基金根据共同体农产品价格与国际市场价格的差额提供出口补贴。

第二，促进成员国农业结构改革，提高劳动生产率。

第三，建立欧洲农业指导和保证基金，为农业政策实施提供资金来源。

专栏 9-6

欧盟农业政策

资助欧盟实施农业政策的基金有两个：一是欧洲农业保证基金（European Agriculture Guarantee Fund，EAGF），它是欧盟农业政策实施的第一支柱，负责对农户的直接支付和市场干预措施的执行。二是欧洲农业开发基金（European Agriculture Fund for Rural Development，EAFRD），负责资助农业开发项目，包括不发达地区投资、农业与林业投资、环保项目投资等。

1992—2003 年，欧盟农业政策的支持开始发生重大结构转向，从市场干预逐步转向直接支付①，但是，通过市场干预向农业生产者的转移支付还是非常重要的。

目前，欧盟对农业的支持包括：

1. 国内支持（Domestic Support）

（1）直接支付（Direct Payment）。

（2）内部市场支持（Internal Market Support）。

（3）农业开发（Rural Development）。

2. 市场准入（Market Access）

（1）关税（Tariff）。

（2）关税配额（Tariff Quota）。

（3）特定农业保护（Special Agriculture Safeguard）。

3. 出口补贴（Export Subsidies）

欧盟的出口补贴、干预性购买、高关税使得欧盟内部的农产品价格普遍高于世界市

① 即单一支付计划（Single Payment Scheme），该计划完全转变了欧盟以往对农业领域的补贴方式，补贴不再与产量挂钩，而是根据农户当年投入生产的土地面积来发放补贴，实现对农户农业生产的直接收入支持。农户获得的补贴额与他们生产什么、生产多少无关，这样，农户的生产活动就有了更大的自由度，可以完全依据市场的需要自发调整。但是农户若想获得直接支付，需要向相关机构申报获得资格，农户获得补贴的额度取决于其获得补贴的历史记录和所处地区的直接支付预算额度。目前欧盟 27 个成员国及马耳他、斯洛文尼亚适用此计划。

场同类产品的价格。

2009 年，欧盟对农业部门的补贴高达 1 000 亿欧元，为农业产值的 1/3。

---

(2) 1965 年，六国签署《布鲁塞尔条约》，将欧洲煤钢共同体、欧洲经济共同体、欧洲原子能共同体合并为欧洲共同体（European Community），简称欧共体，并规定从 1967 年起合并三个共同体的执行机构，建立单一的部长理事会和欧共体委员会。单一管理机构的建立对于欧洲一体化进程的推动有重要意义。

到这一时期，共同体的行政职能包括决策、监督和仲裁。决策机构是部长理事会（Council of Ministers），负责制定欧共体的政策和法规。1975 年欧洲理事会取代部长理事会成为最高决策机构，其成员由各国首脑和委员会主席组成。欧共体委员会是共同体的执行机构，具有明显的超国家性质。委员会的职能包括立法创议权和审议权、对共同体条例执行的监督权、管理日常事务，是共同体利益的维护者。欧洲议会是监督机构。它不享有立法权，但又参与立法。1975 年后，欧洲议会开始参与决策，主要体现在对欧共体财政预算的控制上。欧洲法院是司法仲裁机构。

(3) 1972 年以后，欧共体发展缓慢，虽然在组织上接受英国、丹麦、爱尔兰为新的成员国，但内外政策没有重大变化。1978 年，欧共体通过关于建立欧洲货币体系的协议，协议于 1979 年 3 月生效，欧共体 20 世纪 80 年代的主要任务是建立欧洲货币体系。其主要内容包括以下几个方面：

第一，建立用于记账和结算的欧洲货币单位 ECU①，将此作为将来欧洲单一货币的前身。

第二，建立半固定汇率制度，使成员国间的汇率保持相对稳定。

第三，逐步建立欧洲货币基金，以加强干预外汇市场和提供贷款的能力，最终向欧洲中央银行过渡。

欧洲货币体系建立最突出的作用在于稳定了成员国的货币汇率，一年内，使成员国货币对 ECU 的平均波动降低到 1.3%，低于此前 6 年 5.2%的平均波动。

3. 欧共体统一大市场的目标

建立欧洲统一大市场的目标是由《罗马条约》确定的。20 世纪 70 年代初期，关税同盟的建立没有取消非关税壁垒，烦琐的过境手续、复杂苛刻的技术标准、自成体系的国内税制度制约着欧共体的发展。与此同时，美国、日本和“亚洲四小龙”经济取得了快速发展。在此背景下，1985 年欧共体委员会发布《完成内部市场》（Completing the Internal Market）白皮书，重申《罗马条约》确定的建立统一大市场的目标，并就统一大市场的建立和实施提出行动纲领与方案，同年 12 月欧共体首脑会议通过《欧洲一体化文件》，决定在 1992 年 12 月 31 日前建立没有边界的欧洲内部统一大市场，并确定内部市场正常运行所需要的法律一致性，统一规定了符合共同市场利益的间接税制度。1987 年基于《欧洲一体化文件》的《单一欧洲法案》（Single European Act）正式生效，成为欧共体的法律。

---

① 属于一篮子货币，货币篮子中各国货币所占比重由各国 GNP 水平和其在欧洲共同体内部贸易中的比例确定。

《单一欧洲法案》中，关于商品、人员、服务和资本的自由流通的内容是指以下几方面：

（1）消除对货物过境的控制，取消各种边界限制和拖延，如入境规定、健康规定、安全规定和税收规定等。

（2）取消对人员的过境控制。即各成员国的居民可以自由定居、自由谋取职业、自由选择生活。具体而言，包括相互承认学历、文凭；避免对个人所得双重课税；享受当地居民的一切福利待遇；实行公开职业招聘和公平竞争；允许自由职业者在任何成员国境内开业；允许企业家进行自由雇用、采购、销售、信贷、合并等。

（3）实现服务的自由流通，取消阻碍服务自由开展的各方面限制。如将原来局限于国内的银行业务扩展到整个欧共体成员国范围内。这就需要制定银行业经营许可，对储蓄、信贷的保险以及银行破产的担保制定和实施统一的监督和管理条例。此外还有保险业务、证券市场、运输业务、电信、信息和数据网络服务等均需实行统一标准，采用规范技术。

（4）实现资本的自由流通。资本的自由流通是大市场实现的必备条件之一，其内容主要包括：促使各国的规定趋于一致；各国货币稳定，趋于统一；促进资本优化配置等。以上需要取消外汇管制，实现货币自由兑换；取消银行开立账户的限制，实现资本自由转移；取消信贷和投资限制，实现资本的自由使用；统一税收，保护投资，协调各国的财政与货币政策。实现资本自由流动的最终目标是建立一个真正的一体化的金融市场。

此外，《单一欧洲法案》还规定，在产品标准上使用“相互认同”原则，各成员国向其他成员国开放公共采购市场，消除运输通行权的限制等。

4. 欧共体统一大市场的建立

统一大市场的四大流通目标意味着欧共体的经济一体化从商品的自由交换向生产要素的自由流动过渡，这种过渡带有质的变化。

1993年1月1日，欧共体宣布欧洲统一大市场如期建立，表现为：

（1）有关消除市场障碍的90%以上的措施已得到欧共体各立法机构的批准，79%转化为各成员国法规。

（2）1993年1月1日，欧共体12国消除内部边界，实现人员、商品的自由流动，实际上人员的流动在各成员国已提前实现。

（3）主要经济部门的内部市场已经形成。1993年航空业全部放开价格，允许新的国际航空公司注册；在电信业领域，在设备和电信服务方面将公开竞争，20世纪90年代中期将取消对跨国界电话业的控制；在金融业领域，1993年银行业全部放开，1994年保险业全部放开，90年代后期放开投资服务业。

（4）建立统一大市场的目标与实现《欧洲一体化文件》的其他目标同步进行。

（三）《欧洲联盟条约》

统一市场的建立要求成员国在相关财政、货币金融政策方面保持高度协调和必要的一致性，因而全面、完整的经济与货币联盟被列入了欧洲一体化的议事日程。

1991年12月9—10日，第46届欧共体首脑会议在荷兰马斯特里赫特举行，经过两天的激烈辩论，草签了《马斯特里赫特条约》，也称《欧洲联盟条约》。《马斯特里赫特条约》由《欧洲经济与货币联盟条约》《欧洲政治联盟条约》组成。1992 年 2 月 7 日欧共体 12 国外长与财长正式签署了《马斯特里赫特条约》，按照计划于 1992 年底前各国完成批准程序。1993 年 11 月 1 日《马斯特里赫特条约》正式生效。《马斯特里赫特条约》的签署标志着欧洲经济一体化进入一个新阶段，由过去的经济联合开始走向经济、政治、社会的多元联合，《马斯特里赫特条约》生效后，欧洲共同体正式改名为欧洲联盟（European Union，EU）。

1. 《欧洲经济与货币联盟条约》(EMU)

《欧洲经济与货币联盟条约》确定了 20 世纪末欧洲共同体经济一体化的目标与步骤。最终目标是要在密切协调成员国经济政策和实现欧洲内部统一市场的基础上，形成共同的经济政策，具体包括实现单一货币、统一货币兑换率、建立统一的欧洲中央银行体系。上述目标分以下三步：

（1）1990 年 7 月 1 日至 1993 年 12 月 31 日。这一时期的主要任务是实现所有成员国加入欧洲货币汇率机制；实现资本自由流动（此时有四个成员国未能实现）；协调各成员国之间的宏观经济政策，并建立相应的监督机制。

（2）1994 年 1 月 1 日至 1997 年 1 月 1 日（或最迟不超过 1999 年 1 月 1 日）。这一时期的主要任务是进一步实现各成员国宏观经济政策的一体化，特别是协调和监督各成员国中央银行的运作；建立独立的欧洲货币机构，作为欧洲中央银行的前身，以协调和监督成员国中央银行的货币政策和外汇储备，但该机构不能直接干预各国中央银行的运作。

（3）1997 年 1 月 1 日至 1999 年 1 月 1 日或 1999 年 1 月 1 日后。这一时期的主要任务是实现统一的欧洲货币；建立独立于各国政府之外的欧洲中央银行。

为实现这一目标，欧洲共同体对成员国进入第三阶段提出以下前提条件：

1）其通货膨胀率不能高于三个最低成员国平均水平的 1.5%。

2）利率水平不得超过上述水平的 2%。

3）政府财政赤字不能超过 GDP 的 3%。

4）公共债务不能超过 GDP 的 60%。

在 1996 年底之前，欧洲共同体/欧盟将评估各成员国实现上述条件的程度，如果有 9 个国家达到标准，将可以在 1997 年 1 月进入第三阶段。为减少实现经济与货币联盟的阻力，在条约的附加协定上，欧共体也做出必要的让步，如允许英国享有推迟参加联盟的例外权，丹麦可以在举行公民投票后再决定是否加入联盟，建立特别基金以加速不发达成员国如西班牙、葡萄牙、爱尔兰的经济发展。

1998 年 6 月 1 日，欧洲中央银行在德国的法兰克福成立。1999 年 1 月 1 日，欧元诞生，奥地利、比利时、芬兰、法国、德国、爱尔兰、意大利、卢森堡、荷兰、葡萄牙、西班牙共 11 国将欧元确定为官方货币。2002 年 1 月 1 日，欧元正式流通；2002 年 7 月 1 日，欧元区各成员国原有货币停止流通，欧元正式成为各成员国统一的法定货币。

2. 《欧洲政治联盟条约》

欧洲政治联盟表明欧共体在加快经济一体化的同时，开始向政治、外交、防务、社会一体化方向迈进。主要内容包括以下几个方面：

（1）共同的外交政策。规定共同体今后在外交方面的基本政策将由各国首脑组成的欧洲理事会一致决定，具体的实施步骤则由各成员国部长组成的部长理事会多数表决决定。

（2）共同的防务政策。对此，各方意见并不统一。英、意认为北大西洋公约组织是维护欧洲安全的唯一有效联盟，主张把欧洲联盟作为北大西洋公约组织的一个补充。法、德强调欧共体应建立独立的防务体系。最后的结果是走向折中，独立与补充同在。

（3）共同的社会政策。11 国达成保障工人权利的社会宪章协议，英国没有参加。

（4）继续扩大共同体的超国家机构——欧洲议会的权力，使其从过去的咨询机构转变为拥有部分权力的机构，例如在科研、卫生、环保、消费者保护、内部市场建设等方面与部长理事会拥有共同决策权。

3. 《马斯特里赫特条约》的批准

《马斯特里赫特条约》是对《罗马条约》的修订，按照法律程序，该条约须经 12 国一致通过才能生效。12 国中，丹麦、爱尔兰、法国须由全民投票决定是否批准《马斯特里赫特条约》，其他国家由议会批准，爱尔兰多数通过，法国微弱多数通过，丹麦两次公决获得通过。

（四）欧盟的西进与东扩

1. 《欧洲经济区协定》

（1）欧洲自由贸易区。1973 年，欧共体与 EFTA 签署协定，组建欧洲自由贸易区，到 1977 年实现工业品的自由流动，部分农产品实施优惠关税。

（2）《欧洲经济区协定》的签署。1992 年 5 月 2 日，欧共体与 EFTA 在葡萄牙的波尔图正式签署了《欧洲经济区协定》，根据该协定，从 1993 年 1 月 1 日起，欧共体与 EFTA 将建立一个北起冰岛、南到希腊，包括 18 个国家、3 亿人口，占世界贸易总额 43％的当时世界上最大的自由贸易区（瑞士 1992 年 12 月 6 日经公民投票决定退出）。

（3）《欧洲经济区协定》的内容。《欧洲经济区协定》的主要内容包括以下几个方面：

1）自 1993 年 1 月 1 日起，在欧共体与 EFTA 成员国之间实行商品、人员、资本和服务的自由流动。经济区成员国之间取消贸易壁垒（关税、配额），劳动者自由选择就业国家，银行、保险、通信等可以跨国经营。

2）欧共体统一大市场的法律体系将成为欧洲经济区的运行基础。EFTA 成员国在一年的时间里将引进和实行欧共体 1 400 余项法律（在某些领域可以享有过渡或例外权）。

3）双方暂时保留各自现行的农业政策，但将逐步开放农产品市场。在汽车过境运输和渔业市场等问题上做出双方可以接受的安排。

4）为缩小经济区成员国之间经济发展水平的差异，EFTA 每年拿出 24 亿美元作为协调发展基金以贷款或赠与的方式援助欧共体经济发展相对落后的国家，如西班牙、葡萄牙、希腊、爱尔兰。

5）欧洲经济区法律方面的分歧将根据不同的情况分别由欧洲法院、EFTA 和欧洲经济区联合委员会处理。

但是《欧洲经济区协定》并没有涵盖欧洲联盟的所有内容，具体表现在以下几个方面：

1）欧洲经济区仅是自由贸易区而不是关税同盟，欧共体和 EFTA 各自保有对第三国关税、非关税及其他优惠措施的权力。

2）欧洲经济区并没有开放双方内部边界，人员、货物边境检查制度继续存在，参加欧洲经济区的成员国有权对产业或各自区域在出现经济、社会、环境问题时采取保护措施，如劳工移动、公司设置等。

3）农产品不在自由流通产品范围内。

4）严格执行原产地规则的规定，欧洲经济区内生产的产品享受自由流通的保护，第三国产品不在保护范围内。

1994 年 1 月 1 日，欧洲经济区正式建立。

2.《欧洲协定》(Europe Agreement)

欧盟东扩，体现了欧盟大欧洲的理想以及地缘政治、现实经济利益的考虑，也迎合了东欧国家“回归欧洲”、快速发展经济、保障安全的愿望。

从 1991 年起，欧共体（后来是欧盟）分三批与东欧国家签署《联系国协定》，也称《欧洲协定》。1991 年 12 月 6 日与波兰、匈牙利、捷克斯洛伐克①，1993 年与保加利亚、罗马尼亚，1994 年与波罗的海三国及斯洛文尼亚分别签署《欧洲协定》，建立联系国制度，为日后加入欧盟做准备。

《欧洲协定》包括经济、政治、社会多方面内容，是一个综合性文件，其基本目标是在约十年的东欧国家转轨期间在欧共体与联系国之间建立自由贸易区。

下面，我们仅以欧共体与波兰、匈牙利、捷克斯洛伐克签署的《欧洲协定》为例，对协定的主要内容进行介绍。

协定将双方的合作分为两个阶段：前五年，欧共体对波兰、匈牙利、捷克斯洛伐克大幅度减免进口关税，放宽进口配额。后五年，波兰、匈牙利、捷克斯洛伐克开始对欧共体开放市场。

从以上内容可以看出，双方的合作是依照不对等的原则并以循序渐进的方式进行的。除商品自由流动之外，《欧洲协定》还包括其他内容。

(1) 投资经营范围。协定规定三国将逐步对欧共体成员国开放投资领域，第一个五年后，即 1996 年底，绝大多数领域应实现开放，金融部门可稍晚开放。十年后应全部开放。国防工业、房地产和某些采掘业暂不包括。

(2) 资本流通。协定明确了促进资本自由流动的原则，在第一个五年中，三国要逐步创造条件向欧共体有关法律靠拢，1996 年底后，三国将全面实行欧共体法律。

(3) 关于公平竞争。协定强调防垄断和国家不当干预等限制竞争的行为，以及贯彻欧共体公平竞争法律的重要性。

2004 年 5 月 1 日，塞浦路斯、捷克、斯洛伐克、爱沙尼亚、匈牙利、拉脱维亚、立

---

① 捷克斯洛伐克于 1992 年 12 月 31 日解体，自 1993 年 1 月 1 日起成为捷克及斯洛伐克两个独立的国家。

陶宛、马耳他、波兰、斯洛文尼亚正式成为欧盟的新成员国，使欧盟的成员国扩展为25个。2007年1月，保加利亚、罗马尼亚正式加入欧盟，使欧盟的成员国达到27个。

专栏9-7

欧洲共同体/欧盟的成员扩充

1973年，英国、丹麦、爱尔兰加入欧共体。

1981年，希腊成为欧共体第十个成员国。

1986年，西班牙、葡萄牙加入。

1995年，奥地利、瑞典、芬兰加入。

2004年，马耳他、塞浦路斯、波兰、匈牙利、捷克、斯洛伐克、斯洛文尼亚、爱沙尼亚、拉脱维亚、立陶宛十国加入欧盟。

2007年，保加利亚、罗马尼亚加入欧盟。

欧盟成员扩张进程仍在继续，2005年，欧盟启动了与土耳其、克罗地亚的入盟谈判。同年，马其顿被接受为欧盟候选国。2006年阿尔巴尼亚与欧盟签署《稳定与联系协定》，迈出了加入欧盟的第一步。

2013年，克罗地亚正式成为欧盟第28个成员国。

2020年，英国正式“脱欧”，终止了其欧盟成员国身份。

专栏9-8

欧洲一体化进程中的七次危机

1954年，法国国民议会投票否决了《欧洲防卫共同体条约》，该条约旨在加强欧洲煤钢共同体六个成员国之间的军事联系，否决的结果是使成员国的合作中心转向经济领域，最终促成1957年《罗马条约》的签署，成立欧洲经济共同体和欧洲原子能共同体。

1965年，法国反对将部长理事会的决策机制从“一致同意”转为“多数通过”，6个月拒绝出席共同体会议，最终其他成员国做出让步，授予法国事实上的否决权。

1992年，丹麦全民公决否决《马斯特里赫特条约》，通过谈判，欧共体与丹麦均做出一定的让步，1993年丹麦第二次全民公决通过《马斯特里赫特条约》。

1996年，欧盟国家对爆发疯牛病的英国实施禁运，作为报复，英国对欧盟采取“不合作”政策，阻止欧盟一体化进程。

2001年，出于担心成员扩张会影响爱尔兰在欧盟的农业和商业利益，影响爱尔兰在国际事务中奉行的中立立场，爱尔兰选民否决了旨在改革欧盟机构并为欧盟成员扩大做准备的《尼斯条约》，2002年，在保证爱尔兰利益和立场的条件下，第二次选民公投通过了《尼斯条约》。

2005年，法国全民公决否决了《欧盟宪法条约》。

2020年，英国正式“脱欧”，终止了其欧盟成员国身份。

（五）欧盟的超国家机构与职能

欧洲一体化进程是由其所设立的超国家机构负责运作的，目前主要包括欧洲议会

(European Parliament)、欧洲理事会（European Council)、欧盟委员会（European Commission)、欧盟理事会（Council of the European Union)、欧洲法院（Court of Justice)。其中，欧洲理事会和欧盟理事会代表成员国的利益，欧洲议会、欧盟委员会、欧洲法院是欧盟的超国家机构，代表欧盟的整体利益。下面我们对各机构的职能进行介绍。

1. 欧洲议会

欧洲议会是欧盟的立法机构，它享有三方面的权力。

（1）立法权。欧洲议会行使立法权主要通过三个程序：一是咨询程序（Consultation Procedure)。在欧盟委员会的议案为欧盟理事会采纳之前必须征求欧洲议会的意见。二是协调程序（Cooperation Procedure)。欧洲议会有权对提交的法律议案提出修改意见，并进行补充。三是共同决策程序（Co-decision Procedure)。有关欧盟的重大决定均由欧洲议会与欧盟理事会共同做出决策，这一方面体现在由欧洲议会和欧盟理事会共同建立的“调停委员会”（Conciliation Committee）中，欧洲议会与欧盟理事会各占成员的一半，并享有否决权，另一方面体现在《阿姆斯特丹条约》对欧洲议会的授权上，规定欧洲议会在3/4的立法领域与欧盟理事会拥有同等的决策权力。此外，欧盟国际协定的签署也需要得到欧洲议会的同意，这包括新成员的加入、与第三国建立联系等。

（2）对财政预算的审议权。欧洲议会每年审议欧盟的财政预算提案，它有权对欧盟委员会提交的议案提出修改和补充意见，除在农业开支等几方面欧盟理事会拥有最后的表决权外，其他项目的开支都由欧洲议会与欧盟理事会共同决定。同时欧洲议会还对财政预算方案的执行拥有监督权。

（3）管理权。欧洲议会负责任命欧盟委员会的主席和其主要的组成人员。

2. 欧洲理事会

欧洲理事会由各成员国首脑和欧盟委员会主席组成，是欧盟的最高决策机构。欧洲理事会的职责是解决主要的政策问题和确定政策方向。欧洲理事会做决策的方式一般采取多数通过和一致通过的做法。欧洲理事会在正式表决之前，都要在成员国间进行磋商、调解，力求观点一致。对于欧盟的外交、安全、法律执行，以及与成员国国内相关的事务的决策必须采取一致通过的做法。

3. 欧盟委员会

欧盟委员会是欧盟政治、经济一体化的中枢，欧盟的绝大多数立法都是经由欧盟委员会提案，欧洲议会与（或）欧盟理事会审议通过方能生效。欧盟委员会的职能主要有三方面：一是为立法做提案；二是作为欧盟条约的监护者，监督条约的执行；三是作为欧盟政策的执行者和管理者、国际贸易关系的协调者，使欧盟正常地运转。

4. 欧盟理事会

欧盟理事会也称部长理事会，代表各成员国政府。欧盟委员会提交的提案只有得到欧盟理事会的同意才能成为欧盟法律。欧盟理事会拥有欧盟内部的最终控制权。

5. 欧洲法院

欧洲法院是欧盟的执法、仲裁机构，它负责解释《马斯特里赫特条约》和欧盟的各项法律、法规，对执行《马斯特里赫特条约》和欧盟的各项法律、法规过程中发生的纠纷进行审理和裁决。

三、欧洲一体化：对地区与世界经济贸易的影响

（一）促进了区域内部成员国之间贸易的增长

1992 年底欧洲统一大市场的建立，实现了欧洲市场的整合：首先，零关税及数量限制的取消、技术标准的统一、货物过境限制的取消、边境的拆除极大地便利了商品的自由流动；其次，统一的大市场加剧了企业的竞争，促进资源在行业之间的转移，在优化各国产业结构的同时，充分发挥了成员国的比较优势，使成员国之间的分工日趋合理并获得深入发展①，国家之间的经济依赖增强，其结果是促进了成员国之间贸易的迅速增长，据统计，1985—1997 年，欧共体/欧盟成员国之间的贸易量年均增长达到 2.6%，1985—1990 年更高，达到 6.1%。1980 年以来，成员国内部贸易占欧盟对外贸易总额的比重均超过 60%，1980 年为 60.2%，1990 年为 65.9%，1995 年为 62.4%，2000 年为 62.1%，2004 年包括 25 个成员国的欧盟的内部贸易占其对外贸易总额的比重已经上升到 80%。② 2007 年 27 个成员国的内部出口占总出口的比例为 68%，内部进口占总进口的比例达到 65%。③ 后来这一比重有所下降，但仍占 60%左右。2013 年 28 个成员国的内部出口占总出口的比例为 57.30%，内部进口占总进口的比例达到 58.84%。2020 年 27 个成员国的内部出口占总出口的比例为 59.54%，内部进口占总进口的比例达到 61.92%。④

（二）促进了成员国经济的快速增长

一体化的商品、服务、人员、资本市场促进了区域内部各类资源的自由流动，由此提高了内部资源配置效率，欧元的使用不仅减少了交易成本，而且消除了通货膨胀、汇率风险对贸易和投资的影响，使货物、服务、资本的流动更充分、更有效率。统一经济政策的实施最大限度地消除了由政策差异引发的各种资源扭曲配置的成本。

（三）欧盟整体实力增强

欧盟目前成为世界第一大经济实体，很大程度上左右着世界经济和贸易的发展。

1. 经济实力对比发生变化

第二次世界大战刚刚结束时，美国控制了全球工业生产的 1/3、世界贸易的 50%。1960 年美国对外直接投资占全球对外直接投资总存量的 71.7%。

2015 年，拥有 28 个成员国的欧盟，其 GDP 占世界 GDP 总量的 21.5%，美国占

---

① 小国如卢森堡、比利时因条件有限而只能集中发展为数不多的专业化生产，如卢森堡的钢铁业。大国在相互竞争中也逐渐形成自己的优势产业和产品，如法国的谷物生产、小马力汽车、服装等。

② 根据 WTO、UNCTAD 的国际贸易相关统计整理。

③ WTO，International Trade Statistics，2008.

④ 参见 www.wto.org/statistics。

24.0%；货物出口贸易占世界贸易的 32.55%，美国占 9.09%[①]；欧盟对外直接投资占全球对外直接投资总存量的 37%以上[②]。与美国经济实力的对比发生了重大变化。

2. 欧元继美元之后已经成为第二大国际支付、结算手段

首先，欧元在国际金融与贸易中发挥着重要作用。据统计，欧元区与区外的贸易 50%～60%用欧元结算，2004 年，世界外汇市场交易的 2/5、债券市场交易的 1/3 使用欧元。其次，鉴于欧元的一揽子特性，越来越多的国家将本国货币盯住欧元，建立直接或间接的挂钩制度，扩大了欧元的使用范围和国际影响力。最后，欧元作为国际储备货币的功能也在不断地完善，欧元在各国及国际组织外汇储备中的比例不断提高，2002 年，欧元在国际货币基金组织成员的外汇储备中占 14.6%。2006 年初，英国《中央银行》杂志公布了对 56 家中央银行进行的调查，数据显示，近半数（23 家）的中央银行 2005 年提高了欧元资产在外汇储备中的比例，只有 10 家降低了欧元储备的比重。目前中国的外汇储备中，欧元的比例达到了 20%。

3. 确立了欧盟在世界贸易谈判中的强势地位

自欧洲共同体成立以来，其成员国一直以一个整体出现在世界经济中。在关税与贸易总协定及世界贸易组织发起的多边贸易谈判中，欧洲共同体或欧盟以经济贸易集团的身份与其他缔约方或成员进行谈判，依靠其强大的经济实力和一体化的巨大内部市场进行讨价还价，在乌拉圭回合谈判中，在农产品关税减让和出口补贴削减问题上，美国如果不借助于凯恩斯集团的力量与支持，是无法在充满争议的焦点问题上与欧盟达成协议的。

（四）对多边贸易体制的影响

（1）欧洲经济一体化对非成员国构成歧视，内外有别的贸易政策在其他条件给定的情况下，抑制了欧洲经济共同体/欧共体/欧盟与非成员国贸易的发展，是对多边贸易体制自由贸易宗旨的背离。1958—1959 年，欧洲经济共同体对外贸易的年均增长率为 11.5%，而成员国之间的贸易实现了年均增长 16.5%。欧洲一体化进程中的贸易歧视更多地表现在农产品贸易领域，统一的价格管理、对农产品进口征收高额差价税、实施高额的出口补贴一方面阻止了区域外拥有比较优势的农产品的进入，使区域内消费者承担高额的消费支出，降低了他们的福利水平，另一方面，从供给的角度看，通过对低效农业提供出口补贴以及设置农产品进口关税和非关税壁垒，保护了区域内低效率的农业生产，降低了农业的资源配置效率。

（2）欧洲经济一体化进程不仅仅局限于商品、服务贸易壁垒的清除，还涉及人员、资本的自由流动，经济政策的协调和统一，国家主权的部分让渡，远远超出了关税与贸易总协定、世界贸易组织框架的管束范围。随着经济全球化的发展，国家之间经济联系的广度和深度得到扩展，这就客观上需要更多的国家之间进行政策协调，要求更

---

① UNCTAD，Handbook of Statistics，2016.

② UNCTAD，World Investment Report，2016.

多的多边贸易、经济规范、规则的建立，欧洲经济一体化的成功经验将为世界贸易组织在更广泛的层面上协调各个国家和地区的政策、促进世界经济一体化的发展提供范例。

（五）促进了东欧国家的经济体制改革

欧盟的开放性体现在它欢迎新成员的加入上，甚至包括经济体制差异很大的东欧国家。东欧国家在冷战结束以后开始了经济改革的历程，但由于历史包袱沉重，改革的步履十分缓慢。它们希望通过加入欧盟实现自己发展经济、获取安全保障、回归欧洲的梦想。为适应欧盟的市场运行体制与规则，东欧国家必须依照欧盟的标准和要求进行经济改革，如在《欧洲协定》中所规定的，东欧国家必须逐步向欧盟的市场体制和法律基础靠拢，直至全部接受和实施欧盟的市场运作与法律体系。这些入门要求和加入后经济的快速融合直接加速了东欧国家向市场经济的转变。

四、欧洲一体化的进展：《欧盟宪法条约》与《里斯本条约》

2004 年 5 月，欧盟在接纳 10 个新成员国，完成历史上最大规模的扩大后，开始着手推动欧洲一体化进程。2004 年 6 月，欧盟 25 个成员国在布鲁塞尔举行首脑会议，一致通过《欧盟宪法条约》草案的最终文本。同年 10 月，欧盟 25 国领导人在罗马签署《欧盟宪法条约》。条约如果能够获得所有成员国和欧洲议会的批准，将于 2006 年 11 月 1 日正式生效。2005 年，法国和荷兰先后在全民公决中否决《欧盟宪法条约》。

《欧盟宪法条约》的主要内容包括以下几个方面：

（1）设立欧盟理事会主席和欧盟外交部长。主席由欧盟理事会以有效多数表决方式选举产生，任期两年半，可连选连任一次，主席不能同时在成员国任职。欧盟外交部长由欧盟理事会以有效多数表决方式选举产生，主要负责欧盟共同外交与安全事务，同时担任欧盟委员会副主席。

（2）改革欧盟委员会，扩大欧洲议会的权力。《欧盟宪法条约》规定，条约生效后产生的第一届欧盟委员会仍实行一个成员国一名委员的做法。从第二届起，欧盟委员会委员的人数将是欧盟成员国数目的 2/3。《欧盟宪法条约》扩大了欧洲议会同欧盟理事会在立法和预算方面进行“共同决策”的领域，赋予欧洲议会在欧盟理事会提名的前提下选举欧盟委员会主席的权力。

（3）欧盟理事会的表决机制。除特别规定外，欧盟理事会均以“有效多数表决方式”进行决策，决议的通过只需得到 55％的欧盟理事会成员（这些成员需来自至少 15 个成员国并代表 65％以上的欧盟人口）的赞同。但是，如果要否决欧盟委员会或欧盟外交部长的提案，则需要有 72％的欧盟理事会成员（代表 65％以上的欧盟人口）的反对。

（4）欧盟成员国必须尽其所有的军事和民用能力用于欧盟共同防务政策的实施，最终目标是发展欧盟共同防务。条约规定，一旦某一个成员国受到外来侵略或恐怖袭击，其他成员国必须提供一切资源进行援助，包括军事资源。

2007 年 1 月，德国接任欧盟轮值主席国后，将重启《欧盟宪法条约》谈判作为重要任务之一。在与欧盟成员国进行积极磋商并广泛听取各方意见的基础上，最终提出一份旨在重新启动《欧盟宪法条约》进程的“路线图”，用一个“修正条约”取代《欧盟宪法条约》，以期在2009年欧洲议会选举前获得各成员国的通过。

2007年12月13日欧盟各国首脑在里斯本签署了《里斯本条约》，随后交由各成员国批准。各国批准后，条约将于2009年1月生效，但截止到2009年11月，欧盟27个成员国才全部批准该条约。

《里斯本条约》是在《欧盟宪法条约》的基础上修改而成的，主要包括以下内容：

(1) 设立常任欧盟理事会主席职位，取消目前每半年轮换一次的轮替机制。主席任期两年半，可以连任。

(2) 将目前负责外交和安全事务的高级代表和欧盟委员会负责外交的委员职务合并，统一为欧盟外交和安全事务高级代表一职，全面负责欧盟的对外政策。

(3) 将更多政策领域划归到以“有效多数表决制”进行决策的范围，简化决策过程。司法、内政等敏感领域的一些政策也将以“有效多数制”表决，成员国不再一票否决。但在税收、社会保障、外交和防务等事关成员国主权的领域，仍遵循一致通过原则。

(4) 各成员国在“有效多数表决制”下的加权票数重新调整。

(5) 以“双重多数表决制”取代目前的“有效多数表决制”，即有关决议必须至少获得55%的成员国和65%的欧盟人口的赞同，才算通过。新表决制将在2014年开始实施，2014—2017年为过渡期。

(6) 从2014年起，欧盟委员会的委员人数将从27人减至18人，委员会主席的作用将加强。

(7) 欧洲议会的权力将增强，议会的议席数将从目前的785减至750，一些国家所占议席数将根据其人口数量进行调整。

(8) 成员国议会将在欧盟决策过程中发挥更大作用。如果一项欧盟立法草案遭到1/3成员国议会的反对，将返回欧盟委员会重新考虑。

(9) 该条约确认《欧盟基本权利宪章》对各成员国的法律约束力。但英国和波兰获得部分豁免，以免其国内的一些法律与宪章有抵触。

《里斯本条约》为欧盟扩大以后的有效运作提供了持久、稳定的法律与制度框架。

第一，欧盟的运作将更加民主化，因为欧洲议会的权力与影响得以加强，成员国议会也将在欧盟决策过程中发挥更大作用。

第二，扩大“有效多数表决制”的决策范围，以简化决策过程。特别是司法、内政等敏感领域的政策也将实行“有效多数表决制”，成员国不再能“一票否决”。这意味着，一个或几个少数成员国不再能阻止欧盟的前进步伐。

第三，将目前欧盟负责外交和安全事务的高级代表和欧盟委员会负责外交的委员两个交叉职位合并，统归为欧盟外交和安全事务高级代表，全面负责欧盟的对外政策。高级代表还将兼任欧盟委员会副主席，并拥有自己的预算，能够领导欧盟的驻外机构。

第四，《里斯本条约》的通过有助于重新启动欧盟共同安全与防务。

第三节　区域经济一体化理论

一、关税同盟理论[1]

系统提出关税同盟理论的是美国学者瓦伊纳（J. Viner）和利普西（R. G. Lipsey）。按照瓦伊纳的观点，完全形态的关税同盟应具备三个条件，第一，完全取消参加国间的关税；第二，对来自非成员国或地区的进口设置统一的关税；第三，通过协商方式在成员国之间分配关税收入。瓦伊纳和利普西关于关税同盟的建立对成员国及非成员国影响的分析结论可以归纳为两个方面：一是关税同盟的静态效应；二是关税同盟的动态效应。

中国大学MOOC（慕课）

区域经济一体化理论（一）

（一）关税同盟的静态效应

关税同盟的静态效应包括贸易创造效应、贸易转移效应、贸易扩大效应。

中国大学MOOC（慕课）

区域经济一体化理论（二）

1. 贸易创造效应（Trade Creation Effect）

贸易创造效应由生产利得和消费利得构成。关税同盟成立以后，成员国之间取消关税壁垒，商品实现自由流动，从而促使成员国在比较优势基础上进行专业化生产，这样，成员国国内企业生产的一些成本较高、价格较高的商品将被其他成员国生产的成本较低、价格较低的商品所替代，来自成员国的低价进口商品将取代昂贵的国内生产，贸易在国家间得以创造。需要注意，这种由关税取消带来的进口被称为贸易创造（Trade Creation）。贸易创造效应是促进成员国资源流向有效率、有竞争力的产业，从而提高资源的使用效率，扩大生产利益；同时，低价商品进口使本国该项商品的消费开支减少，需求增大，贸易量增加，社会福利水平提高。

下面我们举例说明贸易创造的经济意义。

假定在给定汇率下，X产品的价格在A国为35美元、在B国为26美元、在C国为20美元，现在进一步假定A、B两国结成关税同盟，相互取消关税，B国的X产品在A国的价格也为26美元（不考虑由于出口到A国而需要支付的商品运输、保险等费用）。

在缔结关税同盟前，A国凭借保护关税来自己生产X商品，需要征收75%以上的关税。[2] 现在假定A国针对X产品进口征收100%的进口关税。在这一条件下，A、B、C

① J. Viner, *The Customs Union Issue*, New York: Carnegie Endowment for International Peace, 1950; R. G. Lipsey, "The Theory of Customs Unions: Trade Diversion and Welfare", *Economica*, 1957, 24 (93): 40-46.

② 因为在75%的进口关税税率下，B国X产品在A国的价格水平为26美元×(1+75%)=45.5美元，C国X产品在A国的价格水平为20美元×(1+75%)=35美元，所以只有关税税率提高到75%以上，才能阻止C国X产品进入A国国内市场。

三国 X 产品在 A 国国内市场的价格如表 9-2 所示。A 国消费者从价格因素的角度考虑将选择购买本国生产的产品。

表 9-2　贸易创造效应

缔结关税同盟前，A、B、C 三国 X 产品在 A 国国内的价格	缔结关税同盟后，A、B、C 三国 X 产品在 A 国国内的价格
A：35 美元	A：35 美元
B：26 美元×(1+100%)=52 美元	B：26 美元
C：20 美元×(1+100%)=40 美元	C：20 美元×(1+100%)=40 美元

在 A 国同 B 国组建关税同盟、相互取消关税后，假定 100%成为 A、B 两国针对从非成员国进口 X 产品的共同关税。此时，A、B、C 三国 X 产品在 A 国国内市场的价格仍如表 9-2 所示。A 国的消费者从价格因素的角度考虑转向购买从 B 国进口的 X 产品，只需要支付 26 美元，低于本国生产的产品 35 美元的价格。此时，A 国 X 产品的生产停止（除非在成本可变的情况下，生产商将 X 的生产成本直至价格减到 26 美元或以下）。在本例中，建立关税同盟后，A、B 两国对来源于非成员国的 X 产品的进口关税税率必须保持在 30%以上的水平，否则 A 国的消费者将选择购买 C 国的 X 产品。这样，组建关税同盟前，A 国对 X 产品设有保护关税，虽然 B、C 两国都生产 X 产品，并且价格都低于 A 国，但 A 国与 B、C 国之间没有 X 产品的贸易。关税同盟建立后，则创造出 A 国从 B 国进口 X 产品的新贸易，X 产品的贸易在 A、B 两个国家之间得到创造。这时候，A 国消费者可以用低于国内产品的价格即 26 美元买到 X 产品，减少了消费支出，提高了福利水平。同时，由于 X 产品的生产从高成本的 A 国转向了低成本的 B 国，A 国原来生产 X 产品的生产资源或投入转向了 A 国富有效率、具有竞争力的产业部门，提高了资源使用效率；对 B 国而言，充分发挥了比较优势，扩大了 X 的生产和出口，可以获取生产方面的利益；而对 C 国而言，无福利影响。但如果把组建关税同盟国家增加的收入可能用来增加进口的动态效应计算进去，C 国也可能会有利可得，因此，贸易创造对 A、B、C 三国都是有利的。上述的各种利益都源于 A、B 两国 X 产品贸易创造的结果或效果，贸易创造产生了积极效应。

2. 贸易转移效应（Trade Diversion Effect）

假定关税同盟组建之前，A 国不生产 X 产品，而是从世界上生产效率最高、成本最低的国家进口；关税同盟组建以后，成员国对外实行统一的保护关税，关税同盟国 A 的该项产品转由从同盟内生产效率最高的国家进口，贸易发生转移，从外部世界转向关税同盟成员国。但如果同盟内生产效率最高的国家不是世界上生产效率最高的国家，则原来从外部世界进口的较低廉的 X 产品就变为来自成员国的较昂贵的 X 产品，该国进口成本较之前增加，同盟国 A 的社会福利水平下降，从全球资源配置的角度讲，由于一部分 X 产品从高效率国家转到低效率国家生产，因此降低了资源配置效率，这就是贸易转移的效果。

我们仍运用例子说明。

假定缔结关税同盟前A国不生产X产品，而采取从外国进口的做法，假定进口关税为40%，那么A国的消费者当然选择从价格最低的供给者C国进口，如表9-3所示。

表9-3 贸易转移效应

缔结关税同盟前，B、C两国X产品在A国国内的价格	缔结关税同盟后，B、C两国X产品在A国国内的价格
B：26美元×(1+40%)=36.4美元	B：26美元
C：20美元×(1+40%)=28美元	C：20美元×(1+40%)=28美元

在A国同B国缔结关税同盟后，A、B两国组成的关税同盟按照C国20美元与B国26美元的价格差距，仍需要对X产品进口征收30%以上的统一关税①，假定仍然保持40%的进口关税税率。此时，B、C两国X产品在A国国内的价格水平如表9-3所示。于是，A国消费者将X产品的进口从关税同盟以外的C国换为同盟内的B国，这种X产品的进口从低价格的供给来源向高价格的供给来源的转换，就是贸易转移。我们分析一下贸易转移带来了什么。首先，A国消费者为X产品支付的价格从28美元减少到26美元，消费支出减少，福利有所增加；但是，从一个国家整体来看，为获得一单位X产品所花费的支出却增加了。这是因为，关税同盟建立前，A国进口一单位X产品只需要向C国出口商支付20美元，A国消费者支付的28美元的价格中，有8美元的进口关税被A国政府作为财政收入拿走了。在关税同盟建立后，由于A、B两国间取消关税，消费者转向B国26美元的X产品，个人支付减少了，但从整个国家来看，为一单位X产品的进口所花费的支出从20美元增加到了26美元。其次，贸易转移使A国需要的这部分X产品的生产从高效率的C国转移到了B国，本来没有优势的B国却在扩大X产品的生产，而有生产优势的C国却在缩减生产，降低了世界的资源配置效率。从以上可以看出，贸易转移更多地带来了消极影响。

3. 贸易扩大效应（Trade Expansion Effect）

如前两例，组建关税同盟后的A国消费者购买X产品所支付的价格一般会比关税同盟成立前要低（分别为35-26，28-26）。因此，如果A国对X产品存在需求价格弹性，则A国对X产品的需求就会增加，从而A国对X产品的进口就会增加，这就是贸易扩大效应。贸易扩大是从需求方面形成的概念。关税同盟无论是在贸易创造还是在贸易转移条件下，一般都能产生贸易扩大的效果。从这个意义上，关税同盟的建立可以促进贸易的扩大，增加贸易国的经济福利。

组建关税同盟对成员国还可以产生其他方面的积极影响，具体包括以下几个方面：

第一，减少行政支出。关税同盟建立后，彼此之间废除关税，故可以减少征收关税的行政支出。

第二，减少走私。关税同盟建立后，商品可以在关税同盟国间自由流动，消除了商品走私的根源。它不仅可以减少查禁走私的费用支出，还有助于提高社会的道德水准。

① 否则关税同盟内A、B两国的X产品市场就要被C国价格低廉的X产品占领。

第三，增加同盟的对外谈判力量。关税同盟建立以后，整体经济实力增强，可以统一对外进行关税减让谈判，这有利于关税同盟国贸易地位的提高和贸易条件的改善。

(二) 关税同盟的动态效应

关税同盟的动态效应主要表现在以下几个方面：

1. 提高专业化分工程度，强化竞争，提高资源使用效率

关税同盟建立后，商品实现自由流动，由此可以提高成员国的专业化分工程度，并且可以通过刺激竞争来消除垄断，提高资源的使用效率，提高成员国的经济福利。但也有人认为，关税同盟的建立会有助于规模经济的实现，反而容易形成垄断。

2. 实现规模经济

关税同盟建立以后，成员国市场成为一体，市场范围的扩大使企业可以获取专业化与规模经济的利益。

3. 刺激投资与技术创新

关税同盟建立以后，市场扩大了，企业生产的风险与不稳定性降低，从而会吸引成员国厂商增加投资。关税同盟建立以后，商品的自由流动会提高竞争的激烈程度。为提高产品的竞争能力，企业将增加各类投资，特别是研发投入，不断地推出新产品、改进产品品质、降低生产成本，推进企业的技术创新活动。

关税同盟建立后，成员国之间关税完全免除，对外统一关税。其结果会吸引关税同盟以外国家的企业到同盟国内设立避税工厂，以求获得关税豁免的利益。这也是欧洲共同体成立后，美国、日本等国在欧共体国家的投资激增的主要原因。

4. 提高生产要素的自由移动程度，合理配置区内生产要素

关税同盟建立后，市场趋于统一，生产要素可在各成员国间自由移动，因此会提高要素的流动性，促进要素的合理配置，降低要素闲置的可能性。

二、共同市场理论

共同市场理论的基础是超越静态关税同盟理论的动态的大市场理论。这一理论认为，以前各国之间推行狭隘的、只顾本国利益的保护贸易政策，把市场分得过于细小又缺乏弹性，因而只能提供狭窄的市场，无法实现规模经济和大批量生产的利益。共同市场的目的就是把那些被保护主义肢解得分散孤立的小市场统一起来，结成大市场，通过大市场内的激烈竞争，实现大批量生产的技术利益。共同市场理论的主要代表人物是西托夫斯基（T. Scitovsky）和德纽（J. F. Deniau）。

大市场理论的核心有两点：（1）其目的是通过扩大市场来获得规模经济，从而实现技术利益；（2）依靠因市场扩大而竞争激化的经济条件，实现上述目的。两者的关系是目的与手段的关系。

西托夫斯基提出一个西欧的“高利润率恶性循环”或者说“小市场与保守的企业家态度的恶性循环”的命题来论述其大市场理论。

西托夫斯基认为，西欧（与美国相比）陷入了高利润率、低资本周转率、高价格的矛盾之中。

对这一情况的发生，西托夫斯基的解释是，由于人们处于狭窄市场、竞争消失、市场停滞和阻止新竞争企业的建立等原因，高利润率长期处于平稳停滞状态。因为价格高，耐用消费品等到不了大众之手，普及率很低，不能转入大量生产，因而陷入了高利润率、高价格、市场狭窄、低资本周转率这样一种恶性循环之中。能够打破这个恶性循环的是共同市场或贸易自由化条件下的激烈竞争。如果竞争激化，价格下降，那么就会迫使人们转向大量生产。多数产业都这样做，还会产生以企业家之间交易的相互依存性为基础的外部经济。同时，随着消费者实际收入水平的提高，过去只供少数人消费的高档商品将会转为多数人的消费对象。也就是会产生大市场化→向大生产方式转换（以及其他的合理化）→成本下降→大众的大量消费（市场的扩大）→竞争进一步激化……这样一种积极扩张的良性循环。①

德纽认为，“（由于大市场化）机器的充分利用、大量生产、专业化、最新技术的应用、竞争的恢复，所有这些因素都会使生产成本和销售价格下降；取消关税也可能使价格下降一部分。这一切必将导致购买力和实际生活水平的提高。购买某种商品的人数增加，又可能使这种消费增加以及投资进一步增加”。“这样一来，经济就会开始其滚雪球式的扩张。消费的扩大引起投资的增加，增加的投资又导致价格下降、工资提高、购买力全面提高等。只有市场规模迅速增大，才能促进和刺激经济扩张。”②

最根本的问题是，实现规模经济这一目的与竞争激烈这一手段是否真能导致共同市场内部贸易的创造与和谐地扩大？对此，德纽百分之百地予以肯定，而西托夫斯基却是相当怀疑的。西托夫斯基认为，关税同盟原理所说的静态的贸易创造效应，即使有也很小。共同市场的有利效果大部分可能是竞争激烈所产生的动态效果。

如果说大市场的利益是生产技术上的规模经济恢复并促进经济竞争，那么世界范围的自由贸易当然更好。既然如此，那么偏好共同市场的理由或者说必须建立共同市场的理由是什么呢？一种解释就是世界范围的自由贸易是不稳定的，其实现是渺茫的，相比之下，在狭小的地理范围内建立一个统一体，确实是一种次优的解决办法。

另一种说法是，要开展自由贸易，就要求与之有关的各种条件具有一定的一致性（Unity），具备这种一致性的特定地区必须是能够和谐地重新改组这些条件的地区，是地理上接近，发展阶段、收入水平、文化水平等大致相同的国家所构成的地区。

三、 协议性国际分工理论

日本学者小岛清认为比较优势论可能导致各国企业生产的垄断和集中，影响共同体内部分工和贸易的和谐、稳定发展，他提出了一种与比较优势论不同的国际分工理论，即协议性国际分工理论。

小岛清认为，以前的国际经济学所研究的只是在成本递增条件下通过比较优势来形

① T. Scitovsky, *Economic Theory and Western European Integration*, London: Allen and Unwin, 1958.

② J. F. Deniau, *The Common Market: Its Structure and Purpose*, London: Barrie and Rockliff, 1960.

成国际分工，而对成本递减或成本不变的情况没有论及。但事实证明成本递减是一种普遍的现象，经济一体化的目的就是要通过大市场化来实现规模经济，这实际上也就是成本长期递减的问题。下面介绍成本递减下进行协议性国际分工的必要性与方法。

图 9－1 所示是Ⅰ、Ⅱ两国 X、Y 两种商品的成本递减曲线，实线的高度表示两国分别生产两种商品时的成本。假定 X 商品全部由Ⅰ国生产，并将Ⅱ国 $X_{Ⅱ}$ 数量的市场提供给Ⅰ国，同时 Y 商品全部由Ⅱ国生产，并将Ⅰ国 $Y_{Ⅰ}$ 数量的市场提供给Ⅱ国。两国如此进行集中和专业化，如图中虚线所示，两种商品的成本都明显下降。这只是专业化后每种商品的产量与专业化前两国产量之和相同时的情形，如果考虑到成本、价格的下降而使两国需求增加，实际效果肯定更大。在这里重要的问题是，Ⅰ国要把 Y 商品的市场、Ⅱ国要把 X 商品的市场分别提供给对方，就必须达成互相提供市场的协议，实行协议性国际分工。但是国家之间达成协议分工需要具备下面几方面的条件：

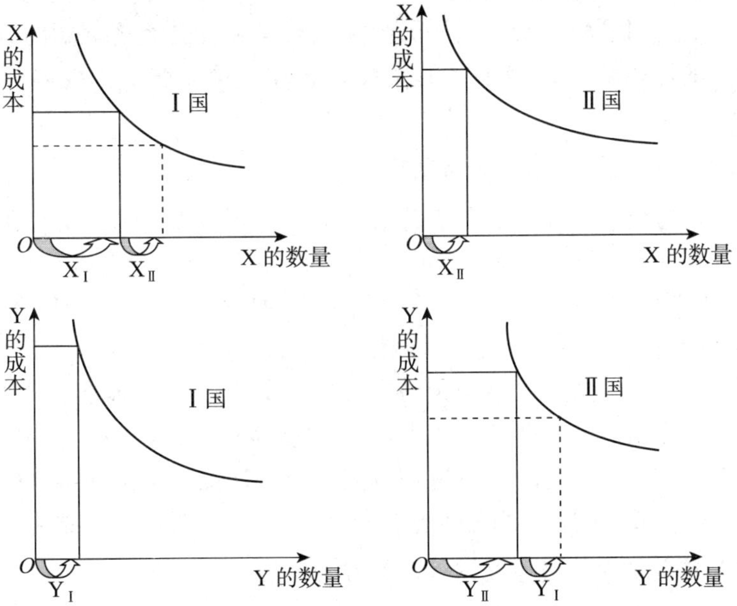

图 9－1 协议性国际分工示意图

第一，两个（或多数）国家资本劳动禀赋比例差异不大，工业化水平和经济发展阶段大致相同，协议性分工的产品在哪个国家都能生产。在这种条件下，互相竞争的各国之间扩大分工和贸易，既是关税同盟理论的贸易创造效应的目标，也是协议性国际分工理论的目标。而在要素禀赋比例和发展阶段差距较大的国家之间，由于某个国家可能由于比较成本差距很大而陷入单方面的完全专业化，比较优势论仍起主导作用，因而没有建立协议性国际分工的必要。

第二，作为协议分工对象的商品，必须是能够获得规模经济的商品。

第三，不论对哪个国家来说，生产 X 商品或生产 Y 商品的利益都应该没有很大差别，否则就不容易达成协议。

上述条件表明，经济一体化或共同市场更容易在同等发展阶段的国家之间建立；同时也表明，在发达工业化国家之间，可以进行协议性分工的商品范畴的范围较广，因而利益也较大。另外，生活水平和文化等互相类似、互相接近的地区，容易达成协议，并且容易保证相互需求的均等增长。

四、发展中国家经济一体化理论简介

（一）联合国拉美经济委员会①的经济发展战略思想

经历了1929—1933年世界经济危机的沉重打击和第二次世界大战的深刻影响后，拉丁美洲以出口初级产品为主的经济严重受挫。战后主要资本主义国家忙于重建本国的经济，使拉美国家面临着一种不利于发展的外部经济环境，各国不得不将发展的立足点转移到国内，从而产生了最初的工业化进程。

1948年联合国拉美经济委员会成立。从《1949年拉丁美洲经济概览》和《拉丁美洲的经济发展及其主要问题》开始，该委员会通过对拉美社会经济现状的分析，提出了一套具有拉美特点的、被称为发展主义的发展思想和理论主张，主要内容包括以下几个方面。

1. 打破“中心-外围”的国际经济结构

由于制成品和初级产品劳动生产率的增长不同，原料出口国的贸易条件呈现出长期恶化的倾向。世界贸易使世界形成了一种由“中心”（西方工业大国）与“外围”（不发达国家）组成的国际经济体系。根据国际经济关系的规律，技术进步集中在工业化国家，“中心”国家从技术进步中获得好处，并利用贸易条件恶化这一机制，将“外围”国家通过出口而获得的生产率提高的成果据为己有。这种不合理的国际分工格局使“外围”国家的资本积累能力受到损伤，进口资本品的能力受到限制，妨碍了工业化的发展。结果，工业化国家和不发达国家之间的差距越来越大。因此，像拉美国家这样的不发达国家要取得经济发展，经济战略的首要目标就是必须打破“中心-外围”的结构。②

2. 工业化是拉美国家摆脱不发达状况的唯一手段

拉美国家的不发达是由于依赖初级产品出口，贸易条件恶化影响了它们的资本积累和发展。为取得发展，拉美国家应该以新的方式参加国际分工，实现工业化，最终实现经济增长。

一方面，拉美国家应集中更多的资源来发展现代工业，从而改变这些国家在国际分工中的地位，并能较多地享受技术进步的成果。通过大量投资、关税保护和政府调节，首先搞内向发展的进口替代工业化。另一方面，拉美国家还必须找到新的发展方式，也就是转向“出口替代”即促进工业制成品出口的战略。

3. 建立拉丁美洲共同市场，促进拉美地区经济的繁荣

在共同市场内部实行国际分工和专业化措施，发展各国经济，强调共同市场的主要

---

① 联合国经济和社会理事会下设的五个区域性经济委员会之一。主要任务是：对拉美各国的经济进行调查研究，协调促进本地区经济发展的政策。

② 劳尔·普雷维什. 外围资本主义：危机与改造. 北京：商务印书馆，1990.

目标是保证拉美国家的合理工业化，利用地区经济一体化解决拉美各国国内市场狭小与加快经济增长的矛盾。

(二) 联合国拉美经济委员会经济一体化的原则和主张

联合国拉美经济委员会关于经济一体化的理论，是拉美经济委员会发展主义理论的重要组成部分。它产生于 20 世纪 40 年代末，在一定程度上受到西方传统经济一体化理论和西欧一体化运动的影响，同时又具有自身的特点。联合国拉美经济委员会的经济一体化思想的原则和主张可以归纳为以下几个方面：

1. 从拉美地区实际出发，坚持循序渐进、逐步过渡的原则

发展主义理论强调建立拉美共同市场是最后目标，应根据拉美各国发展水平不同的实际情况，通过渐进的方式达到。拉美经济一体化要求采取更为灵活的机制和符合拉美实际的形式。

在具体步骤上，第一阶段应该是互惠的自由贸易区，以促进各国产品的出口。第二阶段即关税同盟，对初级产品、消费品和资本品减免或取消关税。第三阶段是建立共同市场。

2. 普遍和广泛参与原则

“外围”不发达国家组成共同市场，一是可以促进互惠贸易，二是可以通过专业分工使工业化政策更加合理。在一体化目标下联合形成一个广阔的地区市场，可以以集体力量与“中心”国家抗衡。因此，优惠贸易区应有尽可能多的国家参加，应有足够的开放程度，以便让最初未参加的国家能够加入，反对任何形式的限制。

3. 有限度的“自由贸易”和“国家干预”相结合

发展主义理论的核心是要加速拉美地区的经济发展。它鼓励拉美企业家渗透到生产的新领域。同时，发展理论体系又起源于凯恩斯主义，它强调国家调节是实现一体化进程的唯一形式，在经济一体化进程中，赋予国家以谨慎的促进职能，采用对不同成员国给予差别待遇并对互惠原则下的利益过分集中予以限制等措施。

4. 坚持平等互惠和差别待遇原则

拉美国家的经济发展水平悬殊，经济一体化既应坚持成员国间实行平等互惠原则，又应对经济发展程度不同的国家给予差别对待，使所有国家都能从工业化中获得好处。应该给予更落后的国家更多优惠，避免利益过分集中在少数较发达国家一边。

5. 共同市场利益制衡原则

一体化工业的建立应该体现在成员国之间新工业能力的均衡分配上，体现在所有国家通过一体化可以实现工业化上。给予经济比较落后的成员国一定的照顾是保证一体化工业平衡发展和使现有工业活动合理化的重要手段。

本章小结

1. 依照经济一体化的程度，区域经济一体化形式可以分为优惠贸易安排、自由贸易区、关税同盟、共同市场、经济与货币联盟、政治联盟。

2. 关税同盟理论提出了完全形态的关税同盟应具备的条件，指出组建关税同盟的静态和动态效应。静态效应主要包括贸易创造效应、贸易转移效应、贸易扩大效应。无论是贸易创造还是贸易转移都会产生贸易扩大效应。动态效应包括：第一，提高专业化分工程度，强化竞争，提高资源使用效率；第二，实现规模经济；第三，刺激投资与技术创新；第四，提高生产要素的自由移动程度，合理配置区内资源。

3. 共同市场理论的基础是大市场理论，其核心内容是，组建大市场的目的是要借助市场的扩大，实现规模经济。而市场扩大引发竞争的激化是实现规模经济的重要条件。

4. 日本学者小岛清认为，以前的研究没有关注成本递减或成本不变条件下的国际分工问题。经济一体化的目的就是要通过大市场化来实现规模经济。小岛清认为，在具备一定条件的前提下，大市场的实现可以通过协议的方式进行，即参加协议的国家相互让与市场，以共同实现规模经济，这一观点被称为协议性国际分工理论。

重要概念

优惠贸易安排	自由贸易区	关税同盟	共同市场
经济与货币联盟	政治联盟	贸易创造	贸易转移

测试题

1. ________是地区经济一体化比较低级和松散的形式。

A. 优惠贸易安排　　B. 自由贸易区

C. 关税同盟　　D. 共同市场

2. 关税同盟理论是由________提出的。

A. 瓦伊纳和利普西　　B. 鲍里斯·塞泽尔基

C. 小岛清　　D. 德纽

3. 甲、乙两国原来对钨矿砂分别征收10%和6%的进口税，现两国相互间对商品进口予以免税，但对源于第三国的钨矿砂统一征收8%的进口关税，这种一体化组织形式是________。

A. 自由贸易区　　B. 关税同盟

C. 经济同盟　　D. 优惠贸易安排

4. A、B、C三国对小麦进口分别征收15%、12%、11%的关税，结盟后，内部取消关税，对外，A、B、C三国对小麦进口分别征收15%、12%、11%的关税，这种形式的一体化为________。

A. 优惠贸易安排　　B. 自由贸易区

C. 关税同盟　　D. 共同市场

5. 世界上第一个正式由发达国家和发展中国家组成的区域性经济一体化组织是________。

A. 欧洲经济共同体　　B. 欧洲联盟

C. 东南亚联盟　　D. 北美自由贸易区

6. 目前，世界上经济一体化程度最高的一体化组织是________。

A. 欧洲联盟　　B. 北美自由贸易区

C. 欧洲自由贸易联盟　　D. 东南亚联盟

7. 区域经济一体化诸形式中，实现共同关境的有________。

A. 共同市场　　B. 自由贸易区

C. 经济与货币联盟　　D. 关税同盟

8. 关税同盟比自由贸易区一体化程度更高，体现为________。

A. 对非成员国实行统一的关税政策

B. 消除成员国经济贸易政策方面的差异

C. 设立超国家机构

D. 实现了区域内生产要素的自由流动

9. 关税同盟的静态效应包括________。

A. 贸易扩大效应　　B. 贸易转移效应

C. 贸易创造效应　　D. 成员国关税收入再分配效应

思考题

1. 区域经济一体化的含义是什么？它有哪些形式？
2. 区域经济一体化形成与发展的内外部影响因素是什么？
3. 结合所学知识，分析区域经济一体化对成员国经济的影响。
4. 关税同盟的静态效应是什么？
5. 共同市场理论的核心内容是什么？
6. 如何理解小岛清的“协议分工”的前提条件？
7. 你从欧洲经济一体化进程中获得了什么启示？

拓展阅读

对标国际高标准经贸规则：
中国-新加坡自由贸易协定新征程

第十章 世界贸易组织

学习目标

世界贸易组织与国际货币基金组织、世界银行并称世界经济运行的三大支柱，它承袭关税与贸易总协定推动贸易自由化的一贯做法，成为世界多边贸易体制的基础。通过本章的学习，要求学生了解关税与贸易总协定发展成为世界贸易组织的历史，理解和掌握多边贸易体制对成员权利与义务进行规范的基本原则，知晓其组织建制，熟悉其运行机制。

第一节　关税与贸易总协定

关税与贸易总协定（General Agreement on Tariff and Trade，GATT），简称关贸总协定，是由 23 个国家于 1947 年 10 月 30 日在日内瓦签订的关于调整缔约方对外贸易政策和国际经济贸易关系方面相互权利义务的国际多边协定，于 1948 年 1 月 1 日生效。

中国大学 MOOC（慕课）

世界贸易组织概述

一、关税与贸易总协定产生的背景

第二次世界大战结束后，除美国以外的所有发达国家经济全部进入恢复时期，十分关注世界经济秩序的重建。国际货币关系特别是国家之间汇率关系的梳理及其支持制度的建立已经通过国际货币基金组织的设立得以基本解决，处理各国战后长期投资不足问题的国际组织——国际复兴与开发银行（International Bank for Reconstruction and Development，IBRD），即世界银行，也于 1945 年 12 月宣布成立。

在解决了国际金融、投资关系问题之后，国际贸易秩序的重建就摆上了议事日程。当时，在国际贸易方面，主要是计划组建国际贸易组织，以扭转日益盛行的高关税贸易保护和歧视性贸易政策，促进贸易自由化，促进各国经济的恢复和发展。1946 年 2 月，在美国的提议下，召开了联合国经济和社会理事会第一次会议，通过了美国提出的召开“世界贸易和就业会议”的决议草案，着手筹建国际贸易组织，成立了筹备委员会。同年 10 月筹备委员会在伦敦召开第一次筹备会议，讨论美国提出的《国际贸易组织宪章》草案，并决定成立起草委员会对草案进行修改。1947 年 4 月筹备委员会在日内瓦召开第二次筹备会议。同年 10 月在哈瓦那举行的联合国贸易和就业会议上，审议并通过了《国际贸易组织宪章》（《哈瓦那宪章》）。在这次会议上，23 个国家进行了关税减让谈判，并达成了 123 项双边关税减让协议。为了使关税减让谈判达成的结果尽快付诸实施，它们对《国际贸易组织宪章》中有关贸易政策的条款与达成的 123 项关税减让协议加以合并和修改，汇总成关税与贸易总协定，并经过谈判达成《关税与贸易总协定临时适用议定书》，作为总协定的组成部分，宣布在《国际贸易组织宪章》生效前，各缔约方之间的贸易关系临时适用关税与贸易总协定，关税与贸易总协定于 1948 年 1 月 1 日生效。

但由于各参加国对《国际贸易组织宪章》提出了许多修正案，不符合美国的利益，加之拟增加的一些条款也与美国的国内立法发生冲突，因而，《国际贸易组织宪章》首先在美国遭遇国会的否决，美国的做法对一些国家产生了重大的影响，最后，《国际贸易组织宪章》没有得到法定数量国家的批准，由此成立国际贸易组织的努力宣告失败，从而关税与贸易总协定便成为缔约方调整其对外贸易政策以及国际经济贸易关系方面的重要法律准则，一直持续到 1996 年世界贸易组织的正式运转。从 1948 年到 1996 年，关税与贸易总协定一直是规范管理国际贸易的唯一的多边协约，已经成为事实上的国际贸易组织。

二、关税与贸易总协定的宗旨、职能、组织机构与基本原则

（一）宗旨

总协定的宗旨是：各缔约方政府认为在处理它们的贸易和经济事业的关系方面，应以提高生活水平、保证充分就业、保证实际收入和有效需求的巨大持续增长、扩大世界资源的充分利用以及发展商品生产与交换为目的。切望达成互惠互利协议，导致大幅度地削减关税和其他贸易障碍，取消国际贸易中的歧视待遇，以对上述目的做出贡献。

（二）职能

关税与贸易总协定的职能可以归纳为以下几个方面：

（1）组织多边贸易谈判，实现缔约方之间的贸易自由化。通过多边贸易谈判，大幅度地削减关税，取消一般数量限制，并对其他的非关税措施的使用进行控制，以期营造一个日趋自由化的贸易环境，促进各个国家和地区、世界贸易的增长与发展。

（2）通过无条件最惠国待遇条款的实施，消除国际贸易中的歧视，同时允许存在例外，如关税同盟例外、边境贸易例外等，以此来解决国际贸易中出现的实际问题。关税与贸易总协定的这一规定充分体现了灵活性与原则性相结合的特点。

（3）通过协商和争端解决程序，解决缔约方之间的贸易分歧与纠纷，避免采取危害总协定缔约方贸易利益的行动。

（4）加强研究，出版各种刊物，使各个国家和地区贸易政策的透明度不断增强，为世界贸易的顺利发展提供条件。

（三）组织机构

关税与贸易总协定在发展中建立了一套完整的组织机构。下面对主要的机构及其职能进行介绍。

1. 缔约方总体（Contracting Parties）

缔约方总体是关税与贸易总协定的最高决策机构，缔约方总体的联合行动具有最高权威性，同时，拥有对总协定条款、规定的解释权。缔约方总体基本上每年举行一次大会，称为缔约方大会。如遇有特殊情况，经总协定缔约方半数同意，可召开特别大会。参加缔约方大会的代表大都是各缔约方政府中负责贸易事务的官员。如果缔约方总体认为需要讨论重要问题，可召集各国负责贸易事务的部长举行部长级会议。

总协定的每一缔约方拥有一表决票。一般情况下，缔约方大会的决议都以“协商一致”（Consensus）的方式做出。对于一些重大问题，如对总协定条款第一条、第二条、第三十条的修改必须一致通过，对于其他条款的修订则以 2/3 多数通过，甚至简单多数通过即可。

2. 代表理事会（Council of Representatives）

代表理事会于 1960 年成立，它负责处理总协定日常的包括紧急的事务，主要处理缔约方大会休会期间的事宜，监督并指导缔约方大会以及代表理事会所属各委员会、工作组的工作。

3. 专门委员会

主要是根据东京回合的协议和守则的规定，就具体的问题而建立的委员会，如纺织品委员会、反倾销委员会、技术性贸易措施委员会等。

4. 贸易与发展委员会

1964 年，总协定新增第四部分：贸易与发展。根据第四部分“建立某些必要的机构以促进总协定第 36 条所规定的目标和贯彻实施总协定第四部分的规定”，贸易与发展委员会于 1964 年建立，其主要职能是监督各缔约方履行第四部分条款的情况，研究发展中国家贸易政策，从发展中国家经济发展的角度研究修订总协定的有关条款。贸易与发展委员会中分别设有保障措施委员会和最不发达国家贸易委员会。

5. 常设委员会

由代表理事会建议设立的常设机构，负责处理总协定的有关事务。如 18 国咨询小组在 1979 年 11 月被正式确立为总协定的常设机构。其 18 位代表来自不同类型的国家，具有比较广泛的代表性。根据授权，该小组的任务是便利缔约方履行其职责，重点在于寻求与坚持同总协定原则和宗旨相符的贸易政策，尽可能地防止对多边贸易体制和国际贸易关系形成普遍干扰，并在出现干扰时采取相应的行动予以解决。一般情况下，总协定中的许多重大问题的决定首先是在 18 国咨询小组内达成一致，之后交由代表理事会讨论通过而形成向缔约方大会提交的行动建议。

6. 工作组和专家小组

工作组是为处理一些更具体的技术事务而成立的，它们在其职权范围内对有关问题进行研究，撰写报告，之后便例行解散。专家小组是为了处理缔约方之间的争议而成立的临时性专家工作机构。专家小组与常设委员会或工作组的区别是：专家小组都是以独立的专家身份进行工作的，并不代表某缔约方政府，并且在工作中应当独立于所在缔约方政府，所在缔约方政府也不应对其施加影响，而常设委员会和工作组的成员一般为各缔约方的政府官员。

作为事实上的国际贸易组织，其最高行政官员是总干事，由总干事领导的秘书处是总协定的日常事务机构，其任务是对协定的各种会议和谈判进行筹备并提供服务，处理总协定的日常事务，提供咨询和技术援助等。

关税与贸易总协定对总干事的权力和授权没有专门的规定，其角色也是随着时间的演进而不断发展的，总结起来，可以归纳为以下几方面：

（1）监护者。他可以最大限度地向各缔约方施加影响，要求它们遵守总协定，但无指令权。

（2）引导者。他可以就更有利于总协定及各缔约方目标的实现提供建议，发挥引导作用。

（3）调停者。协助各缔约方消除分歧，解决它们之间所发生的贸易争端。

（4）行政管理者。他负责秘书处的工作，管理预算，处理与缔约方有关的行政事务。

（四）关税与贸易总协定的基本原则

关税与贸易总协定分为序言和四大部分，共计 38 项条款，另附若干附件和一份暂时适用议定书。其体现了如下基本原则：

1. 非歧视原则

非歧视原则是总协定中最为重要的原则，这个原则是通过总协定的最惠国待遇条款和国民待遇条款体现的。总协定的最惠国待遇条款和国民待遇条款主要是针对进出口商品及有关事项。

总协定的最惠国待遇条款是无条件的。它要求每一个缔约方应该在进出口方面以相等的方式对待所有其他缔约方，而不应采取歧视待遇。总协定的第一条规定：“一缔约方对来自或运往其他国家的产品所给予的利益、优待、特权或豁免，应当立即无条件地给予来自或运往所有其他缔约方的相同产品。”这样，一缔约方可根据最惠国待遇条款，享受任何缔约方通过谈判达成的所有关税减让和其他贸易上的优惠待遇。这样，最惠国待遇就从双边互惠推广到多边互惠，但这项条款在实施过程中有若干例外。

总协定的国民待遇条款要求每一缔约方对任何缔约方的产品进入其国内市场时，在国内税或其他国内商业规章等方面应与本国产品同等待遇，不应受到歧视。例如总协定第三条规定："一缔约方领土的产品输入到另一缔约方领土时，不应对它直接或间接征收高于对国内相同产品所直接或间接征收的国内税或其他国内费用。"其目的在于保证进口产品与国内产品在国内市场上以同等的条件进行竞争。

2. 关税保护和关税减让原则

总协定规定一缔约方只能通过关税来保护本国产品，而不应采取其他限制进口的措施。在实行关税保护方面，总协定要求缔约方之间应通过关税减让谈判逐步降低关税。

关税减让原则是指各缔约方彼此做出互惠与平等的让步，达成关税减让协议。关税减让协议达成的"固定"（Consolidated）税率，任何缔约方都无权单方面予以改变，至少在一定时期内不得改变。但是，总协定对此又有一些灵活规定，如果有关产品进口剧增，使缔约方的同类产品受到重大损害或重大威胁，该进口方可与有关的缔约方重新谈判，给予对方适当的补偿，即可修改或撤销其原来的关税减让。同时总协定还规定发展中国家为了保护其国内工业和农业，如果上述"固定"税率不利于它们的国际收支平衡，可在关税保护方面免除上述原则的适用。但是这是暂时的，如有滥用，其他缔约方可以采取报复措施。正如前面所提到的，关税减让谈判是在双边基础上进行的，但根据最惠国待遇原则，在多边基础上实施，也就是双边关税减让的成果在多边范围实施。

3. 一般取消数量限制原则

为了保证关税作为唯一的保护手段，总协定一般取消数量限制。总协定第十一条规定："任何缔约方除征收捐税或其他费用外，不得设立或维持配额、进出口许可证或其他措施来限制或禁止其他缔约方领土的产品输入，或向其他缔约方领土输出或销售出口产品。"但是考虑到这些禁令一时难以奏效，因此又规定了一些例外，这些例外包括以下三种情况：第一，为了稳定农产品市场；第二，为了改善国际收支；第三，出于促进发展中国家的经济发展的需要，缔约方可以在非歧视的基础上实施或维护数量限制。

4. 公平竞争原则

为使贸易在公平的基础上进行，总协定第六条规定禁止缔约方在出口方面实行倾销，并授权缔约方在其某项工业由于倾销而受到重大损害或重大威胁时，可征收反倾销税。

总协定对出口补贴也做出了某些限制。总协定第十六条规定：对初级产品以外的任何产品，各缔约方不应再直接或间接给予使这种产品的输出售价低于同样产品在国内市场出售时的可比价格的任何形式的补贴。同时还规定："缔约方应力求避免对初级产品的输出实行补贴。"如出口补贴对另一个缔约方国内工业造成重大损害或产生重大威胁，该国可征收反补贴税。

5. 豁免与紧急行动原则

总协定有豁免承担总协定某项义务和争取保障措施的规定。总协定第十九条规定：如因意外情况的发生或因一缔约方承担本协定的义务（包括关税减让在内）而产生的影响，使某一产品输入这一缔约方领土的数量大增，对这一领土内相同产品或与它直接竞争的产品的国内生产造成重大损害或威胁，这一缔约方在防止或纠正这种损害所必需的程度和时间内，可以对上述产品全部或部分地暂停实施其所承担的义务，或者撤销或修改减让。但采取这项保障措施必须遵守三个原则：

（1）实施保障措施行动之前，应与有关的缔约方磋商。

（2）如磋商不能取得一致意见，允许进口方单方面采取保障措施，也允许出口方采取对等的报复措施。

（3）采取保障措施要在无歧视基础上适用于所有从缔约方进口的同类产品。

6. 磋商调解原则

为了维护缔约方在总协定中获得的正当权益，缓和、解决缔约方之间的贸易矛盾和争端，总协定规定了磋商调解和解决贸易争端的程序和办法。磋商调解是总协定解决缔约方之间争端的重要原则。这项原则的目的不在于保证争端的解决严格符合总协定的规定，而在于求得当事人各方均能接受的解决争端的办法。因此，总协定中解决贸易争端并不是对一缔约方违反总协定规定的行为进行法律制裁，而是通过解决争端来保持缔约方之间权利和义务的平衡。

7. 对发展中国家特殊优惠原则

从20世纪60年代起，关税与贸易总协定条款中增加了一些有利于发展中国家的特殊优惠待遇条款。这些条款包括以下几方面的内容：

（1）第十八条关于政府对经济发展的援助。它规定发展中国家为建立某一特定工业可以实施关税保护，为国际收支的目的实施数量限制。但这一保护实施的批准程序十分烦琐，必须经缔约方总体批准后方能执行。在实施过程中，如对其他缔约方的利益产生不利影响，则允许其他缔约方的报复行为。

（2）总协定第四部分关于贸易与发展的第三十六条至三十八条规定：

1）非互惠原则。发达缔约方对它们在谈判中对发展中缔约方的贸易所承诺的减少或撤销关税和其他壁垒的义务，不能希望得到互惠。

2）发达缔约方尽量承担义务的规定。这些义务主要包括：优先降低和撤销与各发展中缔约方目前或潜在的出口利益特别有关的产品的贸易壁垒；对上述发展中缔约方的这些出口利益产品不设立新的关税或非关税壁垒，或加强已有的壁垒；在制定和调整财政政策时，优先放宽或撤销阻碍发展中缔约方初级产品出口的财政政策。

3）建立贸易与发展委员会，以促进和贯彻总协定的第四部分内容。

（3）授权条款。它是东京回合的成果。内容是缔约方可能给予发展中国家差别的和更为优惠的待遇，而无须按照最惠国待遇原则将这种待遇给予其他缔约方，也无须得到总协定的批准。授权范围包括：1）普通优惠制；2）多边贸易谈判达成的有关非关税措施的协议；3）发展中国家之间区域性或全球性的优惠关税安排；4）对最不发达国家的特殊待遇。

8. 贸易政策法规在全国统一实施和透明原则

缔约方所有政策法规原则上都应提前公布，使缔约方有一定时间熟悉它，然后才开始实施。其目的在于接受其他缔约方对其政策法规的检查、监督和纠正，以保证缔约方政策法规符合总协定的原则。

三、关税与贸易总协定主持下的多边贸易谈判

自关税与贸易总协定生效以来，其条款一直是通过多边贸易谈判所达成的协议不断地进行补充和修订的。在总协定的主持下，从1947年至世界贸易组织成立共完成了八轮多边贸易谈判，世界贸易组织主持之下的第九轮多边贸易谈判正处于进行过程中。

第一轮谈判于1947年4—10月在日内瓦举行，参加方总数为23个，包括中国。通过谈判达成了123项双边关税减让协议，涉及的产品达4.5万多项，占世界贸易额的1/5。最终占资本主义国家进口值54%的商品平均降低关税35%。

第二轮谈判于1949年4—10月在法国的安纳西举行，参加方有33个，共达成双边协议147项，涉及产品5 000多项，使应征关税进口值56%的商品平均降低关税35%。

第三轮谈判于1950年9月至1951年4月在英国的托奎举行，参加方有39个，共签订双边关税减让协议150项，涉及产品8 700项，使占进口值11.7%的商品平均降低关税26%。

第四轮谈判于1956年1—5月在日内瓦举行，参加方有28个，使占进口值16%的商品平均降低关税15%。

第五轮谈判于1960年9月至1962年7月在日内瓦举行，历史上称为“狄龙回合”，参加方有45个，使占进口值20%的商品平均降低关税20%，涉及产品4 400多项。

第六轮谈判于1964年5月至1967年6月在日内瓦举行，史称“肯尼迪回合”。[①] 参加方有54个，使工业品进口关税平均下降35%，涉及产品3万多项、6万多种，并首次进行了非关税壁垒削减的谈判，通过了第一个《反倾销守则》。

第七轮谈判于1973年9月至1979年4月先在东京后移至日内瓦举行，史称“东京回合”。这轮多边贸易谈判的参加方达到99个，其中包括一些总协定的非正式缔约方，参加方数目超过以往任何一轮谈判。这轮谈判的成果主要表现在：（1）关税进一步下降。[②] 根据协议从1980年1月1日起，在8年的时间内，全部商品的关税平均下降33%，减税商品范围从工业品扩大到部分农产品。此外，纺织品、鞋类、皮革制品、食品等劳动密集型产品仍以“敏感性”为由被排除在减税商品范围之外。（2）这轮谈判的重心在于非关税壁垒措施的削减，达成了九项协议，其中包括：《关于实施关税与贸易总协定第

---

① 美国的主要目标是削减欧洲经济共同体的对外关税，从而降低欧洲企业享受的优惠幅度，这种优惠不利于共同市场内的美国企业。欧洲经济共同体的主要目标是解决美国关税税则中的高关税问题并修改各种歧视性政策，如美国销售价格（用美国价格对进口产品进行估值并确定应缴关税税额）、《购买美国货法案》以及例外条款，这些都对欧洲经济共同体出口产品形成了贸易壁垒。肯尼迪回合的谈判成果还是非常显著的，回合前应税进口关税平均水平（非农业应税进口产品、矿物燃料除外），美国、欧洲经济共同体、英国、日本分别为13.5%、12.8%、16.6%、15.5%，回合后分别为9.6%、8.1%、10.6%、9.5%。美国同意废除美国销售价格，但该回合没能解决美国关注的欧洲经济共同体农业问题。

② 东京回合前工业品关税，美国、欧共体、日本、加拿大分别为6.5%、6.6%、5.5%、13.6%，回合后分别降至4.4%、4.7%、2.8%、7.9%。

七条的协议》，又称《海关估价协议》；《关于解释和应用关税与贸易总协定第六条、第十六条和第二十三条的协议》，又称《补贴与反补贴守则》①；《关于实施关税与贸易总协定第六条的协议》，又称《反倾销守则》；《进口许可证手续协议》；等等。

第八轮谈判于1986年9月15日在乌拉圭埃斯特角举行，称为“乌拉圭回合”。这一轮多边贸易谈判的部长宣言规定了这轮乌拉圭回合的目标和谈判内容。宣言共分两部分，第一部分是关于货物贸易谈判的，第二部分是关于服务贸易谈判的。谈判于1993年12月15日在日内瓦结束。1994年4月15日在摩洛哥马拉喀什参加乌拉圭回合的谈判方签署了乌拉圭回合最后文件和《建立世界贸易组织协定》，由此正式宣告了乌拉圭回合谈判的结束。1995年1月1日，世界贸易组织正式成立，1996年关税与贸易总协定失效，由世界贸易组织协议及其附件所替代。

在以往举行的八轮多边贸易谈判中，以下几个问题值得注意：

第一，历轮谈判都是在美国的策动下进行的。前五轮谈判是在美国延展了《互惠贸易协定法案》之后倡议举行的。1962年美国通过了《1962年贸易扩大法》，它又倡议举行第六轮肯尼迪回合谈判。第七轮东京回合谈判是在美国尼克松总统的倡议下举行的，因此它又简称“尼克松回合”，紧接着美国通过了《1974年贸易法案》，并根据该法案参加谈判。20世纪80年代初，美国竭力倡导举行新一轮多边贸易谈判，以迫使其他国家进一步开放市场，特别是农产品市场和服务贸易市场。

与此同时，美国为维护垄断资本的利益，对于可能受到外国商品竞争的商品，尽量不列入进行谈判的货单中；并利用“例外条款”“国家安全条款”等规定，在必要时撤销已减让的关税或重新提高进口关税。由此可见，多边贸易谈判是美国争夺国外市场和维护本国市场的重要手段。

第二，多边贸易谈判的内容和范围日益扩大。长期以来，总协定的多边贸易谈判以传统的货物贸易谈判特别是关税谈判为主。随着国际经济与贸易关系的发展，多边贸易谈判的内容和范围日益扩大，在东京回合的谈判中，谈判重点已从过去降低关税转向限制非关税措施的使用。协议的内容和范围也在扩展，1986年9月正式发起的乌拉圭回合谈判，突破了总协定传统的货物贸易谈判的格局，首次对与贸易有关的知识产权、投资措施和服务贸易进行谈判，并把长期未解决的纺织品贸易、农产品贸易、保障条款和争端解决等问题列入谈判的议事日程。

第三，发达国家是关税与贸易总协定的主要受益者。虽然历轮多边贸易谈判都是在互惠互利的基础上进行的，并根据总协定第四部分和东京回合通过的“授权条款”的原则，给予发展中国家某些优惠待遇，但实际上总协定的多边贸易谈判是以经济实力为基础的。谈判的重点总是被置于发达国家感兴趣的商品范围内。例如在肯尼迪回合谈判以前，对全部制成品征收的进口平均关税为10.3%，而对进口发展中国家制成品征收的平均关税为17.1%，在肯尼迪回合谈判以后，这两个税率分别下降到6.5%和11.3%，但

① 1978年，得到官方出口信贷支持的制成品出口比重在英国是56%，在日本是34%，在法国是30%，在联邦德国和美国是11%。美国的谈判目标之一就是限制这种补贴。欧共体只想在这种补贴对另一国的产业构成伤害的时候对其进行惩罚。双方协商的结果是，欧共体同意对影响贸易的国内补贴进行限制，美国同意对反补贴案件进行实质性损害检测。

两个税率的差幅并未缩小。

第二节　乌拉圭回合与世界贸易组织的建立

一、乌拉圭回合谈判的背景

关税与贸易总协定于 1985 年 9 月召开特别缔约方大会，专门研讨新一轮多边贸易谈判。会议代表一致认为，新一轮谈判应旨在遏制和消除保护主义，维护并加强多边贸易体制，改善国际贸易环境，促进贸易自由化的发展，会议的中心议题集中在是否应将服务贸易纳入国际多边贸易体制以及服务贸易与传统议题的关系上。经过各方反复协商并达成协议，宣告新一轮谈判筹备工作开始。为了审议新一轮谈判的内容和方式，专门成立了一个高级官员小组。1985 年 11 月底总协定召开第 41 届缔约方大会，正式成立新一轮谈判筹备委员会。筹备委员会耗时 4 个月，完成了对谈判有可能涉及的 30 多个议题的审议工作。草拟了《乌拉圭回合部长宣言》。1986 年 9 月 15 日在乌拉圭埃斯特角举行总协定缔约方部长级会议，决定发动第八轮多边贸易谈判，即乌拉圭回合多边贸易谈判，简称乌拉圭回合。参加会议的国家和地区达到 123 个。中国政府派代表团出席了会议并获得了全面参加这一轮各项议题谈判的资格，成为乌拉圭回合谈判的参加方。

二、乌拉圭回合的目标和议题

（一）乌拉圭回合的目标

1986 年 9 月 15—20 日，在乌拉圭埃斯特角举行的缔约方部长级会议上，通过了《乌拉圭回合部长宣言》。宣言中提出，每个参加方在承诺维持现状和逐步回退的前提下，力求达到以下目的：制止和扭转保护主义，消除贸易扭曲现象；维护总协定的基本原则和促进总协定的目标；建立一个更加开放的、具有生命力的和持久的多边贸易体制。

为了达到上述目的，应实现下列具体目标：

（1）为了所有缔约方的利益，特别是欠发达缔约方的利益，进一步放宽和扩大世界贸易，包括通过减少和取消关税、数量限制和其他非关税措施与壁垒来改善进入市场的条件。

（2）加强总协定的作用，改善建立在总协定原则和规则基础上的多边贸易体制，把更大范围的世界贸易置于统一的、有效的和可实施的多边规则之下。

（3）增加总协定体制对不断演变的国际经济环境的适应能力，特别是促进必要的结构调整，加强总协定同有关国际组织的联系。

（4）促进国内和国际的合作行动，以加强贸易政策与其他影响增长和发展的经济政策之间的内部联系，做出持续、有效和坚决的努力，为改善国际货币体制的职能、促进金融和实际投资资源向发展中国家流动做出贡献。

（二）乌拉圭回合的议题

《乌拉圭回合部长宣言》确定乌拉圭回合多边贸易谈判分为两个部分，共15个议题。

1. 第一部分：货物贸易

这部分共含14个议题，分别为：（1）关税；（2）非关税措施；（3）热带产品；（4）自然资源产品；（5）纺织品与服装；（6）农产品；（7）关税与贸易总协定条款；（8）保障条款；（9）多边贸易谈判协议和安排；（10）补贴与反补贴措施；（11）争端解决；（12）与贸易有关的知识产权问题，包括冒牌货贸易问题；（13）与贸易有关的投资措施；（14）关税与贸易总协定体制的作用。

2. 第二部分：服务贸易

通过服务贸易谈判制定处理服务贸易的多边原则和规则的框架，包括对各个部门制定可能的规则，以便在透明和逐步自由化的条件下扩大服务贸易，并将此作为促进所有贸易伙伴的经济发展的一种手段。

三、乌拉圭回合多边贸易谈判所取得的成果

乌拉圭回合多边贸易谈判达成的《乌拉圭回合多边贸易谈判成果的最后文件》（The Final Act Embodying the Result of the Uruguay Round of the Multilateral Trade Negotiations），简称《最后文件》。这是一个"一揽子文件"，即必须全部接受或全部拒绝，不能接受一部分、拒绝另一部分，该文件包括28个协议和协定，涉及的主要议题有关税、非关税措施、热带产品、自然资源产品、原产地规则、装船前检验、反倾销、补贴和反补贴、技术性贸易壁垒、进口许可证程序、海关估价、政府采购、农产品贸易、纺织品和服装、保障条款、统一的争端解决制度、总协定体制的运行、与贸易有关的投资措施、与贸易有关的知识产权、服务贸易、国营贸易、动植物检疫、贸易政策审议机制、民用航空器贸易、国际收支、奶制品贸易、牛肉贸易和世界贸易组织等。参加世界贸易组织的各成员方除遵守所有这些协议和协定的规则外，还必须具备三个减让表，即农产品减让表、非农产品减让表和服务贸易减让表。《最后文件》于1994年4月15日正式签署，1995年1月1日正式生效。

乌拉圭回合多边贸易谈判达成的28个协议和协定可分为以下三类：

第一类是修订原有的关税与贸易总协定和货物贸易规则，以有效处理长期存在的一些老问题，如反倾销、反补贴、数量限制、保障条款中的问题，将农产品贸易和纺织品贸易重新回归总协定规则的问题。

第二类涉及制定新规则、规范以及与贸易有关的新问题，如知识产权保护、服务贸易和投资措施。

第三类属于体制建设问题，其中最重要的是建立世界贸易组织，取代原来的关税与贸易总协定。

现仅就乌拉圭回合谈判达成的某些协议和协定的主要内容加以简单介绍。

（一）工业品关税大幅度下降方面

各缔约方平均减税幅度近40%，减税幅度涉及的贸易额高达1.2万亿美元，其中有20种产品实行零关税，有些产品关税下降50%。发达国家工业品加权平均关税降至3.8%，关税税目约束比例由乌拉圭回合前的78%扩大到99%。发展中国家同期的税目约束比例则由21%剧增到73%，工业品进口关税税率下降到14.4%。

关于关税削减的实施，从1995年1月1日起，5年内结束，除非减让表中另有规定。

（二）农产品贸易方面

（1）所有参加方必须将一切非关税壁垒措施转换成关税措施，实行关税化，对于现行关税和因关税化而征收的新关税，平均关税税率在2002年以前应削减36%，发展中国家可只削减24%，而对每项关税细目至少削减15%，发展中国家只削减10%，所有关税都要受到约束。

（2）对于需要关税化的农产品，必须承诺相当于国内消费量3%～5%的最低市场准入量。

（3）对农产品产生影响的国内支持措施减少20%，并对国内支持措施进行分类，将其分为“绿箱”“黄箱”“蓝箱”措施，针对不同的措施提供不同的处理办法。对于由政府提供、对生产者不具有价格支持作用的“绿箱”措施，缔约方无须承担约束和削减义务；对于政府直接进行价格干预和补贴的“黄箱”措施，缔约方必须承担约束和削减义务。

（4）出口补贴削减36%，发展中国家可削减24%。出口补贴的承诺应适用于特定的产品，如小麦和面粉、粗粮、油籽、脱脂奶粉、食糖等。

（三）纺织品与服装贸易方面

（1）在世界贸易组织生效后的10年内（1995—2005年）分三个阶段逐步取消进口数量限制，对尚未取消配额的限制产品，提高进口年增长率，以实现纺织品和服装贸易自由化。

（2）在发达进口方逐步取消数量限制的同时，发展中缔约方也必须开放内部市场。

（3）在过渡期间，如进口商品激增，对进口方造成破坏性冲击，允许进口方对造成这种损害的国家或地区实行进口配额限制，但一般应在磋商的基础上实行，特殊情况下可先实行，后磋商和公布实施，限制期限为3年。

（4）进出口方必须加强配合来打击非法转口，如打击无效，进口方可扣减配额。

（5）协议规定建立纺织品监督机构，以监督协议的实施，任何有关协议实施的争端将由纺织品监督机构负责审理。

（四）进口许可证程序方面

（1）对于那些仍保留着许可证要求和程序的缔约方来说，在申请自动和非自动许可证的程序方面所作的任何变化都必须在实施这些程序变化之前至少21天公布。

（2）进口商提交许可证申请的期限至少为21天，在某种情况下还可以延长。

（3）对于非自动许可证的程序必须加强旨在为实施这些程序而制定的措施，除非绝对必要，不得在行政上增加任何累赘。对非自动许可证的审批必须在30天内完成，如果所有申请同时处理，必须在60天内完成。

（4）自动许可制度主要用于统计和监督，对进口申请一律给予批准，不能对进口货物构成限制。

（5）限制缔约方如果要制定颁发许可证的新程序或改变现行程序，必须在60天内将有关规定通知进口许可证委员会。

（五）与贸易有关的投资措施方面

《与贸易有关的投资措施协议》（Agreement on Trade-Related Investment Measures，TRIMs）由九项条款和一个附件组成。这个协议的前言指出了该协议的目的，即促进世界贸易的增长和自由化，简化投资的跨国流动，加速全体贸易方特别是发展中国家的经济增长，并确保自由竞争的进行。该协议的主要内容有以下几个方面：

1. 禁止采取不符合1994年总协定的国民待遇原则和一般取消数量限制原则的与贸易有关的投资措施

（1）禁用不符合总协定国民待遇原则的投资措施，包括国内法或行政条例规定的义务性或强制性措施，或取得优惠所必需的诱引性规定，具体有以下两个方面：一是当地成分要求，如要求外资企业购买或使用当地生产的产品或原料，规定购买特定产品的数量或价值金额，或购买当地生产产品的数量或价值金额的比例；二是进出口平衡要求，如对外资企业使用进口原料、零部件、机械设备的一般限定，或对该企业产品的出口量或出口值的一定比例的限定。

（2）禁用不符合总协定一般取消数量限制原则的措施，包括国内法或行政条例规定的义务性或强制性措施，或取得优惠所必需的诱引性规定，具体有以下三个方面：一是进出口平衡要求，如对外资企业进出口数量或金额的一定比例的限定；二是进口用汇限制，如外资企业进行生产所需的进口额被限制在属于该企业流入的外汇的一定比例内；三是国内销售要求，如限定外资企业的产品必须有一部分在东道国国内销售。

2. 对发展中国家的特殊优惠

发展中国家在执行这些协议时，可以享受以下两个方面的优惠：

（1）发展中国家可以在该协议生效后5年的过渡期内，最不发达国家可以在7年的过渡期内取消与该协议规定不相符的投资措施，到期时，发展中国家向货物贸易理事会提出充分的理由和申请，还可延展其过渡期，而发达国家的过渡期只有2年。

（2）按总协定第十八条的规定，允许发展中国家暂时背离该协议中关于国民待遇和数量限制的规定。

3. 通知义务和透明度要求

在该协议生效后的90天内，缔约方应将它们所实施的同该协议不一致的与贸易有关的投资措施，包括一般或特别实施的与贸易有关的投资措施及其主要特征一并通知货物贸易理事会。

缔约方应遵守总协定第十条所规定的关于透明度的义务，及时公布有关法律、法规和规章制度。缔约各方，包括那些适用关税与贸易总协定的区域性或地方政府，都应将所知的与贸易有关的投资措施通知世界贸易组织秘书处的出版局，但缔约方可以不公开有碍法律执行或公共利益或对特定企业的合法商业利益可能造成损害的信息。

4. 磋商与争端解决

总协定第二十二条与第二十三条争端解决程序与规则，以及这两条之下的《关于争端解决的规则与程序的谅解》，适用于该协议项下的磋商与争端解决。

5. 建立与贸易有关的投资措施委员会

该委员会将选举主席与副主席，一年至少开一次会。该委员会的职责有以下两点：

（1）执行货物贸易理事会分配的任务，并向缔约方提供咨询服务。

（2）监督该协议的运行与执行情况，并向货物贸易理事会作年度报告。

6. 货物贸易理事会评审

该协议生效5年内，货物贸易理事会将对协议的实施情况进行评审，如果需要修改，则进行修改，并考虑是否对缔约方投资政策和投资者的竞争政策做补充规定。

（六）与贸易有关的知识产权方面

《与贸易有关的知识产权协议》（Agreement on Trade-Related Aspects of Intellectual Property Rights，TRIPs）有七部分，共73条。第一部分为总则和基本原则；第二部分为知识产权适用范围和标准；第三部分为知识产权保护的实施；第四部分为取得和维持知识产权及其有关程序；第五部分为争端的防止和解决；第六部分为过渡安排；第七部分为机构安排和最后条款。

该协议在前言中确认了知识产权为民事权利，肯定了指导各缔约方保护知识产权的公共政策的目的。该协议的目标是为了“减少国际贸易中的不公正和障碍的愿望，考虑到有必要加强对知识产权的充分有效保护，确保实施知识产权的措施及程序对合理贸易不造成任何障碍”。该协议的主要内容有以下几个方面：

1. 基本原则

（1）最低保护标准原则。规定其缔约方有义务实施该协议，除非明确表示，在该协议第三条至第五条中没有任何因素能阻止缔约方提供比该协议更广泛的保护。在有关知识产权保护的最低要求、权利的维护等方面，其缔约方还应遵守《保护工业产权的巴黎公约》《保护文学和艺术作品的伯尔尼公约》《保护集成电路知识产权的华盛顿公约》等所规定的义务。

（2）国民待遇原则和最惠国待遇原则。

（3）透明度原则。

2. 保护的范围与标准

该协议第二部分详细规定了保护的范围与标准，是协议的核心部分。这部分共分八个方面，即版权及相关权利、商标、原产地标志、工业品外观设计、专利、集成电路的布图设计、商业秘密和许可合同中限制性条款的控制。

3. 知识产权保护的实施

该协议规定了知识产权保护的实施程序，具体措施可分为以下几个方面：

（1）民事和行政程序措施。司法当局有权发出禁令，停止对知识产权的侵权行为，特别是应禁止构成侵权行为的进口商品进入商业渠道。对知识产权的过失侵权行为，司法当局有权责令侵权人向权利人就其所受的损害做出足够的赔偿。司法当局发现对知识产权的侵权行为时，为避免对权利人造成损害，对侵权商品有权销毁或在商业渠道以外处置，还有权对生产侵权物品的材料和工具进行处置而不需有任何补偿。

对假冒商品，不能简单地命令其除去贴上去的商标而使该商品仍流入商业渠道。

（2）临时措施。司法当局有权采取及时、有效的临时措施，防止侵权产品进入商业渠道，包括海关查验放行后立即进口的商品。

（3）边境措施。知识产权的所有人如有有效的证据怀疑仿冒商标的冒牌货或盗印其版权的商品有可能进口，他可以以书面方式向主管行政当局或司法当局提出，由海关停止此类商品的放行以免其进入商品流通领域。

（4）刑事程序。协议规定，各缔约方应确立刑事诉讼和刑罚，以适用于具有商业规模的故意的商标仿冒和版权盗印案件。可得到的补救措施应包括监禁和罚金措施。

4. 知识产权的取得和维持程序

协议规定，知识产权的取得和维持应配合本协议的有关规定。知识产权的取得以知识产权被授予或注册为准。缔约方应依据取得知识产权的实质性要件，确立授予或注册的程序，允许权利在合理时间内获得授予或注册。

5. 争端的防止和解决

协议要求缔约方按照总协定的透明度原则，对涉及知识产权保护的有关法律、条例、司法规定和行政规定，应及时公布。遵守总协定的第二十二条和第二十三条及相关规定解决有关的争端。缔约方应修改其国内立法和相关程序，以保证所有措施符合该协议和上述规定。

协议还确认了缔约方可借助跨行业的“交叉报复”来维护自己的贸易利益。所谓交叉报复是指一方在知识产权方面因被侵权而受到损失，如未能得到妥善解决，则可通过中止履行与案件直接有关的产品或其他产品的关税减让来报复，以迫使对方尽可能地遵守知识产权协议。

6. 过渡安排

协议规定，各缔约方应采取必要的步骤来保证在协议生效后不超过 1 年的时间内，使它们的法律、条例和实践与该协定的各条款规定相一致。同时规定，发展中国家可享有 5 年的过渡期；发展中国家对食品、药品、化学品等在协议生效时未予保护的技术领域，可享有 10 年的过渡期；最不发达国家的过渡期为 10 年。

7. 机构安排和最后条款

建立与贸易有关的知识产权理事会对本协议的实施进行监督，特别是应在争端解决程序方面按缔约方的请求提供援助。缔约方应在它们国内设立联系处，以就侵权商品的贸易情况相互交流资料和加强海关当局的合作。协议规定，非经缔约方的多数同意，任何缔约方都不得对该协议的任何条款做出保留。

（七）服务贸易方面

《服务贸易总协定》（General Agreement on Trade in Services，GATS）由三大部分组成：一是协定条款本身；二是部门协议；三是各国的市场准入承诺清单。

1.《服务贸易总协定》条款

该协定条款共分六个部分、29 项条款，其中前 28 条为框架协议，第 29 条为附件（共 8 个附件）。其主要宗旨是要实现服务贸易自由化。该协定希望建立一个服务贸易准则和规定的多边框架，从而在透明度和逐步自由化的条件下扩大该类贸易，并以此促进各成员方的经济增长和发展中国家的经济与社会发展。该协定的主要内容包括：

（1）范围与定义。该协定适用于各成员方影响服务贸易的各种措施和“服务部门参考清单”所列 12 个服务部门的服务贸易，并确定服务贸易的定义包括跨界供应、境外消费、商业存在和自然人流动等四方面的含义。

（2）义务和原则。该协定所规定的义务分为两类：一类是普遍性义务，指适用于各个部门的义务，例如，不论成员方是否开放这个或这些部门，都必须相互给予无条件最惠国待遇。另一类是具体承诺的义务，是指经过双边或多边谈判达成协定所承担的义务。这些义务（如市场准入和国民待遇）只适用于各成员方承诺开放的服务部门，而不适用于未开放的服务部门。

该协定所规定的一些原则同关税与贸易总协定的基本原则相似，但由于服务贸易与货物贸易有所不同，因而具有特定的含义。例如，第一，最惠国待遇原则。这一原则是多边货物贸易体制的基础，也是多边服务贸易体制的基础。各成员方都应接受。在该协定中，最惠国待遇条款规定，各成员方应立即和无条件地给予其他成员方的服务和服务提供者以不低于其给予任何其他国家服务和服务提供者的待遇。如果一成员方无法取消与上述规定不符的措施，则应在协定生效前申请最惠国待遇的例外。第二，国民待遇原则。该协定规定，给予成员方服务和服务提供者的待遇，不应低于给予本国相同服务和服务提供者的待遇。但这种待遇不是自动给予的，而是经过谈判减让的结果，具体反映在减让承诺清单中。承诺清单可以对国民待遇规定某种条件和限制，这种待遇只适用于承诺开放的部门。第三，透明度原则。协定规定，各成员方除非在紧急情况下，都应立即并最迟在协定生效前，公布其所采取的所有与服务贸易或对该协定的执行产生影响的措施，并要求各成员方建立一个或多个咨询点，以便尽快地回答其他成员方的询问。第四，对发展中国家特殊优惠原则。根据发展中国家的更多参与条款的规定，发达国家应采取具体措施，旨在加强发展中国家的国内服务业，为发展中国家的服务出口提供市场准入的条件；发达国家应在协定生效后的两年内建立“联系点”，向发展中国家的服务提供者提供有关服务供给的商业和技术方面的信息。

协定还允许发展中国家根据国内政策目标和服务业务发展水平逐步实现服务贸易自由化，允许发展中国家开放较少的市场，逐步扩大市场的开放程度，允许发展中国家对于外国服务或服务提供者进入本国市场设置一些限制条件；对最不发达国家予以特殊优惠，准许这些国家不必做出具体的开放市场方面的承诺，直到国内服务业具有竞争力。

（3）市场准入。根据该协定的规定，市场准入是一种经过谈判、具体承诺的义务，各成员方应为其他成员方的服务与服务提供者能够进入市场提供可行的渠道，而这种渠道必须以不低于其在具体承诺细目表上已同意提供的条件和待遇。若在一成员方的细目表上给予了不止一种的有关服务提供的准入渠道，那么其他成员方的服务提供者可以进行自由选择。在该协定具体承诺中的市场准入条款与国民待遇条款，都不是作为普遍性义务而是作为具体承诺与各个部门或分部门开放联系在一起，这样可以使分歧较小的部门早日达成协议。

该协定就六种禁止使用的限制市场准入措施达成一致，它们包括：

第一，限制服务提供者的数量。

第二，限制交易金额或资产额。

第三，限制服务的总产出量。

第四，限制雇用的自然人数量。

第五，限制外国服务提供者提供服务的法律组织形式，如是分支机构还是子公司。

第六，限制外方在公司中的持股比例或最大资本投入数量。

（4）逐步自由化。这是关于各成员方逐步扩大服务贸易自由化的谈判时间、适用范围、具体承诺的细目表以及细目表的修改所做的规定。该协定规定，为了进一步提高服务贸易自由化的目标，各成员方应进行多轮谈判，最晚从《建立世界贸易组织协定》生效后 5 年开始，并在此后定期举行谈判，谈判的目的是减少和消除对服务贸易产生不良影响的措施，以实现有效的市场准入，谈判应尊重各成员方的政府目标和各成员方的发展水平。对某些发展中国家应允许有一定的灵活性，允许其有选择地开放部门和交易类型。

2. 关于《服务贸易总协定》的部门协议

（1）关于提供服务的自然人的移动协议。这个部门协议适用于各成员方提供服务的自然人以及受雇于服务提供者的自然人，但不适用于寻找工作的自然人，也与公民权、居留和受雇等措施无关。换句话说，自然人的移动必须跟随提供服务，有别于移民权。

（2）关于航空运输服务的协议。这个部门协议规定航空运输服务可以不遵守《服务贸易总协定》关于最惠国待遇的条款，而继续根据国际民航协定的对等原则，相互给予着陆权。

（3）关于金融（含保险）服务的协议。这个部门协议中有两个附件：第一个附件允许各成员方政府根据谨慎的原则采取保护国内金融服务的措施，但这些措施在与《服务贸易总协定》的有关条款不相符时，不能用以逃避自己的承诺与义务。谨慎的措施应得到他方的承认。这种承认可以通过协议或安排的方式，也可以通过自动承认的方式。附件还对银行和保险的服务范围做出了规定。第二个附件允许各成员方在《服务贸易总协定》生效 4 个月后的 60 天内，列出其最惠国待遇的例外清单，并可改进、修改或撤销其减让表中有关金融服务的承诺。

（4）关于电信服务的协议。这个部门协议承认这个部门的双重作用：一方面是一个独特的经济部门；另一方面又是一种提供其他经济活动的基本方式。协议要求成员方政府非歧视地给予其他成员方服务提供者进入其公共电信网的机会。

（5）关于海运服务的协议。这个部门协议规定，《服务贸易总协定》生效后，各成员方再就海运服务部门进行谈判。在此之前，各成员方可以随意撤销其在该部门的承诺减让，无须给予补偿。

3. 关于初步承诺减让表

初步承诺减让表是各参加方在谈判基础上提交的开放市场的承诺，是《服务贸易总协定》不可分割的部分，具有法律约束力。初步承诺减让表中的内容是参加方在双边谈判基础上承担的关于国民待遇和市场准入的义务，应列明有关服务部门和这些部门中的活动，保证其市场准入，同时还应明确注明对于这些部门实施国民待遇和市场准入的限制。各参加方只有提交初步承诺减让表，才能成为《服务贸易总协定》的成员。

在主要的服务部门，减让表中所涉及的范围主要包括以下几个方面：

（1）国际运输服务。

1）货物运输服务，如航空运输、海洋运输、铁路运输、管道运输、内河和沿海运输、公路运输，包括航空发射及运输服务。

2）客运服务。

3）船舶服务，包括船员雇用。

4）附属于交通运输的服务，主要指报关、货物装卸、仓储、港口服务等。

（2）国际旅游服务。

1）宾馆与饭店。

2）旅行社及旅游经纪人。

3）导游服务。

4）其他服务。

（3）国际金融服务。

1）银行存款服务。

2）与金融市场运行管理相关的服务。

3）贷款服务。

4）与债券市场相关的服务，主要涉及经纪业、股票发行和注册管理、有价证券管理等。

5）附属于金融中介的其他服务，如贷款经纪、金融咨询等。

（4）国际电信服务。

允许外国公司持有本国电信企业的部分股份，业务范围包括电话、数据传输、用户电报、传真、专用电路业务、卫星通信、移动电话、移动数据等。

（5）国际保险服务。

1）生命、事故与健康保险服务，具体包括人寿保险、养老金或年金保险、伤残及医疗费用保险、财产保险等。

2）非生命保险服务，如货物运输保险，其中包括海运、航空运输及陆路运输中的货物运输保险等。

3）再保险服务。

4）与保险有关的辅助服务，如保险经纪业、保险代理业、保险咨询、保险数据与统计等。

《服务贸易总协定》的作用很大程度上取决于成员通过谈判承诺的具体义务，1994年该协定签署时，发达成员承担的具体义务涉及服务贸易总额的47.3%，发展中成员的这一比例仅达到16.2%。如果具体义务只考虑取消市场准入的各种限制、实施完全的国民待遇的情形，那么发达成员的相应比例将降到24.8%，发展中成员将降到6.9%。[①]

第三节　世界贸易组织的宗旨、职能与基本原则

中国大学MOOC（慕课）

世界贸易组织的基本原则

世界贸易组织（World Trade Organization，WTO）简称世贸组织，是根据乌拉圭回合多边贸易谈判达成的《建立世界贸易组织协定》于1995年1月1日建立，于1996年1月1日正式取代了原来的关税与贸易总协定，并把按照乌拉圭回合多边谈判达成的《最后文件》所形成的一整套协定和协议的条款作为国际法律规则，对各成员方之间经济贸易关系的权利和义务进行监督、管理和履行的正式国际经济组织。

实施40多年来，关税与贸易总协定在维护国际贸易秩序、推进贸易自由化和促进国际贸易的发展等方面做出了贡献。随着国际经济贸易形势的发展，由于它的法律地位、职能范围、管辖内容和运行机制等方面的局限性，它的作用难以进一步扩展。因此，关于建立世界贸易组织的呼声和建议自关税与贸易总协定实施以来未曾中断过。

早在20世纪40年代后期，联合国经济和社会理事会就曾提出在联合国的主持下建立国际贸易组织的构想。60年代前期，第一届联合国贸易和发展会议审查了建立国际贸易组织的可能性。70—80年代期间，联合国有关机构和国际贸易学术界都一直非常关注成立国际贸易组织问题，并提出了一系列构想。

乌拉圭回合谈判的后期，在对许多实质性重要议题基本上达成协议以后，如何执行乌拉圭回合协议及世界贸易组织采取何种组织框架等问题日益受到各成员的关注。1990年7月欧洲共同体建议就世界贸易组织达成一个不带实质性条款、纯粹组织性的协定，这个组织将成为管理现行关税与贸易总协定、东京回合的协议、《服务贸易总协定》及其他多边贸易协定和协议的行政事务的组织。同年，加拿大、瑞士和美国也先后提出过类似的方案。经过多次谈判，1991年12月20日在乌拉圭回合谈判中关于建立“多边贸易组织”（MTO）的决定被正式提出。1993年11月中旬，关于建立多边贸易组织的协定的起草工作完成，同年12月该协定被定名为《建立世界贸易组织协定》。1994年4月在摩洛哥马拉喀什的关税与贸易总协定部长级会议上相关参加方签署了乌拉圭回合《最后文

① B. Hoekman and C. A. P. Braga, “Protection and Trade in Services: A Survey”, Working Paper, World Bank eLibrary, 1997.

件》和《建立世界贸易组织协定》，确定 1995 年 1 月 1 日世界贸易组织正式建立，并将《最后文件》中的其他协定和协议列为世界贸易组织的附件。

《建立世界贸易组织协定》由 16 项条款和 4 个附件及其附件目录组成，主要规定了世贸组织的宗旨和目标、职能、组织机构、成员资格、决策方式，以及特定成员之间互不适用多边贸易协定等内容。现就其主要内容和基本原则分别进行论述。

一、宗旨

《建立世界贸易组织协定》的序言中指出其宗旨和目标是，世界贸易组织成员在处理它们的贸易和经济领域的关系时，应以提高生活水平、确保充分就业、大幅度及稳定地增加实际收入和有效需求以及拓展货物和服务的生产与贸易为目的，持久地开发和合理地利用世界资源，努力保护和维持环境，并通过采取各成员经济发展水平所需要的和与其相符合的方式加强环保。

二、职能

根据《建立世界贸易组织协定》，世界贸易组织的职能有以下几个方面：

（1）促进世界贸易组织目标的实现，监督和管理其统辖范围内的各项协议的贯彻实施。

（2）组织实施各项多边贸易协定，为各成员方提供多边贸易谈判的场所，按一体化的争端解决规则与程序来主持解决各成员方之间的贸易纠纷。

（3）按照有关贸易政策审议机制，负责定期审议各成员方的贸易制度和与贸易相关的成员方内部经济政策。

（4）协调与国际货币基金组织和世界银行的关系，以保障全球经济决策的一致性。

（5）编写年度世界贸易报告和举办世界经济贸易研讨会。

（6）向发展中国家和转型经济国家提供必要的技术援助。

三、基本原则

世界贸易组织取代关税与贸易总协定以后继承了关税与贸易总协定的基本原则，并且在其所管辖的服务贸易、与贸易有关的知识产权以及与贸易有关的投资措施等新领域中予以适用并加以发展。基本原则主要包括以下几个方面：

（一）贸易自由化原则

所谓贸易自由化就是各成员方通过多边贸易谈判降低和约束关税，取消其他贸易壁垒，消除国际贸易中的歧视待遇，扩大本方的市场准入。贸易自由化的原则是为了达到世界贸易组织所设定目标的一个重要手段。

但考虑到各成员方经济发展的不平衡，贸易自由化的含义可以解释为：

（1）不是绝对意义上的贸易自由化。

（2）贸易自由化是一个渐进的过程。

（3）允许发展中国家贸易自由化的程度低于发达国家。

（4）世界贸易组织对转型经济国家采取适当的政策措施，鼓励其经济向市场经济转变。

（5）世界贸易组织不是一个自由贸易机构，它只是致力于逐步实现贸易自由化，促使成员方开放，由此营造一个公平无扭曲的竞争环境。

（二）非歧视原则

非歧视原则是通过最惠国待遇、国民待遇、互惠待遇条款体现的，它要求缔约方在实施某种优惠或限制措施时，不要对缔约对方实施歧视待遇。

（三）关税保护与一般取消数量限制原则

鉴于关税保护的透明度高，关税与贸易总协定自创建以来就主张以关税作为保护国内市场的主要手段，同时提出一般情况下取消数量限制的原则，要求在特殊情况下，如需要采取数量限制措施，要在非歧视的基础上实施。

世界贸易组织除继续坚持以关税作为货物贸易的主要保护手段外，在一般取消数量限制方面取得了重大进展，具体表现在以下两方面：

（1）采取“逐步回退”办法逐步减少配额和许可证的使用。如长期背离关税保护的纺织品贸易将通过采取“逐步回退”办法逐步减少配额和许可证的使用，从而逐步实现自由化。

（2）把一般取消数量限制原则扩大到货物贸易之外的领域，如《服务贸易总协定》在市场准入部分规定，不应限制服务提供者的数量，不应采取数量限制的办法限制服务总量。

（四）可预见性、稳定发展贸易原则

成员方通过约束关税减让水平为世界货物贸易提供一个稳定的、可以预见的基础；通过承诺义务、开放服务市场来稳定服务贸易的发展；通过约束和减少非关税壁垒措施的使用，减少其对国际贸易的消极影响。

（五）促进公平竞争原则

为了使贸易活动在公平的基础上进行竞争，《建立世界贸易组织协定》条款规定，成员方可以通过反倾销、反出口补贴，防止形成不公平竞争；对于长期游离于多边贸易体制之外的纺织品、服装和农产品贸易的不公平竞争问题则通过一定的过渡期给予最终解决；就与贸易有关的知识产权保护不力所引发的不公平竞争行为，也通过有关协定措施的实施予以纠正；对于政府采购市场的不公平竞争问题，则在东京回合有了解决方案，但《建立世界贸易组织协定》将政府采购市场的公平竞争问题扩展到服务领域，包括地方一级政府和公用事业单位的采购市场。

（六）对发展中国家特殊优惠原则

对于发展中国家，关税与贸易总协定曾通过增加条款的第四部分和授权条款确立了

发展中国家可以享受特殊的优惠政策。WTO 继承和发展了关税与贸易总协定的对发展中国家特殊优惠原则，具体表现在以下几个方面：

（1）允许发展中国家在履行义务时有较长的过渡期，如在农产品关税削减上，发达国家在 6 年内必须使关税降低 36%，发展中国家则是在 10 年内使关税降低 24%，最不发达国家可以免除降低关税的义务。

（2）允许发展中国家在履行义务时有较大的灵活性，如《农业协议》规定原则上取消、禁止使用进口数量限制，但在特定的条件下，发展中国家可以实施进口数量限制，时间可长达 10 年之久。

（3）规定发达国家为发展中国家提供技术援助，以使得发展中国家更好地履行义务。如《服务贸易总协定》规定，发达国家要在技术获得、销售渠道、信息提供等方面帮助发展中国家，并主动向发展中国家开放自己的服务市场。

（七）区域性贸易安排

WTO 继承并发展了关税与贸易总协定对区域性贸易安排的有关规定，首先确定自由贸易区和关税同盟等经贸集团对成员间、世界经贸发展的贡献；其次把经贸集团贸易自由化的范围从货物贸易扩展到货物贸易以外的领域；最后重申成立自由贸易区和关税同盟的约束条件。

（八）透明度原则

关税与贸易总协定要求缔约方贸易政策措施充分透明。乌拉圭回合建立的“贸易政策审议机制”使透明度原则得到继承和加强。

（九）允许例外和实施保障措施

WTO 继承和发展了关税与贸易总协定允许例外和实施保障措施的原则。考虑到成员经济发展水平的不同和为减少经济发展中出现的不稳定及突发因素的破坏作用，允许成员采取例外和保障措施，即不承担或不履行已承诺的义务，对进口采取紧急保障措施，如提高关税、实施数量限制等。

第四节　世界贸易组织的组织机构与运行机制

一、世界贸易组织的法律地位

根据《建立世界贸易组织协定》，世界贸易组织的法律地位定位在以下几个方面：

（1）世界贸易组织具有法人资格。

（2）世界贸易组织每个成员方向世界贸易组织提供其履行职责时所必需的特权和豁免权。

（3）世界贸易组织官员和各成员方代表在其独立执行与世界贸易组织相关的职能时，享有每个成员方提供的所必需的特权与豁免权。

（4）每个成员方给予世界贸易组织的官员、成员方代表的特权和豁免权等同于联合国大会于1947年11月21日通过的《联合国专门机构特权与豁免公约》所规定的特权与豁免权。

二、成员资格

世界贸易组织的成员资格有以下两种：

（一）世界贸易组织的创始成员

根据《建立世界贸易组织协定》的规定，凡具备以下条件，即可成为该组织的创始成员：

（1）《建立世界贸易组织协定》生效时，已是关税与贸易总协定的缔约方。

（2）签署参加、一揽子接受乌拉圭回合所有协议。

（3）在乌拉圭回合中做出关税、非关税减让，以及服务贸易减让。

（二）新加入世界贸易组织的成员

在《建立世界贸易组织协定》生效后，任何国家或在对外商业关系上拥有充分自主权的单独关税地区，都可以向世界贸易组织提出申请加入，进行全面谈判，按谈妥的条件加入该组织，成为一般成员。其加入须经部长级会议2/3以上多数表决通过。

世界贸易组织允许单独关税地区与国家一样，独立自行申请加入，这在国际法上是个先例。在关税与贸易总协定中，单独关税地区本身无权自行申请加入，必须经有关主权国家同意和推荐，方可成为成员方。任何成员方都可以退出世界贸易组织，退出从递交退出通知被总干事接受6个月后生效。

三、组织机构

为了执行其职能，世界贸易组织在瑞士日内瓦设立相应的组织机构，见图10-1。

世界贸易组织的主要机构和职能有以下几个方面：

（一）部长级会议（Ministerial Conference）

部长级会议是世界贸易组织的决策机构，由世界贸易组织成员方的部长组成，取代了关税与贸易总协定的缔约方总体。部长级会议至少每两年召开一次，有权对该组织管辖的重大问题做出决定。

（二）总理事会（General Council）

总理事会是部长级会议的下设机构，由所有成员方的代表组成，定期召开会议。总理事会在部长级会议休会期间，行使部长级会议的职权和世界贸易组织赋予的其他权力。它负责监督各项协议和部长级会议所作决定的贯彻执行。总理事会下设若干附属机构分管有关协议或有关事宜，如争端解决机构、贸易政策审议机构。总理事会还可视情况需要

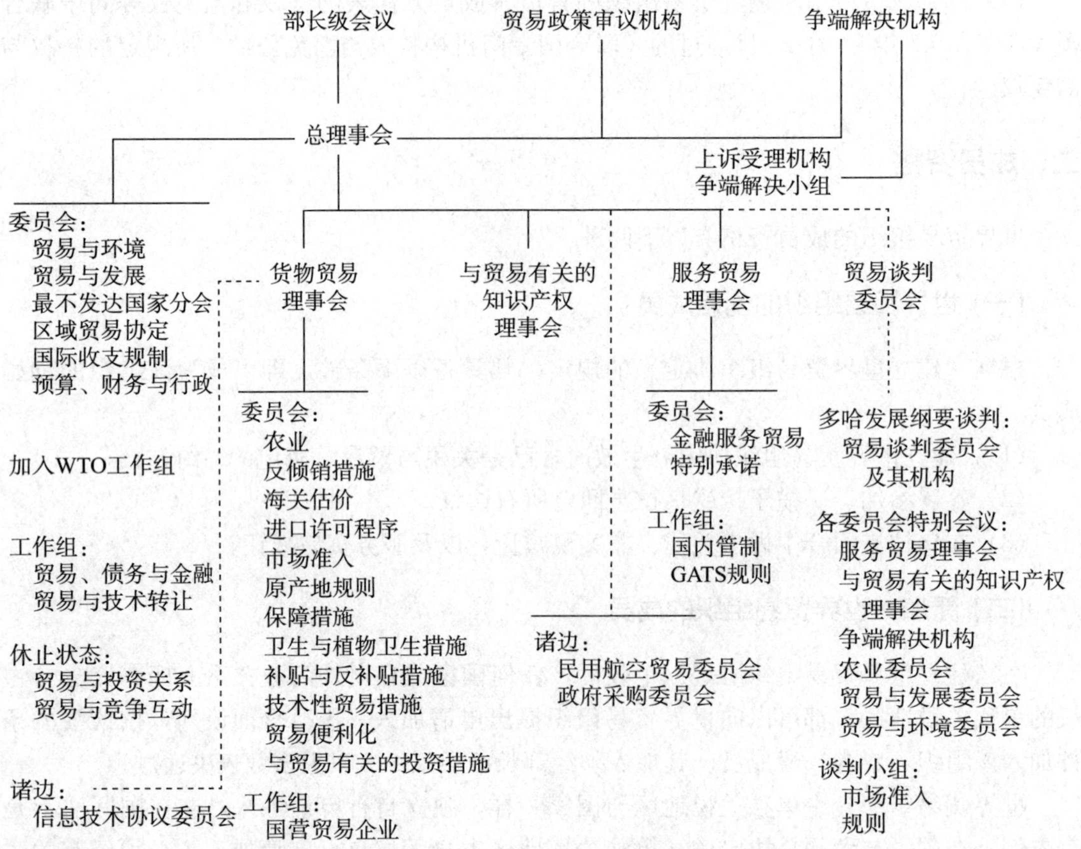

图 10-1 世界贸易组织结构图

资料来源：WTO，2023.

随时召开会议，自行拟定议事规则，履行其解决贸易争端的职责和审议成员的贸易政策职责等。

（三）理事会（Council）

在总理事会下分设三个理事会。

（1）货物贸易理事会（Council for Trade in Goods），负责 1994 年关税与贸易总协定和各项货物贸易协议的贯彻执行。

（2）服务贸易理事会（Council for Trade in Services），监督执行《服务贸易总协定》的贯彻执行。

（3）与贸易有关的知识产权理事会（Council for TRIPs），监督《与贸易有关的知识产权协议》的贯彻执行。

（四）委员会（Committee）

总理事会下还建立若干负责处理相关事宜的专门委员会，如贸易与环境委员会、贸易与发展委员会、国际收支规制委员会等相对独立的机构。

(五) 次一级专门委员会及临时性机构

在三个理事会下可按需要设立相应的附属机构，即次一级的专门委员会，以处理有关方面的专门问题和监督相关协议的执行。如货物贸易理事会下设市场准入委员会、农业委员会、卫生与植物卫生措施委员会、补贴与反补贴措施委员会、反倾销措施委员会、进口许可程序委员会和海关估价委员会等。

世界贸易组织还在日内瓦设立秘书处，负责处理日常工作。它由部长级会议任命的总干事（Director-General）领导。总干事的权力、职责、服务条件和任期由部长级会议通过规则确定。总干事有权指派其所属工作人员。在履行职务中，总干事和秘书处工作人员均不得寻求和接受任何政府或世界贸易组织以外组织的指示，各成员方应尊重他们职责的国际性。

为了支持上述机构的运作，世界贸易组织每年的预算约为 8 300 万美元，这些预算金额以其成员在世界贸易总额中所占份额为基础计算，由各成员分别支付。

四、决策方式

世界贸易组织承袭关税与贸易总协定“协商一致”的决策方式，只有当无法达成共识时，再以投票方式进行表决。每一个成员方在部长级会议及总理事会均拥有一票，欧盟的票数则和其成员在世界贸易组织中的成员数相同。世界贸易组织对不同的问题，规定具体的通过票数。

（1）解释和决议。对任何多边贸易协定的解释和决议，须经部长级会议和总理事会成员的 3/4 以上多数通过。

（2）修订。对有关条款的修订，须经 2/3 多数票通过。

（3）豁免。豁免某一成员所应承担的义务，须经 3/4 以上多数通过。但对有的义务在规定的过渡期内（如 5 年）可暂不履行，在过渡期后如要继续豁免，就须“一致同意”才行。

五、争端解决机制

关税与贸易总协定原有的争端解决机制存在一些缺陷。例如，争端解决的时间拖得很长、专家小组的权限很小、监督后续行动不力等，因此这种争端解决机制不甚健全。

世界贸易组织所实施的综合争端解决机制是一套较为完善的机制。目前世界贸易组织的争端解决机制的程序和规则如下：

(一) 协商

如有争端，应先行协商，一方提出要求后的 30 天内，必须开始协商，如 60 天后未获解决，一方可申请成立专家小组，世界贸易组织的争端解决机构（Dispute Settlement Body，DSB）在接到申请后的第二次会议上必须做出同意或不同意的决定，只有当争端解决机构全体反对时，专家小组才不能成立，这意味着在世界贸易组织体制下较关税与贸易总协定体制下更容易成立专家小组，因为在关税与贸易总协定体制下，可以以“协商未完”为借口拖延专家小组的成立。

（二）专家小组

专家小组由世界贸易组织秘书处向争端双方推荐的人选组成，如双方在 20 天内对人选未能达成一致意见，则由世界贸易组织总干事同争端解决机构和有关委员会协商后确定，以免延误。专家小组按有关规定所授予的职权接管案件，必须在 6 个月内完成最终报告，即做出裁决。

如情况紧急，则应在 3 个月内完成。最终报告送交争端解决机构后，争端解决机构通常在 60 天内对该报告做出通过或否决的决定。这样就对做出裁决的期限作了约束，有利于争端的解决。而在关税与贸易总协定中，往往用“合理的时间”等作为要求，拖延最终裁决，使案件旷日持久，得不到解决。

（三）上诉审查

如有一方对最终报告的裁决不服，可以上诉。在争端解决机构内有常设的受理上诉团，由 7 人组成，通常在世界贸易组织成员的代表中选出。该团须在 60 天（最多不得超过 90 天）内复审完毕，予以公布并送交争端解决机构审核，该机构须在 30 天内做出同意或否决复审结果的决定。这个程序在一定程度上维护了争端当事方的合法利益和裁决的公正性。

（四）裁决的执行

复审结果通过后，争端双方应无条件接受。如有一方不愿遵照执行，则可商定一个双方都能接受的补偿办法。如 20 天后仍未达成补偿办法，则投诉方可申请争端解决机构授权，对另一方中止履行已承诺的义务。如另一方又表示反对，则交付仲裁，可由原来的专家小组仲裁，也可由世界贸易组织总干事所指定的小组仲裁。仲裁应在 60 天内完成，仲裁结果是最终的，不得再上诉并必须遵照执行。这些规定不仅提高了仲裁的权威性，而且加强了仲裁决议履行的有效性。值得指出的是，任何一方“中止义务”，通常应在与案件直接有关的领域中实施，但经争端解决机构同意，也可在其他领域实施，这称为交叉报复或称跨部门报复（Cross Sectoral Retaliation）。

六、贸易政策审议机制

世界贸易组织对成员的贸易政策实行定期审议制度。定期审议的目的有以下两个方面：

（1）了解成员遵守和实施多边协定的法律和承诺的情况。通过定期审议，世界贸易组织作为监督者，以确保其规则的真正实施。

（2）更好、更及时地了解成员的贸易政策以及实施情况，以把握成员贸易政策调整后的变动方向，审核其与世界贸易组织规则是否相符并采取相应的措施。

世界贸易组织对其成员贸易政策审议的频率取决于各成员在世界贸易中的重要性，通常以其在世界贸易中所占的比例来测定，目前，欧盟、美国、日本、加拿大是每2年审议一次，有16个成员每4年审议一次，其余成员是每6年审议一次，对于最不发达国家审议的时间相隔更长。对各成员贸易政策的审议是建立在接受审议的成员自行准备的材料和世界贸易组织秘书处准备的材料的基础上的。世界贸易组织的总理事会为贸易政策审议机构。在审议结束后，总理事会会公布各成员关于贸易政策的国别报告和秘书处准备的报告，以及有关的各种讨论记录及材料。

第五节　多哈回合

世界贸易组织建立后，共举行了12届部长级会议。

第一届部长级会议于1996年12月9日至13日在新加坡召开，主要议题是世界贸易组织成立后的工作及乌拉圭回合协议的实施情况，通过了《新加坡部长宣言》。

第二届部长级会议于1998年5月18日至20日在日内瓦举行，会议在多边贸易体制诞生50周年之际召开，再次强调推进贸易自由化的决心，通过了《日内瓦部长宣言》。

第三届部长级会议于1999年11月30日至12月3日在美国西雅图召开，试图发起新一轮谈判，但由于会议代表分歧过大，最后无果而终。

第四届部长级会议于2001年11月9日至14日在卡塔尔首都多哈举行，142个成员方参加会议。在这届会议中，世界贸易组织接受中国和中国台北单独关税区加入世界贸易组织，并发起WTO成立后首轮多边贸易谈判——多哈回合谈判，会议通过了《多哈部长宣言》，一致同意开始新一轮多边贸易谈判。

第五届部长级会议于2003年9月10日至14日在墨西哥坎昆举行，由于会议代表在许多问题上存在巨大分歧，会议无果而终，发表了简短的《世界贸易组织第五届部长级会议部长声明》。

中国大学MOOC（慕课）

多哈发展回合

第六届部长级会议于2005年12月13日至18日在中国香港举行。与会代表对多哈回合中的一些议题仍存在巨大分歧，经多方周旋努力，最终通过了《香港宣言》。

第七届部长级会议于2009年11月30日至12月2日在日内瓦举行，讨论的总主题是“世界贸易组织、多边贸易体制和当前的全球经济环境”。会议未能在推动多哈回合谈判方面取得明显进展，但继续承诺2010年结束多哈回合谈判。

第八届部长级会议于2011年12月15日至17日在日内瓦举行，会议正式批准俄罗斯、萨摩亚、瓦努阿图和黑山加入世界贸易组织。由于各成员在一些谈判领域存在较大分歧，多哈回合谈判陷入困境。

第九届部长级会议于2013年12月3日至6日在巴厘岛举行，此届会议是世界贸易组织总干事罗伯托·阿泽维多上任以来的首次最高决策机构会议。会议达成世界贸易组织成立18年来的首个全球贸易协定——《巴厘一揽子协定》，多哈回合谈判12年僵局终于获得历史性突破。

第十届部长级会议于 2015 年 12 月 15 日至 19 日在内罗毕举行，会议就最不发达国家发展问题、农业谈判中的出口竞争问题、多哈核心议题后续谈判框架问题等内容展开谈判，并达成了《内罗毕部长宣言》及 9 项部长决定，标志着世界贸易组织发展进入了新阶段。

第十一届部长级会议于 2017 年 12 月 10 日至 13 日在布宜诺斯艾利斯举行，它由阿根廷部长苏珊娜·马尔科拉主持。会议以多项部长决定结束，包括渔业补贴和电子商务关税，并承诺继续在所有领域进行谈判。

2022 年 6 月 12 日至 17 日，第十二届部长级会议在日内瓦举行，会议就世贸组织改革、疫情应对、粮食安全、渔业补贴、电子商务等议题达成一揽子协议，取得了“1＋4”成果。

一、西雅图会议

20 世纪末，美国经济增长放缓，贸易逆差增加，为维护自身利益，一方面，美国放弃自由贸易政策，以更加隐蔽的形式推行保护贸易政策，导致贸易摩擦不断上升；另一方面，美国希望利用 WTO 的现有框架，拓宽 WTO 的管辖领域，为其发挥自身优势创造有利条件。

此时，亚洲刚刚经历金融危机，拉美各国的经济出现衰退，成为 1999 年世界上经济最不景气的地区。越来越多的发展中成员对经济全球化进程充满疑虑，认为 WTO 体系没有充分反映发展中成员的利益和要求，乌拉圭回合协议对发展中成员的优惠政策没有得到落实，因此，发展中成员希望进一步落实乌拉圭回合协议的内容。

西雅图会议前夕，各国和地区向世界贸易组织提交了大约 150 份提案，提案内容十分广泛，几乎涵盖了经济领域的各个方面。在 1999 年 11 月下旬进行最后一次会前磋商时，各方就新一轮谈判应优先考虑的议题没有取得一致意见。原定于 1999 年 11 月 30 日在美国西雅图举行的开幕典礼，由于西雅图市内发生的反对世界贸易组织会议的游行示威而被迫取消，会议直接进入谈判阶段。谈判分为四个工作组，就农业、市场准入、竞争、投资与反倾销等方面的议题进行讨论。会议日程安排得十分紧张，但直到 12 月 3 日下午，各工作组仍不能就发起新一轮谈判达成共识。12 月 3 日晚，美国贸易代表召集 20 多个成员方部长单独开会（称“绿屋”会议），引发了许多发展中成员的不满，它们拒绝签署任何没有其参与讨论的协议，西雅图会议没有达成启动新一轮谈判的任何共识。

西雅图会议失败的主要原因是不同利益集团在谈判内容上存在严重分歧。发达成员希望通过新一轮谈判加速全球化进程，调整世界经济利益的分配，以实现自身利益的最大化。而发展中成员认为当前贸易谈判的重点应放在落实与执行乌拉圭回合的有关规定上，而没有必要展开新一轮贸易谈判。

对于纳入谈判的议题，各方意见难以统一。美国认为谈判应集中在市场准入、农业、电子商务、环境和劳工标准等方面；欧盟希望将竞争政策、劳工标准、环境等问题列入谈判议题；日本则主张将投资规则、反倾销规则、电子商务等列入议题。在农业方面，美国和以澳大利亚为首的凯恩斯集团坚持将取消农产品出口补贴问题列入议程，但遭到欧盟的反对，而欧盟一直想把食品安全纳入谈判议程。在服务业方面，美国和欧盟都希望借助全面的服务贸易谈判，迫使其他成员减少对市场准入的限制和对内部服务业的保护。

发展中成员大多是服务进口方，考虑到内部市场的脆弱性，不赞同发达成员在服务业方面的主张。在劳工标准方面，发展中成员代表指出，劳动力便宜是发展中成员出口的唯一优势，所谓劳工标准是变相的贸易保护主义，他们对此表达了强烈反对。在反倾销方面，乌拉圭回合之后，发展中成员通常成为发达成员反倾销打击的目标，因此，它们要求改变具有歧视性的反倾销政策，建议应更多通过争端解决机制或制定竞争规则来解决问题。

二、多哈回合的启动

西雅图会议的无果而终使得世界贸易组织的千年回合谈判未能如期举行。鉴于世界贸易组织建立后的一些新问题没有得到解决，为继续推动全球的贸易自由化，继西雅图会议之后，世界贸易组织于 2001 年 11 月举行第四届部长级会议——多哈部长级会议，重新将新一轮多边贸易谈判提上议事日程。

经过各方努力，会议于 2001 年 11 月 14 日通过《多哈部长宣言》等文件，与会的 142 个成员一致同意自 2002 年 1 月 31 日起启动新一轮多边贸易谈判，在 2005 年 1 月 1 日前结束谈判。世界贸易组织设立贸易谈判委员会来负责推动谈判工作的进行，并责成总理事会负责监督。

世界贸易组织承诺，要在这轮谈判中给发展中成员带来真正的利益，因此这一回合谈判又被称为“多哈发展回合”。

《多哈部长宣言》明确表达了多哈回合谈判的主要目标：抑制全球经济减缓下出现的贸易保护主义；加大贸易在促进经济发展和解除贫困方面的作用；处理最不发达国家出现的边缘化问题；理顺与区域贸易协定之间的关系，把多边贸易体制的目标与可持续发展有机地结合起来，改善世界贸易组织的外部形象；实现《建立世界贸易组织协定》的原则和目标。

会议确定了八个谈判领域：农业、非农业市场准入、服务贸易、知识产权、贸易竞争规则、争端解决、贸易与环境、贸易与发展。

拟定的议题既包括《关于乌拉圭回合协议执行问题的决定》和一些传统的议题，也涉及许多新议题，如贸易与环境、贸易便利化、贸易与竞争政策的互动等。对于发展中国家的发展问题给予极大的关注，设立了小型经济体、发展中国家的特殊和差别待遇、贸易与技术转让、技术合作与能力建设以及贸易、债务与金融等议题。议题多达 19 个[①]，使多哈回合成为自 GATT 成立以来最宏大的一次多边贸易谈判。

---

① 这 19 个议题分别为：农业，服务业，非农产品市场准入，与贸易有关的知识产权，贸易与投资的关系，政府采购透明度，WTO 规则，争端解决与谅解，贸易与竞争政策的互动，贸易便利化，贸易与环境，电子商务，发展中国家的特殊和差别待遇，小型经济体，贸易、债务与金融，贸易与技术转让，技术合作与能力建设，与执行有关的问题及关注，工作计划的组织与管理。

农业问题是多哈回合最核心的议题之一，是解决其他议题的关键。在这一问题上，发达成员和发展中成员间的利益分歧非常大，主要表现在农产品关税削减和出口补贴方面。美国的农产品具有较强的竞争力，因此它极力推动农产品贸易自由化，主张大幅度削减国内支持，取消出口补贴，降低关税。而欧盟、日本等成员缺乏农业比较优势，试图尽可能维持对农业的高度保护和支持，主张采取乌拉圭模式进行关税减让和削减国内支持，给予成员较大的灵活性。大部分发展中成员则强烈要求实质性削减贸易扭曲性质的国内支持，增加市场准入，取消出口补贴，强调发展中成员的发展需要，主张给予发展中成员切实有效的特殊和差别待遇政策。

三、 坎昆会议

根据多哈回合谈判的进度时间表，世界贸易组织在适当的时候将举行部长级会议，对谈判进行中期评估。

在世界贸易组织第五届部长级会议召开之前，为推动多哈回合谈判的顺利进行，先后在悉尼、东京、埃及和蒙特利尔举行了四次非正式部长级会议，就多哈回合中的一些谈判热点问题进行了磋商，由于谈判各方分歧过大，各个议题都没有达成最后的共识。但各成员方均表示愿做出最大的努力，争取第五届部长级会议的成功。

2003 年 9 月 10 日至 14 日，世界贸易组织第五届部长级会议在墨西哥坎昆召开。此届部长级会议有三个议题：农产品补偿、货物贸易关税和是否加入四个新加坡议题。[①]

5 天的会议中，农业问题一直是争论的焦点。发展中成员认为，发达成员不仅拥有先进的生产技术，而且还对其生产者提供大量补贴，使得发达成员的农产品以低价占领国际市场，影响了发展中成员的农产品生产。它们要求发达成员取消农产品补贴，在农产品市场准入问题上做出高于发展中成员的承诺。发达成员不同意，要求发展中成员大幅削减农产品关税，提高市场准入水平。

对于非农产品市场的准入议题，各成员方普遍认为，应该设立一项削减补贴的公式，但对于采用何种公式没有达成共识。

对于新加坡议题各方分歧仍很巨大。欧盟和其他一些成员坚持制定四项新贸易规则，但不少发展中成员认为该议题的谈判只会增加发展中成员的义务，不会带来实际经济利益。

最终各利益集团间矛盾激化，发展中成员拒绝了发达成员在外国投资领域提出的新要求，发达成员在农产品方面没有做出进一步承诺，坎昆会议最终于 2003 年 9 月 14 日破裂，事先准备的《部长宣言》草案没有通过。

四、多哈回合框架协议

坎昆会议失败后，WTO 的谈判重点转向制定一份框架协议，希望在 2004 年 7 月前就框架协议达成一致。所谓框架协议是指达成的协议中主要涉及今后谈判的指导原则，

---

① 新加坡议题是指在 1996 年 WTO 新加坡部长级会议上提出的贸易与投资、贸易与竞争政策、政府采购透明度和贸易便利化四个议题。

各成员可以通过框架协议明确今后谈判的内容和方向，一些具体技术细节可以留待后续谈判确定。

经过多方努力和协调，世界贸易组织于2004年7月16日公布了多哈回合框架协议草案后，各方贸易代表在日内瓦终于就谈判达成框架协议，为农产品等议题确定了基本原则，从而使多哈回合谈判重回正常轨道。各成员同意将结束谈判时间推迟到2006年底。

多哈回合框架协议的主要内容简单介绍如下：

多哈回合框架协议涉及多哈回合中农业、非农产品市场准入、发展问题、服务贸易和贸易便利化谈判等多项内容。

在农业问题方面，强调《农业协议》的长期目标是：建立一个以市场为导向的贸易体系。框架协议主要涉及国内支持、出口竞争、市场准入三项内容。《农业协议》规定，继续削减支持总量（AMS），第一年的削减总量不得低于20%，对农产品提供较多国内支持的发达国家应进行更多削减，同时对“蓝箱”和“绿箱”补贴进行规范和约束。就取消出口补贴确定一个具体日期，平行取消与出口补贴相关的其他促进出口的措施，如出口信贷、出口信用担保等。

在市场准入方面，确定了谈判基本公式的要素，要求农产品关税较高的国家进行更大幅度的关税削减，发展中国家可享受特殊和差别待遇。

在非农产品市场准入方面，框架协议提出以非线性关税削减公式削减或消除关税高峰、关税升级和非关税壁垒。要求发展中国家至少对95%的税目进行约束。要求谈判方在2004年10月31日前将非关税壁垒通知WTO，并就消除非关税壁垒进行谈判，发展中国家在这方面可以获得弹性待遇。要求发达国家在自主的基础上给予最不发达国家非农产品零关税、免配额市场准入。

在服务贸易方面，要求各成员以逐步实现更高水平的服务贸易自由化为目标，并付出更多努力按照《服务贸易总协定》条款的相关精神和规定时限完成谈判。

在新加坡议题方面，由于发展中国家的反对，发达国家放弃其他三个议题，只在贸易便利化方面重开谈判，要求进一步加快通关速度，要求海关与其他机构在贸易便利化问题上进行有效合作，在该领域增进技术援助和基础设施建设的支持，发达国家应向发展中国家承诺提供技术援助和基础设施建设。

多哈回合框架协议再一次强调，发展中国家与最不发达国家的利益是多哈工作的核心。在协议的每一部分，几乎都提到了对发展中国家与最不发达国家的特殊和差别待遇问题。如允许发展中国家为保证消费价格稳定和食品安全，保留国营贸易企业的垄断性；在取消各种补贴时，允许发展中国家有更长的实施期；要求贸易与发展委员会将特殊和差别待遇纳入WTO规则体系，加强与其他机构的合作，向发展中国家提供更多与贸易有关的技术援助，并要求贸易谈判委员会优先解决关系到发展中国家根本利益的与执行有关的问题，强调对最不发达国家的关注。

五、香港会议

WTO的第六届部长级会议于2005年12月13日至18日在中国香港举行。包括世界贸易组织 149 个成员和一些国际组织官员在内的 5 800 多名官方代表和 2 100 多名非政府组织代表参加此次会议。在为期 6 天的会议中，场内代表进行艰难的谈判，场外以韩国农民为首的抗议者也在不停地进行示威游行，与警察发生激烈冲突。

经过谈判各方的努力和妥协，会议于 2005 年 12 月 18 日在香港通过《香港宣言》而宣告闭幕。此次会议在农业、非农产品、棉花以及发展问题上都取得了一些进展，其一揽子协议使得近乎解体的多哈回合重新回到协调轨道，对世界多边贸易体制及世界经济的发展带来了一定的积极影响。

这次会议在农产品贸易、非农产品市场准入、服务业和发展议题等方面均取得了实质性成果。

香港回合的主要成果包括以下几个方面：

（1）为降低扭曲贸易的农产品国内支持，在最终约束的合计支持总量（Final Bound Total AMS）中采用三级分类方法，国内支持总量越高，削减就越多。

（2）取消出口补贴取得重大突破，2013 年底前确保平行取消所有农业出口补贴，取消与出口补贴具有同等效果的所有出口支持措施，取消国营贸易企业，防止其对市场的垄断行为；以“渐进”方式取消出口补贴，确保执行期过半时（2009 年底）其实质部分能够得到实现。发展中国家可以有更长的 5 年过渡期。

（3）在棉花生产方面，《香港宣言》要求发达成员在 2006 年取消所有棉花的出口补贴。从实施期开始对来自最不发达国家的棉花提供免关税、免配额待遇；希望产棉国进行南南合作和技术转移以提高劳动生产率。

（4）在农产品市场准入方面，采用四级结构性关税削减方式，对敏感性货物、特殊货物和特殊保护机制进行界定，允许发展中国家在确定敏感性特别商品上有适当的灵活性。

（5）在非农产品问题上，成员同意采用多个系数的瑞士公式进行关税削减，以削减或消除关税高峰。这一公式应当有助于降低甚至取消关税，并充分考虑发展中国家的特殊需求和利益，在关税承诺方面可以有非互惠减让。再次强调对发展中国家在减让承诺中的特殊和差别待遇。要求将关税种类中的所有非从价税种都变为从价税，通过非线性补偿方式设立关税削减的基础比率。

在非关税壁垒的识别、分类和检查方面取得了一定进展，各成员约定在 2006 年 4 月 30 日前建立削减模式，在 2006 年 7 月 31 日上交以这些模式为基础的解决非关税壁垒问题日程的详细草案。

（6）在对待发展中国家的问题上，《香港宣言》明确要求，发达成员和自愿同意的发展中成员，在 2008 年前或不晚于实施期开始前，对原产于最不发达国家的所有税目产品提供免关税、免配额的市场准入待遇，并且要求在持续稳定的基础上，以稳定的、可靠的、可预见的方式提供这一“双免”待遇。发展中成员可以分阶段履行其承诺。成员方每年要向贸易与发展委员会通报“双免”待遇方案的执行问题。发展中国家在特殊和差别待遇的基础上，在农产品和非农产品市场准入问题上找到一个平衡点。在服务贸易中，会考虑最不发达国家的困境，并不希望它们去承担更多新的承诺和减让。

（7）在服务贸易方面，《香港宣言》重申了已确立的谈判原则与目标，要求成员积极参加谈判，以取得更高水平的服务贸易自由化。要求在 2006 年 10 月 31 日提交最后的服务贸易承诺表草案。

在香港会议上，各国订立了多哈回合谈判完成的路线图。约定在 2006 年 4 月 30 日前，就农产品贸易及非农产品市场准入的全面谈判模式达成共识，在 2006 年 7 月 31 日前，就这两个议题提交具体减让承诺建议。

六、多哈回合的推进①

按照香港会议的约定，2006 年 4 月 30 日应该就农业和非农产品市场准入问题达成初步协议。但因为农业和非农业两个主要谈判领域缺乏足够的进展，计划落空。之后的谈判也未能达成协议。

2007 年 1 月 31 日，世界贸易组织在日内瓦总部召开全体成员大使都参加的会议，与会大使一致表示支持日前达沃斯会议的决定，同意全面恢复多哈回合各个议题的谈判。

4 月 11 日至 12 日，欧盟与美国、印度和巴西代表在新德里举行部长级磋商，寻求打破多哈回合谈判目前面临的僵局。12 日发表共同声明，各方将加快在有关农产品补贴等方面的谈判，并可以在年底达成一致，结束多哈回合谈判。但他们在德国波茨坦举行的谈判再次破裂。

7 月 17 日，世界贸易组织负责农业谈判和非农产品市场准入谈判的官员分别向世界贸易组织成员提供关于上述谈判的妥协方案，希望各成员能在这两个方案的基础上弥合分歧，最终达成一项全面的多哈回合全球贸易协议。

根据农业谈判小组主席福尔克纳起草的农业谈判妥协方案，美国应把其造成贸易扭曲的国内农业支持年度限额降低 66%～73%，降到 130 亿～164 亿美元的水平。而美国目前坚持的水平为 170 亿美元。方案同时要求欧盟把其内部农业支持最高限额降低 75%～85%，降到 165 亿～276 亿欧元。此外，欧盟还需把农产品进口关税降低 52%～53.5%，这基本上在欧盟目前的让步范围之内。其他发达成员如日本也需大幅降低国内农业支持水平。

根据非农产品市场准入谈判小组主席斯蒂芬森起草的非农产品市场准入问题妥协方案，主要发展中成员如巴西和印度等应同意把工业品进口关税税率降到 19%～23%，而目前这两个成员坚持的税率是 30%。

世界贸易组织总干事拉米对两个妥协方案表示支持，认为妥协性建议为多哈回合谈判的最终完成提供了基础，并敦促世界贸易组织成员以这两个方案为基础弥合分歧，最终达成协议。

按照世界贸易组织的工作安排，自 9 月初开始进行谈判。

10 月 9 日拉米在世界贸易组织总理事会会议上说，他相信多哈回合谈判是可以达成协议的，但必须加快谈判步伐。达成多哈回合协议的任务仍非常艰巨，虽然美国前不久表示可以接受福尔克纳方案中提出的农业补贴削减幅度，但美国坚持要求发展中成员接受斯蒂芬森方案中提出的削减工业品关税方面的要求。而许多发展中成员表示反对。

世界贸易组织成员必须在 2007 年底或 2008 年初之前完成多哈回合谈判。否则，2001 年底开始的这轮谈判将面临长期被冻结的危险。

---

① 参见 WTO 官方网站。

2008年2月和5月，世界贸易组织成员进行了两次会谈，取得了一些进展。2008年7月21日至30日，各成员部长聚集在日内瓦，就2008年《七月套案》的主要内容进行讨论，该一揽子文件以2008年2月和5月的谈判成果为基础，继续对农业和非农产品市场准入问题进行讨论。该一揽子文件构成多哈回合最终文件的雏形，尽管部长级会议没有对文件的全部内容达成一致意见，但还是取得了一些进展，缩小了差距。

2009年11月30日，世界贸易组织第七届部长级会议在日内瓦举行。鉴于多哈回合谈判没有出现任何转机，会议没有依照惯例将推进多边贸易谈判作为重点，会议为成员的部长们提供了一个回顾、评审世界贸易组织工作的平台，包括回顾、评审多哈回合的进程。这届会议的诸多议题只局限于讨论层面，没有形成类似“宣言”的法律性文件。

虽然这届部长级会议不是一次谈判会议，但所有部长都表示希望多哈回合尽快达成协议，在2010年底达成多哈回合最终协议。

由于成员之间的矛盾没有解决，多哈回合谈判没有出现预期的实质性结果。

2011年12月15日至17日，世界贸易组织第八届部长级会议召开，关于多哈回合谈判，成员的分歧仍然很大，甚至一些成员提出一些议题可以通过诸边协议的方式推进，遭到更多成员的反对。在这届会议上，以最不发达国家为核心的“早期收获”也宣告失败。

2013年12月3日至6日，世界贸易组织第九届部长级会议即巴厘岛会议召开，各方希望这届会议能够挽救多哈回合。在这届会议上，各方就农业贸易、贸易便利化、为发展中国家提供优惠待遇的贸易与发展议题进行相关讨论。12月7日，会议达成了世界贸易组织成立18年来第一个全球多边贸易协定——《巴厘一揽子协定》。该一揽子协定包括一个协议、两个决定。协议是《贸易便利化协议》，决定分别是《有关农业的决定》和《有关发展和最不发达国家问题的决定》。

发展是多哈的重要议题，这届部长级会议达成的《有关发展和最不发达国家问题的决定》共包括四个决定：一是《对最不发达国家的优惠原产地规则》；二是《给予最不发达国家的服务和服务提供商的豁免优惠待遇的操作》；三是《给予最不发达国家免税和免税额的市场准入》；四是《特殊和差别待遇控制机制》。

2015年12月15日至19日，世界贸易组织第十届部长级会议在肯尼亚内罗毕举行，针对最不发达国家问题、农业谈判中的出口竞争问题及多哈核心议题后续谈判框架问题等内容进行磋商，签署了《内罗毕一揽子协议》。这次会议的主要成果包括：一是成员首次承诺全面取消农产品出口补贴①，并就出口融资支持②、棉花、粮食安全公共储备和特殊保障机制等方面达成新的多边约束；二是达成18年来首个关税减让协议——《信息技术扩围协议》，涉及1.3万亿美元贸易额；三是在优惠原产地规则、服务豁免等方面切实给予最不发达国家优惠待遇。

---

① 除欧盟、挪威、瑞士和挪威在糖、猪肉及部分加工产品上有不超过5年的过渡期外，发达成员将立即取消出口补贴，发展中成员在2018年底取消，此外，发展中成员可以在2023年前继续使用与出口农产品营销成本相关的加工成本补贴和运费补贴，最不发达成员可在2030年前继续使用相关补贴。资料来源：中华人民共和国商务部官网。

② 在出口信贷方面，新约束要求其最长还款期不超过18个月，出口信用担保、保险等风险覆盖类项目应在中长期实现“自我融资”或称“经费自给”。在农产品出口国营贸易企业方面，新约束要求企业应以不规避本协议相关纪律的方式实施；相关企业在使用垄断权时，应尽最大努力保证对贸易的影响最小化，不会取代和阻碍其他成员的出口。资料来源：中华人民共和国商务部官网。

2017 年，世界贸易组织第十一届部长级会议在阿根廷布宜诺斯艾利斯举行。会议没有达成新的多边协议，会议上虽然悲观情绪弥漫，但成员仍寄希望于诸边方案来解决贸易及相关问题。

2022 年 6 月 12 日至 17 日，世界贸易组织第十二届部长级会议（简称 MC12）在日内瓦举行，会议就世贸组织改革、疫情应对、粮食安全、渔业补贴、电子商务等议题达成一揽子协议，取得了“1＋4”成果。“1”即发布的《MC12 成果文件》，各方重申加强以世贸组织为核心的多边贸易体制，推进世贸组织的必要改革。“4”包括：一是《关于〈与贸易有关的知识产权协议〉的部长决定》和《关于世贸组织新冠肺炎疫情应对和未来疫情应对准备的部长宣言》，帮助发展中成员提高新冠肺炎疫苗的可及性和可负担性，推动构建人类卫生健康共同体，推动疫后经济复苏。二是《渔业补贴协定》。三是《关于紧急应对粮食安全问题的部长宣言》和《关于世界粮食计划署购粮免除出口禁止或限制的部长决定》，维护自由开放的农产品贸易环境，增强全球粮食和农业市场的韧性。四是《关于电子商务的工作计划》，将电子传输临时免征关税的做法延续到下一届部长级会议。

总体来看，多哈回合长期陷入困境主要有两方面的原因：

第一，WTO 的决策方式。世界贸易组织承袭关税与贸易总协定“协商一致”的决策方式，只有当无法达成共识时，再以投票方式进行表决。截至 2023 年，WTO 成员已经达到 164 个国家和地区，其经济发展水平、政治制度、法律环境、人文环境等方面存在诸多不同，随着谈判范围的不断扩大，发达成员与发展中成员、发达成员之间利益取向存在差异，甚至是利益冲突，因而通过“协商一致”方式达成最终协议的难度非常大。

第二，金融危机的影响和区域贸易协定的盛行。2008 年以来的金融危机使得成员将精力主要放在国内经济恢复方面，民族利益被放到首位，保护贸易再度抬头，多边贸易体制的约束和监督在某种程度上已经成为羁绊；同时，区域贸易协定相对于多边贸易谈判更易于取得实质性进展，短期利益更明显，因而越来越多的成员选择加入双边、区域贸易协定；此外，2020 年全球经济因新冠疫情再度陷入危机，这些因素都对多哈回合谈判的进一步推进和最终协定的达成产生了不利影响。

本章小结

1. 关贸总协定是关于调整缔约方对外贸易政策和国际经济贸易关系方面相互权利义务的国际多边协定，其主要职能是通过多边贸易谈判推动世界贸易自由化的发展。关贸总协定自建立以来已经主持了八轮谈判，在降低关税壁垒、削减和消除非关税壁垒、加速世界贸易自由化方面取得了重大成就，1995 年关贸总协定为世界贸易组织所取代。

2. 世界贸易组织继承了关贸总协定的宗旨，并将贸易自由化的范围拓展到服务贸易领域，知识产权问题、与贸易有关的投资措施问题、可持续发展问题也已经被纳入世界贸易组织的统辖范围。

3. 与关贸总协定相比，世界贸易组织具有法人地位，权威性增强；管辖的范围更广；成员权利与义务更加平衡统一；争端解决机制更富有效率。

重要概念

关税与贸易总协定　世界贸易组织　非歧视原则　关税保护和关税减让原则
公平竞争原则　透明度原则　对发展中国家特殊优惠原则

测试题

1. 关贸总协定的最高决策机构是________。
A. 缔约方全体　B. 代表理事会
C. 总干事　D. 秘书处
2. 根据 GATT 的原则，________是各缔约方保护国内工业的唯一手段。
A. 数量限制和非关税壁垒　B. 关税
C. 进口定价　D. 进口计划
3. GATT 的授权条款主要是为________提供更加优惠的政策。
A. 所有缔约方　B. 缔约方中的发展中国家
C. 缔约方中的发达国家　D. 世界上的最不发达国家
4. 下面关于世界贸易组织的说法正确的是________。
A. 它的前身是 GATT，但 WTO 是一个正式的国际法人组织
B. 它继承了 GATT 所有的谈判成果
C. 它的贸易争端解决机制比 GATT 的解决机制有效
D. 它的总干事和秘书处负责处理日常事宜
5. 世界贸易组织的组织机构包括________。
A. 部长级会议　B. 总理事会
C. 理事会　D. 专门委员会
6. WTO 运行的基本原则包括________。
A. 非歧视原则　B. 关税保护与一般取消数量限制原则
C. 透明度原则　D. 对发展中国家特殊优惠原则
7. 乌拉圭回合多边谈判的新议题有________。
A. 服务贸易　B. 农产品贸易
C. 纺织品贸易　D. 与贸易有关的投资措施
E. 知识产权保护
8.《与贸易有关的投资措施协议》要求成员不得采用的措施包括________。
A. 当地成分要求　B. 进口用汇限制
C. 贸易平衡要求　D. 限制出口销售
E. 征收反倾销税
9. 下面关于 GATT 的说法正确的是________。
A. GATT 是一个正式的法人组织
B. GATT 一共组织了八轮多边贸易谈判

C. GATT 的主要职责是为发展中缔约方提供长短期发展资金
D. GATT 组织的多边贸易谈判极大地促进了国际贸易自由化进程
10. 下面关于多哈回合谈判的说法正确的是________。
A. 世界贸易组织已完成多哈回合谈判
B. 多哈回合破裂的主要原因是成员无法在农产品问题上达成协议
C. 多哈回合中有许多发展中国家参与，因此又被称为“多哈发展回合”
D. 多哈回合谈判涉及许多新的议题

思考题

1. 世界贸易组织的基本原则包括哪些？具体含义是什么？
2. 世界贸易组织如何解决成员之间的贸易争端？
3. 中国加入世界贸易组织后，你的生活和工作环境发生了什么变化？

拓展阅读

WTO 框架下，中国在践行真正的多边主义

参考文献

1. 安格斯·麦迪森. 世界经济千年史. 北京：北京大学出版社，2003.

2. 保罗·克鲁格曼. 战略性贸易政策与新国际经济学. 北京：中国人民大学出版社，2000.

3. 保罗·克鲁格曼，茅瑞斯·奥伯斯法尔德. 国际经济学（第四版）. 北京：中国人民大学出版社，1998.

4. 彼得·马赛厄斯，悉尼·波拉德. 剑桥欧洲经济史：第8卷. 北京：经济科学出版社，2004.

5. 查尔斯·W.L. 希尔. 国际商务（第五版）. 北京：中国人民大学出版社，2005.

6. 大卫·李嘉图. 政治经济学及赋税原理. 北京：商务印书馆，1962.

7. 范家骧. 国际贸易理论. 北京：人民出版社，1985.

8. 弗里德里希·李斯特. 政治经济学的国民体系. 北京：商务印书馆，1961.

9. 海闻，P. 林德特，王新奎. 国际贸易. 上海：上海人民出版社，2003.

10. 李世安，刘丽云，等. 欧洲一体化史. 石家庄：河北人民出版社，2003.

11. 卢森堡. 国民经济学入门. 北京：生活·读书·新知三联书店，1962.

12. 马克思. 资本论：第1卷，第3卷. 北京：人民出版社，2004.

13. 马克思，恩格斯. 共产党宣言. 北京：人民出版社，1997.

14. 马克思，恩格斯. 马克思恩格斯全集：第1卷. 北京：人民出版社，1956.

15. 马克思，恩格斯. 马克思恩格斯全集：第4卷. 北京：人民出版社，1958.

16. 马克思，恩格斯. 马克思恩格斯全集：第9卷. 北京：人民出版社，1961.

17. 马克思，恩格斯. 马克思恩格斯全集：第21卷. 北京：人民出版社，1965.

18. 马克思，恩格斯. 马克思恩格斯全集：第23卷. 北京：人民出版社，1972.

19. 任烈. 贸易保护理论与政策. 上海：立信会计出版社，1997.

20. 托马斯·孟. 英国得自对外贸易的财富. 北京：商务印书馆，1965.

21. 姚曾荫. 国际贸易概论. 北京：人民出版社，1987.

22. 约翰·伊特韦尔，默里·米尔盖特，彼得·纽曼. 新帕尔格雷夫经济学大辞典：第1卷，第2卷，第4卷. 北京：经济科学出版社，1996.

23. 张玮. 国际贸易. 2版. 北京：高等教育出版社，2011.

24. A. V. Deardorff and R. M. Stern, "Measurement of Non-tariff Barriers", paper for OECD, No. 179, OECD/GD 129, 1997.

25. A. V. Deardorff, Nontariff Barriers and Domestic Regulation, lecture at the World Bank, 1999.

26. B. Balassa, *The Theory of Economic Integration*, London: Allen and Unwin, 1961.

27. E. Helpman, M. J. Melitz, and S. R. Yeaple, "Export Versus FDI with Heterogeneous Firms", *The American Economic Review*, 2004, 94 (1): 300 - 316.

28. Eli Heckscher, "The Effect of Foreign Trade on the Distribution of Income", in H. Flam and M. J. Flanders (eds.), *Heckscher-Ohlin Trade Theory*, Cambridge, MA: The MIT Press, 1991.

29. F. Machlup, *International Trade and the National Income Multiplier*, Philadelphia: Blakiston, 1943.

30. H. G. Grubel and P. J. Lloyd, *Intra-industry Trade: The Theory and Measurement of International Trade in Differentiated Products*, London: Macmillan, 1975.

31. IMF. World Economic Outlook, October 1986.

32. J. A. Schumpeter, *History of Economic Analysis*, New York: Oxford University Press, 1954.

33. J. Bhagwati, "Regionalism and Multilateralism: An Overview", in J. D. Melo and A. Panagariya (eds.), *New Dimensions in Regional Integration*, Cambridge: Cambridge University Press, 1993.

34. J. Bhagwati and A. Panagariya, "Preferential Trading Areas and Multilateralism Strangers, Friends, or Foes?", in J. Bhagwati and A. Panagariya (eds.), *The Economics of Preferential Trade Agreement*, Washington, D. C.: American Enterprise Institute Press, 1996.

35. J. F. Deniau, *The Common Market: Its Structure and Purpose*, London: Barrie and Rockliff, 1960.

36. J. M. Keynes, *The General Theory of Employment, Interest and Money*, London: Macmillian, 1936.

37. J. Tinbergen, *Shaping the World Economy: Suggesting for an International Economic Policy*, New York: Twentieth Century Fund, 1962.

38. J. Viner, *The Customs Union Issue*, New York: Carnegie Endowment for International Peace, 1950.

39. M. J. Melitz, "The Impact of Trade on Intra-industry Reallocation and Aggregate Industry Productivity", *Econometrica*, 2003, 71 (6): 1695 - 1725.

40. P. Antràs, "Firms, Contracts, and Trade Structure", *The Quarterly Journal of Economics*, 2003, 118 (4): 1375 - 1418.

41. P. Antràs and E. Helpman, "Global Sourcing", *Journal of Political Economy*, 2004, 112 (3): 552 - 580.

42. P. A. Samuelson, "International Trade and the Equalisation of Factor Prices", *The Economic Journal*, 1948, 58 (230): 163 - 184.

43. P. Krugman, " Regionalism versus Multilateralism: Analytical Notes ", in J. D. Melo and A. Panagariya (eds.), *New Dimensions in Regional Integration*, Cambridge: Cambridge University Press, 1993.

44. P. Krugman, " Scale Economies, Product Differentiation, and the Pattern of Trade", *The American Economic Review*, 1980, 70 (5): 950 - 959.

45. P. R. Krugman, "Import Protection as Export Promotion: International Competition in the Presence of Oligopoly and Economies of Scale", in H. Kierzkowski (ed.), *Monopolistic Competition in International Trade*, Oxford: Oxford University Press, 1984.

46. R. E. Baldwin, "A Domino Theory of Regionalism", in R. E. Baldwin, P. Haaparanta and J. Kiander (eds.), *Expanding Membership of the European Union*, Cambridge: Cambridge University Press, 1995.

47. R. E. Baldwin and A. J. Venables, " Regional Economic Integration ", in G. M. Grossman and K. Rogoff (eds.), *Handbook of International Economics*, vol. 3, Amsterdam: North Holland, 1995.

48. R. G. Lipsey, "The Theory of Customs Unions: Trade Diversion and Welfare", *Economica*, 1957, 24 (93): 40 - 46.

49. R. Vernon, "International Investment and International Trade in the Product Cycle", *The Quarterly Journal of Economics*, 1966, 80 (2): 190 - 207.

50. S. B. Linder, *An Essay on Trade and Transformation*, New York: J. Wiley & Sons, 1961.

51. S. R. Yeaple, "A Simple Model of Firm Heterogeneity, International Trade, and Wages", *Journal of International Economics*, 2005, 65 (1): 1 - 20.

52. T. M. Rybczynski, "Factor Endowment and Relative Commodity Prices", *Economica*, 1955, 22: 336 - 341.

53. T. Scitovsky, *Economic Theory and Western European Integration*, London: Allen and Unwin, 1958.

54. UNCTAD, Development and Globalization: Facts and Figures, 2004.

55. UNCTAD, Handbook of Statistics, 2008, 2016, 2021, 2022.

56. W. F. Stolper and P. A. Samuelson, "Protection and Real Wages", *The Review of Economic Studies*, 1941, 9: 58 - 73.

57. WTO, International Trade Statistics, 2000 - 2015.

58. WTO, Trade Policy Review: China, 2008, 2021.

59. WTO, Trade Policy Review: European Union, 2007, 2019, 2020, 2023.

60. WTO, Trade Policy Review: United States, 2022.

61. WTO, Trade Tariff Profiles, 2006.

62. WTO, World Trade Statistics Review, 2016 - 2023.

63. WTO Secretariat, Regional Trade Integration Under Transformation, 26 April, 2002.

64. W. W. Leontief, "Domestic Production and Foreign Trade: The American Capital Position Re-examined", *Proceedings of the American Philosophical Society*, 1953, 97: 332 - 349.

65. W. W. Rostow, *The World Economy: History and Prospect*, Austin: University of Texas Press, 1978.

66. www. unctad. org.

67. www. wto. org.

图书在版编目（CIP）数据

国际贸易原理/张玮主编. --3 版. --北京：中国人民大学出版社，2023.12

经济管理类课程教材. 国际贸易系列

ISBN 978-7-300-32386-2

Ⅰ.①国… Ⅱ.①张… Ⅲ.①国际贸易-经济理论-高等学校-教材 Ⅳ.①F740

中国国家版本馆 CIP 数据核字（2023）第 232679 号

国家级线上一流本科课程配套教材

对外经济贸易大学国际贸易教材编写组

经济管理类课程教材·国际贸易系列

国际贸易原理（第三版）

张 玮 主 编

Guoji Maoyi Yuanli

出版发行 中国人民大学出版社

社　　址 北京中关村大街 31 号　　**邮政编码** 100080

电　　话 010－62511242（总编室）　　010－62511770（质管部）

010－82501766（邮购部）　　010－62514148（门市部）

010－62511173（发行公司）　　010－62515275（盗版举报）

网　　址 http://www.crup.com.cn

经　　销 新华书店

印　　刷 北京七色印务有限公司

开　　本 787 mm×1092 mm　1/16

印　　张 22.5 插页 1

字　　数 511 000

版　　次 2009 年 7 月第 1 版

2023 年 12 月第 3 版

印　　次 2025 年 5 月第 2 次印刷

定　　价 54.00 元

教学支持说明

1. 教辅资源获取方式

为秉承中国人民大学出版社对教材类产品一贯的教学支持，我们将向采纳本书作为教材的教师免费提供丰富的教辅资源。您可直接到中国人民大学出版社官网的教师服务中心注册下载——http://www.crup.com.cn/Teacher。

如遇到注册、搜索等技术问题，可咨询网页右下角在线 QQ 客服，周一到周五工作时间有专人负责处理。

注册成为我社教师会员后，您可长期根据您所属的课程类别申请纸质样书、电子样书和教辅资源，自行完成免费下载。您也可登录我社官网的"教师服务中心"，我们经常举办赠送纸质样书、赠送电子样书、线上直播、资源下载、全国各专业培训及会议信息共享等网上教材进校园活动，期待您的积极参与！

2. 高校教师可加入下述学科教师 QQ 交流群，获取更多教学服务

经济类教师交流群：809471792

财政金融教师交流群：766895628

国际贸易教师交流群：162921240

税收教师交流群：119667851

3. 购书联系方式

网上书店咨询电话：010－82501766

邮购咨询电话：010－62515351

团购咨询电话：010－62513136

中国人民大学出版社经济分社

地址：北京市海淀区中关村大街甲 59 号文化大厦 1506 室　100872

电话：010－62515803　010－62516948

传真：010－62514775

E-mail：jjfs@crup.com.cn